李泽厚与儒学哲学

〔美〕安乐哲 Roger T. Ames
贾晋华◎编

上海人民出版社

目　　录

第二部分 李泽厚对儒学哲学的重新阐发

第三部分 李泽厚的美学理论与儒学

导　论

安乐哲(Roger T. Ames)
美国夏威夷大学、北京大学
贾晋华
香港理工大学

2014 年 10 月，世界儒学文化研究联合会(The World Consortium for Research in Confucian Cultures)在夏威夷大学举行了以“儒学价值观与变革中的世界文化秩序”为主题的首届会议。其中一个小组宣读了数篇专门讨论当代杰出哲学家李泽厚著作的文章，我们由此产生了编撰本文集的念头。2015 年 10 月，在世界儒学文化研究联合会的支持下，集中研讨李泽厚哲学的“李泽厚与儒学哲学”的后续会议又在夏威夷大学举行。

第一次会议的目标是批判性地探讨在新出现的世界文化秩序中儒学文化的意义和价值。会议讨论了如下问题：何为“儒学”文化的当代模式？儒学文化的历史缺失和局限是什么？它能给新出现的世界文化秩序作出什么贡献？如果要成为推动积极变革的世界性资源，在我们这一代儒学文化必须如何革新？由“李泽厚小组”成员所作的四篇报告通过研究李泽厚的著作探讨了这些问题，其后其中的几篇论文共同构成了《东西方哲学》的一个特刊(*Philosophy East and West*，第 66 卷第 3 期，2016 年 7 月)。

次年，世界儒学文化研究联合会启动了一个系列会议的计划，以研究那些对儒学哲学作出贡献的著名思想家。鉴于此前对李泽厚的著作已有初步探讨，联合会组织了题为“李泽厚与儒学哲学”的小型会议，借以深化讨论、充分评价当代中国最重要的哲学家之一的李泽厚。包括李泽厚自己在内的20位学者与会。讲一口流利英文、不时迸发哲学锐思的李泽厚是活跃的参与者，在会议上作了五次非正式发言。会后，李泽厚同意将这些发言整理成题为“答高更(Paul Gauguin)三问”的对谈录。我们从是次会议论文里选出15篇文章，构成本文集三个相互关联的部分；每一部分包括结构平衡的五篇文章。文集最后附有李泽厚生平及著述简介。

本文集题为“李泽厚与儒学哲学”而非“儒学哲学家李泽厚”，首先是因为儒学对作为一名中国学者的李泽厚的思想影响至深，其次在于李泽厚的全部著作肯定能成为儒学哲学在当代持续演进的思想资源。但是，我们想进一步指出，首先同时也最重要的是，李泽厚是一位具有广阔的全球兴趣的、自成一格的哲学家，不应被削足适履以求符合任何现有的中国或西方派别。要探索作为世界哲学家(或许可说“具有中国特色”)的李泽厚的著作，我们首先需要一些历史和哲学的背景以建立阐释脉络。

盎格鲁—欧洲哲学是20世纪及21世纪初期专业哲学的主流，在北京、东京、首尔、德里、内罗毕和波士顿如此，在伦敦、巴黎和法兰克福也无二致。也就是说，在它们各自的文化地域里，东亚、南亚、非洲，以及包括美洲在内的各地本土哲学，已经在很大程度上被占据主导地位的盎格鲁—欧洲分析哲学和大陆哲学传统所边缘化了，这种传统继承了早期现代哲学叙述的英国经验主义和欧陆理性主义。我们就是试图在这一历史框架内去理解作为当今时代伟大哲学家之一的李泽厚的原创性贡献。而要做到这点，我们必须注意以下几个词的重要区别：“中国哲学”(Chinese philosophy)、“中国思想”(Chinese thought)、“在中国的哲学”(philosophy in China)和“世界哲学”(world philosophy)。

在一些学术圈里，“在中国的哲学”和“中国思想”史之间的重要区别自19世纪末以来即有所表现，当时的中国人以日人西周所造外来词“哲学”指代在中国教授的西方哲学，而以汉语原有词汇“思想”指代中国“哲学”之历史。后者被用来阐释中国哲学经典，并一直是中国哲学系和文学系课程的组成部分。因此，要将独立于“在中国的哲学”（即西方哲学）的20世纪“中国哲学”抽离出来并加以讨论，我们需要进而辨析作为中国哲学阐释史的“中国思想”和中国哲学自身。在中国的学术机构里，以“在中国的哲学”形式出现的西方哲学课程，其本土传统在很大程度上被忽略；而对中国“思想”的阐释史经常被讲授于“中文”和文学系，并往往被认为没有必要参考西方哲学。同时，数十载以来，中国哲学家队伍中的一些重要成员，有意识地通过借用西方哲学经典，尤其是德国唯心主义及马克思主义哲学，来形成关于他们自己的传统的思想和著作。这些以西方哲学为资源来“哲学化”中国传统的既原创又混血的中国“比较”哲学家，其中的佼佼者后来被称作“新儒家”。新儒家这一名称出现于20世纪80年代中期，指一场肇始于20世纪初并延续至今的哲学“运动”。尽管中国哲学的这一仍然持续的新儒家运动与李泽厚的全球性哲学思辨有某种关联，他不仅并非其中一员，而且在很多方面他实际上可能最好作为他们的对立面来理解。

大略言之，中国哲学，尤其是儒学，从最初开始的决定性特征之一为可渗透性。当儒学在汉代（公元前206—公元220）崛起为后来一直延续至20世纪的国家正统思想时，它已经从作为竞争对手的“百家”学派如道家、墨家、兵家、名家、法家等汲取了诸多营养并巩固自身。在早期中国的哲学生态中，作为入侵物种的印欧学术的影响，开始于2世纪时南亚佛教哲学的输入和消化。这第一波西学浪潮对于中国本土哲学叙事的影响是如此之深重，以至于要理解玄学和理学的演变，就必须参考这两种本土传统对强大而极具启发意义的佛教思想力量的回应。同时，最初自域外移植而来的东亚佛教哲学，在与中国本土的思想系统及儒、道宇宙观的互动过程中，转化得如此之彻底，以至于作为它后来表现形式的天台、华严和禅宗哲学，都与中国自身的哲学土壤有密切关系。因为有此综合过程，在现代之前出现的“三教为一”这一传统说法经常被援引来描述中国哲学的混合构成：这是一种互相包含的、渗透性的传统，跟亚伯拉罕式宗教和神学传统互不联属的、排他性的自我理解形成了鲜明对比。

更近期的西学浪潮带来了中国哲学的第二次巨变，使传统的“三教为一”恰当地更新、修正成了“四教为一”(儒学、道教、佛教及西学)。第二波西学进入，早在16世纪末随着耶稣会传教士的到来即已开始。他们除了宗教经典以外，也带来了奥古斯丁和阿奎那的柏拉图和亚里士多德，以及全套西方古典哲学文献。随着新教传教士接踵而至进入中国，尤其是大量医学、天文、数学和自然哲学的西方著作被译为中文，过去数百年里西学逐渐渗透入中国世俗教育中。而在哲学方面，随着革新派学人如严复(1853—1921)、谭嗣同(1865—1898)对后达尔文主义西方哲学家，尤其是赫胥黎和斯宾塞的引介，其变化步伐在19世纪末急剧上升。

在1949年新中国成立之前的一个半世纪里，中国一直备受西方帝国主义的蹂躏。在达尔文和马克思思想先后进入中国以前，这些西方思想家已经在自己的国家推动了革命运动，在最根本的层面上挑战了那些作为欧洲学界全部学科基础的、行之已久的前提。在中国，进化伦理学的流行，一如后来对马克思社会主义思想的借用，在很大程度上由实际的社会需求所驱动，其中学术哲学的专业动机则很微弱。还有，由革新思想家在这些域外革命运动和自身传统的哲学感悟之间找到的共鸣，提供了一种改革中国哲学的方法，使其能有效地应对步步紧逼、可能威胁中国文化完整性——如果不是影响其生存的话——的西方侵略。最终，这些面貌各异的中国哲学家，因为共同肩负复兴中国文化的使命，并以他们对传统中国哲学的多种修正，来为其文化传统因受四面攻击而受的损伤止血，被当代中国哲学史家统一归称为“新儒家”。新儒家认为自己是活动于中国哲学道统的代际传承中的中国哲学家，这一自我理解是其身份认同的基础。

有鉴于多个世纪以来可渗透性和同步性一直是中国哲学传统的不变特征，我们就不应把带着所有混杂成分的20世纪中国哲学视为与其早期历史的断裂。实际上，我们可作如是观：中国哲学这一哲学汇聚体持续地整合外来成分，由此补充、丰富并最终强化了它自身所传承不息的哲学感悟。为此，“儒”一词虽然可以追溯到三千多年前商朝那个“审美化”的社会阶层，在始终处于变通中的中国哲学里，它却能继续被用来称呼那种表面上很新而实际仍旧熟悉的潮流。

梁漱溟(1893—1988)常被视为第一位新儒家，这相当恰当。在他最早期的著作里，梁氏提出了一种“逆黑格尔叙述”(“reverse Hegelian narrative”)的哲学发展阶段说，并在此后漫长的职业生涯中对其进行了润饰和扩充。也即是说，哲学的第一阶段是西方阶段，在此阶段人类意志能够通过改造我们生存其中的环境满足人类的基本需要。第二阶段是中国阶段，使人类意志与自然环境和谐共处，这样的协调带来了欣悦的智慧和满足。第三阶段也是最后一个阶段，即直觉地否定自他分别的佛教哲学，提供通过自我修养的程序以达到真正的精神实现的可能。

在很多方面，梁漱溟自己的创造性哲学是王阳明(1472—1529)心学的延伸，而阳明心学则深受佛教瑜伽行派唯识观念的影响。跟王阳明一样，梁漱溟的哲学倾向于哲学和宗教并重，是一种对儒学体悟的存在主义的、充满期望的寻求，而非试图对某种假定的客观实在建立一种系统的阐述。

对于新儒家里最杰出并且实际上最有希望的一支，学者们似乎已有共识，即新儒家的创建者和导师熊十力(1885—1968)及其两位著名弟子牟宗三(1909—1995)和唐君毅(1909—1978)。熊十力哲学的形成，所受的最大外来影响是第一波西学浪潮——佛教哲学，而欧洲哲学经典他只是捎带涉猎。熊十力对人类经验本质的最深刻洞见，可能出自《易经》。在构成儒学和道家哲学感悟的宇宙论基础的经典中，该书是最早的一部。

为了集中了解熊十力对新儒家的持久影响，我们先简要地说明一下他的“体用不二”这一核心观点。他的基本看法，是“体”和“用”乃解释性的、非分析性的词汇，用以描述人类经验引人注目的、无休无止的展开。例如，“我们如何思考”以及“我们思考什么”是同一连续过程的两个毗连层面。经验充满活力的、创造性的持续性可由一个共同来源(即“体”)来解释，而经验的多种变化和多种意义可由事物持续的转化来解释(即“用”)。在经验的现象世界和隐藏其下的活力来源之间,并无本体论区别。现象世界的知识给我们提供了习惯性的、可计算的理解(即“良知”),让我们能够辨识事物,区分异同,但是本然的理解(即“性质”)则给我们直觉的智慧以理解经验并使其充分道德化。前一种知识是由西学最为有效地提供的科学,后一种知识则是由中国本土传统最为有力地提倡的哲学洞见。鉴于完整的经验包括人心和对世界的体验,熊十力以《易经》的自然宇宙论作为人类自我修养的模式。也就是说,人的创造性和宇宙意义的提升是同一实在不可分割的部分。

熊十力最著名的两位学生牟宗三和唐君毅延续了这一儒学世系。他们翻译并切实地改造了他们所最称赏的外国哲学,使之成为与他们自己的前提相一致的词汇。对于牟宗三,康德是开始认识道德的真实本质的西方哲学家。的确,牟宗三为康德所迷倒,以至于采用他的超越语言来阐释中国哲学的独一无二特性。牟宗三十分清楚地指出,中国古典思想中他解释为“超越”的东西既非独立于自然世界也非神学。根据牟氏的解说,与西方超越模式的二元性相去甚远,古典的中国世界秩序完全是“此世的”。

文化哲学概论是唐君毅对世界哲学最重要的贡献,而这让一些学者明确地把他跟黑格尔唯心主义联系了起来。但是,通过进一步的考察,从唐君毅提出的一系列作为中国文化独特性基础的不同寻常的假想中,我们可以看出他远离了德国唯心主义以及启蒙目的论和普世主义。唐君毅一再坚持指出,儒学与封建主义、专制主义及历史上与之相关联的宗法制等政治形式的任何可能的传统联系,都是次要的和暂时的。对于中国自然宇宙观的特征,他忠实于其师熊十力,以对实际经验之实在性和自足性的肯定为开端,而不寻求对其超越。

唐君毅将此自然宇宙观应用于他关于人性的大量著作之中。他把中国古典哲学家关于人性意义的对话跟当代心理科学脱钩,认为后者存在着一种将人类当作客观现象对待的倾向。对于唐君毅来说,本能而主观的存在意识是儒学“人性”概念的根本性突出特征。实际上,创造性变化的不确定性,正是唐君毅所确定的情境化的、原初的人类倾向的最显著特征。人性中与生俱来的、最重要的是成长、修养和提升。此处的要点在于，唐君毅宣称儒学应强调“第二人性”，以其作为文化重心以及未来世代文化适应的资源。

20世纪与新儒家哲学的发展有关的另外三位重要人物，大多属于更为传统的儒学哲学史学派和注疏派：冯友兰(1895—1990)、钱穆(1895—1990)和徐复观(1904—1982)。参照上述背景，我们可以简单地说，当代思想家李泽厚作为一位中国哲学家并不属于新儒家世系。相反，不论根据他的自我理解还是大家的广泛认同，他都是一位在哲学最宽广范围内汲取自己哲学思辨资源的世界哲学家。他大量汲取儒学、康德和马克思，但他是以“哲学家李泽厚”而非儒学者、康德主义者或者马克思主义者的身份来使用这些资源的。

同时，跟康德和马克思在他们自己的欧洲历史背景中一样，李泽厚是当代中国最知名的社会批评家之一。例如，他的康德述评，是他反对唯意志论(即相信“人定胜天”)的不可缺少的基本部分。唯意志论并不新鲜，它出自传统的儒学立场并跟其保持一致，即人的自我实现有赖于直接的道德意志的转化性力量。对于李泽厚来说，对道德意志不加制约的信心——这种信心在改革开放前变成了意识形态驱使下的大众运动——应对中国近现代从被西方殖民化直至“大跃进”和“文化大革命”的重重危机负责。

这种主张，简单地说即是自古典时期以来，中国哲学家们在人类与自然环境之间所发现的一致性，由“天人合一”这句话所表现。但是，这种一致性经常被误解而损害了自然科学。它并非主观与客观之间的一致，既尊重人类群体建设性地改造其生存环境的能力，又承认自然界对于这种人类改造的反抗；相反，占据其主导地位的是相信道德主体对于具有无限可塑性的自然界拥有绝对的改造力量。它变成了某种粗糙的主观主义，将人类在科学技术方面集体努力的需求打了折扣；这种努力是“人化”自然及在主客观之间建立创造性关系之所需，而李泽厚认为这种主客关系是人类自由的前提。

康德的思想体现在哪里？李泽厚认为康德面对的是跟当代中国知

识分子相似的问题。在康德自己的世界里，他面对的哲学挑战是如何协调两个方面，一方面是牛顿式机械论科学、教会教条以及莱布尼兹理性主义，另一方面是卢梭的人文主义自由。而在马克思主义的中国，挑战则是如何在“决定性”的科学发展和作为其政治表述的社会主义与人类自由之间取得调和。

在认识论方面，康德认为科学的形式和范畴不能独立于人类而存在，而是构成了人类心灵的活跃结构。既然心的这种先验结构综合了我们的经验并且建构了我们科学认识的世界，康德认为科学的认识不会跟人类自由的可能性发生冲突，而是这种自由的表达。

李泽厚利用了康德的这种人类认识的“范畴”概念，但是通过对其历史化和特殊化而完全重新构想了它们的构成和内容。他是如何做到的呢？首先，与马克思主义的被动“反映”论相反，中国在传统上肯定和接受“心”是主动的观念，表现为知识的行动性和“本体性”力量。李泽厚扩展了这一观念，提出共时的、历时的和发展的“积淀”论，亦即文化心理结构。人类认识的“结构”（李泽厚实际上喜欢用更体现发展过程的“formation”一词来翻译“结构”）并非由先验赋予，而是动态的和发生的，这是人类具有历史性和文化特殊性的共同经验的功能。随着人类改造了各种各样的环境，被改造的环境也形成了他们认识的范畴。

积淀是一种持续的社会记忆的聚积，通过它人类个体被社会化并且适应某种文化。正如庄爱莲（Woei Lien Chong）所指出的，积淀开始于人类设计和制作工具的阶段：

> 自然的人化有两种方式：人类将外在自然人化使之适于人类生存，同时，这些努力也越来越让他们去动物化以适应在组织起来的社会里的生活，从而使自己的身体和思想人化了。[1]

李泽厚坚持认为中国学者在形成关于中国未来的看法时必须依靠自己的传统资源，此处他的论点已从作为类的人转移到了具体的文化地区和经验。庄爱莲将她和李泽厚的对谈简括如下：

> 说到文化重建，李泽厚认为中国人应回归自己的文化遗产而不是以来自西方的世界观如基督教、自由主义和弗洛伊德主义的前提为开始。……李泽厚认为这些西方前提无法在中国的集体意识中扎根，因为后者的基础截然不同。[2]

简·卡维尔(Jane Cauvel)在探讨李泽厚的艺术哲学时，概括出积淀的三个而非两个维度：

> 我们每个人都有“物种积淀”(全人类共有的形式)、“文化积淀”(我们的文化所共有的思维和感受方式)以及“个体积淀”(那些我们从自身的生活经历所积累的观察世界的方式)。[3]

李泽厚确乎是一位世界哲学家，而非一位新儒家。但他是一位具有明确中国特色的世界哲学家。李泽厚运用其积淀理论，如同康德一样调和因果科学和人类自由。但是李泽厚的调和是以从中国的视角反对康德的心理形而上学的方式而进行的。李泽厚早期对康德的述评，后来转化成与儒学传统的潜在前提相一致的哲学，以之释放中国龙，使之充满新的活力，永不气馁地持续发展。康德的范畴并非作为提供发现普遍观念的基础，而是成为表述和尊重文化差异的动态过程。这标志了李泽厚对儒学审美传统的持续注重，他相信文化积淀的最高形式表现于艺术。

在此简短的导论中，我们无法充分讨论李泽厚哲学生涯的贡献。即使是这部出自真正国际化的知名学者之手的文集，我们最多只能期待它考察这位真正的原创思想家的某些最突出贡献。鉴于中国在当今时代正在经历历史上最重要的变革，融合的中国哲学将被目前虽然尚不清楚，但肯定会推动中国生活和思考方式剧烈转化的一些事件所影响。可以肯定的是，李泽厚无疑是，并将继续是这场大戏里的显著角色。但是，可能更为重要的是李泽厚作为世界哲学家所产生的影响。在一个我们见证了世界经济和政治秩序经历了天翻地覆变革的时代里，我们可以期待李泽厚成为形塑这一变化中的世界文化秩序的突出重要力量。

现在来谈谈本文集中所收录的论文。第一部分的核心主题是李泽厚与儒学的现代化。百余年来，中国内外的学者一直在坚持不懈地推动儒学现代化。这种努力意义重大，不仅在于它对中国自身现代化的转化性影响，也在于它对人文主义的进一步发展及普遍意义上的世界文化秩序重建所作的贡献。这一仍在进行中的事业目前已经收获数量庞大的重要贡献，其中李泽厚的著作属于最值得注意、影响也最广泛的贡献，对中国现代化的持续性进程已经产生了深刻影响。

此部分以罗亚娜(Jana S. Rošker)对李泽厚和现代儒学的讨论开篇。她观察到李泽厚对中国现代化所持的观点，跟上述现代新儒家学者一样，都建立于这种转化不等于西化的信念的基础之上。罗亚娜将李泽厚思想跟这场对话中的其他观点比较，就李泽厚哲学体系的具体特点作了概括性评价，重点关注他创造性地修正马克思主义理论和改革中国传统哲学尤其是儒学的努力。该文对这种方法带来的许多跨文化方法论问题作了批判性审视。李泽厚哲学尽管在试图综合植根于不同参考框架的思想体系时出现了一些显而易见的困难，但仍然具有高度的创新性，对于全球范围的当代哲学论争作出了重要贡献。罗亚娜视李泽厚著作为重新发现和更新儒学思想传统的持续努力，由此不仅能在未来的物质和精神发展之路上助中国一臂之力，而且对世界哲学也是一种独特的、珍贵的贡献。

卜松山(Karl-Heinz Pohl)的研究专注于李泽厚的“西体中用”说，这种说法颠倒了19世纪末流行于中国洋务运动中的“中学为体，西学为用”说。传统中国学者坚持中国应保持自己的儒学意识形态，以之作为中国叙述的“体”，但同时以西学为“用”来发展基础建设和经济。李泽厚以他对“体”和“用”的新解以及他所认为的中国传统与现代性之间最有建设性的关系，颠倒了这一组合。卜松山将这些问题放在从19世纪末至今的多次争论的背景中进行探讨，指出李泽厚关于“一种物质文明，多种精神文明”的论题重申了他自己的观点，即一方面所有与“中学”和“西学”有关的思考必须以物质福利为基础，另一方面与传统理学的“理一分殊”的洞见相一致。

顾明栋考察一个世纪以来儒学现代化的思想运动，观察到这场运动尽管投入了大量努力，却仍是未竟之业——最多只能说是仍在进行中的事业。它的这种未完成状态跟许多因素有关，包括历史的、政治的、经济的、思想的、文化的因素以及儒学自身的性质。顾明栋认为，儒学现代化仍未完成的主要原因，是因为在现代化进程中，儒学饱受多种意识形态的、思想的和美学的竞争性议程的影响。他发现李泽厚对伦理学的哲学探索具有极大的价值，而他的儒学研究也富于启发意义。顾明栋考察了李泽厚的视野、见地以及他对儒学研究的主要派系的批评，其结论为李泽厚对儒学性质的看法非常重要，是更完整地理解儒学的关键，也可以作为重建的起点，帮助将这项现代化事业进行到底，取得最大收获。在李泽厚的视界、方法以及研究的启发下，顾明栋将儒学分成两大类别：狭义儒学以及广义儒学，并进行了一个实验，为尽可能广义地建设儒学构造了一个框架。他还以“儒体他用”为原则，提出了“全球化儒学”的说法，以便从世界上的“百家”思想中汲取思想和精神资源。

安德鲁·兰伯特（Andrew Lambert）研究李泽厚思想中的决定论和个体自由之间的张力。他首先指出，李泽厚对马克思主义思想进行改造后产生的概念，例如“文化心理结构”、“积淀论”等，其中暗含着社会决定论。接着他探讨了李泽厚著作对个人主义和自由的论述，指出这些论述可为当前人们对更多自由、更多人权尊重的期待提供哲学正当性。其中一些论述，特别是那些援引康德关于理性和意志的著作的论述，可能是成问题的，但是李泽厚的美学著作的确提供了对于自由的新鲜见解和一种有价值的带有儒学特色的个人主义形式。这种自由将欲望和情感导向共同的目标和经验，让欲望与其产生美、愉悦及安适等美的事物的能力充分地结合起来。这种自由由修养而形成，不只是作为权力而被拥有；它出现于各种由修养而成的心理反应中，并根源于稳固的社会结构和人际关系。最后，兰伯特评估了李泽厚关于美学自由的论述，指出这一论述结合了儒学传统的决定性特征及其在中国现代化的微妙而重要的地位。

詹姆斯·加里森(James Garrison)通过李泽厚的“主观性”和“主体性”观念，将其看作“世界观察家”。加里森认为，李泽厚运用康德主义、马克思主义和儒学的假设前提，描述了身体的、礼仪的自觉意识如何通过社会力量而出现，以及无意识的社会力量反过来如何在他称为“主体性”的形成过程中通过自我礼仪技术的历史积淀而形成。李泽厚的“主体性”讨论传统如何随着时间流逝既累积意义又变得不再熟悉自身，由此而说明物种层面的积淀以及集体无意识的发展。另一方面，“主体化”的观念将重点放在自我意识的个体发展上。主体性要求历史的世界观察视角，而世界观察者的视角又带出其他要求，如开阔的关于物种进步的美学视角和关于人类发展的温和乐观主义。这反过来可能给主观自我意识的困境带来真正的希望，而在某种程度上这一希望在人类社会和政治生活的无意识历史积淀中是可以接近的。因此，李泽厚将自身放在世界观察者的位置上，并提出了一个长期以来儒学圣王在其独特位置上玩味的问题：“世界应该如何？”

本文集的第二部分探讨李泽厚对儒学哲学的重新阐发，与第一部分的儒学现代化主题紧密衔接。为了将儒学现代化并使之转化为积极变革的世界性资源，李泽厚重新阐释和思考古典儒学中的主要思想和观念，包括对整部《论语》的精彩重读，其中充满他自己的哲学思考以及对人类未来的深切关注。同时，李泽厚试图将此重新阐发的儒学与其他中国和西方思想传统结合起来。

此部分第一篇文章是戴梅可(Michael Nylan)对《论语今读》的评价，讨论李泽厚将《论语》译为现代汉语并加上大量注解的优点及缺点。她认为，李泽厚想让读者重新注意这一儒学经典著作，以探索《论语》在哪些方面可与西方哲学传统的重要思想结合起来，更好地参与解决中国本身及更普遍的人类整体在当前所面临的问题。对于李泽厚来说，重要的是并不存在单一的儒学传统，而是众多的相互竞争的传统。与中国帝制晚期盛行的宋明理论相比，《论语》、《孟子》和《荀子》中的古典儒学教义，只要能被调整以适应于今天的世界，就具有更高的内在价值。戴梅可认为，李泽厚在其著作中评估中国各种传统之间的一致和分歧，反映他多年对《论语》的严肃思考。该书是对《论语》的最佳中文介绍，值得在欧美读者中更为广泛地传播。

贾晋华的研究集中关注李泽厚对儒学情感伦理学的重新阐发。李泽厚为其伦理学创造了“情理结构”一词，它强调感性和理性之间平衡的、整体的结构，基本上是儒学伦理学和康德理性主义的创新性结合。他运用“情本体”的观念对古典儒学伦理学的核心思想和价值观进行重新阐释。贾晋华首先介绍李泽厚对以“仁”为中心的儒学伦理学的情感基础的阐述。她接着对“情”字作出新的解释，并考察其在郭店出土的儒学文献中的重要意义，借以探讨战国时期儒学情感伦理学的发展，对李泽厚的观点提供进一步的支持。最后，她讨论李泽厚的“情理结构”理论，指出其可能为重建人文主义和世界文化秩序提供启发和贡献。

郑炳硕(Byung-seok Jung)从另一不同视角探讨了李泽厚的情本体观念。他首先介绍李泽厚哲学的基本观点，指出历史本体论是其哲学体系的基础，而情本体则构成历史本体论的轴心。郑炳硕分析情本体的内容，发现乐感文化和“一个世界”的理论是其核心，而这反过来更新了我们对儒学哲学史的理解，这不仅是对儒学现代化而且也是对当下所急需的世界哲学新领域的创造性贡献。郑炳硕还特别注意李泽厚对“命运的哲学”和“哲学的命运”所作的区分，前者强调了哲学必须关注人类的终极命运，而后者则询问“哲学向何处去”的重要问题。他认为李泽厚的情本体观念寻求修正哲学的走向，从而直接关注人类和他们的生活经验。

林琪(Catherine Lynch)的论文考察李泽厚和实用主义的关系。她将李泽厚与从约翰·杜威(John Dewey)到谢里尔·米萨克(Cheryl Misak)、尼克拉斯·雷舍尔(Nicholas Rescher)的北美实用主义思想家进行比较，认为李泽厚在这场运动里有自己的独特位置，并是其中最有创造性的倡导者之一。此前已有对传统儒学思想与杜威实用主义的比较研究，而李泽厚也主要从古典儒学的思想和实践中发展出自己的“实用理性”理论。跟所有实用主义思想家一样，李泽厚试图向我们揭示通过人类经验和实践所认知的世界，但是他的哲学远远超出认识论的范畴。李泽厚的独特贡献在于他坚持认为使用、制造工具是最初的人类实践，认为从这里开始，通过漫长的积聚、沉淀的历史过程，形成最终超越个别的实践而运行的文化心理结构。在回答“为什么人类可能”的问题时，李泽厚向我们阐述了他的人类学历史学本体论。李泽厚认为从使用和制造工具的人文种子开始，经过实用理性和人类能力的持续演变发展，这一过程解释了人性的本质及人类得以繁盛的能力，并赋予个体存在以意义。林琪的结论指出，尽管李泽厚的历史本体论符合实用主义的范畴和目的，但它还将实用主义扭转到新的、富有成效的方向。

王柯平的研究呈现了李泽厚实用理性的另一维度。王柯平注意到，李泽厚一直非常关注中国的现实以及普遍的人类状况，试图勾勒出一幅简洁但极具策略性的蓝图，讨论在中国以及全球背景下的社会文化问题和人类“形成”的可能性。这些想法部分地体现在李泽厚的实用理性之中，并主要通过两方面的论述来展开。第一方面主要取自儒学，他考察了一些核心要素如有用性（usefulness）、道德感，情感和理性的不可分割性和历史意识。第二方面的论述展示李泽厚的独立观察，例如他的工具—社会本体和情本体的概念，与他对心理本体和文化心理结构的分析一致。王柯平从跨文化的视角来重新思考实用理性的首要因素，试图通过李泽厚的实用哲学和美学的形成来打通这两方面的论述。

李泽厚的美学被普遍认为是他对世界哲学的卓越贡献之一。他的美学理论是《诺顿理论和批评选集》（*Norton Anthology of Theory and Criticism*，2010）美学部分所收的唯一非西方著作。本文集的第三部分从多种视角重新探讨李泽厚的美学理论，论文的作者们同样在李泽厚的美学理论和儒学哲学之间发现了密切关联。

本身也是当代中国著名思想家的刘再复，在其论文中讨论了李泽厚美学的总特征和贡献。刘再复认为李泽厚的美学理论是一位到达了恢宏的哲学和历史深度的哲学家的产物。从“美是如何发生的，美是如何可能的"问题出发，李泽厚探索了美的本源和普遍性。他考察伴随人类起源的美的起源，并将之定义为"自然的人化"。接着李泽厚聚焦于人性的哲学，强调以情本体建造一种新感性，进一步解决了"人类的美感如何可能"的问题。刘再复然后描述李泽厚如何批判性地接受康德和马克思并超越他们，从而形成自己的创新理论。刘再复将李泽厚的美学与曹雪芹在其伟大小说《红楼梦》里隐含的美学进行比较，并分析李泽厚的《华夏美学》，由此在李泽厚的美学和儒学哲学之间建立起动态的发展联系。

千孟思（Marthe Chandler）在其题为"李泽厚、康德和达尔文：积淀论"的文章中指出，与杜威和米德相似，李泽厚以一种与达尔文相一致的方式解释康德。李泽厚主张主体性不仅包括意识和理性，也包括我们的物质实践、社会状况以及进化发展。李泽厚认为康德有助于我们理解人类的心理—精神发展，但是他批评康德几乎完全把注意力放在主体性的智识层面，而忽略了人类的历史性、进化性的发展。李泽厚的积淀论提供了跟达尔文一致的对康德的历史阐释，从而修正了这一错误。钱德勒打消李泽厚理论是基于进化论心理学家所经常被批评的"摇椅人类学"而产生的某种"假设故事"的疑问，根据人类学、社会认知研究以及语言发展研究领域的最新发现，探讨了李泽厚的积淀理论。她认为李泽厚的积淀理论不但与人类学和社会心理学的很多方面吻合，而且李泽厚认为"大我"（集体意识）比"小我"（个体意识）更为本质的看法对当代理论界是一种颇有帮助的增益。钱德勒在文章最后对李泽厚关于"美是自由的实践"的说法作了批评性评价。

石井刚（Tsuyoshi Ishii）通过研究李泽厚的美学和中国文化积淀的儒学之"体"，发现既有必要也有可能对儒学进行重新阐释。石井刚认为李泽厚的"自然的人化"是马克思历史理论和康德道德普遍主义的混合物，这帮助李泽厚将中国美学史看作儒学文化机体的整合或者中国文化心理结构的主体。李泽厚把马克思历史主义与中国思想遗产结合，他对马克思进行的康德式阐释最终为新千年中国大陆的儒学复兴作了准备。同时，李泽厚的积淀论稀释了革命的历史重要意义，并代之以一个从古代开始的、美学的中国历史实践的和谐过程。石井刚通过重读李泽厚关于美的观念的语源学研究，还寻求将其儒学美学进行其他阐释的可能。

沈德亚(Téa Sernelj)的论文对李泽厚的积淀论和荣格的原型理论进行批评性比较。沈德亚首先分析李泽厚的积淀论，然后将之与荣格的原型观念进行对比。通过对这两种理论及其思想背景的比较分析，呈现了两者之间的不同，而这种不同也揭示了在中、西方思想之间存在的某些话语或者范式的不同。一些学者认为在李泽厚的积淀的精神形式和荣格的原型心理学概念之间存在着相似之处，但是这种流于表面的比较会导致对李泽厚美学思想的严重误解，及对中西思想可能的融合提出某种成问题的假设。沈德亚在结论中指出，西方分类的静止性质经常阻碍对文化证据的多样性做出彻底考察，而李泽厚的复杂而十分开放的体系，可被视为未来对共同美学、伦理学和认识论的跨文化讨论的贡献。

拉法尔・班卡(Rafal Banka)将李泽厚的美学看成一种认知形式。李泽厚的美学理论认为，人的发展包括通过美学完成的人类心智形塑，而美学则是在人类生活中追求和实现美的活动。因此，美学并不仅仅属于艺术范畴，它也可以被看作组织人类经验的方式。李泽厚理论中的美学活动和经验是透过传统中国哲学(尤其是儒学哲学)的棱镜来观察的。除此之外，考察作为自我修养的手段和量尺的美学如何处理人类的认知以及我们与世界的互动，也非常有意思。这一视角显示李泽厚将美学看成我们经验中与现实的媒介和认知。因此，班卡在他的文章中参照经验的组织来讨论李泽厚的美学理论，借以决定何种根据使得这一理论可被具体理解为人类心智的形成，以及随后会出现何种认知结果。最后，班卡提到杜威和威尔士相应的美学理论，以讨论在何种程度上李泽厚的美学经验可与认知联系在一起的问题。

这15篇论文的作者们体现出真正的国际性，他们来自十个不同的国家和地区，包括东亚、北美和欧洲。虽然学术背景和研究领域各不相同，他们却一致地高度评价李泽厚，指出他不仅为发展中的儒学哲学，也为世界哲学作出重要贡献。尽管每篇论文分别处理一个具体论题，合起来此三部分 15 篇论文形成连贯一致的叙述，揭示李泽厚如何创造性地研究、吸收和重新阐发儒学思想传统，并将之与西方哲学话语相融合，从而发展出他自己深刻的哲学洞见和原创理论的思想过程。同时，为了重建新的世界文化秩序，他对儒学进行了现代化改革。在探索这些主题时，这些论文的作者们也试图回答高更（Paul Gauguin）的三重问题："我们从哪里来？我们是谁？我们向何处去？"或者如李泽厚所重述的相似的三重问题："人类如何可能？人是什么？命运的哲学是什么？"

我们希望这部文集有助于广大读者理解李泽厚哲学思想的复杂性，其与儒学哲学的紧密联系，及其对世界哲学的重大贡献。我们希望读者们能从这部文集得到启发，以思考当前历史时期变革中的世界文化秩序，特别是思考人类的未来命运。

（赵凌云译）

注释

[1] Woei Lien Chong, "Mankind and Nature in Chinese Thought: Li Zehou on the Traditional Roots of Maoist Voluntarism", *China Information* 6.2—3(Autumn-Winter 1996), p.150.

[2] Ibid., p.141.

[3] Cauvel, Jane, "The Transformative Power of Art: Li Zehou's Aesthetic Theory", *Philosophy East and West* 49.2(1999), p.158.

答高更(Paul Gauguin)三问

李泽厚

何道林(以下简称"问"):2015 年 10 月在美国夏威夷大学由世界儒学研究联合会举办的"李泽厚与儒学哲学研讨会"(Li Zehou and Confucian Philosophy),据说是第一次以健在的中国大陆人文学人为主题的国际学术研讨会?

李泽厚(以下简称"答"):有些人这样说,但我不清楚,这也不重要。我所知道的是,这次论文将结集出版。

问:你本人也参加了这次会议,并作了英语发言,能否谈谈?

答:会议的语言主要是英语,我没有提交和宣读论文,只在讨论中作了几次发言,也没有发言稿。

问:仍然希望你介绍你的发言。

答:那我现在就用中文综述一下,并作些补充。

一、我们从何处来?

问:就这样。还是用你习惯的问答体,请讲。

答:相关内容以前基本都讲过,这次只突出了几点。我带去了自己那本书《人类学历史本体论》(天津社会科学出版社 2010 年第三版)的封面,封面上有一幅后印象派大家高更(Paul Gauguin)的晚年名作。其标题是:"我们从何处来?我们是什么?我们往何处去?"我不懂法文,英译是:“Where do we come from? What are we? Where are we going?”这三问恰好表明了我要探求的问题,我把这本书的封面撕下来,带去给大家看看。

问:这三问也就是你提出的,“人类如何可能?什么是人性?何谓命运的哲学?”

答:对。首先讲第一问:人从哪里来?一般有两种回答,一是上帝造人,人由天国乐园堕落而来,不断救赎自己,经最后审判而重返天堂。古希腊神话也有以宙斯为首的活灵活现的神的世界,这已给了答案,所以西方哲学似乎很少提出这个问题。而自尼采喊出“上帝死了”以后,现在学术界则流行社会生物学,认为人是由动物基因突变(gene mutation)而来,因此人类社会只是动物界的继续。

问:这就是说人是一种无毛的猿,与动物无甚区别。动物也有社会组织,也有伦理,甚至也有政治权术。这一类的论述也有很多,非常出名,传播甚广,影响很大。如《裸猿》、《黑猩猩的政治》,等等。

答:因为这会议的题目是“儒学哲学”,我就说,中国的儒学恰恰不同意这两种看法,而认为人类文明(civilization)、文化(culture)都是历史的产物,有一个历史形成、发展的进程。概括起来,可以说是人类本身创造了自己。这也是我几十年来的基本观点。

问:如何说?

答:虽然中国古书也讲“天生烝民,有物有则”、“天命之谓性”,但这个“天”、“天命”以及“天道”、“天意”等等,都是相当含混模糊的,中国没有明确的创造主(Creator)的观念,也没有创造过程的记述。“天生烝民”的“天”,也可以解释成自然的天。这就相当不同于《旧约》里那个有许多具体的作为、语言,能够发号施令、创造世界、创造人类的人格神上帝。

问:用你经常引用《新约》的“太初有言”(语言)与《周易》的“天行健”(太初有为)相比较。

答:我又一次引用《浮士德》讲“太初有为”与“太初有言”,并且说,我所讲的“为”是指人类自己的“为”,而不是天的“为”。我认为,中国的“天行健”,与“人性善”一样,是儒学的一种情感态度,是儒学的“有情宇宙观”，而不是客观的事实描述，实际不过是人类行为的情感借喻和信仰反映。

问：我知道你能背诵《约翰福音》第一章。你过去主要是以此比较西方的“Logos-逻辑—语言—理性”与中国的“道始于情”、“礼生于情”，等等。

答：这次我强调儒学最重要的特征之一，是注重历史。作为巫史会集交接点的《周易》以及其他中国古籍，描述上古是“穴居而野处”，提出人类有这么一个有巢（巢穴居住）、燧人（取火）、伏羲（渔猎）、神农（农业）、黄帝（手工大制作）前后连续的时代，这是非常明确的历史进程。几千年前的描述，与今天的人类学研究若合符契，这一直使我赞叹不已。

问：赞叹什么？

答：赞叹儒学哲学的“强烈的历史意识”（the strong consciousness of history）。《战国策》里有“前事之不忘，后事之师”，章学诚有“六经皆史”的说法。所以我说“天地国亲师”的“师”远不只是老师，主要应该指历史。老师教的主要也是历史，在幼童主要传统读物如《三字经》、《龙文鞭影》里大量的也是讲历史，而不像西方讲《圣经》故事、希腊神话。中国史书从未间断，最为丰富，世界第一。从“六经”到《史记》到《资治通鉴》到历代正史以及各种稗官野史，大量记述的是这个世界、这个人生各种基本经验、悲欢离合、大体真实的故事。这是中国文化的中坚内容。

中国人的强烈的历史意识，正是中国“人活着”的背景、依靠和根据，日常生活和文化艺术、诗文小说无不表现出这一特质。这才是儒学哲学的根本精神。人之所以在这个哲学中的地位极高，“道四术，唯人道为可道也”（《郭店竹简·性自命出》），人之所以能“参天地、赞化育”（《中庸》），就是因为人本身是能“为天地立心”（张载）的历史创造者。

问：你由此把它扩展到人类，强调以“制造—使用工具”作为人类的起源，不是上帝造人，也不是基因突变，而是自己造出不同于动物界的物质文明和精神文化，从而成为人类，便是这种儒学哲学根本精神的继续？

答：对，正是如此。它正是我所讲“巫史传统”的“史”的重要且具体的内容。而这,也就区别了《周易》与《圣经》,亦即区别了人与神,而且也区别了人与动物,因为动物只有进化史,没有自己的历史。儒学非常强调人禽之分、人兽之别,当然无法认同也就根本区别于现在非常时髦的自然演化说和社会生物学。

问:这也就回答了高更的第一问?

答:有意思的是,高更这三问,原本有其少年时代受天主教学校教育的背景。高更这三问用的是 We 而不是 I,是大我而非小我。我很高兴在这次会议上有两篇外国学者写的文章,非常重视或赞同我讲的"大我"与"小我"、"主体性"(subjectality)与"主观性"(subjectivity)的区别。这两对概念并不相同,也不直接相关,前者群体个体之分很清楚,后者则不仅涉及群体个体,而且更是物质性与精神性之分。英文并无 subjectality 一词,这词是我造的。[1]那位斯洛文尼亚学者说她本土语言中也有这样区分的两个词语,我听了如空谷足音,非常高兴。我这些说法,曾经受到国内自由主义学者们的一片猛烈攻击。但我至今仍坚持一切均历史产物,小我的自我意识相对于几百万年的人类来说,只是非常晚近的成果。正如婴儿和今天的人工智能,便很难说有"我"的意识。

二、我们是什么?

问:高更第一问,似乎已作了回答。那么第二问(我们是什么)呢?

答:我的回答是,我们是一种制造—使用工具并有人性心理的动物。

问:人是动物,这大概没问题,关键就在什么是人性了。你 20 世纪 70 年代就说过,人性一词,古今中外大量使用,却从无公认的定义,仍然相当含混、模糊,有时偏向动物性,有时又偏向超动物性。

答:用我的说法,人性主要是指人所特有而为动物所无的文化心理结构。落实到个体上,便是情理结构。

问:亚里士多德说过,人是理性的动物,强调人所特有而为动物所无的是理性。所以西方哲学多半一直说"理"而不谈"情",崇奉理性,甚至主张理性至上,法庭挂的是公正(justice),也就是理性的公平,所以有个天秤挂在那里。但问题是这“理性”又从何来，也就是你所提及的问题。这个“从哪里来”其实主要属于第一问。

答：我的回答当然就是从积淀而来，就是从“制造—使用工具”中来。但积淀并不只是理性，因为人的心理结构不只是理性。我在1980年发表的《孔子再评价》所提出“仁的结构”中的“心理原则”，突出的恰恰是“情”而非“理”。人性是人心的情理结构，而不只是理性。理性如前面所说，常常被认为是上帝的“言”（语言—逻辑—Logos，等等），因此可以完全无关于人的实体存在、生物本能、生存需要和生理欲望，康德的超人类的纯粹理性便是如此。

问：你讲情、情本体、情理结构，但动物也有情啊。

答：这“情”是文化积淀的“情理结构”，不等同于动物的情；其中有理，但不同于机器的理。这我已讲过许多次了。

问：你在这次会议上，将积淀分为三个层次，以前讲过没有？

答：以前也讲过。第一层，我称之为原始积淀，即制造—使用工具，使人的行动的主体性（subjectality）积淀为人的心理的主观性（subjectivity），其中包括对称、平衡、节奏、韵律等秩序感、形式感的建立，当然更包括动作语言（手势语）和发声语言（主要是语义）。此即理性的出现。当然还有主体间性的冲突与和谐、协同与分离等感受和经验。

我非常欣赏这次会议论文中有一篇以近20年考古学的新分支——认知考古学的研究材料——从原始石器和手的变化等方面来论证和赞同我的积淀说。这是一位美国学者写的。我讲，这是对我非常重要的科学支持。在西方，Nature经常含有某种固定的意味，而我所谓Human nature（人性）实际等同于Human psychology（人的心理），是变异的、进化的，是在动物生理基础上，人类自己塑建起来的。这Psychology（心理学）一词，我只把它作为一种哲学概念，并不等同于今天实证的、经验的心理科学。

问：当然，你所谓“人性心理”，以及“情理结构”等等，都只是一种哲学观念，细节和论证还待以后的科学发展。那么，积淀的第二层呢？

答：那就是不同文化的不同积淀了。由于社会组织、人际关系、意识形态、宗教信仰、生活形态、价值观念、思维方式、情感表达都颇有不同,形成了不同文化。这便形成了不同的心理积淀。我常说,康德虽然不进教堂,也未必真相信那个人格神的上帝,但他提出的超人类的纯粹理性、超现象界的本体,我以为仍然有上帝的影子。他所追求的普遍必然性,也是"两个世界"的文化心理积淀在哲学中的表现。

问:你在1979年的《批判哲学的批判》(以下简称《批判》)一书里,便提出以客观社会性替代康德的普遍必然性,这一点至今没有人注意。

答:对,没人注意和反映。康德强调先验性的普遍必然,如同西方讲的"天赋人权"、"人生而平等"一样,是一种没有来由的原理、原则。西方老百姓或学者们也不一定都读《圣经》、信上帝,但总觉得有个上帝在。中国并无此心理积淀,"天"在中国人心中仍然是如王国维所说的半神半自然。天是Heaven,又是Sky,既主宰又并不绝对,也并不普遍必然,相反,"人定胜天"倒是常常被人乐用,人们信奉、依靠的是各式各样、虽神圣而世俗且多元、常带有历史故事的神明,如关帝、妈祖、观音菩萨,等等。对西方人来说,先验就是先验,不必问从哪里来,对中国人来说,常常要问这先验又是从哪里来的,划到哪里为止。中国人只有go beyond(超脱),没有西方基督教的transcendent(超验)的概念,这仍然是积淀了的强烈历史意识在主导的缘故。

问:西方强调的超验、先验和普遍必然,其实就是某种绝对性,而你讲的这种历史主义,缺乏绝对性,不妥。

答:不然,我认为绝对性也是历史的成果或产物。无论内在或外在,都是经过长期历史的积累或积淀而产生的。我一再举过杀老与尊老、溺女婴或养女婴的例子。西方普遍必然的绝对性常常来自神,中国的普遍必然的绝对性来自人类自身。至于自然科学中的普遍必然的绝对性,我在《批判》一书里已讲过,也许以后还可再讲讲。

问:这些问题当然非常复杂,没法一次讲清楚。那么积淀的第三层呢?

答:第三,就是所有上面两层积淀都必然落实在个体心理上。而个体因先天(如生理遗传)、后天(如环境、教育、经历)的差异,每个个体心理积淀的文化心理结构以及情理结构是并不相同的，而且可以差异很大。正如每个人都有自己的DNA一样。这里用DNA来比喻，只是强调每个个体的差异，它并不是真正的DNA，因为它不是一成不变的，而恰恰是随人的先天遗传的差异，以及后天环境、教育、活动、经历、素养的不同而变异的。所以我一直强调"积淀"是一个前行的进程，是formation、process，这次也讲了这点。

问：所以积淀并不像一些批评者认为，是理性压倒感性，集体压倒个性？

答：与那些批评恰恰相反，积淀使人的个性发展到更多元、更多样，也更细化、更丰富、更复杂，其个性差异远非任何其他动物所能比拟。自然的人化使人外在地具有了超生物的肢体和器官(supra-biological limbs and organs)，创造了丰富的人文世界，同时也使人内在地具有了超生物的心理结构(super-biological psychology)，造成了丰富的人性世界。情感与欲望相关联，"情"(包含"欲")与"理"的不同比例、成分、先后顺序、交错往返的种种不同，造成了大量甚至无限的个性差异，有如DNA的不同组配一样。也正是这种积淀的个体差异，使其对原有积淀存在着突破或改变的可能。正是个体不同的情理结构，使人具有了创造性。创造性属于个体，包括工具、科技、精神文化各方面均如此。

人类的主体性是生产、活动、群体关系、社会生活，等等。人类的主观性是语言、观念、宗教信仰、意识形态，等等。由于积淀的个体差异，使人有可能由突破后者而改变前者，也就是内在人性对外在人文的突破或变异。总之，积淀是在动物生理基础上所塑建、构造而成的。这就是我所讲的内在自然的人化。

三、我们往何处去？

问：剩下高更最后一问了："我们往何处去？"或"我们走向何方？"这似乎就涉及你的"命运哲学"了。

答：我在会上说，"我不知道"。这确实是当今人类遭遇的命运大问题,因为只有今天的人类拥有毁灭自己整个族类的危险和可能。儒学强调知命、立命,今天就不仅是要立个人之命,而且要立人类之命,这当然与哲学有关。所以哲学不只是研究语言,而且也研究命运。我也很高兴这次会议上,有篇韩国学者的文章,最后提到了我的命运的哲学和哲学的命运,我以为个体和群体的命运都具有极大的偶然性。所以我说,人类走向何方,我不知道,我只想从哲学领域提出两点意见。

问:哪两点?

答:一是心理学转折。20 世纪哲学领域有个语言学转折(Linguistic turn),影响极大,扩及几乎所有学科,分析哲学、语言哲学统治了整个世纪,产生了“哲学旨在纠正语言”、“语言是存在之家”、“文本之外无他物”等纲领。这与 20 世纪和 21 世纪以数字语言、数学语言和理论物理为基础的高科技的迅猛发展有关。这种发展当然还需要继续进行,因为它们使人类物质生活大大改善,人的寿命有很大的延长,这应该高度肯定,不是某些后现代主义和保守主义所能否定的。但这的确也带来不少问题和祸害,如生态破坏、环境污染、贫富分化、人情淡薄,等等。

科技作为工具本体,主要是讲理性。理性至上,从而也成为现代社会秩序和人际关系的主调话语,自由主义盛行,个人主义膨胀。而对理性的反动,则是动物情欲的宣扬和倡导,使得个体生存的荒谬、隔绝、无意义日益突出,暴力、吸毒、流浪、纵欲日益吸引人们,人成为半理半肉的两面性的动物。

问:因之你的“情本体”、“情理结构”以及“关系主义”等等,是想以原典儒学的“道始于情”以及一直流传到现在中国人的生活中常讲的“通情达理”,来提出这个心理学转折?

答:维特根斯坦讲,海德格尔也有冲破语言界限的冲动,维特根斯坦自己则以伦理学来冲破这个语言界限。我提出“情理结构”、“情本体”,也是想冲破这个界限,我想以此摆脱理性至上主义,但不是将“情本体”随意地、普遍必然地使用。例如我提出“情本体”,但在伦理学中,我却是康德派而不是休谟派。我强调在人的内在道德心理结构中,不是“情”而是“理”作为主宰,才算道德。这次会议上,我也明确地讲了这一点，我说，休谟只能作为康德的补充，理性绝不能成为情感的奴仆。理性是道德的动力，情感只是助力。

我在会议上也讲了我的伦理学有三个要点，其中之一是道德心理结构中的三要素（意志、观念、情感），前两者都是理性，观念是理性的内容，意志是理性的形式。但这形式有绝对性，这就是康德讲的绝对律令（categorical imperative），绝对律令即此心理的结构形式，这也就是自由意志，它是由作为执行内容的相对观念所历史地积淀而形成的普遍必然的绝对性。我的伦理学的另两个要点是，我把伦理和道德作了严格的外（制度、风习、规范、律法等等）、内（意志、观念、情感）的区分，并强调了是由外而内，由伦理而道德；还有一点，就是我的传统宗教性道德、现代社会性道德的两德说。因时间关系，没有详谈。

问：也有学者对伦理、道德作过区分。

答：我在会上说了，美国著名作家、哲学家桑塔亚纳（Santayana）就作过区分，但与我的区分完全不同。其他学者也如此。

问：你提醒的这些很重要，情理结构、情本体并不是那么简单直接。

答：这个心理学的哲学转折，当然不会是现在，很可能要到 22 世纪才能出现。但哲学应高瞻远瞩。我在会上说，希望未来的脑科学和医学的迅猛发展能支持我的情理结构说，如同前面提到的，近 20 年的认知考古学可以对我的原始积淀说给予科学的支撑一样。

问：看来你的文化心理结构说或积淀说与弗洛伊德理论是恰好相反的方向？

答：弗洛伊德认为人类的文明或文化压抑了个体的动物性本能、欲望，驱使它们进入无意识领域，例如梦中实现性的欲望，等等。我同意弗洛伊德这一观点，并认为这是一大贡献，人类文明、文化对个体心理的确有压抑的负面作用。但片面夸大，就引起后现代对理性的全面否定，而导致动物性的行为、心理的“解放”。文化心理结构说更重视文明、文化对人类心理的塑造、构筑的建设性方面，即人类不同于动物，除理性、语言、思维、逻辑外，也包括情感、欲望，例如使性变成爱，使动物的快乐感觉变为人的审美需要，如此等等。这就是中国儒学讲的陶冶性情。

总之,人性心理恰恰是人类自己经过学习、教育、陶冶而塑建出来的。它既非天赐,也非自然演化,这就为研究人性、研究脑科学提出了一种哲学上的转换。所以又回到了开头所讲的强烈的历史意识的重要,以及教育的重要、学习的重要。“惟教学半”(《尚书·商书·说命》),“教学相长”(《礼记·学记》)。我把《论语》一书的主题归结为“学”,正是“学”才使人成为人,这是儒学的核心。

问:你对第三问的另一点意见是什么?

答:这就只能更简单地提一下了。

问:请说。

答:20年前,我提出过希望有“第二次文艺复兴”。第一次文艺复兴是回归希腊,把人从神学、上帝的束缚下解放出来,然后引发了宗教改革、启蒙运动、工业革命等等,理性主义、个人主义盛行,也导致今日后现代的全面解构。我希望第二次文艺复兴将回归原典儒学,把人从机器(高科技机器和各种社会机器)的束缚下解放出来,重新确认和界定人是目的,发掘和发展个性才能。由“道始于情”而以国际和谐、人际和谐、宗教和谐、民族和谐、天人和谐、身心和谐为标的,使人类走向光明的未来。这就是“为生民立命,为往圣继绝学,为万世开太平”(张载),但这又仍然需要人类自身的努力奋斗。

我一开头回答“人类走向何方”时,说我不知道,因为历史有许多的偶然性。我在1979年《中国近代思想史论》中就认为,偶然与必然是历史哲学的最高课题。为什么今天要集中各方力量剿灭恐怖分子和极端组织,就是因为某一天这些组织中的部分人可能弄到核弹和现代生化武器消灭人类,埋葬这个在他们看来污秽丑恶的世界,把全人类送入他们宣讲的天堂乐园。这也就是为什么我一再讲儒学的“一个世界”和“历史意识”的原因之一。这些就不多讲了。

问:那你的“命运的哲学”对人类走向何方还是很乐观?

答:我提过孔夫子加康德,也许可作为我对命运的哲学和哲学的命运的前景展望。关于孔夫子我已讲了不少,如《论语今读》,2015年还出版《由巫到礼　释礼归仁》一书。关于康德，我想引《批判》第六版的结束语如下："总结全书，我以为，康德哲学提出的是'人之所以为人'即'人是什么'这样一个总命题。前三问（"我能认识什么？""我应做什么？""我可期望什么？"）都最终归结于最后一问'人是什么'。对这个伟大问题，康德从认识、道德、审美三个方面作了文化心理结构即'普遍必然'的人性能力（人性的主要特征和骨干部分）的伟大回答。但'普遍必然'的人性能力如何可能，归结为'纯粹理性'并未解决问题，'人是什么'仍为疑问。于是，这就应由提出'经验变先验，历史建理性，心理成本体'的人类学历史本体论来作进一步的探求了。"但即使如此，即使对未来抱以中国式的乐观展望（乐感文化），在此也不能和无法多谈，否则就成为可笑的话语了。以此为结。

注释

［1］参阅拙文"Subjectivity and 'subjectality'：A Response"，*Philosophy East and West*，49.2(1999)，pp.174—183。

第一部分
李泽厚与儒学现代化

李泽厚与现代儒学：一种新全球文化的哲学

罗亚娜(Jana S. Rošker)

斯洛文尼亚卢布尔雅那大学

一、李泽厚及儒学现代化的全球意义

李泽厚的思想可以被描述为求索西方思想与传统中国思想的综合，以期对一套能够解决现代全球化世界的社会和政治问题的理念与价值体系进行详述。在其多数著作成果中，他试图对“西方”理论(特别是康德哲学与马克思主义)与“传统中国”理念、概念及价值(特别是儒道两家)进行调和[1]，从而开创一套不同于且不混淆于“西化”的现代化理论模型。[2]

李泽厚的夙愿是“旧瓶装新酒”，他经常对其哲学事业中的核心字词在形式上加以倒置或倒装。在此，我们仅谈及其中三个关键性措辞，它们将在下文中得到更进一步的详述：(1)首先，最著名的一例即对19世纪的口号“中学为体，西学为用”的反说，李泽厚将其转变为“西学为体，中学为用”(即从“中体西用”变为“西体中用”)；(2)其次，李泽厚亦把林毓生的“创造性(的)转化”倒转为“转化性(的)创造”(即从“创造性转化”到“转化性创造”)；(3)其三，他把马克思视野下人与自然的非异化关系——自然的人化——用“人的自然化”这种重组的形式赋予了新的含义(即从“自然的人化”到“人的自然化”)。尽管这三个措辞的原初形式始自近现代时期，但它们的形式得以重组却更多地归因于传统(特别是儒学)意涵。[3]

20世纪的最后20年，随着中国的儒学思想复兴方兴未艾，李泽厚成熟的哲学思想得以详尽阐述。然而，这场复兴运动及其最具影响力的方法路径在许多方面与所谓的新儒家或现代新儒家思潮理论不尽相同。现代新儒家这一流派在中国首现于20世纪早期，其最明显的话语表述即恢复传统主义，它是由现代中国最出类拔萃的一批哲人发展而成。熊十力和冯友兰是这一流派公认的先驱，此外我们还应谈及的主要人物有梁漱溟、张君劢与贺麟，这些思想家皆属于所谓的第一代"现代新儒家"。紧随其后的是"第二代"，其主倡者（如牟宗三、唐君毅和徐复观）主要在港台地区生活和工作。当前的"第三代"则包括一些旅居海外的（如杜维明、余英时）华裔思想者、身处中国台湾地区（如刘述先）和中国大陆（如郭齐勇、陈来、郑家栋、汤一介、蒙培元和牟钟鉴等）的思想者。该流派通过从西方哲学体系中获得崭新的输入和刺激方式，广泛致力于努力复兴传统思想（主要是儒学，特别是宋明新儒学）。在其综合的总体张力中，尽管其理论成分更多地依赖于维也纳学派，但德国唯心主义精神却尤为重要。不过，该流派的学者在寻求解决社会异化和"价值观真空"的良方和替代选择时，则主要把这些理论作为审视古典儒学思想的框架。

李泽厚的哲学虽然明显受到这种路径方法的影响，但他却对现代新儒学这一思潮加以批判。[4]事实上他表示，他本人认同儒学，但"决不认同'现代新儒学'或'现代新儒家'"[5]。他视现代新儒学为宋明理学这一新儒学的延续及其现代化，并拒斥这种话语，认为其"毫无意义"。但若我们对其观点进行更为密切之考察，则可以明显发现李泽厚对于现代新儒学这一思潮之批判主要针对的是该思潮所预设的无法产生真正系统的哲学这一假定前提。他当然相信该思潮对于中国传统的维护及其现代化方面所作出的贡献是至关重要的[6]，并声称：

> 除了马列哲学的中国化之外，在现代中国思想史、哲学史上，比较具有传承性特色和具有一定创造性的，就只能数"现代新儒家"了。[7]

李泽厚为了创建一个可以运用于中国独特的现代性之中，并作为其理论基础的现代化概念框架，便设法对一些源自中国古典哲学的重要概念加以强化并进行详述。因此，他虽然表达了其对现代新儒学的反感情绪，但他仍利用了一些与现代新儒学相同的路径及方法论，我们亦可以察觉到他的理念与那些主要的现代新儒家之间有着相似之处。李泽厚与现代新儒家皆以截然不同的方式对若干儒学（及部分道家）基本概念加以强调，诸如“天人合一”、“人性”之用、“欲”以及“中庸”、人“心”等概念。这两种话语亦都关注传统的对立范畴，如“内圣”与“外王”，以及“体”与“用”。

总之，通过细致的分析，便可揭示出李泽厚的著作成果与现代新儒家话语之间有着许多共通之处[8]，二者皆认为现代化在本质上即世界的理性化。同时，二者在对现代化自身的哲学基础进行研究时，皆集中关注与本体论相关的诸问题，这些问题皆是由西方思想体系所引介入华的。此外，二者亦同时持有这样的共识，即与宇宙终极实在、存在之实体以及绝对相关的诸问题决定了生命的意义，且对于开创一个使当代社会条件和保存完整的文化与个人认同这二者之间得以相容的新价值体系而言亦是不可或缺的。因此，这项至关重要的任务旨在不断寻找“恰当的”定位或方向，如此“恰当的”定位或方向既意味着是一系列崭新的、指示清晰的“标志”，用以指明现代文化之道，亦为解决政治经济领域的社会实际问题提供了基本准则。倘若没有这样一个恰当的定位或方向作为框架，社会将会陷入普遍的精神萎靡的泥淖之中，陷入其中的每一个体及其行为都将受制于纯粹技术官僚功利的机械论规律。[9]另外，二者亦共同持有这样一个信念，即未来的哲学将建立在中国与非中国两大思想传统相综合的基础之上。

与大多数现代新儒学哲人一样，李泽厚亦力图重新发现儒学概念传统中最经久不衰的要素并对其进行更新，这些要素不仅可以带领中国摆脱自身的社会与制度危机，亦能够为世界哲学与文化的进一步发展作出有价值的贡献：

中国古典文化不再只有古董似的玩赏价值，汉学不会类似于埃及学、敦煌学有纯历史意义，而将成为现实的世界文化中不可缺少的具有深厚价值和贡献的重要组成部分。[10]

尽管李泽厚与现代新儒学思潮有着上述这些相似处与契合点，但二者之间还是存在着许多显著的差异。不过，在尝试对产生这些殊异的原因进行描述与解释之前，我们须先对李泽厚有关现代化进程的观点作一番考察，这一观点亦是20世纪后半叶大多数中国哲人主要关注的话题。通过对李泽厚有关这一转型进程的观点进行分析，将会为若干界定其本人哲学体系的关键概念、理念和方法提供至关重要的洞见，同时亦有助于厘清其与现代新儒家之间的矛盾关系。

二、中国现代化的诸问题

李泽厚对中国传统思想的探索是与中国现代性的诸问题紧密交织在一起的。由于李泽厚认为中国古典哲学是迈出由传统向现代转型的第一步，因此在他看来，对中国古典哲学思想进行深刻理解是提出解决各种新旧矛盾的现实方案的必要条件。[11]李泽厚表示，中国现代化自19世纪中期始至"五四运动"止，中间一共经历了三个相互联系的阶段，这一观点对于考察中国现代化本身赋予了一种重要的历史维度。第一阶段即"洋务运动"(或"自强运动"，约1861—1895)，主要侧重于学习西方现代科技；第二阶段即"戊戌变法"(或"百日维新"，1898)与"辛亥革命"(1911)，此时关注的焦点则转向了西方政治制度；第三阶段即"五四运动"(1919)，主要关注价值体系和文化传统。[12]

然而，在李泽厚的著作中，现代化(或启蒙)进程却早在19世纪便已经落下帷幕[13]，取而代之的是迫切的救亡图存，民族主义是那个时候的当务之急。正如李泽厚所明确表述的，"这就是我所说的'救亡压倒启蒙'。这是一个历史事实，谁也没法再去改变这一行程"[14]。

中国现代化在政治和意识形态上的转折点，要数"五四运动"，这场运动始于1919年学生游行反对中国在凡尔赛和约中遭到的不公正待遇。在接下来的数年里，这些抗议的声音逐渐演变为一场全国性的所谓“新知识分子”的运动[15]，他们鼓动中国社会须进行一场彻底的文化与意识形态变革。历史上著名的“新文化运动”被公认为中国启蒙之源，这场运动不仅含有爱国主义和民族主义因素在其中，同时亦尖锐批判甚至彻底拒斥中国传统（特别是作为官方学说的儒学）。李泽厚注意到，传统文化与现代启蒙二者尽管在表面上存在着相互冲突的议题，但事实上这两者一开始却是相互补充的，并由此推断出“五四运动”的启蒙传统逐渐在这一时期分崩离析并陷入动荡，从而迫使物质、经济和智力资源的全盘现代化成为必需，以抵御外侮、捍卫国权，同时也为中国国内革命奠定了基础，最终的历史产物便是使得“民主集中制”取得胜利。对于李泽厚而言，“民主集中制”这一原则代表的就是“‘革命的传家宝’被广泛地长期地论证、宣传、教育，并推行给全社会，成为某种普遍状态和普遍意识”。

对现代性的新探索始现于20世纪80年代，该新探索虽然更加关注文化心理方面，且采取相对谨慎的办法来对待政治经济改革，但是它似乎已经将前文所述的三个阶段统一为一个前后连贯的进程。文化心理与政治经济改革这两大主要领域是李泽厚本人思想的中心。其实践论的人类学表明，人类经由两大基本结构的发展而得以进化[16]，这两大基本结构即“工艺—社会结构”和“文化—心理结构”：前者对应于集体领域（“大我”），在现代西方哲学方法（特别是康德哲学方法）的语境中能够得到最好的理解；后者则属于个人对世界的感知领域（“小我”）[17]，通过中国传统思想能够得到最好的体现。[18]

在谈及有关界定现代中国哲学话语的中心议题，即在对待西方思想时应采取何种立场时，李泽厚将著名的口号“中体西用”加以倒置，代之以“西体中用”这一提法[19]，我们将在下文中对该立场进行考察。然而，我们亦能够注意到，李泽厚的观点从根本上与那些提倡照搬西方技术，维护中国制度、价值体系和意识形态的思想家毫无二致。[20]其中后者（即作为“用”的“中学”）是至关重要的，因为它决定了人们生活的具体情境。这样也使得李泽厚亦把林毓生有关传统的“创造性的转化”这一提法修改为“转化性的创造”，并表示原措辞表述意指中国传统须根据西方范式加以转化。[21]相反，李泽厚却认为：

> 关键在“用”，如何使中国能真正比较顺利地健康地进入现代社会……不一定要以西方现成的模式作为模仿、追求、“转化”的对象，可以根据中国自己的历史情况和现实情况创造出一些新的形式、模态来。……但强调“创造”新形式，而不是“转化”到西方的既定形式这一基本思路……当然“创造”比“转化”会需要更多的尝试错误，需要更多的修补改正，但我认为，付出这些代价仍是值得的，因为它是在寻找一些最适合中国情况的模态和形式。[22]

李泽厚有关中国现代化的观点与其建基于所谓的“人类学本体论”这一概念之上的广义哲学密不可分，而“人类学本体论”则是李泽厚所阐发的后马克思主义的一种方法论，以力图超越传统的马克思主义理论。

三、李泽厚哲学的中心概念：创新与阐发

李泽厚本人接纳并提倡马克思主义唯物论，他与马克思一样亦强调“自然的人化”这一观念。在他看来，“自然的人化”这一过程还由两部分组成：人通过使自然成为一个更适宜人类生活的处所从而把自然人化，而同时这一活动又使人自身的身心结构得以人化、“去动物化”，以使之适应组织化社会中的生活：[23]

> 马克思关于“自然的人化”思想就是如此。……“自然的人化”包括两个方面。一方面是外在自然的人化，即山河大地、日月星空的人化。人类在外在自然的人化中创造了物质文明。另方面是内在自然的人化，即人的感官、感知和情感、欲望的人化。……人类在内在自然的人化中创造了精神文明。[24]

这种自然的人化亦是美的基础，因为它能够作为人类社会实践的过程使自身得以呈现，而自然与人类又能够在社会实践的过程中得以历史地统一。[25]因此，美可以被认为是衡量人类在历史上构思出来的社会发展的标准，这就表明美的世界是人类历史的最高阶段或最终阶段。由于美本身亦与价值论紧密交织，故美本身不可以仅仅被视为是一个美学概念：

> "人化的自然"不只是美学问题，它是一个根本哲学问题，涉及文化心理结构、积淀、人性塑造问题，以及涉及人的本质和存在问题。[26]

在此，我们亦须对李泽厚本人提出的"人的自然化"这一特殊概念加以考虑，该概念是在其美学思想中作为马克思主义"人化的自然"这一概念的对立面而出现的。李泽厚把前者理解为一种过程，从人性而非后验或后天特性的意义上说，人类在这一过程中通过自身的行动，历史地（即通过演化的过程）把外性转化为内性的一个组成部分。

这种内化与其"积淀"概念密切相关。"积淀"是人类经验的一个特定阶段，形式与内容、自然与社会文化、感官与理性在这一阶段中皆得到统一，从而形成一个复杂而连贯的实体。在某些方面，"积淀"这一概念可以同荣格（Carl G.Jung）的"原型"相比较，后者是被嵌于集体无意识之中的，而李泽厚的"积淀"则是一个动态的实体。因此相较于荣氏的"原型"概念而言，李泽厚的"积淀"概念更具有历史性。[27]

李泽厚对"人化的自然"与"自然化的人"之间的关系的诠释，是建立在中国古典概念"天人合一"的基础之上的。在李泽厚看来，这一概念不仅表达了自然与人类个体意识之间的相互统一，更主要指的是自然与整个人类共同体的物质现实（包括生产关系）之间的相互统一：

> 这个"天人合一"不仅有"自然的人化"，而且还有"人的自然化"。这恰好是儒道互补的中国美学精神。……这种"天人合一"

论也即是自然人化论(它包含自然的人化与人的自然化两个方面),一个内容两个名词而已。[28]

原则上,人类有能力很好地掌控自己的命运。然而,这种掌控(或者说自治)的具体水平则取决于人类克服客观实在所存在的障碍的能力[29],而这种能力则有赖于技术发展水平的高低。从这个意义上来说,李泽厚(与马克思)的"自然的人化"可以与物质文明相等同。不过,人类掌控自身命运的这种能力亦取决于人类构建共同体的能力,也即创造并维护一种意义共享与文化延续性:

这是必不可少的,因为简单的传统社会形式不断发展为日益现代且复杂的社会形式,这是一个深刻变动不居的过程,而在这一过程中异化的危险无处不在。扩展共同体意识以符合社会在规模和复杂性方面的增长——从家乡到城市、民族,最终超越民族以至囊括整个人类——这种努力尝试就是李泽厚所谓的"精神文明"或"内在自然的人化"。在这一过程中,美育起到了重要作用,因为它提供了一个并不存在于日常实在中的自由域,但它却对能够提升我们自身以超越纯粹的个人关怀与兴趣的奇思妙想而言是不可或缺的。此外,它还能够培育我们的敏感度,以增强我们与他人"移情"的能力。[30]

在"人化的自然"和"自然化的人"这两个概念中,李泽厚的"主体性"(subjectality)概念最为重要。"主体性"这一术语在多数李泽厚著作英译版本中被译为"subjectivity",李泽厚在其英文二手材料中业已重审"subjectivity"这一译名是具有误导性的[31],他对中文的"主观性"概念和"主体性"概念做出了基本区分。在他看来,前者是一个认识论术语,而后者则是一个本体论术语,故二者不同的语义内涵就意味着二者的含义存在着重大差异。因此,将"主观性"和"主体性"这两个术语都迻译为"subjectivity"会造成误解[32],或者说最起码会削弱李泽厚思想的精确性。为了解决这一问题，李泽厚提出用他自创的“subjectality”一词来翻译“主体性”这一概念。该概念与“人类实践”这一概念密切相关，但李泽厚对“人类实践”的理解与经典马克思主义的“人类实践”概念有所不同。尽管李泽厚认同马克思所强调的客观条件、生产力和物质基础是首要的，但他亦坚信人类实践的客观内容与那些使人类构成自主性主体的因素——特别是人类的创造性、创新性和行动意愿——密不可分。人类行为作为“自然的人化”的驱动力，由两个内在固有的本体论结构组成：首先是本质上具有生物技术性的本体论结构，李泽厚称之为“工具本体”；其次是由文化所决定的本体论结构，李泽厚称之为“心理本体”。然而，从客观的人类存在实体这一意义上说，“主体性”这一概念并不仅限于个人层面（包括个人与其环境建立起互动关系的能力），但其中又蕴含着各种人类共同体（社会、民族、阶级、组织）。李泽厚在作出上述这些定义的同时，还对两种主体性进行了鉴别：第一种主体性涉及每个个体的身份，第二种主体性则关乎作为整体的人类：

> 所谓“主体性”，也是这个意思。人类主体既展现为物质现实的社会实践活动（物质生产活动是核心），这是主体性的客观方面即工艺—社会结构亦即社会存在方面，基础的方面。同时主体性也包括社会意识亦即文化心理结构的主观方面。从而这里讲的主体性心理结构也主要不是个体主观的意识、情感、欲望等等。而恰恰首先是指作为人类集体的历史成果的精神文化、智力结构、伦理意识、审美享受。[33]

在李泽厚看来，尽管马克思对社会性感兴趣，但后马克思主义理论却反而关注受个人制约的主体性类型。他把重点放在这种主体性的自主性上，对这方面的强调亦反映出了李泽厚受康德的影响。然而这样一来，将会误把李泽厚思想弱化为不过是后马克思主义与康德哲学这两大欧洲重要思想的衍生品罢了。恰恰相反的是，李泽厚把马克思作为其理论出发点，以期对康德首次提出的诸议题加以再检验，从而力图解决源于这些理论方法的诸问题。[34]李泽厚的最终目标是对把中国独特的传统元素充分考虑进来的、更为连贯一致的现代化理论加以详述,同时亦尝试为现代社会更为普遍一般的问题(如异化或剥削)找到解决方案。就这一点而言,李泽厚的目标当然是可以同那些现代新儒家的目标进行比较的。

四、对立范畴与"相关互补性"原则

在我们试图说明现代新儒家与李泽厚之间所存在的异同时,我们只需对其倒置的"中体西用"这一口号加以关注即可,这是因为它可以被认为是说明二者异同之典范。尽管有关李泽厚对著名口号"中学为体,西学为用"做出的激进倒置的讨论已经成为了老生常谈,但通过考察各种对待构成"中体西用"这一口号的基础的"体"与"用"这对传统对立范畴的态度,我们可以得知许多实现中国哲学推理现代化的不同方法路径。

不过,在我们进行比较分析之前,还须对"对立范畴"这一概念作简要描述。处于对立状态的这些范畴是中国传统哲学的基础,它们以二元性的模式呈现,力图通过相对性来达到最真实(可能)的现实状态,并用两个对立概念之间的关系加以表达。[35]葛瑞汉(A.C.Graham)表示,在这种二元模型中,对立的术语就可以看出其中的区别,而且这些区别又主要存在于对立的一对对子中(甚至形与色被归为方/圆、黑/白)。一旦这些对立面建立起来,加之某些再现或持续的模式得以识别(例如方、黑、小、柔或重),我们便可以把一个物体——如一块石头——同其他物体相区分开来,就如同我们剪一块布或切一块肉那样。因此,在这种二元模型中,事物并非被视作孤立的,它们各有其本质与偶性;[36]但相反的是,在有区别的特性方面,它们又是彼此相对的。[37]

这种二元对立的结构模式从根本上来说不同于笛卡尔哲学二元论模型,后者是一种观念模式,唯心主义和唯物主义范式皆建立在其基础之上。在笛卡尔哲学的这一模型中,相互排斥且两相对立的正题与反题由本身矛盾着的两个对立面所决定，二者之间包含着一种辩证关系。这种辩证关系产生出了一种张力，在这一张力中，正题与反题的相互否定构成了合题。相反，在中国思想传统中占主导地位的互补性模型则建立在非矛盾的两极对立面基础之上，这两极是相互补充而非相互排斥的，而且彼此相互依赖。一些中国学者把中西这两种模型之间存在的差异理解为是对两种辩证推理的基本类型作出的定义：西方的黑格尔哲学模型侧重于寻求区别与矛盾，而相反的是中国传统形式则力图实现这两个二元对立之间的统一。[38]

在千余年的中国思想传统历程及其主流思想体系中，"体"与"用"，从"实体"和"功用"的意义上来说，主要在定义对立范畴基本性质的互补性模式中得到了应用。

在《易经》中，"体"指的是卦的实体[39]，"用"指的是卦与其他卦乃至整体语境的关联性何在。[40]"体"与"用"，从"物质形态"和"应用"的意义上来说，是由公元3世纪的荀子首次使用的；[41]而古典哲人王弼(226—249)则在其对《老子》一书的评注中首次把"体"与"用"这两个对立面阐释为一对对立范畴。[42]在接下来的几个世纪里，"体""用"观念通过中国哲学其他学派（包括宋明新儒学与佛学）得到不断提升。在这些学派中，"体""用"观念被用作说明启蒙经验的非二元性与非差别性，这一观念主要是作为诠释复合与动态事件中的各种哲学关系的基本工具来加以应用的。事实上，这对对立范畴可以用来强调一与多、必然性与偶然性、因与果等关系。在宋明新儒学资源中，这对对立范畴主要用来指事物的终极本质与物理表现（即当"体"以表象的形式出现之时，尽管"体"与"用"这两方面总是被视为不可分离的）。[43]虽然"体"与"用"这两个概念极具基本的不可分性和相互依赖性，但是通过强调"理"与"气"之间的严格区分，宋明新儒学的理性方法或路径——特别是在程颐和朱熹这两位理学主倡者的著作中——经常被认为与西式的唯心主义二元论相类似。宋明新儒学中的心学思潮通过该学派的主要理论家陆九渊和王守仁（王阳明），在某些佛教影响的基础上，则转而力图对"体"与"用"这对互系性对立范畴的传统模型进行再阐释。而正是心学这股宋明新儒学思潮，对现代新儒家话语产生了最为强大的影响。

为了厘清李泽厚对“体”与“用”的再诠释（建立在马克思主义中国化的基础之上）和传统上定义这些对立概念的互补性关系这二者之间的差异，我们须对李泽厚与熊十力二人对这对对立范畴的理解进行比较。鉴于熊氏本人亦是对第二代现代新儒家主倡者最具影响力的导师，因此可以说熊氏是现代新儒学运动的先驱之一，或许也是这场运动最重要的代表人物。他对“体—用”范畴的分析，是在心学这对对立范畴的分析方法与路径的基础之上的进一步提升，因而他的分析为现代新儒学的世界观提供了一种核心范式。

五、熊十力、李泽厚与“体”“用”的跨文化交流

熊氏根据互补性原则，强调了“体—用”这对两极概念对子在本质上是具有统一性的[44]：

> 体者，对用而得名。但体是举其自身全现为分殊的大用，所以说他是用的本体，绝不是超脱于用之外而独存的东西。因为体就是用底本体，所以不可离用去觅体。[45]

在我们的观念中（在语言学方面），虽然熊氏把“体”与“用”这两个概念仅视为一体之两面，但我们更倾向于把“体”与“用”视作两个不同的实体。呈现为“体”的领域不可被直接视为具体的物质形态，这是因为后者只出现在“用”的领域中。又由于“体”亦是所有转化得以同时发生的原因或根据，因此“用”是处在具体现实层面的。“体”是潜在而微妙的，“用”是清楚而明白的；“体”是一个单一的统一体，“用”是多方面和多层次的。不过，“体”与“用”的这些差异只能在描述层面表达出来。[46]从更基本的意义上来说，“体”与“用”并非是两个不同性质的不同实体，而不过是一个单一实体通过不同特性将自身呈现出来罢了。因此，“体”与“用”构成了一个统一体。[47]这就意味着熊氏的整体主义要比宋明

新儒学所采用的互补性对立原则更具真实性和逻辑性。

通过对传统的整体主义本体论范式进行再定义和体系化，熊氏亦为一种崭新的儒学实用主义奠定了理论基础，这种新的儒学实用主义强调儒学著名的“入世”担当精神并使之付诸现实，这一方面亦是李泽厚思想中最为重要的方面；对于熊十力而言，存在的转化不仅局限于现象域，也即不仅局限于“用”域，这是因为存在的转型亦是所有存在物之“体”的基本状态。“体”，就其本身而言，是非物质的；物质（如形式）则是“用”的一种特性，它肇始于变动不居的过程之中，而这一变动不居的过程是存在本身的“体”与“用”两方面所共有的一种持续性状态。这种转化的动态过程在“翕辟成变”和“体”之“一阖一辟”。这些“变”界定了现象的生灭，并且这些“变”亦在现象之“用”中将自身体现了出来。[48]

但李泽厚却对“体”与“用”之间的二元对立有着截然不同的理解。他对前文所述的“中体西用”这一口号的倒置多被认为过于激进[49]，而且这种极端反传统且亲西方的立场表述是一种含混不清的主张[50]，没有任何的理论基础。[51]他对“中体西用”这一口号加以修正[52]，便立刻招致攻击和猛烈批判，这显然表明李泽厚已经触碰到了当代中国诸多知识分子的切肤之痛。笔者认为，这些攻击都源自这样一个事实——与熊十力及其他现代新儒家恰恰相反——20世纪的大多数知识分子并未把“体”与“用”这对两极对立理解为一对对立范畴（如上文所述），而是在唯心主义或唯物主义二元论的意义上来加以理解的。从这一意义上来说，“体”概念较“用”概念而言明显要居于决定性的支配地位。那么从逻辑上来说，这就意味着在李泽厚的模型中，中国相对于西方而言是属于从属的附庸地位，但是李泽厚本人却从未表示过这样的意思。由于李泽厚受到了来自各方的批评，因此他不得不屡次以各种方式对他的动机意图进行解释。[53]

李泽厚的“西体中用”宣言并非像中国官方所想象的那样是反传统的。即便是在20世纪80年代早期反传统热如日中天之时，李泽厚也从未支持过“全盘西化”这一前卫观念，而是在其三期思想史划分中一贯地对儒学加以公允评估。[54]

李泽厚在其多数完整的阐述中对“体”与“用”这两个对立术语进行了定义[55]，他起初把“体”定义为本体、实质、原则，把“用”定义为运应、功能、使用。他还指出，“体”与“用”这两个词须在其最初形成的历史语境中加以理解。“体”与“用”这两个词最初是作为回应新保守的传统主义思潮以及极端西化的破旧除旧拥护者而出现的。[56]为了论证关于“体”与“用”这两个词在不同的语境框架中出现所产生的语义内涵的易变性，李泽厚对“中体西用”这一原始口号不断变化发展的政治语境进行了总结。“中体西用”这一口号首次被明确阐述出来是在19世纪中期，这在当时是一个进步的表述，把矛头直指保守的儒式政府，但只有张之洞赋予了这一口号以新保守主义的内涵。[57]因此，尽管最初“中体西用”这一口号强调的是“西用”，或者说强调的是对运用西方技术及实际知识的需要，然而张氏却把侧重点转移到了“中体”上，通过强调这一标语来表明须不惜一切代价维护中国传统。从这一层含义来看，恰好与李泽厚本人改造的口号“西体中用”正相反对。不过，李泽厚亦批判极端的亲西思潮(全盘西化)企图彻底摒弃了无新意的传统、视传统为中国现代化的主要障碍的做法。的确，李泽厚把“中体西用”倒置为“西体中用”，从本质上乍一看不过是表现为一个术语学的问题：

> 我用的“体”一词与别人不同，它首先指的是社会本体……我曾一再强调社会存在是社会本体。把“体”说成是社会存在，这就主要不是意识形态。[58]

因此，能否对李泽厚提出的“西体中用”这一新口号作出恰当的诠释，取决于对“体”这一概念的理解。“中体西用”这一原始格言的支持者把“体”视作“传统之体”，相反李泽厚则从马克思主义的角度把“体”视为社会的物质基础。

> 中体西用的最大错误就在于认为科技是用而不是体，其实科技恰恰是体，因为科技理论是与社会存在，与生产力、生产方式联

系在一起的。[59]

在此，我们务必牢记的是，在以唯物史观为“基地”的马克思主义中，物质基础是最重要而且是绝对的。李泽厚试图通过把文化—心理结构的诸要素整合进他的马克思主义版本（李泽厚视其马克思主义版本为经典马克思主义的回归，也即对经典唯物史观的回归）中，以期复兴马克思哲学中的“建设性方面”。[60]李泽厚认为，社会的观念、文化及艺术方面只能够在物质—技术的基础上得以发展。这种对“体”的诠释是以经典马克思主义和原典儒学（经典儒学）为共同依据的。[61]就这一点而言，李泽厚解释说他主要把“西体”理解为现代化，现代化并不能等同于西化，纵使现代化毋庸置疑始自西方。[62]因此，被理解为观念上层建筑或思想上层建筑的“用”这一概念对于李泽厚而言具有至关重要的意义，这是因为“用”界定了个人在社会中的具体情境。李泽厚用更具当代性的术语“硬件”与“软件”，替换传统术语“体”与“用”，来说明“用”这一概念：

> 因为尽管物质生活上的硬件——冰箱、空调、电视机等等世界通用，并无国界；但人们的生活软件其中包括经济组织、政治体制、生活习惯、行为模式、人生态度、价值观念、思维特征等等，却因不同政治、文化传统而不相同。[63]

由于李泽厚认为任何社会或个人得以发展的先决条件就是认同自身传统，因而所谓“中用”（Chinese function），也即符合中国具体社会条件的现代化方法，是中国国家、社会与文化未来的基础。“用”至关重要，因为它界定了向现代社会转变的模式，故它可以使这种转变更加容易且更具理性。[64]

六、唯物主义、唯心主义、孔子及马克思

李泽厚发现，康德思想、马克思主义思想和中国知识传统中的某些

基本方法三者之间有许多相似之处。然而,当李泽厚试图把康德思想与马克思主义思想同中国知识传统中的某些基本方法相综合时,他似乎陷入了自己的陷阱中。李泽厚试图通过扩充物质基础并整合原本属于观念上层建筑或思想上层建筑的"某些要素",来对所谓的"正统马克思主义"体系进行修正[65],但他却并未从具体方面对这一新基础的范围加以界定。[66]同时,李泽厚试图淡化阶级斗争和革命势在必行的重要性,以使马克思主义具备更多的"建设性",从而更好地与中国传统世界观(特别是儒学世界观)所具备的"实用乐观"特性相适应。[67]

然而,李泽厚的一连串尝试将产生这样的疑问,即他对中国传统思想和"早期马克思主义"的这种综合是否依然与那个在 20 世纪极具影响力且属于主流话语之一的被称作"马克思主义"的政治经济理论相符合呢?李泽厚设定其本人的马克思主义所具有的相对性乃是对"经典马克思主义"的回归,但这种相对性只不过是在回避问题而已。[68]

马克思主义作为一套理论体系,是根植于黑格尔辩证法的;但由于黑格尔的哲学体系是建立在唯心主义基础之上,因此马克思与恩格斯把黑格尔的哲学体系与费尔巴哈的唯物主义体系相结合,从而把黑格尔哲学体系的基础转变为唯物主义基础,同时亦把后者从直观唯物主义转化为更具实践性和人本主义性质的唯物主义。[69]因此,马克思主义是一套运用唯物主义对历史发展加以诠释、运用辩证法对社会转型加以看待的理论,从而这些具有指导意义的论纲成为了批判和分析人类社会历史辩证发展的阶段之一——资本主义——的基本工具。"阶级斗争"这一概念与"革命"这一概念一起,在人类社会历史辩证发展的过程中起着至关重要的作用。前一个概念代表了矛盾的否定(通过其本身的反题对正题加以矛盾地否定),后一个概念则"扬弃"之从而构成合题。"阶级斗争"和"革命"这两个概念都是马克思主义辩证法理论模型中的关键要素。

在这种唯物主义发展模型中,社会的每一阶段都被视为是由掌握生产资料(技术)的阶级和提供必要劳动的阶级之间的矛盾所决定的。在发展的某一阶段,社会的物质生产力就会与现存的生产关系发生冲突，这种冲突就在阶级斗争中得到体现，从而引发一个时代的社会革命，导致一个在质上焕然一新的社会阶段的出现。因此，社会变革会由于两个不同且彼此相互对立的社会阶级的斗争而出现。在马克思主义辩证法模型中，两个对立阶级分别代表了正题与反题这两个抽象范畴。

另一方面，李泽厚视儒学为唯物主义体系亦同样难以得到证实。[70]儒学（特别是在其原始学说中）被定义为具有实用主义特点且颇具世俗性的哲学，并且它一般来说不能解决形而上学或超越性宗教的问题，这一点虽然千真万确，但这并不意味着儒学无法成为一个唯物主义哲学。在此，我们可以指明李泽厚把其“吃饭哲学”同唯物主义哲学画等号这一做法的问题本质所在。[71]须注意的是，意识到对于人类存在（或者任何存在）而言其生存的物质和自然条件具有至关重要性并不足以证实这就是一种唯物主义世界观。

尽管在这种语境中，李泽厚十分正确地批判了视道德和先验道德自我为社会发展基础的这种模型，但（正如李泽厚所主张的）现代新儒家话语实际上是否亦做出了这样的假设，这是尚存疑虑的。在李泽厚对熊十力有关“体”“用”关系的观点进行批评时，这一点十分明显，显然李泽厚对熊氏的这种批评是建立在熊氏对互补性模型的基本特征缺乏了解的基础之上。李泽厚表明，尽管熊氏模型建基于“体用不二”之上，但他却主张观念本体的第一性（“观念本体”在熊氏哲学体系中即“体”）。正是由于这种观点，熊氏当然被归为唯心主义哲学的代表。熊氏与佛教以及宋明新儒学中的心学之间所存在的关系是有问题的，李泽厚在对其进行分析时写道：

> 但熊继承又不满它们的正在于，所有这些仍有将本体与现象分割。将前者君临后者之上的倾向和结果。例如所谓“不杂”[72]，就有追求抽象实体的味道。[73]

李泽厚总结道，这种路径方法会使得熊十力走向唯心论和唯我论：熊氏对物质世界和技术的历史意义缺乏了解，这就导致“他的这种本应向外追求和扩展的动态的、人本的、感性的哲学仍然只得转向内心，转向追求认识论中的‘冥悟证会’的直觉主义和‘天人合一’的精神境界”[74]。

李泽厚得出熊氏哲学既是唯心论又是唯我论的结论，这一结论的得出源自他的这样一个假定，即从实体的意义上说，“体”无法与西方的“本体”相比较，后者是外在于人心的。[75]然而，在此情况下，熊氏实际上是对传统的“体”与“用”(或本体与现象、物质与意识、主体与客体等)之间的互补性关系作详细阐述。这种模型取代了物质与意识、肉体与心灵这样的静态划分。对立范畴中所具有的互系性遵循互补性原则，它并非意味着物质和意识融入到一个普遍盛行的、主要的且占绝对优势的意识中。事实上，在互系性模式中，没有肉体就没有精神，反之亦然。

然而与此同时，这也绝非意味着在互系且互补的世界观下，实体与现象之间毫无区别或界限。如果这一情况属实，那么中国整体主义世界观将会创造这样一种实在，在其中的每一事物都与其他一切事物有联系，这样实在是不可思议、不可描述且不可传达的。二元论模型和互系性模型的根本区别，就在于在前者中，实体与现象(或其他任何二元对立)之间的分别都是静态的，并且可以被清晰地描绘出来；而在后者中，这种分别是易变且动态的。在第一种模型中，原本具有动态性的易变的现实是受具有静态性的理性的实在分类所支配，其发展亦由辩证法的机械法则所界定。在“哥白尼革命”后，人们(包括李泽厚这位现代中国知识分子在内)无不被教育用这种方法来观察和构想现实；于是这种科学的、静态的分类模型便作为感知和诠释现实的基本工具而风靡全球。今天，这一方法给人们带来了许多“出格思维”或“格外思维”，用以理解既合又分、既同又异、既自又他的现实的未来。李泽厚之所以反对现代新儒家哲学的其中一个主要原因，便在于他确信现代新儒家们继承了这种由宋明新儒家们首次提出的唯心主义二元论理论。朱熹虽然看起来是以本质上属二元论的方法来对待诸二元对立的观念(如“理”和“气”)，但是朱熹的两极性思维同笛卡尔二元论仍有显著差异。诚如刘述先所指：

> 由形上构成的角度看,朱熹是二元论,由功能实践的角度看,朱熹是一元论;两方面融为一体,才能够把握到朱熹思想的全貌。[76]

笔者再次强调,显而易见的是,西方传统概念及范畴无法简单作为"工具"加以转换和运用,来阐明建基于截然不同的参照框架之上的中国哲学体系。

如果我们细想李泽厚对现代新儒学中的"内在超越"的批评,一个类似的问题更油然而生了。李泽厚认为,"内在超越"这一观念是一种自相矛盾的说法[77],因为"超越"只能意指超越现象世界,故其无法在界定本体与现象相分离的思想意识体系中出现。不过,正如我们先前所注意到的,这种分离并未得到绝对界定,即便是这种分离的性质不同于二元论模型中所蕴涵着的分离性。[78]

七、探寻久违的动态性统一

毋庸置疑,李泽厚对当代哲学思想作出了创新性贡献。事实上,一旦我们对李泽厚本人的哲学体系及其对中国传统与西方哲学推理进行调和所做出的尝试加以必要区别时,李泽厚的哲学就表现出了它对当代思想的真正而独特的贡献。李泽厚基于他对中国传统哲学话语的深刻认识,力图通过创造出"度"这样一个新概念,来对后哥白尼理论中的静态框架加以修正和发展。"度"这个概念根植于物质—技术结构之中,[79]并且是历史本体论的动态基础。[80]"度"受人类主体性所支配,是人类(也是动物)适应性变动不居、灵活多变而又不可确定的标准[81],它使众生得以生存并发展。[82]由于人类生存的条件亦是不断变化着的,因此"度"必然是易变的、动态的、瞬息万变的。[83]这种人类发展的观点显然是根植于中国古典哲学之中的。庄爱莲认为,李泽厚在其社会理论和哲学中都想守"中",他用古典儒学术语"中庸"指称之。[84]选择中庸就意味着发展出了一种"度"。中国思想自古以来就一直强调"中"与"和"，这不过就是"度"的客观化罢了。[85]但是，"度"既不是一个超越的外力，亦不是一个具体对象，也不是一个纯粹的抽象概念，而是人的创造和产物，它亦与"主体性"概念密切相关。[86]"度"还是控制人的欲与望的一种手段，而不会去减少或者消解它们。因而，"中庸"这一概念是至关重要的，因为它使我们意识到了我们的局限所在，同时亦能鼓励我们在这一有限框架内观察并探索无限的空间。[87]这是李泽厚著作成果与现代新儒学理论之间得以联系起来的又一共同主线，这是因为其中存在着非常相似的原因，即对于现代新儒家而言，"中庸"概念亦具有根本重要性。[88]

这种探求中道、寻究人欲与其实际局限之间的平衡，其前提便是沟通现实并力图适应之而又不失人本身之创造性与独特性，这亦在李泽厚的政治哲学中得到了反映。贯穿李泽厚著述始终的，是他一贯对渐进适应的提倡和对激进变革的反对、对明智改革的提倡和对突发转变的反对，以及对演化的提倡和对革命的反对。[89]

因此，李泽厚的思想可以被视为是一种新的人本主义，这种"人本主义"不只是一个内在固有于每一个体之中的抽象概念，更是我们全部(古往今来的)社会关系的总和。这种人本主义构成了马克思主义和儒学共同的重要部分[90]，同时也是这两大观念体系的核心价值，而这两大观念体系对于李泽厚思想的发展是必不可少的。

毫无疑问，李泽厚是当代最重要的哲人之一，他的思想力图对当前这样一个既尝试复兴各种传统，又根据全球化世界中占据主导地位的经济、政治和价值结构的需求来努力调和或缓解诸文化遗产的时代做出回应。李泽厚通过对中国传统价值及知识中的若干重要方面进行更新与重思，从而为当代哲学论辩作出了巨大贡献。他的工作可以被视作是为重新发现并更新儒学观念传统而付出的不懈努力。因此，这项工作不仅有助于中国自身未来物质与精神发展道路的建设，亦为世界哲学作出了独特而有价值的贡献。

(钱爽译)

注释

[1] 在李泽厚看来,尽管儒道两家立论相对,但二者却仍是互补的哲学流派,儒道两家的互补性关系构成了贯穿传统中国美学思想的重要线索。中国哲学(包括美学)总是受日常生活的实践理性、人际关系以及政治观念所引导,而不受抽象的理性主义理论的指导。参看 Ding Zijiang John, "Li Zehou: Chinese Aesthetics from a Post—Marxist and Confucian Perspective", in *Contemporary Chinese Philosophy*, edited by Cheng Chung-ying and Nicholas Bunnin, Oxford: Blackwell Publishers Ltd., 2002, p.253。

[2] 尽管李泽厚承认现代化不能等同于西化(李泽厚:《世纪新梦》,安徽文艺出版社 1998 年版,第 170 页),但他却反对提倡"纯粹的中国"现代化之路的激进新保守派观点,该观点指出,这种现代化的社会转型的所有物质条件皆自西徂中。

[3] 李泽厚对于语言倒置情有独钟。例如,他把海德格尔的哲学概括为"未知死焉知生",这是把孔子的著名箴言"未知生焉知死"(《论语·先进》)加以倒装而成。

[4] 参见 Sylvia Chan, "Li Zehou and New Confucianism", edited by John Makeham, *New Confucianism. A Critical Examination*, New York: Palgrave Macmillan, 2003, p.105。

[5] 李泽厚:《世纪新梦》,第 110 页。

[6] 李泽厚:《中国现代思想史论》,东方出版社 1987 年版,第 265—266、267 页。

[7] 同上书,第 266 页。

[8] 李泽厚在论及现代新儒学这一思潮时(参见李泽厚:《中国现代思想史论》,第 265—310 页),并未把"第三代"现代新儒家纳入其中;他本人的分析对象也仅限于熊十力、梁漱溟、冯友兰和牟宗三的著作成果,而其他的"第二代"现代新儒学倡导者在他看来则是无关紧要的,并未引起他的关注。

[9] Jana S. Rošker, *The Rebirth of the Modern Self—The Second Generation of Modern Confucians and Their Modernization Discourses*, Hong Kong: Chinese University Press, 2015, p.46.

[10] 李泽厚:《世纪新梦》,第 46 页。

[11] 李泽厚:《中国现代思想史论》,第 338 页。

[12] Lin Min and Maria Galikowski, *The Search for Modernity. Chinese Intellectuals and Cultural Discourse in the Post-Mao Era*, London: MacMillan Press, 1999, p.57.

[13] Woei Lien Chong, "Combining Marx with Kant: The Philosophical Anthropology of Li Zehou", in *Philosophy East and West*, Vol.49, No.2, 1999, p.120.

[14] 李泽厚:《启蒙的走向》,载《瞭望》1989 年第 19 期,第 12 页。

[15] 这些知识分子皆主要学成于欧日,或曾求学于中国某所开设西方课程的现代大学。

[16] 李泽厚更倾向于把"结构"这一概念英译为"formation",而非"structure"。这是因为在他看来,后一种表述具有静态的内涵,而他所认为的"结构"则是一个具有高度动态性的概念。

[17] 李泽厚在此引用了康有为有关"大我"(社会)与"小我"(个人)的观念(李泽厚:《美学四讲》,广西师范大学出版社 2001 年版,第 52 页)。然而,在公元 20 世纪之交,这两个观念也经常被梁启超和孙中山使用。

[18] Lin Min and Maria Galikowski, *The Search for Modernity. Chinese Intellectuals and Cultural Discourse in the Post-Mao Era*, London: MacMillan Press, 1999, p.68.

[19] 李泽厚在其《"西体中用"简释》(李泽厚:《历史本体论》,生活·读书·新知三联书店 2002 年版,第 154 页)一文中声称,黎澍是"倒置"该口号的第一人。黎、李二人皆因提出这一"倒置"说法而广受批判。

[20] 李泽厚:《世纪新梦》,第 174—177 页。

[21] Sylvia Chan, "Li Zehou and New Confucianism", edited by John Makeham, *New Confucianism. A Critical Examination*, New York: Palgrave Macmillan, 2003, p.105.

[22] 李泽厚:《世纪新梦》,第 178—179 页。

[23] Woei Lien Chong, "Combining Marx with Kant: The Philosophical Anthropology of Li Zehou", in *Philosophy East and West*, Vol.49, No.2, 1999, p.129.

[24] 李泽厚:《美学四讲》,第 39 页。

[25] Lin Min and Maria Galikowski, *The Search for Modernity. Chinese Intellectuals and Cultural Discourse in the Post-Mao Era*, p.54.

[26] 李泽厚:《中国现代思想史论》,第 238 页。

[27] Woei Lien Chong, "Combining Marx with Kant: The Philosophical Anthropology of Li Zehou", p.129.

[28] 李泽厚:《美学四讲》,第 87 页。

[29] Woei Lien Chong, "Combining Marx with Kant: The Philosophical Anthropology of Li Zehou", p.124.

[30] Ibid.

[31] Li Zehou, "Subjectivity and 'Subjectality': A Response", in *Philosophy East*

and West, 49:2, 1999, pp.174—183.

[32] 德文(Subjektivität)和法文(subjectivité)同样是一词双义。但笔者的母语——斯洛文尼亚文——同中文一样，亦对认识论意义上的术语内涵(subjektivno，主观性)与本体论意义上的术语内涵(subjektno，主体性)有所区分。

[33] 李泽厚：《美学四讲》，第43页。

[34] Ding Zijiang John, "Li Zehou: Chinese Aesthetics from a Post-Marxist and Confucian Perspective", in *Contemporary Chinese Philosophy*, edited by Cheng Chung-ying and Nicholas Bunnin, Oxford: Blackwell Publishers Ltd., 2002, p.247.

[35] 一些著名的对立范畴有："阴—阳"、"名—实"、"理—气"、"本—末"，以及我们在本文中所关注的范畴"体—用"。

[36] Jana S.Rošker, *The Rebirth of the Modern Self*, p.148.

[37] 当然，对立模式同样亦非中国哲学所特有，如在其区别的功能作用上，对立模式就是人类思维的基础。中国对立范畴与西方传统二元论相区别之处，就在于互补性原则，这是中国对立范畴得以有效运行的基本方法(Jana S.Rošker, *Traditional Chinese Philosophy and the Paradigm of Structure* (*Li*), Newcastle upon Tyne: Cambridge Scholars Publishing, 2012, pp.12—13)。

[38] Jana S.Rošker, *Traditional Chinese Philosophy and the Paradigm of Structure*(*Li*), p.149.

[39] "乾，阳物也；坤，阴物也。阴阳合德而刚柔有体，以体天地之撰。"《周易·系辞下》，第6章。

[40] "故《易》六画而成卦。分阴分阳，迭用柔刚，故《易》六位而成章。"《周易·说卦》，第2章。

[41] "万物同宇而异体，无宜而有用为人，数也。"《荀子·富国》，第1章。

[42] "虽贵以无为用，不能舍无以为体也。"王弼：《道德经注》，第38章。

[43] 即"体用一源"、"体用不二"。

[44] Jana S.Rošker, "Modern Confucian Synthesis of Qualitative and Quantitative Knowledge: Xiong Shili", *Journal of Chinese Philosophy*, 36(3), 2009, pp.376—380.

[45] 熊十力：《熊十力论著集之一：新唯识论》，中华书局1992年版，第362页。

[46] Yu Jiyuan, "Xiong Shili's Metaphysics of Virtue", in *Contemporary Chinese Philosophy*, edited by Cheng Chung-ying and Nicholas Bunnin, Oxford: Blackwell Publishers Ltd., 2002, p.132.

[47] Jana S.Rošker, "Modern Confucian Synthesis of Qualitative and Quantitative

Knowledge: Xiong Shili", p.378.

[48] Jana S.Rošker, "Modern Confucian Synthesis of Qualitative and Quantitative Knowledge: Xiong Shili", p.379.熊氏亦认为,他本人的现代新儒学本体论与西方哲学所诠释的本体论之间的本质区别,可见于西式概念"客观实在"及其本人对"实体"的理解中(Jana S.Rošker, "Modern Confucian Synthesis of Qualitative and Quantitative Knowledge: Xiong Shili", p.380)。在西方哲学中,"客观实在"表示的是"外在"实体,它通过理性建构而触手可及;而熊氏意义上的"实体"不仅是存在的基本原因,亦是所有存在的核心所在(熊十力:《熊十力论著集之一:新唯识论》,第362页),须知熊氏意义上的"实体"亦可等同于任何个体所具备的"个体精神"或"个体意识"。

[49] 李泽厚:《世纪新梦》,第168—169页。

[50] Sylvia Chan, "Li Zehou and New Confucianism", edited by John Makeham, *New Confucianism. A Critical Examination*, New York: Palgrave Macmillan, 2003, pp.110—111.

[51] 林道群、李志华:《访问李泽厚先生》,载王元化、李泽厚、林毓生等:《五四:多元的反思》,台湾风云时代出版社1991年版,第258—259页。

[52] 参见李泽厚:《中国现代思想史论》,第311—341页。

[53] 如参见李泽厚:《世纪新梦》,第168—200页;林道群、李志华:《访问李泽厚先生》,第258—259页;李泽厚:《走我自己的路》,台湾风云时代出版社1990年版,第252—256页。

[54] Sylvia Chan, "Li Zehou and New Confucianism", pp.110—111.

[55] 参见李泽厚:《世纪新梦》,第168—200页。

[56] 同上书,第169页。

[57] 张之洞(1837—1909)在其著名的论著《劝学篇》中以一种非常传统主义的方式对"中体西用"这一措辞进行了详细阐述。《劝学篇》呼吁进行保守式的改革。

[58] 李泽厚:《走我自己的路——对谈集》,中国盲文出版社2002年版,第155页。

[59] 同上书,第253页。

[60] 李泽厚:《世纪新梦》,第176页。

[61] 同上书,第177页。

[62] 同上书,第170页。

[63] 李泽厚:《走自己的路——杂著集》,第383页。

[64] 同上书,第385页。

[65] 李泽厚在此深受康德的影响;参看 Woei Lien Chong, "Combining Marx with

Kant：The Philosophical Anthropology of Li Zehou”，p.121。

[66] 李泽厚、刘再复：《告别革命：回望二十世纪中国》，台湾麦田出版有限公司 1999 年版，第 331—332 页；抑或参见 Lin Min and Maria Galikowski，*The Search for Modernity. Chinese Intellectuals and Cultural Discourse in the Post-Mao Era*，p.50。

[67] 李泽厚：《中国古代思想史论》，台湾华京文化事业有限公司 1990 年版，第 36—37 页。

[68] 李泽厚：《世纪新梦》，第 176 页。

[69] 马克思在其《关于费尔巴哈的提纲》中批判青年黑格尔派把“人的本质”误解为抽象、孤立的实体。对于马克思而言，人的本性只能在人所现实生存的经济与社会关系这样的语境中加以理解。他亦认为使宗教信仰和其他观念上层建筑或思想上层建筑得以产生者正是处于基础性地位的社会经济条件。

[70] 李泽厚：《世纪新梦》，第 175—177 页。

[71] 同上书，第 142、176—177 页。

[72] 这一概念是宋明新儒学“不离不杂”这一概念的组成部分。李明辉(《刘蕺山对朱子理气论的批判》，载《汉学研究》2001 年第 2 期，第 14 页)将其描述为“在理论或概念上有区别，但在现实存在上又不可分离”。

[73] 李泽厚：《中国现代思想史论》，第 273 页。

[74] 同上书，第 277 页。

[75] 同上书，第 273 页。

[76] 刘述先：《朱熹的思想究竟是一元论或是二元论》，引自李明辉：《刘蕺山对朱子理气论的批判》，第 11 页。

[77] Sylvia Chan，“Li Zehou and New Confucianism”，p.120.

[78] 在这方面，李泽厚亦认同郝大维(David Hall)与安乐哲(Roger Ames)对“内在超越”这一概念的批评(李泽厚：《世纪新梦》，第 110 页)。对这一批评的详细介绍及李明辉对这一批评的回应，参见 Jana S.Rošker，*The Rebirth of the Modern Self*，p.144。不过，李泽厚后来认同现代新儒家第三代代表人物余英时的看法，余氏试图通过把“内在超越”重命名为“内向超越”(inward transcendence)的办法来解决这一问题(李泽厚：《走自己的路——杂著集》，第 54 页)。但是，这种转变多少有点简化论色彩，因为它并未将作为创造物一部分的“造物主”这一内涵包括在其中。

[79] 李泽厚：《历史本体论》，第 1—4 页。

[80] 同上书，第 2—3、7 页。

[81] 同上书，第 9 页。

［82］同上书，第 1 页。

［83］同上书，第 3 页。

［84］Woei Lien Chong, "Combining Marx with Kant: The Philosophical Anthropology of Li Zehou", p.124.

［85］李泽厚：《历史本体论》，第 3 页。

［86］同上书，第 2 页。

［87］李泽厚：《中国古代思想史论》，第 310 页。

［88］参见 Jana S.Rošker, *The Rebirth of the Modern Self*, Chapter 7.4。

［89］李泽厚、刘再复：《告别革命：回望二十世纪中国》，第 371—392 页。

［90］如参见 Karl Marx, *Theses on Feuerbach*（1845）, para. 6；《论语・里仁》，第 3 章。

“西体中用”：李泽厚关于传统和现代性的思想[1]

卜松山(Karl-Heinz Pohl)

德国特里尔大学

李泽厚《漫说“西体中用”》一文写于1986年，是他影响很大的著作《中国现代思想史论》里所收的最后一篇文章。该文题目从张之洞(1837—1909)作于1898年的《劝学篇》中的“中学为体，西学为用”脱出，这句话在19世纪晚期清末洋务运动中大行于世，可谓尽人皆知。张之洞道出了处于中国这一历史时期的很多知识分子的心声：他们认为中国应该保持儒学作为社会之“体”，同时以西方学说为“用”来发展中国的基础设施、军事以及经济。

本文讨论如下问题，即对颠倒了中学、西学关系的李泽厚来说，什么是“体”，什么是“用”？他认为什么才是中国传统与现代性之间富有成效的关系？李泽厚的思想，如何与其美学理论以及从19世纪末至今有关中国文化的形形色色争论相适应？

在将李泽厚思想放在历史背景中进行考察时，我将参考过去150年里中国在面对传统时出现的四种结构不同的阶段(在本文末尾我还将回到这一点)：

1. 维持作为基础的儒学传统。这是洋务运动(19世纪70—90年代)采取的立场——中国在此时期尝试进行改革，尤其是在19世纪最后数十年里、在经历了对西方强权在军事上的很多失败以及割让后，将西方科学技术引进来。现在通常认为，随着中国在1894—1895年的

“甲午战争”中败给日本，洋务运动的双重目标，即保持社会的儒学基础而同时只允许西方科技进入中国，就以失败告终了。

2. 开放传统。被日本打败以后，在1898年“戊戌变法”期间，以康有为(1858—1927年)为核心的改良派们根据西方模式试图进行机构和教育改革。他们在改革中明显参照了儒学传统，实际上他们声称改革就是儒学的最初议题(agenda)。一百天以后，该运动在以慈禧太后为首的保守派镇压下失败了。[2]

3. 与传统割裂。1919年的“五四运动”是一场反殖民化、爱国但同时也反传统、反偶像的运动。它的实际持续时间大约是从1915年至1921年，在此期间，儒学被视为帝制晚期中国社会问题的主要罪魁祸首。当“五四运动”变为“新文化运动”(包括白话语言和文学)时，西方模式在中国上升到重要位置，其最狂热的支持者要求实现“全盘西化”。在该运动深入发展期间，值得注意的是，随着中国共产党于1921年的成立，马克思主义登上了舞台。李泽厚将“五四运动”与欧洲“启蒙运动”相提并论，但是根据他的分析，“五四运动”是不可能成功的，因为反抗帝国主义的救亡需要决定性地限制了启蒙的目标。[3]

4. 传统的政治工具化。在一直延续至今的当代中国历史的不同领域里，我们都可以看到对中国传统的政治工具化，例如在早期(20世纪30—40年代)中国共产党就提出了利用“民族形式”来宣传社会主义思想的目标。从80年代以来，就一直有一种利用传统来巩固政权的努力，例如1986年中共中央决定进行的“社会主义精神文明建设”，或者，更近期的则有诉诸孔子和儒学传统来增强国家荣誉感。

为了尝试了解李泽厚对这个持续了150年的争论所做的贡献，我在下面会处理两方面内容，即“现代中国美学：与西方思想碰撞”，以及“传统和现代性：李泽厚对中国传统在最近历史框架里的评价”。在结论部分，我将把李泽厚的立场放入历史的背景下进行考察。

一、现代中国美学：与西方思想碰撞

艺术和美学构成了文化特别重要的部分。除了语言之外，神话、意象、典故以及文学、艺术、宗教和哲学的文化框架，或者简单地说象征和美学的定位（即共享的文学感觉或者审美感觉），构成了全球各地文化身份的基础。就现代中国而言，在其与西方思想的角力中，美学占据着特殊位置。首先，美学构成了一个相对独立于政治的领域，也因此它在19世纪末吸引了中国学者自由地探索西方思想，不受政治限制。其次，作为美学组成部分的艺术哲学，是一个让中国知识分子有可能跟自己的传统思想联系起来的领域。这很重要，因为跟主流的中国传统社会和政治思想（尤其是儒学）不同的是，中国的美学传统并没有因为接受西方思想以及1919年左右“五四运动”激进的反传统主张而被贬得一钱不值。正相反，当20世纪初中国人开始以与西方的关系来定义自身时，他们将自己的文化理解为本质上是一种美学文化。因此，直到今天，美学对理解所有与中国身份（中国性）有关的讨论，都很重要。

一方面，跟西方思想的碰撞给中国人带来了很多颇有吸引力的新思想。另一方面，这让他们寻求可与自身传统相协调的熟悉概念。“五四”时期出任北京大学校长的蔡元培（1868—1940）是首批阐述对中国的文化—美学自我理解的人之一。他曾留学德国，熟悉西方哲学，尤其是康德和席勒。他认为西方人大多被宗教塑造，而对中国来说，美学（礼仪、艺术和伦理的合成体）是发挥着西方宗教功能的“精神”等价物。因此，他要求现代中国“以美育代宗教”[4]。其时，在文化保守主义的知识分子中间流行着以中国“精神”文化来对抗西方“物质”文化的假定[5]，蔡元培对中国美学“精神性”面向的确认增进了对中国文化的此种理解。

著名学者王国维（1877—1927）代表了在美学领域里中国跟欧洲思想的早期碰撞。他为20世纪创造了诸如“境界”、“意境”[6]之类的基本美学概念，来传达将艺术观念（或者感觉）与一种具体情景的完美的美学融合。王国维一开始只将“境界”用于诗歌，并没有做出任何理论上的阐释，但是这一术语很快就获得了一种普遍的美学意义，既代表一种美学观念也是一种最高的思想境界。王国维从中国传统（使用佛教词汇)中提取出自己的概念,但是它们也浸透了他从康德和叔本华处找到的意义(康德的“审美理念”)。因此,它们代表着早期中国与西方之间发生的思想交换。

刘纲纪在其文章《德国美学在中国的传播和影响》中揭示[7],现代中国美学大多是通过处理德国美学传统(例如,德国唯心主义)而形成的。因为翻译方面存在的巨大问题,中国接受从康德、席勒到马克思、海德格尔这一美学传统有着大约100年的时间差。在此背景下,20世纪中国美学的论题大半由18、19世纪德国哲学的范畴和问题所塑造,这并不令人奇怪。对马克思主义相当严格的接受只是加强了这种倾向。这种执著也解释了为何中文将 aesthetics 译为“美学”——该词如果译回英文,意为 study of beauty 或者 beautology (美的学问)。对中国来说,这一最早来自日本的译法有某种误导(如果不是不幸的话)作用,因为“美”这一范畴——不管是自然美还是人工美——都不曾在传统中国发挥过重要作用。[8]现代中国美学家因此狂热地在其自身的传统里寻求美,这从很多方面看起来像是一段朝着错误方向进行的旅程;但是,正如此类旅程中所常见的,这也让他们发现了未知、有趣的领域,例如在中国与西方美学之间存在的为数不少的相似,以及马克思主义美学在中国创造性的本土化。

值得注意的是,即使是在意识形态压力十分严峻的20世纪50年代(1956年到1962年之间),美学在中国也是一个相对来说允许进行自由辩论的领域,虽然局限在马克思唯物主义的美学方法范围内。[9]除了“美”的概念,马克思主义的“实践”概念至此也被李泽厚加入讨论之中,李泽厚从此作为美学领域的重要学者开始赢得大名。

“文化大革命”期间(1966—1976),美学讨论停止了。但是,“文革”之后(20世纪80年代),中国经历了前所未有的“美学热”,这股热潮主要由著名美学家朱光潜(1897—1986年)、宗白华(1897—1986年)以及最重要的李泽厚的著作所引发。李泽厚是这一时期的杰出人物。除了“实践”,他还引入了其他一些新概念,例如“主观性”,或由他自己所创造的“主体性”。[10]李泽厚的思想结合了康德和马克思主义(例如,“人化的自然"这一概念即出自马克思《1844年经济学哲学手稿》)。[11]对他而言,"实践"是具有物质生产性的行为,例如制造和使用工具。[12]他在1981年初版、广受大众欢迎的《美的历程》,对于中国美学传统给出了极具启发性的阐释。

李泽厚曾经区分了美学在狭义与广义上的两种意义。[13]狭义美学只包括与美学有关的文字资料(文学或者艺术批评之类),而广义美学涉及物质文化的所有层面(从工具制造和洞窟绘画开始)。据此区分,《美的历程》探讨的是广义上的中国美学。

李泽厚美学理论的核心,同时也是《美的历程》的核心,是"积淀"说,即社会和个人在历史进程中融合,形成了"文化心理结构"。经过很长时期以后,理性的概念积淀进入审美的—感官的情感之中,而内容则积淀入形式如艺术之中。李泽厚以史前艺术为例,阐明了中国新石器时代的一种发展,即如何从早期动物速写(带有具体的内容,例如图腾人物)变成仰昭、马家窑陶器或者饕餮铜面具上的抽象线条及象征图案。李泽厚说:

> 但是凝冻在、聚集在这种种图像符号形式里的社会意识,亦即原始人们那如醉如狂的情感、观念和心理,恰恰使这种图像形式获有了超模拟的内涵和意义,使原始人们对它的感受取得了超感觉的性能和价值,也就是自然形式里积淀了社会的价值和内容,感性自然中积淀了人的理性性质,并且在客观形象和主观感受两个方面,都如此。这不是别的,又正是审美意识和艺术创作的萌芽。[14]

因此,美并不仅仅是美丽的形式,而是有积淀在它里面的社会内容,即"有意味的形式"——他借用了英国艺术批评家克莱夫·贝尔(Clive Bell)(1881—1964)的说法。[15]积淀因此是社会和历史现实的一种具有文化特殊性和感官可感性的形成过程。在《美的历程》的后记里,李泽厚思考着艺术的永恒性,讨论了浓缩于其"文化—心理结构",甚至

"人性"中的这些论题：

> 解决艺术的永恒性秘密的钥匙究竟在哪里呢？……凝冻在上述种种古典作品中的中国民族的审美趣味，艺术风格，为什么仍然与今天人们的感受爱好相吻合呢？为什么会使我们有那么多的亲切感呢？是不是积淀在体现在这些作品中的情理结构，与今天中国人的心理结构有相响应的同构关系和影响？人类的心理结构是否正是一种历史积淀的产物呢？也许正是它蕴藏了艺术作品的永恒性的秘密？也许应该倒过来，艺术作品的永恒性蕴藏了也提供着人类心理共同结构的秘密。……心理结构是浓缩了的人类历史文明，艺术作品则是打开了时代魂灵的心理学。而这，也就是所谓"人性"吧。[16]

"积淀"的形象尤其具有描述性。它暗示了一个由不同沉积物也即历史所组成的结构。在那里，较深的层次尽管无法直接可视，但它仍然构成性地为上面的层级提供了结构，并且仍然可通过发掘或者训练如教育等方式接触到。

但是"积淀"和"心理结构"应放在一个更大的背景下进行考察：如果积淀可以被理解为社会和个人在历史进程中的融合，也即历史性的内容积淀进入文化或者民族形式和身份（包括人类行为和思维模式、情感态度及艺术），"心理结构"也可被理解为积淀经过漫长（数千年）实践而形成的结果，即"人性"。因此，"人性"一词虽然出自儒学，在此却获得一种普遍意义。

人们可以这样认为，这些自20世纪80年代初形成的思考，除了对体现于传统艺术可感形式上的伟大中国文化的全面表现外，也成功地给发生于该十年中关于中国传统和身份的辩论提供了决定性的——如果不是触发性的——推动力。

对于中国现代美学以及李泽厚对该领域的特别贡献的这一概述[17]，也许已经足够我们下文在更大的背景中定位和评价它了。

二、传统和现代性

说到传统和现代性,让我们首先来回答一个问题:在19世纪末期,什么被认为是"传统"的?有趣的是,当时还没有出现我们现在所使用的"传统"一词。在中国最常用的现代词典《辞海》里,其1938年和1956年版都没有收录"传统"一词;该词条最早见于20世纪70年代的版本。"传统"作为一个借自日语的外来词,正如当时的不少其他词一样,似乎是在20世纪初才进入汉语而被使用的。它的字面含义是"传递"(传)"统一"的教义(统);"统"在此处必须在"道统"或者"正统"的意义上来理解,即是说像宋代理学家所传播的对"道"的正统解释。

现在,"传统"在中国词典里的解释跟西方的tradition一词相同,意为起源于过去的、带着象征意义或特殊重要性的、在一个群体或社会内部传递的行为;它表达出一种身份感。这种解释与中文维基网站的解释大体相似。[18]但是,在19世纪末期,"传统"所指的,正是众所周知的与"西学"对举的"中学"一词。

尽管张之洞只是在1898年"百日维新"时才提出了"中体西用",但是这一口号的实际含义自19世纪60年代以来即已在知识分子中广泛传播。[19]张之洞在此处使用了理学形而上学中常见的"体—用"思想模式,其目的在于从保守主义的视角批评如康有为那样的改良派。他的立场是必须维持社会的正统儒学基础,如果要接受西方思想也只是为了加强社会的物质基础。考虑到从第一次鸦片战争(1839—1942)以来西方对中国的蚕食侵吞,他尤其强调需要加强军事装备。

张之洞对此早已成熟、广为人知的"体—用"模式之使用,就儒学哲学来说绝非正统,却是很有创造性的聪明之举。与此相似,李泽厚对张之洞提法的颠倒使用,也相当天才。在20世纪80年代,他的说法在知识分子圈子里激起了相当大的波澜。但是,也有一些批评家认为,这根本上不过是"新瓶装旧酒"[20]。

特别之处在于,李泽厚是参照马克思"经济基础/上层建筑"的区别来进行论证的。对于张之洞来说,儒学思想是"体";但对李泽厚来说,套用马克思主义的话这只是"上层建筑"。李泽厚学习马克思将黑格尔辩证法"头足颠倒"的例子,将张之洞的说法打个颠倒,强调只有人们的真实生活、生产模式和经济才能被认为是"体"。

> "学"——不管是"中学""西学",不管是孔夫子的"中学"还是马克思的"西学",如果追根究底,便都不是"体",都不能作为最后的"体"。它们只是"心理本体"或"本体意识",即一种理论形态和思想体系。严格说来,"体"应该是社会存在的本体,即现实的日常生活。这才是根本、基础、出发点。[21]

但是,"西学为体"到底指什么?对于张之洞来说,它是19世纪的"四个现代化"(修造军舰和铁路等的技术)。对于李泽厚来说,它既意味着西方现代的自然科学和技术,又包括了能使技术知识发展的政治、社会和经济思想,还包括启蒙和法国大革命(卡尔·马克思是其中一部分)的思想传统。"西学为体"因此意味着社会存在即由生产模式决定的日常生活现实(根据西方模式)的现代化。

以这种"西学为体"为背景,"中体为用"意味着给予已经现代化了的生活一种特殊的中国形式。但是形式并非某种完全外在或者表面的东西;根据李泽厚的美学思想,它由内容所形塑——内容积淀进入形式,由此形式和内容融合在了一起。

另外,跟张之洞似乎将"体"和"用"分成两个截然不同的范围不同,李泽厚坚持"体"和"用"的传统(理学)意义,即"体用不二"[22],它们不能被分成两种东西。而在他的语境中这意味着现代化就是中国化!

但是,问题是如何以中国的方式来应用"西学"?李泽厚在此提到自己的"文化心理结构"概念。对于他来说,这是一个多少有些模棱两可的概念,其中否定性、肯定性的内容俱存。他也在自己的另一篇文章《孔子再评价》里讨论了这些问题。对中国而言,李泽厚认为带有"实用理性"[23]的儒学是最具影响力的学说。儒学认为人的行为和动作应促进社会中人际关系的和谐。在李泽厚看来,这种实用理性以及儒学的人道传统,在塑造中国方面比任何其他东西都更为有力,也对漫长而持续的中华文明作出了贡献。[24]

在李泽厚看来,孔子的面貌在不同的历史时期并非一成不变,后来世代的人们只挑选他的那些合乎自己目的的特性。因此,"五四"时期被打倒的孔子之形象,大半是禁欲、宗族主义和保守主义的宋代理学的产物。李泽厚也认为,出现在前现代小村落经济中的阿 Q[鲁迅(1881—1936)著名小说中的主人公],其狭隘、保守的思想也是宋代理学的晚近产物。

在调整的过程,例如"中学为用"(中国化)中,重要的是避免让负面因素破坏正面因素。作为"西学"中国化的一个重要负面例子,李泽厚深入讨论了 19 世纪的太平天国运动。这场运动的参加者在某种程度上可被看作一个异端的基督教群体,同时也是以西方"平等"价值为基础的原始共产主义的农民民兵组织。

因此,李泽厚认为,对"中学"(传统)既不要全面摒弃也不要全面继承,而应该用一种由现代化了的社会存在所塑造出的新意识来捡择和转化它。该传统的积极因素,应该被带入到他所称的"遗传基因的改换"的过程中。[25]在实践中这意味着:在一个生活方式和价值观由商业和高科技塑造并威胁的时代,本土的中国伦理"实用理性"应该开花结果。[26]而且,相较于个人利益,中国伦理将普遍的和集体的价值放在优先位置,这一点应该被保持下来。因此,传统包含的一些因素,应被理解为是对现代生活过度放纵的修正。在李泽厚看来,即使在西方资本主义社会里,也保存着一些传统的因素以修正纯粹的物质主义,如基督教的德行"关怀"。[27]

中国过去的其他一些积极因素,可以在中国美学的丰富传统里发现。[28]李泽厚和刘纲纪使用王国维影响深远的"境界"一词,已经在别处强调过,传统中国美学的一个最重要特征是以审美境界为"人生所能达到的最高境界"。[29]

李泽厚在其《试探中国的智慧》一文中详细阐释了"天人合一"这一

传统观念:考虑到日渐迫近的生态灾难(如气候改变),李泽厚在生态的意义上将“天人合一”解释为人与自然的和谐关系。这样,中国思想的一种传统准则不仅对当代情形具有校正功用,而且也获得了一种世界性的或者普遍的意义。[30]

总而言之,“西体中用”意味着将一种现代的生活方式介绍到中国来,并参考中国的传统文化对其进行调适,即赋予这种现代生活一种中国形式。刘康(Liu Kang)将李泽厚的立场,放在一个更大的背景下做了阐释:

> 李泽厚主张,现代的“体”,正是曾经由现代西方启蒙很好地构想和表达(如果尚未被完全实现的)的一种主体性。李泽厚的诉求,是以马克思主义的“人性的自然”为基础去激活中国“天人合一”的古典理性,由此去创造一种现代的中国主体性。[31]

李泽厚的思想在20世纪80—90年代的接受情况如何?他的“西体中用”说遭到激进的自由派知识分子和正统的马克思主义者的强烈批评。对于激进的自由派来说,李泽厚坚持中国知识分子中流行的对中国和西方的两分,在他们看来这只能导致回归老套的内容与目标:为中国富强而进行现代化。他们也批评李泽厚把自己的观点混同于毛泽东的“批判性继承(中国和西方传统)”的指示。李泽厚的“西体中用”说将导致回归中国传统,复兴儒学思想如“天人合一”。就中国现代化的需求而言,这将只会成为障碍。

另一方面,正统的马克思主义者又如此评价李泽厚的“西体中用”:他的“西体”包括西方资产阶级思想,因此他的主旨完全是要求“全盘西化”,将资本主义引入中国。在1989年以后,这样的批判愈趋激烈。[32]

因此,李泽厚被夹在中间:对于激进的亲西方的自由主义者来说,他是一个传统主义者,或者甚至是一个保守的反动分子。对于正统的马克思主义者来说,他是“全盘西化”的倡导者。实际上,尽管李泽厚并非一个正统的马克思主义者,在他强调传统对文化身份(美学)的重要性的时候,他的立场确实跟一些正统的马克思主义者有颇多相同之处。

他的"批判地继承"的观点跟毛泽东的思想也有相似之处。最后,虽然李泽厚几乎只服膺于写作《1844 年经济学哲学手稿》时期的青年马克思,但他基本上保持了马克思主义的逻辑和推理。他的写作方式和所使用的术语/词汇,是相当马克思主义的(一位批评家曾说他的文章和遣词造句属于 20 世纪 50—60 年代[33])。

跟提倡重新评价传统以强化文化身份和国家富强的文化官员相比,李泽厚认为传统并非某种可以被"用"(就其字面意义来说)之物。正好相反,一方面李泽厚在中国儒学哲学的意义上,解释"用"为"中用",即它是一种不能跟其现代化生活方式的内容分割开来的中国形式(体用不二)。另一方面他以一种马克思主义的方式,将"体"释为生产和生活的现代模式。他因此天才地在其对"体—用"模式的解释中将马克思主义和儒学观念结合在了一起。

最后,让我们回到李泽厚"文化—心理结构"上来。对他而言,这是一个经由漫长的历史时期形成的文化和社会积淀,它也处理了文化身份的问题。一方面,这一结构应在教育的过程中被继承下来,因为现在的人应该认识到塑造了其现状的历史力量。另一方面,这种结构应该被不断更新,因为它不受积淀所限定,能够通过中国及西方传统中的积极性因素而改变(在"改变的遗传因素"的意义之下)。实际上,李泽厚要求结合两种传统中的最好因素,这可能形成一种新的中国身份,甚至可能对世界文化(人类未来)作出贡献。

在其近著《论语今读》里,李泽厚对聚讼不已的"西体中用"给出了如下解释——他在大约 30 年之后写下的这些话应该是权威性解释:

> 有趣的是,鄙人主张"西体中用",而与传统的和今日的"中体西用"者对立。但"体"既为科技工艺和生产力及方式,则"中体西用"论者因允许和推行"西用",其"中体"也必不能坚持而将逐渐改变,不论其是否自觉是否自愿。
>
> 而逐渐改变(改良而非革命)却又正是"西体中用"论所主张。于是,"西体中用"竟可通过"中体西用"而实现自己,如此吊诡,岂

非黑格尔所谓“历史之狡计”[34],和可悲可喜之时代迷藏么?

凡此种种传统特征即实用理性之重要精神,亦在“西体中用”中展现出来。由此,又何惧乎“西体中用”将丧失传统?其实相反,它适足以发展传统,使之光大并影响于世界也。[35]

三、结语:李泽厚在历史背景中的位置

让我们简短地回顾一下李泽厚“西体中用”说的历史背景。在过去受西方影响及自“鸦片战争”开始的150年里,中国存在着一种身份危机。在其早期阶段即19世纪末和20世纪初,这种身份危机在一场激烈的以“中学”(儒学)作为社会的意识形态基础的讨论里显现了出来。一派想要保持这种“中学”,另一派想要开放,而第三派则要完全抛弃。

到了20世纪80—90年代,中国再次出现了关于传统和文化身份的新讨论。但是,这也是一场在另一层面上的、秘密的关于新传统、新“中学”合法性的讨论;这种新“中学”即作为社会意识形态基础的中国特色的马克思主义。

有趣的是,这两场辩论的结构几乎一模一样的,只不过“中学”的内容由马克思主义代替了儒学——实际上,马克思主义是“西学”的一个特殊派别。这场新争论的启动因素跟19世纪的那场相似:“文化大革命”后对“西学”的重新接触。社会上再一次出现了三种群体:正统派、激进的自由派,以及温和派。正统派跟“洋务运动”的支持者相似:他们坚持以马克思主义作为社会的意识形态基础(以新“西学”即马克思主义代替作了“中学”),只想要作为“西用”的“四个现代化”。他们跟中国文化传统的关系可以用“工具化”来形容:他们的确诉诸文化遗产,但是程度非常有限,主要目的在于维持他们的马克思主义意识形态的力量。

激进自由派分子采取了跟“五四运动”的激进分子相似的立场,反传统——不管是旧传统(儒学)还是新传统(马克思主义),在一种新的伪装之下要求“全盘西化”。

温和派可跟1898年“百日维新”中的改良派,或者如蔡元培那样的

人物相比:他们想要开放新传统(马克思主义),寻求中国文化传统和新"西学"之间的和谐共存。

李泽厚的立场属于最后一派,将他跟康有为放在一起做进一步比较可能并不算太离谱。康有为在其时代引入西学思想以提倡改良,但是将之伪装成儒学议题——康有为提出,孔子最初的改制思想都是"古文"经在其死后伪造的(见其《孔子改制考》和《新学伪经考》)。李泽厚的方法跟"百日维新"的改良派们有某种程度的相似,因为他介绍了新思想但是将其呈现为马克思主义理论。李泽厚保持着马克思主义理论的框架,但他仍然在尝试开放马克思主义的立场。可以说,跟努力把孔子说成是改革者的康有为相似,李泽厚也把卡尔·马克思说成了改革者。话虽如此,李泽厚通过寻求"马克思主义和儒学的结合"——通过以一种独特的方式结合美学(文化身份的基础)和社会—政治思想,也通过他对"体—用"的创造性解释——试图打通这两种传统。

李泽厚在其1999年发表的《人性和人类未来:马克思和孔子的结合》一文中,用如下方式总结了他备受争议的"西体中用"说:"一种物质文明,多种精神文化。"[36]这句话一方面重申了他所有关于"中学"或"西学"的考量必须以物质福利为基础的观点,另一方面也(或许并非偶然地)跟传统的理学"理一分殊"思想保持了一致。[37]

(赵凌云译)

注释

[1] 本文是在我已经发表的德文文章基础上,经过相当大的扩充和更新而成,也参考了一些二手资料。德文见 Karl-Heinz Pohl, "Zu Beiträgen Li Zehous in der Debatte um Tradition und Identität in den 80er Jahren in der Volksrepublik China"(On Li Zehou's contributions to the 1980s debate on tradition and identity in the People's Republic of

China) in Ralf Moritz, ed., *Sinologische Traditionenim Spiegel neuer Forschung*, Leipzig 1993, pp.41—56。

[2] 李泽厚在其著作《中国近代思想史论》中广泛探讨了洋务运动以及百日维新的多位主要人士。李泽厚:《中国近代思想史论》,人民出版社 1979 年版。

[3] 见李泽厚:《启蒙与救亡的双重变奏》,载《中国现代思想史论》,东方出版社 1987 年版。对这一运动的复杂性和影响的不同看法,可参考 Lin Yü-sheng(林毓生), *The Crisis of Chinese Consciousness: Radical Antitraditionalism in the May Fourth Era*, Madison, Wis.: University of Wisconsin Press, 1979。

[4] Liu Gangji(刘纲纪), "Verbreitung und Einfluss der deutschen Ästhetik in China"(The spreading and influence of German aesthetics in China), K.-H. Pohl(ed.), *Trierer Beiträge. Aus Forschung und Lehre an der Universität Trier*, July 1996(Special Issue ＃10), pp.8—13.

[5] 梁漱溟(1893—1988)及其出版于 1922 年的著作《东西文化及其哲学》影响力很大。

[6] Adele Rickett, *Wang Kuo-wei's* Jen-chienTz'u-hua—*A Study in Chinese Literary Criticism*, Hong Kong 1977, p.23.

[7] 参考注释 4。

[8] Karl-Heinz Pohl, "Chinese Aesthetics and Kant", in: Mazhar Hussain and Robert Wilkinson(eds.), *The Pursuit of Comparative Aesthetics: An Interface Between the East and the West*, Aldershot 2006, pp.127—136. 关于李泽厚的美学观,参考 Li Zehou and Jane Cauvel, *Four Essays on Aesthetics. Toward a Global View*, Lanham 2006, pp.47—79。

[9] 详细讨论可参考 Gao Jianping(高建平), "The 'Aesthetics Craze' in China: Its Cause and Significance," *Dialogue and Universalism*, 3—4/1997, pp.27—35。

[10] Timothy Cheek(ed.), "'Subjectality': Li Zehou and His Critical Analysis of Chinese Thought", Special Issue of *Philosophy East and West* 49.2 (April 1999), pp.113—184.

[11] 刘纲纪,第 19—32 页。李泽厚 1979 年于北京出版的《批判哲学的批判:康德述评》影响尤其大。也可参考 Jane Cauvel, "The Transformative Power of Art: Li Zehou's Aesthetic Theory", *Philosophy East and West*, Vol.49, No.2(April, 1999), pp.150—173; Woei Lien Chong, "Combining Marx with Kant: The Philosophical Anthropology of Li Zehou", *Philosophy East and West*, Vol.49, No.2(April, 1999), pp.120—149。

[12] 详细讨论见 Liu Kang(刘康), *Aesthetics and Marxism. Chinese Aesthetic Marxists and Their Western Contemporaries*, Durham 2000, p.167。

[13] 李泽厚:《关于中国美学史的几个问题》,载《李泽厚哲学美学文选》,台北(无年份),第472页。

[14] Li Zehou, *The Path of Beauty, A Study of Chinese Aesthetics*, Gong Lizeng, transl., Oxford, 1994, p.9. Cf. also the German translation: *Der Weg des Schönen*, Karl-Heinz Pohl and Gudrun Wacker, eds., Freiburg 1992.这段话中文版出处见《美的历程》,中国社会科学出版社1989年版,第10—11页。——译者注

[15] Li Zehou, *The Path of Beauty*, p.20."有意味的形式"这一说法由贝尔在影响很大的著作《艺术》中提出,1914年出版。也可参考 Susanne K. Langer, *Feeling and Form*, London 1953, p.33。

[16] Li Zehou, *The Path of Beauty*, p.235.中文版《美的历程》,第201—202页。

[17] 李泽厚于1989年出版了另一本中国美学概论《华夏美学》。该书由 M.B.萨梅(Maija Bell Samei)译成英文出版(*The Chinese Aesthetic Tradition*, Honolulu 2010)。有关李泽厚美学,也可参考 John Zijiang Ding, "Li Zehou: Chinese Aesthetics from a Post-Marxist and Confucian Perspective", in Chung-Ying Cheng and Nicholas Bunning(eds.), *Contemporary Chinese Philosophy*, Malden 2002, pp. 246—259; Ban Wang, *The Sublime Figure of History: Aesthetics and Politics in Twentieth-Century China*, Stanford: Stanford University Press, 1997.

[18] 传统指历史沿传而来的思想、道德、风俗、艺术、制度等。

[19] 例如在冯桂芬(1809—1874)《校邠庐抗议》中。参考 Immanuel Hsü, *The Rise of Modern China*, Oxford 1990, p.276。

[20] 方克立:《评"中体西用"和"西体中用"》,载张立文等编:《传统文化与现代化》,中国人民大学出版社1987年版,第326—340页。

[21] 李泽厚:《中国现代思想史论》,安徽文艺出版社1991年版,第333页。

[22] 同上书,第337页。

[23] "实践理性"是康德哲学术语 practical reason 的中译。李泽厚有时将 pragmatic reason 译为"实践理性",有时也用"实用理性",甚至"实践(用)理性"。关于李泽厚在此语境中对这一术语的使用,参考李泽厚:《孔子再评价》,见《中国古代思想史论》,人民出版社1986年版,第29页。也可参考他较后期的解释,见《关于"实用理性"》,载《二十一世纪》1994年第21期,第98—103页。

[24] 李泽厚:《孔子再评价》,第29页。

[25] 李泽厚:《漫说"西体中用"》,第 337 页。

[26] 同上书,第 320 页及以下。

[27] 同上书,第 338 页。

[28] 同上书。

[29] 参考李泽厚、刘纲纪:《中国美学史》(第 1 卷),中国社会科学出版社 1984 年版,第 33 页。

[30] 李泽厚:《试探中国的智慧》,见《中国古代思想史》,第 37 页及以下。

[31] Liu Kang, p.177.

[32] 正统批评家对李泽厚的攻击,参考《当代思考》1990 年第 3 期,其中收录了四篇批判李泽厚的文章。

[33] 何新:《李泽厚与当代中国思潮》,载《光明日报》1988 年 5 月 16 日。

[34] 据我所知,黑格尔在其《历史哲学》中并没有谈过"历史之狡计"(cunning of history),他谈的是"理性之狡计"[cunning of reason(List der Vernunft)]。康德和马克思似乎使用过"历史之狡计"(List der Geschichte)的说法。

[35] 李泽厚:《论语今读》,生活·读书·新知三联书店 2004 年版,第 531 页。

[36] Li Zehou, "Human Nature and Human Future: A Combination of Marx and Confucius", in Karl-Heinz Pohl, ed., *Chinese Thought in a Global Context. A Dialogue Between Chinese and Western Philosophical Approaches*, Leiden 1999, pp.129—144.

[37] Wing-tsit Chan, *A Source Book in Chinese Philosophy*, Princeton: Princeton University Press, 1963, p.499.

儒学现代化:李泽厚对此未竟之业的展望及其启示

顾明栋

美国达拉斯德州大学

一、儒学现代化:一个未竟之业

儒学自其创始,根据人们所采用的不同分期方式,已经走过了三个或四个发展时期。不管人们是采用牟宗三[1]、杜维明倡导的儒学三期说[2],还是李泽厚的四期说[3],这两种分期法的最后一期是重合的,包括了自晚清开始的同一个历史阶段。因儒学最后一期的中心目标主要是如何面对近现代带来的挑战,它实际上形成了绵延整整一个世纪的、我愿意称之为"儒学现代化"的思想运动。在一定程度上,我们有理由声称,除第一期外,其余三期都可以归入现代化这一长期事业。当然,将儒学曾经有过的所有分期均视为现代化的进程似乎犯了时代错误,因为其在前现代时期的发展跟我们所说的现代性并无半点关系。但是如果我们承认"现代化"是一种更新、变革的过程,其目的在于让古典观念适应因历史发展而带来的社会变化和挑战,我的主张并非信口开河。

然而,严格说来,就"现代化"一词的真正意义来说,只有这两种分期的最后一期才可被视为"现代化"阶段。在我看来,儒学真正的现代化阶段开始于甲午中日战争的失败及1898年"百日维新"的启动。在此之前,更新儒学的所有努力都着眼于修修补补。只有在"百日维新"

之后，儒学的革新才积累了足够力量进行结构性大修整，重构这一古老的国家正统思想形态，使其不但可以发挥民族救亡之用，也可以作为一个现代化的意识形态来统辖这个国家政治的、伦理的、宗教的、思想的以及日常的生活。过去，此种努力一般被看作为民族救亡而重振民族精神；但是在我看来，它应被视为一次重构中国文化思想基础的大规模思想运动。实际上全中国重要的知识分子和一些来自日本、韩国、新加坡和某些西方国家的外国知识分子也加入到这一规模宏大的事业；但是，如果对他们所下功夫作一番概观，则可知大体而言，儒学之现代化尽管取得了相当大的进步，却仍然是一个未竟之业。

为何说它是未竟之业？这可以从多种不同的视角来说，例如政治的、经济的、学术的和文化的。尽管“文化大革命”之后出现了大规模的儒学复兴，儒学仍然是一个聚讼纷纭的话题。如果我们将今天的儒学更新跟汉代、宋代和明代有过的类似事业进行比较，当今之世在革新儒学方面所获得的有限成果将让我们相信，儒学现代化离其成功之时仍然相当遥远。在本文中，我将考察李泽厚的视野、洞见，以及他对 20 世纪与探索现代化之努力相关的主要儒学思想和学术取向的批评，希望能从中找到启示，发现合适的路径来（即使只是暂时地）完成儒学现代化。

二、李泽厚的儒学观

李泽厚坦承自己无意建构一个儒学体系，尽管如此，他为感兴趣的学者提供了自己在阅读、理解和创造性转化儒学方面的视野、洞见、启悟、理论方法与实用策略，并给一般读者提供了具体指导原则。在本体论上，李泽厚寻求去回答如下问题：儒学到底是什么？这似乎是一个容易回答的问题，但是从概念上讲它很棘手，并没有现成答案。在其《论语今读》的前言里，李泽厚就儒学性质提出了一个“自相矛盾”的说法：儒学既非宗教也非哲学，但同时既是宗教也是哲学。更准确地说，他认为儒学是“半宗教”、“半哲学”。[4]李泽厚的看法在现存研究中并非标新立异,因为多位学者已经提出"世俗宗教"是儒学的特征。李泽厚的创新之处在于他所做的分析,以概念支持了自己的观点。李泽厚说,作为一种半宗教,儒学并不强调启示、人格神和奇迹等等,但同时它充满了宗教的特质,人们可从中获得精神安慰、生活目标和情感家园。但如果儒学并不包含宗教的通常要素,那它如何能够取得其半宗教的地位呢? 李泽厚给出了两个层面的解释。一方面,儒学不排斥宗教信仰。在"三教合一"中,它不动声色地渗透进其他宗教,化为它们的重要内容和实质成分。[5]换句话说,儒学通过寄生或共生的存在形式,发挥了世俗宗教的功能。另一方面,儒学所以被称作"儒教",是因为它并不仅仅是普通常识或者处世格言的摘要,其"终极关怀"使它充满了强烈的宗教品格:

它执著地追求人生意义,有对超道德、伦理的"天地境界"的体认、追求和启悟。从而在现实生活中,儒学的这种品德和功能,可以成为人们(个体)安身立命、精神皈依的归宿。它是没有人格神、没有魔法奇迹的"半宗教"。[6]

孔子以何种方式可被看作哲学家? 作为儒学奠基人的孔子并不热衷推理论证或逻辑思考,却对以逸闻轶事、故事和日常经验来阐释自己的思想情有独钟。为此,黑格尔曾语带轻蔑地将《论语》说成是处世格言,缺乏哲学的概念和逻辑力量。李泽厚承认孔子的主要兴趣并非在于探索宇宙和人类生活的形而上学状况;他完全沉浸于人应如何在"天下"和社会中度过完满的一生这样的内省之中。尽管如此,李泽厚毫不犹豫地将儒学视为一种哲学,因为当孔子以启发和回复其弟子以实用答案的方式,来调查、展示和发现原因与理性范畴时,他的主要兴趣即在于深入思考理性术语。李泽厚没有搞全面综合,而是从《论语》中摘录文句,进行分析,揭示其哲学取向和意图:

"汝安则为之"是对伦理行为和传统礼制的皈依论证;"逝者如

斯夫，不舍昼夜”，是对人生意义的执著和追求；“吾非斯人之徒而谁与”，是对人类主体性的深刻肯定。[7]

然而李泽厚承认，孔子的论证跟柏拉图式的理式追求、黑格尔式的逻辑建构判然相别。孔子的实用理性具有一个特别之处：它充满了诗意的情感内容。实际上，儒学教义不仅警示人们要道德、伦理地生活，也要诗意、艺术地生活。在此意义上，孔子的论证方式很容易让我们想起海德格尔在其职业生涯后半段对于哲学问题所作的诗意探求。

李泽厚在对儒学进行重新构想时，用了自己提出的“实用理性”来表达儒学思想总体性质之特征。他用一句话来概括其性质：“儒学是实用理性的中国哲学。”就李泽厚的“吃饭哲学”和雷蒙·威廉姆斯（Raymond Williams）的“文化”概念而言，我愿意用另一层面来补充李泽厚“半宗教”、“半哲学”的说法：儒学也是生活、物质、智力、情感和精神的整体方式。因此，儒学是哲学、宗教和生活的三合一。如果用一句话来把握儒学的本质的话，我们可以说儒学是一种中国的生活哲学。

三、李泽厚的伦理学：现代化的启发性理论

在将儒学进行现代化时，存在着一种强调儒学伦理学的普遍倾向，重要学者和思想家们都注意到了将儒学伦理学现代化，并以之作为转化中国文化的主要策略的重要性。在此方面，李泽厚和现代新儒家有类似取向，尤其是与牟宗三。就认识论而言，他们两人都采用了受康德影响的方法。有趣的是，康德哲学对李泽厚和牟宗三都有颇为深远的影响。李泽厚出版了大作《批判哲学的批判：康德述评》，而牟宗三则将康德的三种批判都译成中文，并在自己的哲学探寻中大量征引康德的观点。他们都认识到，康德以后现代哲学的一般倾向已经转移到了伦理学。就哲学探求的话题和主题而言，两人均对儒学思想的核心观念“内圣外王”表现出强烈的兴趣。但是，他们对儒学的关注、取向和理解不同，所以各自提出了对这一核心观念不同的重新定义。

尽管对“内圣外王”存在多种不同的理解方式，我们也许可以从个体的私人修养与社会参与角度对其解释。后来时代许多学者和思想家包括理学家对此概念的重新定义，与由《大学》“格物致知，诚意正心，修身齐家，治国平天下”的说法所表达，并由宋儒大力倡导的主要取向之间，并没有很大差别。牟宗三提出了“内圣外王”的现代化新义。在他看来，中国文化中存在道统，但缺乏学统和政统，所以“内圣”较强，但“外王”较弱。结果，在近现代中国文化遭遇了来自西方文化的严重挑战。要将中国文化现代化，就必须重新构想和革新儒学“内圣外王”的传统。为此，他提出了“内圣开出新外王”的理论。简单来说，他的理论就是呼吁已“成圣”的道德主体纡尊降贵到日常生活层面，参与民主和科学活动。牟宗三将孔子、孟子、陆象山和王阳明的心性之学与康德哲学结合起来构成了其新说的哲学基础，其理论在观念上当然是现代的、革新的，但是它带有明显的缺陷。其一，他忽略了以朱熹为先驱的“外王”传统。朱熹考察了人和自然界的关系，就宇宙的内在运行提供了珍贵的洞见，但遗憾的是，牟宗三和其他新儒家学者持有一种共同的偏见，认为朱熹的儒学体系不属正统。其二，说中国缺乏学统和政统忽略了儒学格言“格物致知”“齐国平天下”的潜在含义——它们都是《大学》的核心思想，为宋代、明代直至清代的儒学家们所肯定与提倡。

在重新构想“内圣外王”时，李泽厚相比现代新儒家而言有一优势：后者有唯心论的概念基础，而李泽厚则在自己“两种道德”为核心的伦理学基础上形成了实践哲学。李泽厚的伦理学是一个缜密体系，考察了人性、人的存在、政府、法律、宗教、个体、家庭、社区和历史心理学之间的相互关系。李泽厚在其《伦理学纲要》的序言中说：

> 总的来说，就是继承中国情本体传统，在人类学历史本体论哲学视角下，从“人之所以为人”出发，将道德、伦理作内外二分，道德作宗教性与社会性二分，人性作能力、情感、观念三分，提出“共同人性”、“新一轮儒法互用”等来讨论伦理学的一些根本问题。[8]

显然,他在追随由康德开启的哲学风潮,后者在哲学探究中尤其注意伦理学,将伦理本体看作人区别于动物的根本所在。李泽厚的伦理学涉及了其他中国和西方思想家所曾涉足的相当大部分的相似领域。但是,李泽厚的伦理学与他人的伦理学相比存在着一个核心差异。与现代伦理学中的两极分化,即以正义与人权为本的政治哲学伦理学和以道德和善为本的宗教哲学伦理学的分化不同,李泽厚提出了自己的双重伦理学概念,即"宗教性道德"与"社会性道德"。更有价值的是李泽厚做了相当精深的努力去探索这两种道德是如何出现的,它们之间的相似与差异,以及它们在真实生活中如何互动。简而言之,"宗教性道德"指加诸个体之上的道德责任,因为个体作为抚育了自己的人类之一员,就必须随时准备献身于人类生存,包括牺牲自己。这种道德责任是必须无条件遵守的"绝对律令"。鉴于这种道德责任代表的是人类总体的生存,它超越任何群体、民族、阶级、社会和时代的利益,高于任何具体的历史事件和任务。结果,它取得了如天、上帝和神灵一样的神圣性质。[9]

如果"宗教性道德"带有出世气氛,那么与之不同,作为社会责任和"绝对律令"的"社会性道德"是此世的,存在于具体的时间、地点、社会之中,与某一特殊社会群体、阶级或者民族的利益和福祉直接相关。它由一套伦理规则和道德律令构成,这些规则与律令随着时代、社会、环境和利益的不同而变化。伦理规则和道德律令以法律、条约、契约、习俗和习惯等形式表现出来,经常从外强加于个体身上,而在经历漫长历史后化为其内在的自觉要求。[10]这两种道德的共同点,是两者都是自己给行为立法,都是理性对自己的感性活动和感性存在的命令和规定,都表现为某种"良知良能"的心理主动形式。其区别在于,宗教性道德跟人的内在信仰有关,它是个体追求的最高价值,常与信仰相关联,好像是执行"神"的意志。而现代社会性道德跟法律、习俗和环境相关,代表个体所必须履行的、符合社会群体之要求的责任和义务。"一个是最高纲领,一个是最低要求。"这两种道德既各自独立又相互重合。"现代社会性道德以宗教性道德的身份与名义出现。"换言之,"人(特定群体)

的规范以神的旨意出之”[11]。

以两种道德为其概念工具，李泽厚提出了他对“内圣外王”的新阐释，将“宗教性道德”与“内圣”联系起来，“现代社会性道德”与“外王”联系起来。这样，他为儒学的历史进程勾勒出新路线，揭示了这两种道德是如何对中国文化和社会施加其积极和消极影响：

> 前者（宗教性道德）由孔、孟到宋儒发展为个体人生境界的儒道（释）互补的准宗教性的追求，而为理学所大力倡导，津津乐道。后者（社会性道德）则由孔子而荀子而与道家、法家和阴阳家合流互补，而成为一整套儒法互用的伦理—政治的规范、法则，支配了中国历史两千年。前者是“内圣”，后者是“外王”。[12]

在其对伦理学所做的哲学探索中，李泽厚得出了一个结论，即宗教性道德与社会性道德的交织即是中国传统的“政教合一”之根本原因。这也是为何儒学既是哲学又是宗教的根本原因。发挥李泽厚的伦理学，我想在此提出，这也是儒学包容性与宽容的决定性内在动因，也是儒学面对持续挑战而能够更新和革新自身的内在品质。它也是一种保证，让儒学可以促使自身现代化，跟上时代和环境带来的变化和挑战。

李泽厚立足于对儒学历史发展的批判性评述，提出了对儒学的概念性定义。儒学将宗教性和哲学性融为一体。它不需要人格神来约束人们的思想与灵魂。相反，它依赖于意识形态和以天人关系为基础的政教系统来规范人的身体和情感行为。它的一个鲜明特征是将宗教性道德和社会性道德熔为一炉，形成中国式的“政教合一”，并将之提升至宇宙论（阴阳五行理论）和本体论（心性）的哲学高度，作教义信仰之用。[13]作为宗教的儒教，内涵汉语“教”一字的双重意义，兼指人的修养（教导和教育）和信仰（信念和宗教）。

四、李泽厚的儒学研究之价值

李泽厚对儒学本质的认识很重要，可作为全面理解儒学的关键，也是重建它的起点。可是当今中国学术界对此关键尚未给予应有重视，结果导致对儒学双重性质的研究常常各行其是，互不相关。孔子并非能够制造奇迹、起死回生的基督式人物，也并非宗教领袖和天子；有鉴于此，现代学者大多忽略了儒学的宗教性，只强调孔子作为思想家和哲学家的一面。连寥寥可数的注意到儒学宗教性质的理学家，也仍然倾向于忽略其作为世俗宗教之一的通俗、实用功能，而沉溺于为书斋中的学者——而非社会中的普通大众——生产高度概念化、抽象化的研究。在批评理学和儒学原教旨主义者的这种倾向时，李泽厚并未含蓄其辞。

李泽厚对这种纯粹的哲学方法大加质疑，提出了一种以承认儒学之“半宗教”、“半哲学”性质为基础的新方法。该方法采取这样一种策略，首先将儒学解构，然后再将之重构为现代形式。作为解构之一环，李泽厚将历史进程中的儒学分拆出两个独立但紧密衔接的实体：现实(宗教)和理论(哲学)。李泽厚援引董仲舒之把儒学建构成一种统一宇宙论——这种宇宙论包括政治、宗教和伦理在内，建立在阴阳、五行理论以及天人感应之上——认为该系统既是哲学也是宗教，同时也既非哲学也非宗教。它以阴阳、五行理论为基础，所以是哲学。它缺乏控制人类世界的人格神，所以并非纯粹宗教。但是这一整体化的系统管辖、统治、控制和指导着国家正统和意识形态。[14]然后，李泽厚分析了以朱熹思想为基础的宋明理学。朱熹以“天理和人欲”为中心建构起心本体，同样既是哲学又非哲学。宋明儒学在其核心并不承认人格神的存在；它采用的是道德律的形式，这种道德律将宗教、政治和伦理统一起来，规范人们的行为和思想。[15]不管是出自儒学经典的先秦儒学、董仲舒重构的汉代经学、朱熹重建的宋代儒学，抑或现代新儒学，儒学的所有分期，都包含需要对其进行解构的哲学和宗教的内涵和外延。

李泽厚解构的一个重大动作，主要是将儒学伦理和道德析为两个相关范畴。首先，他将伦理和道德看作个体的内在信念、修养和情感(宗教性私德)；其次，他将伦理和道德看作社会行为、习俗、规则和条约(社会性公德)。[16]前者指宗教道德，后者指公共道德。这番拆解之后，他对每种道德的形成追根溯源。原始经典中的儒学来自巫术礼仪。

上古时代的礼制要求部落头领拥有将宗教、社会和政治方面的资历和品质融为一体的人格和操守。这些品质是宗教、政治和伦理联合的反映，聚合了宗教道德和社会道德中的因素。前者（宗教道德）从孔子、孟子再到宋代理学家发展为个体对以儒道（佛）互补为基础的半宗教境界的追求，这种追求又被提升至顶点，并通过理学在人群中传播。后者（现代社会性道德）在孔子和荀子的教义跟道家、法家、阴阳家的观念融合后出现，变成了以儒法互补为基础的一整套政治—伦理原则和条约，控制中国历史长达两千年之久。

李泽厚反对牟宗三用“良知自我坎陷说”来连接“内圣”、“外王”，表现出对牟宗三缺乏说服力的推理过程的不满，质问前者如何能被有意义地转换为后者。在其新定义中，李泽厚使用自己“两种道德”的伦理学来补充牟氏理论的不足，提出了达到完满理解的新办法：“内圣”运用于宗教性道德，而“外王”则运用于社会性道德。

> 宗教性道德（“内圣”）可以经由转化性的创造，而成为个体对生活意义和人生境界的追求，它可以是宗教、哲学、诗、艺术。社会性道德（“外王”）可以经由转化性创造，而成为现代政治体系的中国形式：将重视人际和谐、群体关系、社会理想以及情理统一、教育感化、协商解决等特色，融入现代政治的民主体制建构中，而开辟某种独创性的未来途路。[17]

在详尽地解构儒学之后，李泽厚接着对之进行建构。他采纳了一个可追溯至荀子思想与孔子学说的中国传统文化体系，创造性地将其转化为一种新的体系。这个传统体系以天、地、君、亲、师五种范畴为基础，在1911年“辛亥革命”以后，“君”由“国”取代。李泽厚对此体系进行了哲学性的重新考察，将现代思想渗透进旧体系中，创造性地将其转化为调和了存在于宗教性道德和现代社会性道德、传统和现代、中国和西方文化关怀之间冲突的现代体系。[18]他详细地阐释了新、旧体系之间的延续性，旧体系对当今时代作为一种资源的意义，以及他自己的重新定义。在其《人类学历史本体论》一书中，他解释了“国”代替“君”的必要性。在他看来，“国”这个字并不简单指国家、政府、政体，而是指一种带着模糊和复杂的历史—文化共同体的心理认知。他指出其相比旧体系而言的优越性所在：

> “天”、“地”（自然界和神灵）、“国”（乡里、故土）、“亲”（父母亲，祖父母，祖先，亲戚，朋友）、“师”（老师、历史经验和事件）仍然可以作用于现实生活，并协助建立起当今迫切需要的中国的现代社会性道德，使两种道德混淆无序、杂乱并陈的状况逐渐改变，重构两种道德分途而又协作的新的“礼仪之邦”。[19]

五、狭义儒学与广义儒学

我在结合其他学者观点考察了李泽厚的儒学研究后，发现了把李泽厚思想跟其他人区别开来的重大线索。这是一种核心差别：所有研究儒学的学者和思想家都重点关注保存于儒学传统中的文献、教义和观点，把它们与其他思想派别如道家和佛家的联系放在次要地位（因为后者已经变成儒学的一部分），但是几乎没有人去碰法家，因为法家一直被认为与儒学教义针锋相对，水火不容。李泽厚是一个例外。他不但讨论了“儒道互补”，也讨论了“儒法互用”。这一范围的扩大具有难以估量的价值与重要性，对儒学的现代化暗含多种意义：(1)这说明儒学不仅是中国文化的思想基础之一；它以其他思想学派为支柱，就是中国文化的基础；(2)它让我们不再只专注于正统儒学，而是纳入其他的思想派别；(3)它推动了对传统资源的转化性使用，使我们有可能开拓对待中国传统的新办法并创造新知；(4)它提出儒学具有成为一种普遍思想的潜能；(5)它可能启发我们将儒学重建为具有普遍价值的思想派别。

林毓生在研究现代中国意识的危机时，倡导一种面对中国传统的新方法，他自己简括为“创造性转换”。李泽厚不满意这个说法，将其中两个词进行对调，提出了“转换性创造”的方法。他给出的解释是：“我现在讲的是转换性的创造,转换就是改良嘛。改良性的创造,不是打碎再来。”[20]尽管这两种说法共同点不少,但它们仍然具有本质上的不同。它们都代表一种改革取向。林毓生的提法强调对传统资源的转化,因此代表一种着眼于运用创造能力将传统思想资源转化为具有现代形式的学术思想的改良之法。这种办法可能给人一种新瓶(现代形式)装旧酒(传统思想)的印象。李泽厚的办法也利用传统资源,但是重点放在从传统资源里创造出新形式的学术思想。承接描述林毓生说法时用到的类比,我们可以说李泽厚方法的目的在于以旧酒酿新酒,并贮存在新瓶中。这两种方法各有利弊。汲取两者的真知灼见,我提倡一种着眼于“整合性创造”的新办法。它要求对所有思想资源,中国的和外国的,过去的和现在的,进行革新性整合,终极目标是创造出新的意识和主体性,并以之作为新社会、新文化和新世界秩序的精神。继续以酒为喻,我可以说这种办法追求的是用所有种类的旧酒酿造出新酒,并将之存于新瓶之中。实际上,这一新方法是李泽厚自己的儒学现代化之方法的基础。正如我在上面已经提到过的,他呼吁我们重建儒学,不仅要充分使用传统中国的资源,也要有所甄别地吸收经典西方哲学中的西方思想资源,包括马克思主义、自由主义、存在主义,甚至后现代主义,等等。

受李泽厚的儒学方法启发,我提出一种将儒学划分为两大类的新方法:(1)狭义儒学;(2)广义儒学。如果我说直到今天,儒学一直大多在其狭义上被研究,恐非大谬。学者和思想家们主要将注意力放在跟历史上的儒学最直接相关的材料与资源上,结合其他思想派别来研究和重建儒学只是作为辅助,而吸收外国思想则更少。并且即使外来观念被吸收,要不就是对中国与西方思想的生拉硬扯,如康有为和谭嗣同;要不就是用西方哲学概念来阐释中国思想,如冯友兰。甚至当他们使用其他传统的思想资源来研究和重建儒学,他们也坚持儒学思想的主导中心地位,只允许相当有限地使用其他资源。李泽厚是这方面真正的先驱,他不但在研究儒学时参考中国思想的其他派别,包括道家、法家和佛家,他也在重建儒学时引进西方哲学思想的观念,包括康德、黑格尔、马克思、海德格尔和其他哲学家。他的方法可启发我们去重建最宽广意义上的儒学。在某种程度上,这种广义儒学的方法带来的结果可被称为“儒体他用”。我接下来将利用从李泽厚的眼光和方法中得到的线索,进行一个实验来描绘建造广义儒学的结构。它可用下面的图说明:

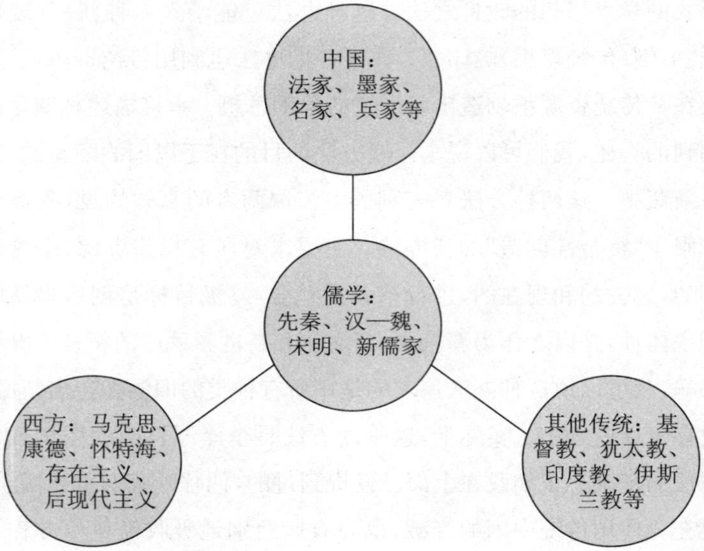

人们看着上图会不禁提出如下问题:

(1) 该图揭示了来自不同传统的各种思想资源,但是否可能把这些林林总总的思想资源整合成儒学的整体体系呢?

(2) 该图显示儒学是折中了不同传统的集合体,那么这样的儒学最后还能被称作儒学吗?

(3) 即使它是可行的,它不是儒学中心主义或者中国中心主义吗?我们能否设想它被其他传统的人们所接受?

对第一个问题,我的回答是肯定的,因为这是儒学从其初创阶段起就经历的事情。经过董仲舒、王弼、郭象、朱熹以及其他许多思想家的这种努力,建成了一个在一千多年里充当正统意识形态的儒学体系。在这些人中,董仲舒等人成功地把儒学跟阴阳五行学说结合起来。王弼、郭象将儒学和道家结合起来。周敦颐、程颐、朱熹和陆九渊完成了将儒学跟《易经》、太极和禅宗结合起来的漫长过程。冯友兰革新性地用西方哲学的体系重建了中国哲学。牟宗三将宋明理学和康德的哲学理论结合起来。李泽厚取得了更为引人注目的成功。他不但呼吁人们沿着这一方向前进,也做了相当的工作来拓宽该方向的疆域。他成功地追溯了从韩非、李斯至他们老师荀子的法家谱系,找出了儒学与法家在“内圣”和“外王”方面存在的令人信服的关联。[21]根据这一重要关联,李泽厚找出了儒学思想发展的两条线索:一条由孔子、孟子、程颐、程颢、朱熹、陆象山、王阳明、刘宗周等组成,另一条则包括孔子、荀子、董仲舒、王弼、王通、李德裕、王安石、陈亮、叶适、张居正、顾炎武、黄宗羲、王夫之、章学诚、谭嗣同等人。[22]这两条线都以孔子为源头,然后分成两条主线,各有相当不同的取向和重点。第一条线以孟子为首,倾向于向内发展,强调内在修养(内圣),而另一条以荀子为首的线则倾向于向外发展,强调“外王”。但是这两条思想脉络俱可被追溯回祖师孔子。李泽厚追根溯源至更远,直到孔子以前的时代,认为儒学源自由周公开始的巫术理性化。因此他提倡回到宋以前,视儒学为“周孔之道”而非“孔孟之道”。前者包括了“内圣”与“外王”,而后者倾向于只强调“内圣”。李泽厚呼吁给予这两条思想脉络同等重视,反对现代新儒家过分强调由孟子所开启、宋明理学家所倡导的那条思想线索:

> 所以我反对新儒家非常具体,宋明理学和现代新儒家偏于内圣,是颜回、曾子这条线的延续。像子张、子贡、子夏则是另一条线。[23]

李泽厚同意康有为的说法,认为《论语》出自曾子和其门人之手,他们将孔子的主要精神丢掉了。假如《论语》编自对政治和管理抱有强烈兴趣的子张,面目则可能会相当不同。[24]

李泽厚同时提出,先秦时代并不存在我们今天所谓的道家,庄子作品中有不少篇幅专门谈颜回。我们也可以再加一句,《庄子》中也有相当部分谈孔子和其他著名儒者,这证明道家跟儒学有关。而且,法家也跟儒学有关。这种联系之中存在着两条发展线索。首先,子夏培养了一批弟子,后来他们成了法家。第二,跟孟子同时代的荀子,培养了一批包括韩非和李斯在内的弟子,后来他们成了法家的代表。李泽厚引陈寅恪来佐证自己的观点。陈氏说李斯"受荀卿之学,佐成秦制",秦制是"儒家一派学说之所附系"[25]。而且,李泽厚也认为:"儒家不仅吸收了法家,而且也吸取了墨家、道家、阴阳家等等。"[26]我重述李泽厚对儒学跟其他思想派别关系的主要观点,意在说明中国所有的传统思想学派间存在着一种内在联系,而从不同学派汲取有用资源,进行创造性整合,在广义范围内重建儒学是可行的。在某种程度上,我认为所有的先秦学派,包括名家、法家、兵家、纵横家、小说家,都可以融入儒学的重新定义中并发挥作用。以小说家和纵横家为例。据班固记载,孔子据说曾经说过君子可以涉猎"小说",但是不应介入太深。[27]在现代社会,小说作为虚构的现代形式早已成为最重要的艺术体裁。因此它在培养人们的内心世界方面很有价值,可以跟"内圣"放在一起。纵横家是一种外交学派。在当今全球化的世界里,纵横家拥有一些可以被整合进儒学"外王"思想的资源,为地区、民族、国家在努力争取和平、和谐、合作,避免冲突、摩擦、战争方面提供洞见。当然,我们必须承认这一综合过程刚刚开始,其完成有待于众多思想家的想象力、原创力和创造力。

至于第二个问题,我认为只要我们在从其他学派和传统吸收思想和见解时以"内圣"与"外王"为关键,儒学就将继续是儒学。关键是如何去做吸收和整合工作。跟世界上其他思想学派和哲学相比,儒学具有一种开放、包容和易于调和的内在机制。这是一种很独特的品质,在其他思想和哲学传统里并不常见。世界各地的思想家和学者们一直惊叹中国历史上没有发生过宗教战争。犹太教、基督教、伊斯兰教都发生过宗教冲突和战争,天主教和新教则有教义冲突和论争,所以它们从不同视角确认了儒学独特的开放、包容特质。

第三个问题指责儒学中心主义,乃至中国民族主义,但这指控缺乏合理基础,因为在我的概念里,重组后的儒学本质上是一种广义的普遍人文主义。这也是众多学者和思想家的看法,包括我们这个时代最博学和睿智的历史学家和哲学家汤因比(Arnold J. Toynbee)。汤因比明确地说“儒学世界观中存在着人文主义”[28],认为它可作为世界的统一精神。汤因比和池田大作进行了一场深度对话,后来编辑成书题为《选择生命》。他们在谈话中都担心人类在近现代深陷麻烦,虽然我们已经在工业化和经济发展上取得了惊人成功。他们相信,除非全世界各种不同的文化、传统和文明能够融合成一个世界,人类就可能会在这个技术发达的社会里以自杀式的方式毁灭自身。用汤因比自己的话来说:“除非很快取得政治统一,我相信人类将无法存活。”[29]如何建立政治统一体?汤因比和池田大作都同意,政治统一体需要以精神统一体为基础,这意味着人类需要找到一种共同的宗教或者精神信仰,作为统一黏合剂,由来自不同人种和民族的人们自愿接受。哪种文明可以为这种共同的宗教和哲学提供精神资源?让池田大作和其他人都感到吃惊的是,汤因比说:“将来统一世界的大概不是西欧国家,也不是西欧化的国家,而是中国……恐怕可以说正是中国肩负着不止给半个世界而且给整个世界带来政治统一与和平的命运。”[30]汤因比于1973年发表了这一看法,其时中国在经济和物质上的发展还很落后,这一点他在谈话中也予以承认。那么,中国文化里有什么东西让他有这种看法呢?汤因比列举了东亚保存下来的八项遗产,它们“都可以使其(东亚)成为全世界统一的地理和文化上之主轴”。这其中有六项出自中国,而此六项中大多以儒学的政治、社会、伦理和精神资源为基础:“全世界范围的世界国家之政治模式”;“天下精神”;“儒教世界观的人文主义”;“儒教和佛教所具有的理性主义”;“对宇宙的精神敬畏”,以及“追求人与自然的和谐”。[31]汤因比所说的东亚文化遗产基本上就是扎根于儒学,带着道家、佛家和其他东亚学派因素的文化价值的集大成。分析到最后,它是普遍人性的整合形式,跟我的受李泽厚视野和方法启发而提出的“全球儒学”相吻合。

李泽厚曾经说过,他根本上努力在以中国思想来消化马克思、康德、黑格尔和西方思想,目的在于创造出一种以其指导性原则“西体中用”为基础的中国思想。他的原则是对张之洞的著名说法“中体西用”的颠倒。[32]我们必须承认,张之洞的说法是公开的“中国中心主义”。

但是李泽厚的说法完全扭转了局面。实际上,他这样说可能会被人批评为“西方中心主义”。但是就康德的道德律令“人是目的”而言,李泽厚的话在某种程度上是以人为中心,目标在于人性的完满发展,而无论其种族、阶级、性别、民族和国籍。尽管人都会归属于某一特定群体、阶级、人种和民族,人性将我们聚在一起。在对儒学的重新定义中,我们不但应尝试在中国传统中发现能够与西方传统学术思想进行对话的思想资源,也应在其他传统之中寻找思想资源,将其吸收进儒学的现代化版本之中,由此儒学能够变成一种具有真正普遍价值的学派。例如,宽容是在这个全球化时代被大量讨论的一种观念。宽容这种思想几乎可以在所有的传统如犹太教、基督教、伊斯兰教和儒学中找到。但是,尽管所有的传统里都有宽容的思想,只有儒学的恕道才具有真正的普遍价值。这是因为其他传统里的宽容立基于社群模式或者自由模式,它充满了“承受、忍受、忍耐、容忍”这些不受欢迎的意味以及“道德厌恶和不赞成”的负面含义。正如温迪·布朗(Wendy Brown)指出的:“(西方的)宽容对被宽容的对象,既无中立也无尊敬。相反,宽容是以一种特别的征服对不赞成、轻蔑或者厌恶的态度和状况予以控制——其所以可能,或是因为要摆脱危险所需的坚韧,或是因为大度才能赢得合作而允许其存在。”[33]作为对比,儒学之宽容建立在道德性模式上,跟康德所说“绝对律令”的人性道德律相似但更为实用。通过将自由模式和社群模式的宽容跟儒学的宽容融合,我们可以制定出新的,可被所有人种、国家和民族的人所接受的儒学宽容之路。除了宽容,儒学还有更多具有普遍价值和吸引力的观念,例如仁、和、大同、孝,等等。在我看来,儒学的恕道可作为将儒学重新定义、使其进入具有普遍价值的全球思想的一个切实可行的例子。

六、百家归一

在中国历史上的春秋战国时代,出现了一个被称作“百家争鸣”的思想运动,这些学派为了权威、权力和控制权彼此竞争。根据现在的研究,我们得知,战国时所谓的“百家”实际最多包括十余家。在当前这个全球化时代,世界上确确实实存在着数百种思想派别。今天我们重构儒学,应该融百家而归一,这将成为一种广义上的新儒学。在我的设想中,在可见的未来,中国将出现另一场思想运动,百家学派于其中竞争、结合、融汇成一个以儒学为核心的派别。在世界范围内,应该有一场类似的思想运动来整合来自所有传统的思想派别。这场运动将会是百家派别的真正融合,因为百家并不限于中国传统中的哲学思想,我们算一算西方传统和其他非中国传统中为数众多的思想学派,就可知的确存在上百种思想流派。将世界上数百思想派别融汇为一,我们需要建造一个尽可能广义的儒学版本,我称之为“全球化儒学”。带有普遍吸引力的全球化儒学应该从中国和非中国传统里汲取思想资源。只有使用这种广义的方法,我们才能将儒学重新定义为普遍思想或者带有普遍价值和吸引力的中国思想。只有到了那时,儒学现代化才能有阶段性的结束。

(赵凌云译)

注释

[1] 牟宗三:《道德的理想主义》,台湾学生书局 1985 年版,第 2 页。

[2] 杜维明:《回顾儒家思想的发展》,载《世界汉学》1998 年。

[3] 李泽厚:《说儒学四期》,上海译文出版社 2012 年版,第 17 页。

[4] 李泽厚:《论语今读》,生活·读书·新知三联书店 2006 年版,第 3 页。

[5] 同上。

[6] 同上。

[7] 同上。

[8] 李泽厚:《伦理学纲要》,人民日报出版社 2010 年版,第 1 页。

[9] 李泽厚:《伦理学纲要》,第 10—11 页。

[10] 同上书,第 11—12 页。

[11] 同上书,第 12 页。

[12] 李泽厚:《论语今读》,第 6 页。

[13] 同上书,前言,第 5 页。

[14] 同上书,第 5 页。

[15] 同上。

[16] 同上书,第 5—6 页。

[17] 同上书,第 6—7 页。

[18] 李泽厚:《人类学历史本体论》,天津社会科学出版社 2008 年版,第 114—121 页。

[19] 同上书,第 119 页。

[20] 李泽厚:《李泽厚近年答问录》,天津社会科学出版社 2006 年版,第 21 页。

[21] 李泽厚:《中国古代思想史论》,天津社会科学出版社 2008 年新版,第 306—311 页。

[22] 同上书,第 211—233 页。

[23] 李泽厚:《儒家的两条线索》,载《李泽厚近年答问录》,第 19 页。

[24] 同上书,第 20 页。

[25] 同上书,第 30 页。

[26] 同上书,第 32 页。

[27] 班固:《汉书・艺文志》,上海同文书局 1894 年版,卷 30,第 30 页上。

[28] Arnold Toynbee and Daisaku Ikeda, *Choose Life*: *A Dialogue*, edited by Richard L.Cage, Oxford: Oxford University Press, 1989, p.249.中文版名为《展望二十一世纪:汤因比与池田大作对话录》,荀春生、朱继征、陈国梁译,国际文化出版社 1985 年版。该引文见中译本第 287 页。——译者注

[29] Ibid., p.246.

[30] Ibid., pp.250—251。中译本参考第 289 页。

[31] Ibid., p.249。中译本参考第 287 页。

[32] Zhang Zhidong, "Exhortation to Learning", in Wm. Theodore de Bary and Richard Lufrano, eds., *Sources of Chinese Tradition*, vol. 2, New York: Columbia University Press, 2000, p.244.

[33] Wendy Brown, *Regulating Aversion*: *Tolerance in the Age of Identity and Empire*, Princeton: Princeton University Press, 2006, p.26.

李泽厚的决定论与个体自由问题

安德鲁·兰伯特(Andrew Lambert)
美国纽约城市大学

一、引言:李泽厚著作中的张力

李泽厚的著作可被理解为对中国现代化的阐述,一种为中国社会去寻求三种截然不同的哲学进路之综合的愿景。这些进路就是:中国的历史和文化,李泽厚将其主流视为儒学;对中国的现代化进程影响甚巨的马克思主义;以及更为宽泛意义上的西学,如康德和弗洛伊德这些人物的著述。李泽厚时常表达这样一种希望:中国式的现代化,将会是个体的重要性于其中得到认同,权利和自由被高举的现代化。[1]然而,此立场亦带出了一个重要的问题:在李泽厚的哲学体系之中,个体性和自由是如何被理解的?在此论文中,我力求检视,李泽厚借以帮助我们将此二者在中国特色的现代化中的地位概念化的思想资源都有哪些。人们常认为,儒学文化是关乎权威和等级制的,比理想中的人文传统如自由更少引人兴味。那么,在李泽厚看来,自由是如何牵系勾连于中国文化的儒学根基的呢?他对于一个尊重个体自由的中国的呼吁,是其理论承诺的直接结果,抑或更多是个人立场?

探求李泽厚著作中的个体性和自由的论题,其重要性另有缘由:它使我们能够更好地理解李泽厚的哲学框架,以及如上所提到的三种主要进路是如何得以综合的。具体来说,个体性和自由的问题产生于李泽厚著作中两大哲学诉求的交汇处,其一是源于马克思主义历史唯物主义的决定论,其二是他对个人自由的兴趣。检视李泽厚的个体性和自由的观念,将使我们看到,李泽厚是否成功解决了这两种诉求之间看似(至少初看来是)难以调和的张力。

一方面,此张力起于李泽厚对社会和个人之间关系的一种决定论式的论述,另一方面源于他将个体视为新思想的所在以及社会变革的起点。李泽厚思想的马克思主义组成部分认为,对于社会为何是其所是,以及人们缘何如此行动的终极解释,在于社会的技术—社会基础。但此中却有反自由的成分,因为它意味着,人们的行动并非由自身的选择而得到解释,反倒是由(有时被忽略的)更大的社会和经济力量决定的。李泽厚尝试将历史唯物主义的基础和康德对人类心理及认知结构的论述相结合。自表面看来,此举颇引人兴味,因为这样似乎也连带出康德的自由观——个体的行为,或者更确切地讲来,他们的意志是不为外力所限,毋宁说是由其自身的选择所造成的。具体而言,当所有的人类实践被追溯到其外在物质基础的时候,他是否避开了决定论的问题,尚不明确。我们又缘何知道,那些导向行动的思想、感情和欲望,本身却是不为我们所控制的外在物质力的产物呢?

这种张力同样可经由两种反向而动的因果力链条而得以陈述。第一种链条从外在的社会力量进到个体,而第二种自个体而出,为周围世界带来变革。在李泽厚的哲学体系中,这两种元素怎样契合,确是一个难题,而他是否能在决定论的地基上建立起可行的人类自由的概念,也是一个问题。随后,我将尝试对此张力加以阐述,并探求在李泽厚的著作中所隐含的可能解决方案,包括他所考察的有关自由的诸种概念。李泽厚能否给出对自由——和儒学价值体系相一贯的自由——的全新阐释,抑或,他是否太过投身于自由派改革者们希望从中脱身的那种社会决定论了?我们试图阐述,李泽厚哲学体系中的个体如何能作为其环境的变革的主体,而同时又不失为此环境的产物。

随后,我将首先概述李泽厚著作中的这种张力,并借诸如“文化心理结构”和“积淀”等概念,对隐含于李泽厚的马克思主义观念中的社会决定论加以描述。而后,我将考察李泽厚的著作对于个体性和自由的阐释，而后者或可为当今世界对于个体自由以及尊重人权的呼求提供哲学上的辩护。接下来，我将论证，这些阐释中的一部分——尤其那些对康德相关于理性和意志的论著有所吸收的——存在问题；但李泽厚的美学著作的确给出了一种独具儒学特质的有价值的个体性之形式。此自由以公共群体的目的和经验来指导欲望和情感，如此一来，就得以调和诸种欲望（不仅是个人欲望的满足），并酿就美学意义上的善的潜能（如美、快乐和安适感等）。它不仅是被拥有的权利，更是被教化的自由，得自于建基在稳固的社会结构和人际关系之上的各种被教化的心理反应。

话说过来，首先有必要澄清一点。李泽厚的著作是繁复而多面的。从康德、马克思和海德格尔，直到迈克尔·桑德尔新近有关正义的著作，他都有所涉及。有学者曾批评李泽厚[2]，认为他对大思想家和其论点的评注有失慎重。但抛却这种观点不论，在李泽厚本人看来，他的著作开创了研究的新局面，且给出了具有提示和试探性的理论，而不仅限于系统地阐发单一的主体或思想。[3]正因如此，只狭隘地关注李泽厚著作中的特定主题或主张的做法，很容易被驳斥；换句话说，在其广大著作集中的别处，他是据理做了回应的。更为重要的是，我希望本文可为剖析李泽厚对于中国思想界的重要贡献尽微薄之力，而且如他所希望的那样，对于那些在他的著作之中被提出来，但却没有得到充分探讨的思想，也能激发出更多的论辩。

二、李泽厚著作中的决定论：历史唯物主义

李泽厚提出了被其称为“历史本体论”或“人类学本体论”的理论。此理论衍生于马克思的历史唯物主义决定论，李泽厚明确将其作为一种社会解释的模式[4]，但却在特征上和后者有着重要的差别。同马克思一样，李泽厚坚信，对于人类存在最基本的解释根植于物质和社会的世界。人类生活最终应被理解为器具使用的发展，以及生产力（如科学和技术）的进步。在《中国古代思想史论》一书中，李泽厚赞许地引用了

《德意志意识形态》。其中,马克思强调了社会和社会结构是如何决定个体生活的,如下引文如此阐释道:

> 这些人可以发现自己的生活条件是预先确定的,各个人的社会地位,从而他们个人的发展是由阶级决定的,他们隶属于阶级。[5]

自李泽厚这段话可见,个体生活是为更基本的社会现实所决定的。[6]若要理解人类生活的本质,我们就不应以主观经验和反思作为起点,因为它们不过是生产力和社会实践的产物。相反,我们必须首先理解后者,并清楚了解其如何招致个体和主观层面经验到的那种意识以及思想的诸种类型。

然而,在李泽厚的思想和经典马克思主义之间,要做出几点重要的区分。首先,李泽厚对作为社会分析单位的阶级鲜有兴趣;他更多关注的是技术、社会实践和其历史渊源,以及二者对个体的影响。此外,李泽厚的著作虽保留了历史进化论的观点,却并不认为社会是通过不连续的历史阶段而进化的。对于社会进化,不存在可能发现的客观蓝图或时间脉络,历史也不是朝向一种革命性结论而推进的。[7]科学、技术和生产力确实推动着人类社会的进步,但其影响力不能就广义的社会范畴(如具体的历史年代)加以理解,而更应从个体心理学方面切入。此种对个体内在生活的关注,可以说是李泽厚和马克思之间最为重要的区别。马克思可能会把第一人称下的经验作为虚假的意识而忽略,或认为它不能反映深层的结构性现实。而李泽厚却承认内在经验对于这种结构的理论重要性,虽然他仍保有马克思著作中的决定论立场:技术和社会环境的改变生成并塑造了个体心理。

李泽厚对"心理"一词的使用是非常宽泛的,它涵括了人类意识的繁多方面,如观念、情感和欲望,等等。李泽厚的"文化心理结构"概念,把握到了生产力或社会实践与个体心理生活之间的直接关联。用他的话来说,"人类心理是人类历史的产物"[8]。他认为,此中所蕴含的确切的因果关系路径，更是经验问题，而非理论问题。然而，这个用以解释人类意识或“心理”的框架，却显示了李泽厚对于社会如何进步的决定论式的描述。

这种架构的决定论性质，可至少以三种方式加以阐明。首先，所有概念都于外在社会实践处有其根源。就此而言，李泽厚赞同人类学家克利福德·格尔茨(Clifford Geertz)有关人类本性是历史和文化的产物的观点。[9]即便使人类经验得以理解世界的那些最为基本的概念和范畴，都源自于社会实践。这其中就包括时间和因果性概念。由此，李泽厚反对某些哲学家(如康德)的立场，因后者宣称存在先验的知识或者成就经验的知性范畴。甚至那些在我们看来是常识、无关乎教育且无任何特定社会实践作为其基础的概念，在正确的探求之中，也被发现是某种社会实践的产物(虽然这种概念可能过于古老，我们已不再能于其中意识到实践和思想之间的关联)。如此一来，人类的认知或思想，就无所谓独立于社会语境和物质力量的先验结构。个体心理是完全根植于外在世界的。

这种将思想紧附于外在社会实践的决定论体系的第二个特征，是带有概念和评价(道德)层面上的文化相对主义倾向。生活形式或社会实践，决定了群体和个人由之理解世界的概念化和规范化架构。例如，那些居于农业社群中的人，就会从构成农业生产实践的角度去理解世界。就中国而言，李泽厚阐明，独具特色的中国式的文化心理结构，可追溯至儒学文化，以及孔子之前的原始农耕社会。他在后一传统中发现了两种构建人们世界观的基本社会实践：氏族等级社会关系以及礼制，此二者都可被追溯至史前时代。

氏族结构产生了稳定的共同体和族长制，并使得儒学的道德观念(如“仁”)得以形成，而礼制是那种组织人类对工具的使用以满足其基本需求的早先尝试。[10]但礼制同样担有心理方面的功能：参与仪式化的实践，也将看待世界的观念和方式植入参与者心中，促成了可造就社会秩序的共通的社会理解。人们的注意力和思想被吸引到同样的事体上——如，在农耕社会中生产和维系粮食的实践；对于世界的特质，他们有着同样的情感体验，这体验在喜悦的、有着美学吸引力的仪式化的歌咏和舞蹈中得到强化；[11]社会和情感上的协和又造就了和谐统一体的感受。进而，这般共有的规范和默契被编撰进法律和制度之中。这样一来，诸如礼制等的社会实践，就决定了主体的概念化理解力，他们的情感倾向，以及对何为理性或理智的判断力。

社会实践在塑造个体心理和判断方面的作用，贯穿于中国历史的始终。对于美在中国传统中如何进化，李泽厚同样给出了一种类似的历史和文化分析，并指出，这种形式的美学意识如何区别于在非中国文化传统中出现的各种不同的审美。

这一理论方法有几个优势。其一在于，李泽厚的理论及其对相对主义的辩护，使中国的(如儒学)传统得以作为独立的历史和文化传统被看待，而不是自西方历史的模式(虽然李泽厚显然在某种程度上借鉴了马克思)得到理解。随着历史的变迁，不同的文化传统之间能够相互作用并彼此影响，而等量观之，任何“西方的”文化传统从中国获取的和中国自其获取的会一样多。李泽厚理论架构的另一个优势，得自它在解释社会和个体的生活时，所赋予历史和既有传统的重要分量。有着坚实社会根基的这种理论的整体性，给予儒学价值观以可行的理性化，并于其中凸显出历史和传统的重要性。李泽厚的历史本体论使他能够捍卫儒学传统，那些界定了此传统的价值和论断，也由之彰显为关乎基本现实的反思性真理。

然而，此架构的相对主义特点，在其与自由和个体性问题的契合上也造成了困难。鉴于它不甚明确的概念和道德的相对主义，个体能否独立于影响其生活的历史实践去理解世界，就成了一个问题。相类似地，此架构认为，主体的规范性判断——他们所认为合理的、善的、正当的、美德，如此等等——受限于他们生活于其中的社会环境。这一立场虽没有否认批判性反思的可能性，但它确实认为，只有在根植于先在的社会现实的架构中，这种可能性才存在。此外，统一体和共同的社会—反应式情感的重要性，也引发了有关异见、反抗和个体性的相对重要性的问题。

李泽厚著作中的第三种决定性优势，在于他将人性部分地描画为有着生物学基础的人性。对于人类物种的所有成员而言，特定的生理需求或特性是共有的，而且在其特定的社会实践中反映出来。对此，最为明晰的一个例子，就是李泽厚对于“孝”的阐述。这种儒学思想中的价值的重要性，部分是源于一个事实，即它折射出了普遍人性——父母和子女之间的情感牵系。父母爱子女，而子女对父母心存敬畏。李泽厚认为，这种牵系的生物学现实在《论语·阳货》(17/21)中有所表述。[12]其中，宰我问及服丧三年的必要性，孔子答曰：“夫君子之居丧，食旨不甘，闻乐不乐，居处不安。”对李泽厚而言，这句话是有关子女和父母之间生物学意义上的深层牵系的证据。

将儒学思想作为自然主义的一种形式，人性的一般特点于其中塑造了那掌控人类生活的伦理观念，不失为可取，而且有其文本基础。但是，如此一来就会引发李泽厚更为宏大的哲学体系之中其余部分的相关问题。具体而言，就是这种生物学意义上的作用力能否和上述文化以及社会实践相融，以及二者各自在决定个体心理方面的作用问题。这种心理学的哪些方面取决于社会因素，而哪些方面又是受制于生理因素的？或许，这一问题可作为一种有待探究的开放式经验问题。重要的是，这种形式的解释为李泽厚的理论添加了另一种决定论的元素。

然而应指出，李泽厚本人同样将生理作为一种个体性和独特性的根源。[13]他认为，对于人们之间所产生的特定的生理决定性差异(或说，诸如身高，甚至性情上的差异)，理论永远做不到充分的把握，而且必须将其作为个体性的一种形式予以接受。人们之间受生理决定的差异，在何种程度上要比生物学意义上的相似性更为重要，在此是不能被解决的实质性争论。但可以说，鉴于在人性问题的解决上诉诸生理是根本上的决定论，于是就可质问，李泽厚对生理的诉求是否进一步缩减了那种非决定论式的、自由的人类实践理论的作用域。因为这是一个开放的问题，所以我在下文中将对生理决定论的问题予以搁置。

让我们对李泽厚思想中的决定论方面做以总结。李泽厚的理论，就各种作用力在不受制于个体认同的情况下如何决定个体心理，给出了解释。就马克思而言，物质作用力和技术决定了那构成社会的社会实践，又进而决定了生活于社会之中的人们的内在生活，这生活既包括他们借以整理经验的观念图式、他们的情感反应，也有他们对理性和合理之物的观念。更进一步，这些过程被理解为在特定的历史和文化传统中产生的，而李泽厚的著作主要关注的是这些作用力在中国历史中所呈现出的形式，并将之把握在那众议纷纭的口号“中体西用”[14]——宽而概之的马克思主义的本体论被应用于中国历史——之中。在实践层面，这意味着中国的社会实践和与之附随的心理学，受到了根植于等级氏族、血缘关系和宗教仪式文明的影响。儒学思想正是自农耕社群的这种根基生发而出，并寻求对此境况的改善和回应。那么，这种阐述为个体性留下了怎样的空间，以使得现代中国可被视为那生造了它的文化作用力的产物，而同时给予那在被文化所决定的规范、思想和情感的背景中脱颖而出的个体更大的认同？

和经典马克思主义不同，没有超验的历史叙事或上帝之眼的视角，可让智识借以窥探历史的基本规律——对此规律的把握可建构起日常社会生活之外的自由。社会潮流的方向和个体心理，是不能被提前预知的。如果理性的判断和情感的回应受制于我们的社会生活，那么留给那不受社会作用力限制的个体选择的概念空间，就被缩减了。

这适合于儒学传统，适合于所有个体都是社会化的个体之观念，但也为自由和自决的理想设下了难题。兹举一例，在一个高度评价悦纳父母的需求和意见的孝子的社会里，就难以为一个不以此方式行事、希求去过一种更为独立生活的人辩解并做出积极的评价。如李泽厚时常所言，儒学传统往往发扬的是一以贯之的统一性的理想，而后者或在“天人合一”的观念中得到了最好的表达。亦如《吕氏春秋》中的表述，“一则安，异则危”[15]。鉴于此种对统一性的强调，那被早期社会实践所塑造，但能够在不抛弃过去的基础上容下更多对个体性的重视的中国的现代化，其未来又如何呢？

这并不是说，李泽厚的著作没有对此问题做出任何回应；对于任何其他有关因果性和作用力不同流向——自个体而出，流向社会——的阐述，李泽厚的理论架构中所蕴含的那种决定性的作用力都提出了挑战。李泽厚希望给出一种对欧洲启蒙思想（具体而言，对康德的理性和自主性主体的观念）的阐释。但这种做法是否行得通，而李泽厚是否又达到目的了呢？

三、李泽厚论个体力量引发社会变革

如要理解作为主体的个体对社会化世界的操控和重构，对人类实践在李泽厚体系中的生发点的把握——至少自主体的视角来看，将会是有益的。如上所述，作为主体内在生活的“心理”（时常被译为“psychology”），是李泽厚的“文化心理结构”的一个要素。虽然我将基于一贯性的考虑而在此使用“psychology”一词，但应当指出，“心理”在意涵上比其相应的英译词要更为宽泛。它涉及一个人或主体遭遇或体验世界的角度，包括前者在遭逢世界之际所有的反应、情感、动机和思想。基于这种心理，李泽厚将作为主动因的人类主体把握为“主体性”[16]，而后者通常被译为“sujectivity”或“subjectality”（借以强调它和被动的主体性概念之间的差别）。李泽厚写道，主体性是指有着“能动性存在潜力”，以及拥有“将自身和其环境关联起来的主动能力”的人。[17]

在对这种人类主体的主动性特质的阐释中，李泽厚遵循了康德对人类主体做出的认知、美学和道德三重领域的界分。李泽厚强调，此主动性的根源在于那构成了道德领域（尤其是道德意志）的部分心理结构。在其《人类主体性第四提纲》中，李泽厚写道，“道德先于认知”[18]。因此，抛去他在早期著作中对康德的批判立场不论，李泽厚在其后期著作中又回到了康德对作为自由领域的道德领域的阐述。

在《哲学纲要》一书中，李泽厚开始将绝对命令和服从绝对命令的能力看作对人之为人（相比于缺少此种理性形式的动物而言）的辨识。和康德不同，李泽厚仍认为，所有的观念和规范都源于社会实践和经验；但他也承认，某些观念或原则（包括绝对命令）对于人是如何思想如此之重要，以至于显得是先验或内在的。因而，虽然康德在绝对命令的起源上犯下了错误，声称它是实践理性的产物，但他将其归于最高的道德价值这一点却是正确的。[19]这是因为，绝对命令显示了一种意志，一种道德上为善的意志，此意志被一种特殊而类似于法则的方式决定了。就其最简单的方面而言，这种意志是一种主体在实现其目的时有意识的努力，但它也易受变化无常的欲望和情感的影响，不得自由。唯有诉诸对那些合理地出于理性主体之目的的意志，才是真正好的意志。而通过使个人意志顺从普适法则般的规律，主体也获得了自由，脱于决定论的经验世界，离于肉体和欲望变化无常的影响。

使意志无碍于经验影响的能力，也是个人价值的源泉。面对世界和狭隘的个人利益的刚强意志，赋予人类生活最高的意义。如果作为理性个体的人能够遵从绝对命令，那么他们就配得上对个体的尊重。以这种方式来理解人类主体的内在生活，可为当代中国社会的个体权利和个体自由提供一种更为强力的理论辩护。

然而，李泽厚所强调的，遵从康德而发展一种和中国儒学传统特质相一致的对于自由的阐述，却面临着困难。具体来说，这一点和李泽厚理论中的其他元素相互冲突。[20]再者，我认为，李泽厚的著作中含有其他更引人兴味的观念，不需要依赖康德的架构就可将其展开论述。

四、康德的自由概念的问题

和此相关的各种问题，都尝试将康德和马克思主义思想加以调和，在此我考量了三种方式。首先，通过直接质疑将康德的绝对命令作为自由和个体尊严的基础性价值，而对李泽厚的做法提出质疑；也就是说，对康德道德哲学的假设表示质疑。最为直接的挑战是这样一种质问：为何将自身束缚于律法、使自身受其限制，应被理解为自由的一种形式？康德的回答是，意志这种律法式的建构是纯粹实践理性的一种形式，比工具理性更为高级。它使主体隔绝于经验世界的决定性作用力，并允许其为自身立法。但这就要求对于这种特殊理性形式的信念，而很多哲学家对此是拒斥的。撇开这个问题，另有更为简明的异议，即认为基于绝对命令而阐释自由是反直觉的。比起将自身束缚于律法，自由往往被理解为将自身从强迫中解放，并拒绝律法或规则。可以说，这是一种更为直观且令人信服的自由的概念。

此外，还有一种反驳意见认为，绝对命令无异于一种空洞的形式主义——它允诺了太多，却由此不能确保个人自由受到庇护。它缺少特殊性，而这意味着，它可被用于为那些威胁到个人自由的政策或行为放行，或为其辩护，因为它并不清楚后者是不是“可普遍化的”。如李泽厚所指出，康德本人认为，这种伦理性的保证和对于财产所有人的投票权的限制，是不矛盾的。[21]因此，即便抽象的伦理原则对理性反思有着本义良善的监督作用，也不能保证李泽厚所呼求的个体的权力和自由。然而，这种对康德道德理论的驳斥非我所求，我将更关注其和李泽厚的哲学体系之间的关系。

五、绝对命令和李泽厚的理论构架之融合问题

首先予以考量的问题是，既然李泽厚反对康德有关人类认知的先验范畴，那么绝对命令如何能够被作为一种根本性原则。更具体而言，鉴于这种形式的理性对儒学传统——在李泽厚看来，这是一个实用理性占据主导的传统——而言并非至关重要，那么对于受此传统浸染的主体的心理结构来说，它怎样能占据优势地位呢?[22]它或许会是一种所有人都应当采纳的具有价值的道德理想，但这并没有回答如下问题：对于在儒学传统中生发的特殊文化心理结构，其权威又在何处?

事实上，至少在理论层面而言，李泽厚对此问题有着自己的回答。李泽厚体系的一个引人兴味的特征在于，群体或传统的文化心理结构不是固化的，它对所有的作用力都敞开，只要这些作用力能够和现存社会实践以及理智的范畴融为一体。中国的传统——作为构成个体心理的一系列社会实践、观念和情感——能够吸收外来的影响，包括绝对命令的观念在内。在国际市场背景下的观念以及思维和情感方式之中，绝对命令是作为理智的典范而出现的，主体对其有着强烈的义务感。

对于绝对命令,李泽厚好似将其解释为所有人或文化都朝之进化的一种普世观念。这不失为一种可能性。然而,它是否可被作为这样一种奠基性的、权威性的规范呢?对此,我们至少有两种追问的理由。

首先,李泽厚的独创性论述的魅力在于,它隐含了对不同文化传统的呼求,这些传统中的每一个都可能侧重于不同的道德原则或规范。而将绝对命令引入对中国的现代化和自由的阐释,就有破坏这一特性的危险。这一点尤其和中国的情况相关,因为——此处为第二种理由所在——儒学传统所强调的是对个人信念以及家庭的义务。对于至亲至近之人的义务和那种绝对命令作代表的义务的公正性之间,会存在冲突,而如此一来,何者应具有优先权就有待明确。[23]于是,按照李泽厚本人的文化心理结构理论,绝对命令是否会成为普世性的道德原则,当是开放的问题,只能交由社会和历史实践的实际进化来回答。

六、绝对命令的观念遮蔽了李泽厚思想中和自由相关的其余诸要素

之所以在中国现代化的语境下拒斥对康德道德理论的诉求,一个更深层的原因在于,它遮蔽了李泽厚著作中其他的主要方面,而这些方面自身就足以构成有关自由和个体性的全新概念的基础。李泽厚所发展的(尤其在他的美学著作中)有关人类主体的丰富心理图景,不同于绝对命令中所包含的那种有关行动的更具限制性的心理学。例如,众所周知,在行动的决断方面,康德没有给情感留下任何道德上的权力。但在李泽厚的心理学中,情感是可靠的,因为它们部分来源于并反映了社会和历史的秩序。实际上,李泽厚直接指出了他和康德的分歧:"我认为他[康德]过于强调理性的能力了。在这种[观念的]自由作用中,还有很多其他的心理功能的参与;这其中包括情绪、感官、欲望以及潜意识。"[24]李泽厚在此所说的是康德的美学概念,但这一评断同样适于去区分两种对人类实践如何于观念层面生发的阐述。在康德那里,理性行动有其特殊形式,是遵循原则的行动,其中涉及意志对潜在破坏

性冲动的“掌控”。这种带有意志力的自我控制是自由和自尊的基础。相比之下，李泽厚有关理性行动的“心理学”就更为模糊，它将一系列较为广泛的作用力作为理性行动的源泉，并暗示了一种感受性——行动产生于各式各样的心理事件；这其中就包括情感和直觉，而它们和任何有关行动或欲求之目的原则或体系性概念并没有明显的关联。可能只是在直觉的层面，这样的行动才显得是合理的。

除了对于理性不同来源的认同，同样还存在着理性感受性的问题。强调依于特定的原则去限制意志，就削弱了对和此原则不相关的很多因素的感受性。但是，李泽厚著作中的心理主体对一系列更为广泛的作用力都给出了回应——因为个体的感受性并不是单一原则的产物，而是能把这些作用力作为理智的或理性的加以对待。此敏感性可被视为一种审美的感受性，它将情感、直觉，甚至潜意识都归为动机性的作用力。事实上，提出李泽厚最为感兴趣的自由和个体性概念的是其美学著作，后者与李泽厚所描述的儒学传统的很多特质都相一致。但在对此加以论述前，我们应当注意李泽厚著作中与将康德的道德理论提升为普世理念的尝试不甚相融的另一种进展。

李泽厚无意中接受了康德在对意志的狭隘关注中所隐含的一系列文化假设，而后者和儒学传统文化的诸种假设都是不相合的。康德是一个清教徒式的道德论者，而且正如伯特兰·罗素所指出的那样，清教徒主义造就了一种极其强调意志的道德，也就是说，自由而精于见识的个人选择。但是，在个人行为上的清教徒式的道德，可能与浸润了儒学价值的传统关联甚少，因为后者缺乏任何在康德意义上发展了的有关意志的观念。[25]此外，李泽厚有充分的理由来提防任何传达了宗教观念的实践概念，比如清教徒主义，这源于他主张中国的传统应被理解为一种“乐感文化”。

乐感文化的基本前提是，中国的传统有着“一个世界”的观念。[26]只存在一个领域，从中可得出人类的终极意义，那就是历史性的和社会化的人类世界，而不存在指导实践的更高的先验领域。因此，中国的传统与那些从造物主获得其道德和社会规范的传统形成了鲜明的对比。

不过,作为人类实践源泉的意志在清教徒式的道德传统中是非常重要的,因为它是主体得以使自身配得上进入一个神圣领域(第二世界)的手段。这让人联想到自我克制以及(对那侵扰的情感负有责任的)人性的缺陷,而后者由一种限制性的得当的意志而被克服。只要李泽厚强烈反对任何一种在中国传统中开辟出一个先验世界的观点,他就不得不拒绝任何对源于形而上学假设的人类意志的解释;而康德的著作正是出于这种宗教式的信仰。

除了让我们对由任何基于道德论的意志观念对自由做出的阐释心存戒备之外,李泽厚的乐感文化观念同样可作为一种不同的自由和个体性的概念的发轫点。后者在乐感和审美感受性中有其根源。对于有价值的人类实践之起源,李泽厚的乐感文化观念给出了一种不同的图景。人生短暂,困苦当道,此种不安定的境况导致了一种重视善用此世生命的存在主义式的驱动力,而使人不再去诉求一个更高的领域。在这种情况下,人类最高的目的就是随遇而安的能力;而在儒学传统中,这种乐感在对日常社会生活的追求中,尤其在人际交往中得到了初步的实现。[27]结合李泽厚关于心理学和理性行动的微妙而现实的图景,这种观点可被用来发展一种与其对儒学传统的阐释相一贯的、审美的个体自由概念。

七、美学传统中的自由和个体性

李泽厚在其美学的发展中亦追随了康德,接受了后者将人类经验加以知性、道德和审美的三个领域的划分。虽说自由是通过存在于知性或理性领域中的绝对命令而得以生发的,但通过将自我描述为审美的感受性,也可对自由加以探究。重构世界的力量(自由)不单单存在于理智或有意识的意志力之中,还在于经过教化的可靠的审美反应,以及实践能力和想象力。对于审美的观念,李泽厚如此解释:“美学是社会存在(观念、理想、态度和意义)朝向心理功能,尤其是情感和感性认知的积淀。”[28]

就此而言，自由在于一种对主体的协调，使之朝向他所沉浸于其中的社会世界，并借此提升其行动能力。业已存在的外在社会现实深入到内在情感之中，并将其塑造，或者用李泽厚的话来说，这是“自然的人化”。这种自由，当和相关的实践技艺结合起来时，就提升了主体为与之共享日常生活的周身的人们作出贡献的能力，也就是说，可以将他们带至广义上被归为“乐”的审美体验。这种意义上的自由概念与根植于个人关系和乐感文化的儒学传统有着强烈的亲和力。它是那种缺少先验领域价值的世界观的合乎逻辑的产物，而且表达了诸种传统的儒学理想，如“乐”、“安”和“逸”等等，这些都在中国的美学中有着广泛的讨论。[29]

以上对于自由的阐释出现在李泽厚对文化心理结构的描述之中，而后者亦将审美心理结构包括在内。[30]通过被人类实践所塑造的日益审美化的环境，以及个体在音乐、诗歌等事体中所受的教育，人类主体在审美体验上变得愈加敏感。[31]随之而生的是一种逐渐与外在环境以及社会实践和谐一致的内在性——思想、敏感性、性情和动机。主体变得更有能力应对其环境，并通过行动在社会环境中为他人带来欢乐，或者(如李泽厚所说的)美。在社会世界中，审美感受性可作为实践的基础，因为“音乐的和谐和人际关系的和谐就结构而言是相近的”，这一观念在《荀子》和《左传》中有其根源。[32]它认为，那种强有力地传达感官体验的实践，和音乐一样，能够影响人类的情感和欲望，并由此指导其行动，去除矛盾。

这种自由概念发展了审美感受性，提升了基于此感受性的实践能力，并可通过李泽厚对《论语·泰伯》(8/8)的注释而得到进一步的描画：“兴于诗，立于礼，成于乐。”[33]在李泽厚看来，这段话提出了一条提升主体在世界之中的层次或影响力的发展路径。鉴于这三种对性情养成的阐述，其中每一种都传达了审美自由的一个重要的方面，让我们依次对其加以考量。

“兴于诗”一句，映现了孔子对其弟子的劝诫，他让他们去读《诗经》，以获致更为丰富的语汇(见《论语·阳货》，17/9)。然而，对于李泽厚而言,“兴于诗”并不仅指诗或乐句,更是就所有文学形式来说的。它让人想起人文教育,呼吁人去博学,熟悉世间一切基础知识的源头——政治学、历史,等等。李泽厚将此学问描述为,“建立智性的结构”或“理性的内在化”。[34]对于主体必须在其中生活和行动的周遭世界的细节和微妙的方面,这种学问志在获取一种更为复杂的概念式把握。

这种学问自两方面对自由的审美性观念作出了贡献。首先,主体所获致的文学和思想是从属于一种公共传统的,对此传统共通的理解方便了交往实践。任何受到儒学传统熏染的人,都会自那塑造了当下的经典文本和历史中的普通观念来看待世界。其次,这些观念和概念并不是“硬冷”而惰性的事实,其中还含有“温暖”而具有激发性的元素。例如,英雄人物能够激起那些知道其事迹的人们的情感。理想情况下,基于此传统之中成员们所共有的情感共鸣,一个有学识的人就可诉诸并利用这些共通的意象和主题去指导他人的行为。[35]对此的一个例子就是,儒学诗篇中的主题总能在读者那里激发特定的情感,如人们体察到他人的痛苦时总是会感到悲伤。李泽厚引自隋唐学者孔颖达的话恰如其分:“其作诗者,道己一人之心耳,要所言一人之心,乃是一国之心。”[36]由此可见,学术在社会层面有其实际的影响力。

《论语·泰伯》的第二句“立于礼”,传达出了审美化自由的深层意涵,而实践在其中居于核心地位。在李泽厚的哲学框架中,礼制是指那创建并维系了特定的社会或地理共同体的社会实践。礼的重要性体现在三个方面。首先,“礼”牵涉到对性情的消极的规训,以及公共准则的内在化。[37]这其中就可能包括日常问候父母的习惯。对于规范习惯性的遵守,使主体能够在构建其社会世界的社会实践中正常地生活。

其次,儒学对于礼的重视还含有积极的成分,因为立于礼的社会哲学,使实践得以观念化。人类主体必须在各种社会情境下行动,所以必须学会得当地操控相关物质世界的对象;这就需要对后者如何运作以及那些支配它们的规律有所理解。和纯粹的仪式不同,礼需要应用与实践方能把握——如儒学的六艺,其中就包括御车术和射箭术。虽然此种实践层面的学习和有关支配规律的知识,最初是针对礼制背景中的对象，但这一学习的基本模式却被广泛地应用于实践。它催生出那些能够利用自然客观规律并与之共事的人——这在荀子对于“天”的自然主义式的阐述中有所描画。人必须了解支配其使用对象特性的规律。比方说，一个把握了实践和理论层面知识的主体，能够卓有成效地种植和收获，并且巧妙地和他人保持良好的关系。所以，宽泛而言，礼是在世界中获得实效的一种手段。

在对古典儒学的阐释中，礼的第三种功能在于塑造一系列有其生理基础的情感反应。礼的实践有序地组织了人类的情感生活，也可调节人们之间的情感联系。对李泽厚而言，特定的原始欲望和情感是人类和动物所共有的——如《论语·为政》(2/7)所指出的那样，诸如狗、马和人类等都自然对其父母有情感。但区别在于，人类有培养和提炼这种情感的能力。此为礼之目的所在，而这种经过提炼的情感构成了儒学的理想“仁”。

例如，李泽厚将“孝”理解为一种情感的感受性，而礼应将子女对父母的自然之爱提炼为“孝”——他将之刻画为敬畏。由是，礼教化了家庭生活不可或缺的情感，使其个体能够获得幸福。但情感教化的任务在家庭之外也在继续。随着氏族关系网的铺展，为了成“仁”，这种情感关系就必须发展成一种对待他人的同理心。此中主题——亦被李泽厚把握为“自然的人化”——在于，礼有助于教化主体的情感生活。毕竟，个体可能在发展自身的情感反应方面无能为力，而仍与其周围社会世界中的实践和情感处于紧张关系或受其困惑。

泰伯篇的第三句“成于乐”，表明了根植于美学领域的自由的决定性元素：音乐。李泽厚指出，如果君子的自我教化不包含对于礼和音乐的学习，那么他就不可能达于“成”。[38]而音乐如何有助于对自由的阐释呢？

对此最为简单的回答是，它培养了一种情感的反应性，接触并欣赏音乐的人，有着更为完整的情感反应域。[39]此外，音乐之中所包含的协作与协调，理解哪些音符、节奏和旋律适于结合，以及音乐、声音和乐器之间的协调，和情感领域的运作在功能上有其相似之处。懂得欣赏音乐和谐的人也同样能够理解情感之间的关联和过渡，并能在其中找见和谐。所以，“完人”的内在生活是以更为升华更强烈的情感尤其是愉悦为特征的。[40]在阐明这一理想的时候，孔子本人说道：“其为人也，发愤忘食，乐以忘忧，不知老之将至云尔。”(《论语·述而》，7/19)

这种关乎情感的协调和互补性的教育，经由音乐训练的教化，落实到人类社会世界，那里同样有着关乎协调和合理安排的挑战。而被音乐所教化的情感状态就成了思想和行动的基础。也就是说，完人对于世界的实际回应虽源出于情感的感受性，但仍是可靠正确的。这部分是因为，情感领域虽然是人类体验的高级领域，但却和人类教化中的智性和实践维度密不可分，且得建于此两种领域的成就之上。李泽厚写道：“审美既纯是感性的，却积淀着理性的历史。它是自然的，却积淀着社会的成果。”[41]就某种意义而言，有教养的人身上体现了李泽厚所标示为大体上驱动社会进步的各种力量。他们的理性感受力，体现出传统知识和社会实践的积淀；他们精于实践，情感反应又被这些实践所塑造，使他们能够于其中发现美。此种最高状态的养成，亦即孔子在《论语·为政》(2/4)中所言。他说，在七十岁的时候，能够“随心所欲而不逾矩”。

如李泽厚所指出，这种获致的状态，就是一种形式的自由。[42]这种情感是自然自发的，但已被成功社会化，所以能够和实践以及社会规范相协调。此外，具备了这种素质的人，可以感受他人的情绪，知道其实际需求，具备必要的技巧和训练，能够转变与之打交道的人们的情绪或情感。这种实践技能的情感影响力，有如诗歌对其听众的影响力，虽说后者只是凭借语词而非行动奏效的。

这种转变社交的能力是乐感文化的一部分。更进一步说，在儒学传统之中，这种能力通常是在特定的语境中如血缘和人际关系得到理解的。李泽厚写道：“生的意义只存在于人际关怀的现实群体之中”[43]，而就孔子的智性环境而言，最为重要的是“时间性的人际关系和人性情感”[44]。正是在这种对人类生活最为基础的目的和目标——创造人性依附网络中共享的喜悦——的理解所遭遇的冲突之中，这种自由的价值才得以显现。

八、概述审美性的自由概念

李泽厚有关审美教化的阐述以及他对《论语·泰伯》的诠释，说明了在儒学思想之中存在一种坚实的个体自由观念，它传达出了在中国的现代化中个体价值和尊严是如何得到理解的。它认为人类主体心理结构的各种实际动机，包括情感和直觉，是确实可靠的，并将其和狭义的理性概念（诸如依据原则而有意识地行动）置于平等地位。这种理性存在于主体所养成的感受性之中，关乎对美、安适、愉悦的审美目的之有效的理解。在其著作中，李泽厚一再强调潜意识在决定行动上的作用。[45]然而，此处的"潜意识"大多是指这样一种事实，即合理的行动本身能够暗示主体，造就有益的社会结果，而对于当时那种行动过程为何能够显示自身，主体却并无理解。因此，这种意义上的潜意识仅指不能直接为意识所捕获或不能被言说的东西。[46]行动上缺少正当理由，并不表明缺乏自由。主体必须首先理解其心理由之从出的传统——那建构了传统的各种礼制和社会实践，而与此同时遵照《论语·泰伯》所言调控自己的心理；只有如此，他们的心理反应才是值得信赖的。但与此同时，因为一个传统之下所有成员的生活都受制于同样的技术和社会性作用力，所以，受过合理训练的主体就能够和他人在情感反应上达成共鸣。由此，这样的情感反应才不是反复无常、非理性的，也不会对自由而理性的主体构成挑战，因为后者必定会有意识地加以抵制；**它们在公共社会实践中的基础给予了自身诚实的品质。**

再者，当儒学传统被理解为这样一种文化，即世间审美意义上的善（如快乐）通过氏族或人际关系被其作为首要目的，那么，理解和创造那为共在于社会世界之中的他人带来快乐的事体，就有了最大的价值。基于丰富的心理提示诸如直觉、情感和实践知识，不懈努力地将他人和自身至于安逸，正是此中之意。在日常社会生活中实现这种更高质量的交流的能力，尤其是达至快乐的共享，成就了一种重要的自由概念。

可以说，这样的快乐不简单是享乐主义式的易逝的快乐感觉，而是在深层的和谐和成功的人际交流基础之上形成的。《孟子·离娄章句上》第二十七节对此有有力的表达，并认为，仁之最为有力的表现，就是在人际关系成功之际对乐或愉悦的音乐性表达："仁之实，事亲是也；义之实，从兄是也。……生则恶可已也，恶可已，则不知足之蹈之、手之舞之。"[47]

九、评价李泽厚对审美自由及其在中国现代化中的地位之阐释

在美学领域将自由概念化，同时将其与儒学传统的决定性特质结合，造就了李泽厚对自由的细致入微的阐释。这种自由不应被理解为约束的缺失，或粗鄙的欲望的满足，毋宁说是一种只有通过努力和修养才能获得的能力。这种阐释的优势之一在于，原本显得保守而具有约束性的儒学社会哲学的方面，如对个体依附性和作用的绝对化要求以及迫切需要，被重铸为一种更富于意义的自由的必要组成部分。此外，它还指明，当人的行动有具体而有限的关注点如地方社会世界和人际关系时，才有可能获得最大的自由。由此，人的行动才有最实际的效果，也最"富于意义"，伴随着令人难忘和感动的社会事件的发生，情感也受到巨大的影响。

和其他概念作比，这一自由的概念又如何呢？显然，它是一种积极的概念，要求主体获取支持而去发展其积极的潜力。因而，它和那种仅关注非介入性的消极的自由是不同的。李泽厚的阐释表明，重视非介入性的自由是空洞的自由，因为它忽视了一系列本质性的问题：何为人性？它如何借由与技术和社会实践的关系而发生？就人何以能感到满足而言，这又是一种怎样的限定？个体的思想可能无力于对此本性的追寻，于是在主体所认为会带来幸福的事体和实际上会带来幸福的事体之间，就会产生不和谐。由此，作为孤立主义或独立性的自由的各种自由主义式的理想型之间，在对自我的形而上学和基础的阐释上就对

立了起来。

那种意在能够依欲望而行事的古典式自由，同样有此缺陷。当自由被作此理解，这样一些欲望的起因为何，且依其行事的人是否真的自由，就被忽视了。比如说，李泽厚的美学的对自由的阐释认为，粗鄙的、基于生理需求的欲望可以被改良，并转化为建立在稳定的外在社会实践和人际关系之上的社会化的欲望反应。无能于培养自身的感受性，而只依从生理欲望行事，也将无能于获致更高的自由。因为教化的欲望通向更大的群体性快乐，个人也因其社会化的行动和贡献的能力而得到满足。它们是"更高级"的欲望，指向更大的自由。而且，相比于古典式的自由，这种可供替代的自由本身带有更强的责任感。自审美意义上来看，自由牵涉到对社会交互和交换的承担，因为这里正是美、安逸和快乐得以实现的场所。这种意义上的责任并不必然是压制性的，而是实现情感上共享的善的必要条件。

在中国现代化的语境中，这种自由概念如何与当下中国对个体自由和权利的呼求相一致呢？这里不可能给出对此问题的完全解答，兹举言论自由一例。在自由民主的传统中，言论自由间或被理解为想说什么就说什么的权利。显然，观念的自由交互多有益处，例如可以加速技术和经济发展的进程等。而与此同时，即便是自由主义的传统，也符合言论自由的标准，从简单地禁止剧院中的激情喧嚷，到更为细微的憎恨言论是否该被允许的问题，都说明了这一点。可以说，在自由言论的界限之辩中，这种美学化了的自由概念是有其贡献的，对那些或与之冲突的价值也不无裨益。着手于在日常社会网络中创造安逸和快乐之能力的道路，隐含了这样一种观点，即言论应当被视为用来积极影响人们审美和情感生活的社会工具。由此，言论应如何被使用就受到了限制，因为它有可能会导致迥然不同的效果，如提升焦虑和敌意等等。

毫无疑问，不受限制的言论有很多优势，但对人类经验的审美领域的关注提醒我们，它并不是唯一的善，很多时候存在多种人类之善，而不可能将其同时实现。或许，安适、素朴和浸染了乐感（愉悦的快乐）的生活，有时可匹敌于不受限的言论之理想。在此领域做出任何论断都须谨慎,但是将儒学传统坦诚而沉思地推及当下和未来,确是李泽厚所致力于达成的。

将自由把握为在人际关系网络中创造和享受快乐的能力,也有其弊端。最为明显在于,对审美领域和主体当下社会世界的关注,并不能处理更为宽泛的政治问题。例如,人们可能将精力花费在家庭和朋友们身上,同时居于一个不公平的社会体制之中,而从不与政治组织和人权的问题有直接的对质。中国文化中的审美,往往为作家们提供了一个避难所,使其免于应对社会组织中更为重大的政治问题。李泽厚本人对此颇有意识,并将之作为在20世纪80年代席卷了中国的"美学热"的一个可能的原因。[48]然而,和此弊端相违,认为人们最为关切的往往不是权利和政治体制的抽象问题,而是他们怎样能够尽可能好地生活(地方性的有限的事务很大程度上是由个人依附关系和社会交互组成的),似乎也是完全合理的。如果这就是李泽厚所认为的最基本的存在问题,那么归根结底,自由的审美性概念是值得被进一步探究的。

我认为,李泽厚的美学著作提出了一种颇具价值的自由概念,它使个体得以从物质和社会的作用力中走出来,并不完全受其决定。这是一种不当被视为将明晰性根植于理性和道德意志力的知性化的自由。毋宁说,它成于教育,以及对构成了主体日常生活和交往的具体社会实践的渐进把握。创造并分享审美之善的能力,就是这种训练和增强的感受性的成果。这是一种独一无二的自由概念,须将之与其他对自由的阐释(尤其是它言之甚少的政治自由)并置而评定其重要性。虽然对此自由而言,行动的范围比作为欲望满足的更为个体化的自由概念受到更多的限制,但它更少遭受冲突,且更容易为公共利益造福。这种对自由的阐释值得更进一步的探究,因为它将审美生活和自由创新地融于一体,而且和儒学传统——中国现代化的任何可行的愿景都必须向其致意的传统——有着强烈的亲和力。

(钟远征译)

注释

[1] Li Zehou, *Four Essays on Aesthetics: Toward a Global Perspective*, Lexington Books, 2006, p.182.

[2] John Z.Ding, "Li Zehou, Chinese Aesthetics from a Post-Marxist and Confucian Perspective", in Chung-ying Cheng and Nicholas Bunnin, eds., *Contemporary Chinese Philosophy*, Oxford: Blackwell Publishers, 2002, pp.246—259.

[3] 参见李泽厚:《中国古代思想史论》,人民出版社 1985 年版,第 341—344 页。

[4] Li Zehou, *Four Essays on Aesthetics: Toward a Global Perspective*, Lanham, MD: Lexington Books, 2006, p.171.

[5] 李泽厚:《中国古代思想史论》,第 66 页。

[6] 对此命题的最为著名的表述,见于马克思于 1859 年出版的《政治经济学批判》中:"并不是人们的意识决定其存在,相反,是社会存在决定了他们的意识。"(Karl Marx and F. Engels, *Selected Works Vol.1*, Moscow: Foreign Language Publishing House, 1950, p.329.)李泽厚对马克思和恩格斯的探讨,参见:Gu Xin, "Subjectivity, Modernity, and Chinese Hegelian Marxism: A Study of Li Zehou's Philosophical Ideas from a Comparative Perspective", in *Philosophy East and West* 46.2(1996), pp.205—245。

[7] 虽然可以说,李泽厚的确有人类朝向终极更高的状态阶段迈进的观念。在此阶段中,人类心理进化到这样的程度:美被作为最高的导向性价值。

[8] Li Zehou, *Four Essays on Aesthetics: Toward a Global Perspective*, p.171.

[9] Ibid., p.56, p.101.

[10] Ibid., p.177.

[11] 李泽厚认为,儒学社会源于巫术文化,有感召力的人物于其中主导着情感礼节和仪式,并借之统一社群。在其早期形式中,还包括为获得有利的自然条件而祈神的活动,如求雨等。

[12] 李泽厚:《论语今读》,天津社会科学出版社 2007 年版,第 305 页。

[13] Li Zehou, *Four Essays on Aesthetics: Toward a Global Perspective*, p.176.

[14] 这是对 20 世纪早期改革运动的口号"中体西用"的改良。参见:Li Zehou, "The Western is the Substance, and the Chinese is for Application(excerpts)", *Contemporary Chinese Thought*, 31(2)。

[15] 李泽厚:《中国古代思想史论》,第 82 页。

[16] Li Zehou, *Four Essays on Aesthetics: Toward a Global Perspective*,

pp.40—42.

［17］Li Zehou，"The Western is the Substance，and the Chinese is for Application (excerpts)"，pp.32—39.

［18］Ding，"Li Zehou，Chinese Aesthetics from a Post-Marxist and Confucian Perspective"，pp.246—259.

［19］李泽厚：《哲学纲要》，北京大学出版社 2011 年版，第 66—67 页。

［20］这并不是说，对道德问题而言，绝对命令是一种不宜采纳的理念；它也不必然和李泽厚其他哲学承诺不相容。相反，对绝对命令的关注，导致了对李泽厚著作中更为丰富而有启发性的方面的忽视。对此，我于后续部分做了展开论述。

［21］李泽厚：《什么是道德？》，华东师范大学出版社 2015 年版，第 51 页。

［22］一直以来，存在着将儒学伦理学和康德伦理学相类比——认为前者也由责任感而构建，而且可以说，将类似于作为某种基础道德义务的绝对命令实例化了——而对其加以理解的尝试。例如，参见：Wawrytko S.A.，"Confucius and Kant：The Ethics of Respect"，in *Philosophy East and West*，32.3(1982)，pp.237—257。这种对儒学伦理学的解读具有误导性，我在此只提两种。首先，儒学对责任意识的强调并不能被等同于和绝对命令相关的责任。责任的根源有很多，比如心理特征和社会义务，这两者都出现在儒学的文本中，但和绝对命令相关的责任是一种理性的责任，它有一定的理性标准，却没有什么能表明儒学偏好这样形式的责任。其次，虽然儒学经典文本如《论语》被认定为黄金律（己所不欲，勿施于人），但这种理性和实践方面的一贯性与绝对命令的要求却并不是一致的。康德本人认为，绝对命令和道德上的黄金律是截然不同的（Li Zehou，*The Chinese Aesthetic Tradition*，Honolulu：University of Hawai'i Press，2009，p.48），前者更为严苛，黄金律允许不诚或仁爱方面的缺失，只要人们认为他人也会这么做就可以，但绝对命令禁止不诚，而且将仁爱的缺失视作责任的不完全。

［23］有关对待朋友和家人的公正和义务之间的冲突，马西娅·巴伦（Marcia Baron）给出了一种有益的深度解读（"Impartiality and Friendship"，in *Ethics*，1991，101(4)，p.855）。在她所举的实例中，一个南美家庭的成员正在等候做一个大手术。在等候手术的名册上的人，都不确定会不会在手术前死去。不过，这个家庭的人认识医院的高层管理人员，并能借此打破公正的顺序，让这个病人插队在其他患者之前接受治疗。问题是：这个家庭应该插队吗？在此情境中，绝对命令是否为最根本性的设想就不那么清楚了；即便在其被采纳后会不会提供某种不容置疑的判断，作为对前述观点的重申，也是不明晰的。

［24］Li Zehou，*Four Essays on Aesthetics：Toward a Global Perspective*，p.174.

[25]“志”的概念出现在儒学的经典文本(如《论语》)之中,并被用来强调个体的决心及其施用。如,参见第1篇第11章,第2篇第4章,第4篇第4章,第4篇第9章以及第5篇第26章。但如前文所指出的那样,这种宽泛意义上的力求或决意,和康德所设想并限定的意志是迥然不同的。

[26]李泽厚:《中国古代思想史论》,第323—333页。

[27]李泽厚写道:“生的意义又既然只存在于人际关怀的现实群体中。”(Li Zehou, *The Chinese Aesthetic Tradition*, Honolulu: University of Hawai'i Press, 2009, p.55.)

[28] Li Zehou, *The Chinese Aesthetic Tradition*, p.7.

[29]美学教育对中国的现代性而言有着根本的重要性,这一观念在改革思想家如五四知识分子蔡元培那里被广为探讨。有关蔡元培呼吁以美学教育取代宗教教育的细节,参见:Kang Liu, *Aesthetics and Marxism: Chinese Aesthetic Marxists and Their Western Contemporaries*, Durham: Duke University Press, 2000, pp.27—35。

[30] Li Zehou, *Four Essays on Aesthetics: Toward a Global Perspective*, p.89.

[31] Ibid.

[32] Li Zehou, *The Chinese Aesthetic Tradition*, p.20.

[33]李泽厚同样引用了《论语·述而》(7.6)来解释早期情感和潜力的“人类化”或社会化:“志于道,据于德,依于仁,游于艺。”

[34] Li Zehou, *The Chinese Aesthetic Tradition*, pp.49—50.

[35] Ibid., p.32.

[36] Ibid., p.33.

[37] Ibid., p.49.

[38] Li Zehou, *The Chinese Aesthetic Tradition*, p.50.

[39]这里,李泽厚接受了《荀子·论乐》中有关音乐和情感之间的密切联系的观点。后者认为,特定的曲调或音符能够在听者中引发特定的情感,并导致共通的情感或情绪体验。然而,对于音乐是否直接相关于情感,以致特定的音符能够解码特定的情感,李泽厚是抱持怀疑态度的(Li Zehou, *The Chinese Aesthetic Tradition*, p.18)。

[40]这种快乐或愉悦在其中构成了最高目的的实用目的论,在《论语·雍也》(6/20)中有所表述:“知之者不如好之者,好之者不如乐之者。”

[41] Li Zehou, *The Chinese Aesthetic Tradition*, p.50.

[42] Ibid., p.51.

[43] Ibid., p.55.

[44] Ibid., p.54.

[45] 例如，他赞许地引用了弗洛伊德有关原始本能的论述（Li Zehou, *Four Essays on Aesthetics: Toward a Global Perspective*, p.147），并借用了荣格对集体无意识的描述（Ibid., p.87）。

[46] 李泽厚在对《庄子》的阐释中论述了这一点，并指出拒斥儒学社会的诸种规则和回归自然如何能带来更为自发而自由的行动。此外，如李泽厚所指出的那样，这样的观点非但不和儒学思想截然不同，而且还被后者并入其中（Li Zehou, *The Chinese Aesthetic Tradition*, pp.105—116）。

[47] 此外，儒学经典所指的“乐”，只是片段式的，是作为成功融入到宇宙形而上学的秩序中的结果。例如，在《孟子·尽心章句上》第四节中，有此表述：“万物皆备于我矣。反身而诚，乐莫大焉。”

[48] Li Zehou, *Four Essays on Aesthetics: Toward a Global Perspective*, p.23.

世界看起来应该如何？李泽厚、孔子、康德和世界观察者

詹姆斯·加里森(James Garrison)

英国布里斯托大学

作为人类，我们开始使用工具，通过合作来生产、建造生存所必需的食物与住所。这些活动中的一些变成了礼(rituals)，并由此成为了惯例(rites)。礼不仅是习惯的、有效的做事方式；它们也成为了正确的方式。语言随后描述和反映了这些礼仪，我们也学到了行为的好坏之别。道德出现了。习俗法典化而成为法律的一部分，而法律变成了制度(institution)的社会结构。从这个角度来看，制度是法典化、礼仪化的群体行为，远比原始的礼仪行为复杂。它是后者的自然演化，形成了人类心理。我认为将来科学会发现动物心理和人类心理之间的主要差别，以及人类究竟在多大程度上依赖了文化史。[1]

——李泽厚

一、引言：物种层面主体性的集体无意识及主体化里的"个体"意识

让我们先考虑一下儒学圣人在领会差异和延迟对表达意义和重要性时的能力，此即对后来德里达(Jacques Derrida)所谓 *différance* 这种特别技能的熟练掌握。[2] 简而言之，圣人优长于"礼"的技能。儒学哲学以自己的方式发展，"礼"即其中之一，因此有自己的话语体系来处

理许多这种议题。

礼在英文中译为 ritualpropriety，所指宽泛，包含微妙的礼节习惯到盛大堂皇的正式仪典。[3]礼在译为英文时为了方便是单数，但它有点含糊，也指复数形式的礼仪行为，指向日常生活事务里深刻的多元性。简单地说，礼是社会语法。[4]

礼作为儒学双关语提供了在何处站立的知识。[5]礼协调社会交往中往来酬酢的位置与时间。礼注意动作和举止。礼规定了场上行礼之人和观礼者各就各位，并在正确的时间行动如仪。[6]礼和乐结对，跟所有的艺术形式都有关联。[7]礼结合身体动作和道德完美。[8]礼既是一种社会语法，也是一种社会性的舞蹈设计。礼包括哲学中可能会标示为关系自我的伦理和美学本质。

礼涉及语言在社会中的位置。礼联结了文化表达和社会的规则。礼在话语的基本历史运动中设置了差异和延迟的准则。礼处理了德里达就 *différance* 所讲的不少内容。[9]礼表现了话语思潮如何决定人们满足或者不符合其社会角色的要求。

礼描述了站立的身体。礼在语言学上跟“体”即身体相关，带有一种超越简单的体格的感觉[10]，指向身体动态、进行中的动作安排。[11]礼是“修身”的基础，字面意思是使人及其身体习惯。礼讨论了在身体成长、协调和适应中礼仪所起的作用。礼在关系过程中发挥作用。礼因此既处理“个别”的人体，也处理共同的身体政治。

礼提供何时选择立场的知识。礼规定社会关系。礼建立界限，在统治者和谋士、父母和子女之间建立双向要求。礼指以礼仪为基础的适当感觉，包括知道何时以及如何与错误斗争以完成特定的角色。[12]

正是在此处，神话这一要素活跃于汉语描述中，活跃于让首屈一指的当代哲学家李泽厚向前推进的描述中。儒学内部有着一种漫长的传统，将语言、音乐和社会秩序的建立都归于神话—历史性的圣人，如备受尊崇的尧。[13]在此我们值得再次回味李泽厚的如下观察：

中国圣人将巫的能量进行改造和理性化，变成礼和礼仪，将这

> 些能量阐释为体现于音乐和诗歌中以具有建设性。西方学者认为缪斯的力量具有吸引力而又很强，但是捉摸不定，且对人类最珍视的能力理性是一种威胁。[14]

带着对艺术建设性能量的这种理解，李泽厚结合康德、马克思和儒学思想，细致地论述包括身体、礼仪在内的自我意识如何通过社会力量产生，以及包括无意识在内的社会力量如何随着礼仪技术在时间中的积淀而出现。

这即是李泽厚所理解的“主体性”的意思，这一新词用以解决主体生活的历史性根源，以及对用作定义和改善人类社会工具的集体文化心理的使用。李泽厚造出“主体性”一词，是描述礼仪在人类社会生活中的构成性角色及其作为人类生存工具的艺术化使用。略而言之，李泽厚运用马克思关于“自然的人化”及“人的自然化”的说法，来解释在人类为了生存而与自然相互作用的早期物质经济中，巫术和礼乐如何成为社会凝聚的手段。[15]历史地推进一步，李泽厚认为儒学在描述积淀于主体理性的文化/心理结构和其定型方面特别（虽然并非唯一如此）灵活。[16]此处之积淀，在某种形式上跟皮埃尔·布迪厄关于身体动作的论述相似，身体动作使得“社会必要性变成了第二性，转化成感觉运动的模式和身体的下意识动作”[17]。在评论习惯如何在时间中以超越任何特殊个人的方式积淀时，李泽厚将人类的心理建构回溯至工具使用的历史、社会互动和巫术仪式，宣称“人类（历史总体）的积淀为个体的，理性的积淀为感性的，社会的积淀为自然的”，结果造成了“人类独有的文化心理结构”。[18]

由此，在研究礼仪、话语和身体行为时，李泽厚在重新审视“兴于诗，立于礼，成于乐”的儒学框架时转向康德和马克思[19]，描述如仪式这类工具如何形成了人类超生物性的身体，从而允许在一个物体上、一个与“荣格的集体无意识”相似的“本体性人性”上进行半艺术工作，为内在自由提供美学的结构化资源。[20]

这并未赋予人性以任何类型的坚强的、自然的善，如我们在简单地阅读儒学和孟子即会发现的那样。李泽厚总结自己关于人性的观点，认为“人性既非神性(既然人有维持身体存在的物理需求)，也不是兽性(既然人具有控制身体需求的能力)。相反，它是上述两个方面的相互的综合”[21]。

由此，李泽厚在考察何者区别人与动物时，大致隐约地追随了亚圣孟子的主流儒学解读和荀子。[22]李泽厚此处对儒学主流传统的解读相当狭窄，使用那些尤其是来自孟子的洞见，来处理人类如何自然地长于制造物品这个问题。[23]这意味着人类拥有在社会、文化和技术——在技艺作为艺术和技艺的双重意义上——中增强、培养和仪式化地组织“身体”的能力。李泽厚此处是在人作为物种的层面上来解读人造物品积淀的，虽然这带着他特别的主体性概念以及荣格的集体无意识形成。[24]对于李泽厚来说，从早期的巫术艺术仪式到更为发展和教条的宗教、政府、规训与惩罚的领域，“人性善”的意思是人类“擅长”于制造物品、社会、文化以及艺术化技巧与技术，以便组织和整理对他来说明确无误的物质集体无意识。总之，人类“擅长”制造“世界”，使其看起来像是某种被制造出来的东西。一个问题由此出现：世界应该像什么样子?

李泽厚研究儒学圣人对于礼仪和身体自我修养的使用，视圣人为理解马克思所谓“自然的人化”和“人的自然化”这一双重过程之增殖的典范人物；在此增殖过程中，集体无意识发生和发展。那么，在涉及世界应该像什么样子这一问题时，在身体政治中对仪式的物质美学的调谐，给予了儒学圣人特殊的智慧。

在此方面，李泽厚认为“形式美及其一般规律和特征，如对称、均衡、比例、和谐、节奏、韵律……等等，尽管本身是自然界的规律及现象，却又正是人类通过生产—生活实践把它们从自然中抽离出来的”[25]。在此方面，李泽厚视劳动和劳动的组织主要为美学，写道：“美学经验首先出自日常劳动。形式的感觉和成功的感觉结合在一起，因为劳动技巧和大自然节奏和谐一致。”[26]

这些美学经验由日常劳动形塑，深具物质性，在漫长的积淀过程中有时变成模糊一团的历史实践。在此，如忘记的语言，尽管在荣格原型理论的意义上，进入了尧这一儒学传统的圣人和礼仪提供者的神话—历史人物画面。李泽厚主要从积淀论角度来看待荣格原型以及集体无意识的发展，他写道："无意识并不是所谓'幽暗的'生物本能，仍然是人经过意识的努力所达到的非意识的积淀。"[27]由此，李泽厚抓住了有关生存与死亡的早期人类技术发展。随着死亡的出现，尽管在李泽厚方面缺少明显的现象学方向，那些关于真实性、技艺和时间的熟悉问题，都出现了。

在更为宽泛地谈及儒学传统里的死亡话题时，李泽厚说：

> 如果生有意义和价值，就让个体生命自然终结而无须恐惧哀伤，这便是儒家哲人所追求的生死理想。从而，如果要哀伤，那哀伤的就并非死而是短促的生——时间太快，对生的价值和意义占有和了解得太少……一方面，是沉重地慨叹着人生无常、生命短促，另方面则是严肃的历史感和强烈的使命感。[28]

他接着谈到执著于存在的情感化时间以及人的历史过程，描述了"时间在这里通过人的历史而具有积淀了的情感感受意义……时间成了依依不舍、眷恋人生、执著现实的感性情感的纠缠物"[29]。

李泽厚宣称"情感化的时间"是中国艺术和儒学美学特征的基础，然后将朝向死亡的情感化时间与某种类似海德格尔真实性的东西联系起来，他说道：

> 如果时间没有情感，那是机械的框架和恒等的苍白；如果情感没有时间，那是动物的本能和生命的虚无。只有期待（未来）、状态（现在）、记忆（过去）集于一身的情感的时间，才是活生生的人的生命。[30]

李泽厚的儒学、康德和马克思关于人类技术发展和增殖的叙述，意味着在聆听圣人的社会艺术之特殊模式中发现真实性。这意味着通过为回应生存的挑战而仪式化、理想化的规范，使得集体无意识的“被忘却的”积淀以及导致此类积淀的增损的动力得以保存并成为意识。李泽厚于此处指出了在情感化时间里找到的真实性；在那种时间里，情感通过与由仪式处理的人类死亡的关系而出现。这处思想强调了仪式如何在两种时间之间充当了枢纽：一是作为现象、以钟表来衡量的时间，一是当主体为获得认可和持续存在而以有条件的、模式化的方式行动时，在现象学层面上处于生、死之间的时间。

因此，李泽厚对主体性的解读，要求在从人作为物种的层面评估人类死亡时，这种真实性至少在某种程度上应被定位于可被称为世界观察者的位置。与死亡建立一种真实的关系，在那里未来的期望和现在的思想状态都被过去的记忆所缓和，这要求持续不断地努力去挖掘无意识中的历史积淀，使其成为未来有意识努力的材料。这种积淀远远超越了个人。这种思考因此要求像人类学家和考古学家一样的感受力，以便开始抓住从巫术的礼时代到后工业时期的仪式技巧的漫长历程。

正是在李泽厚这些思考艺术的人类发展的论述里，康德以一种稍显间接的方式回到了讨论。汉娜·阿伦特对康德的特别解读与李泽厚对康德的解读形成了对话，指出了一条也许并不可能的，把美学、艺术、合目的性、人类历史与世界观察者相结合的道路。其中之关键在于一个观念，而该观念仅出现于康德后期的政治著作，尤其是他在思考和平的历史进程时所做的决定性的美学转向。

但是，在将这个物种层面的希望之观点，应用于作为主体化中生产/限制的社会一般性支配性问题前，首要议题是全球性事务（此处为世界迈向和平）跟美学之间的联系。

在包括康德和李泽厚在内的思想群星中，有一种方式使得美的理想和国际权利，都允许一种特殊的、反映私人印象和兴趣的理性的公开争吵。长话短说，不存在美的科学；美的问题不能通过辩论解决，却是一个争吵问题。[31]国际权利也同样如此，对不对？

二、康德和世界观察家

康德和国际权利的主要形象来自《永久和平论》，该书跟当代主流的自由市场自由主义很像，认为世界和平不可避免，是世界历史有目的的弧形以及人们参与贸易、和约、共同事业等需要的自然、必然结果。[32]根据这种观点，世界以如此一种方式分配资源，以便引导追求各自利益的国家，去追求全世界的利益。这样，一个类似国际联盟一样的组织就有望形成，以保障出于自然和人为原因而建立的永久和平。[33]就像重力使雨滴下降一样，自然也应使国际权利流行，而这据说是一个可以被理性的、可证实的辩论所解决的问题。[34]因此，在《永久和平论》中，就存在着更普遍的事件科学而言，存在着一种人类事件的科学。但是，《永久和平论》并未穷尽康德对该议题的思考。他的后期转向很有趣，显示了他如何继续更多地就审美理想和美的非论证性角度，看待人类迈向国际权利这一理想的进程。[35]

在其后期的《道德形而上学》中，康德强烈地否定了他早期在《永久和平论》中的乐观估计。他在《道德形而上学》里说："（如果完全建立永久和平和结束战争）应一直是我们虔诚的希望，我们也一定不能因此欺骗自己，要因为这是任务而采取永不停息地向其努力这一行为准则。"在该书中，康德接着反对如下方法（如他自己早期的观点）："以自然同样的机制，将[理性]的基本原则加入其他动物物种中。"[36]在《道德形而上学》中，康德不再支持一个永久的类似联合国一样的机构，不再像在《永久和平论》里一样视人类朝向国际化权利与和平为"真实"——真正地存在于自然的目的性结构中——的事件。相反，康德将国际权利从术语上看作一种理想，允许人类努力去接近那在自然里并不真实存在之物。[37]

三、阿伦特对康德的评论

汉娜·阿伦特对康德政治哲学颇有见地的解读，对我们此处的讨论很有用。她将康德认为国际权利及和平是一种判断的转变跟“法国大革命”联系起来，因为后者“让[康德]从他的政治昏眠中惊醒”[38]。

最终，恐怖统治以及叛乱专制的、非公开的“立法”会被康德嘲笑。此点意义重大，因为它跟康德在理性和谨慎方面的乐观主义的消退有关，而这种理性和谨慎通向永久和平，强调权利的理论公开性。阿伦特将这点跟社会/政治生活和人类趋向和平的进程是可供观察的前景这一有力观点联系起来。[39]

阿伦特在对康德的解读中认为，“在他的道德哲学中，公开已然是正确性/权利性的标准”，道德则是“私下与公开相一致”[40]。因此，权利与和平既然是公开的，就应该可以在世界事务中被观察到。阿伦特相当聪明，将康德的判断视为某种(产生于真正的非论证性争吵的可能性条件的)人类共有之物，而且认为判断具有一种基础的“合目的性”结构。[41]因此，趋向和平的进程，一种接近自然及其对应的人类文化、自然资源等的合目的性的理想，跟追求美的努力相似：后者也是一种理想，以无目的的合目的性为目标。阿伦特认识到了这一点，并指出了其言外之意。

阿伦特因此正确地声称，对于康德来说，判断必须归结到观察者，而非被观察的对象。[42]任何有关进步的判断的关键，是世界观察者而非被观察的人类世界。因此，跟康德在考虑艺术品美学特质时强调智力品味更甚于精神天才相似，阿伦特认为他同样提升了观察者优势，而牺牲了人类壮观场景自身以及身处其中的任何特殊天才。[43]就像对于艺术作品的审美判断一样，和平理想的所在是对人类进步的观察，而未必是特定行动者的活动。奇怪的是，观察视角的第一性可能实际上就是人类最初相信进步的原因，尽管其目的很可能并非任何真实的东西。阿伦特视此想法为希望。

阿伦特在康德模式里描述了对一个更好世界的希望，以及作为必不可少的行动的人类进步之可能性——尽管她自己认为进步这个理念其实因历史而定。[44]这种希望并非对进步、和平或任何这类东西确定无疑、毫不动摇的信念；阿伦特归纳了康德在描述“法国大革命”及其后期著作——他此时甚至抛弃了早期更为宏大的关于这种进步无可争议的说法——中残留的对于永久和平的“虔诚希望”时对“希望”一词的使用。在此处，希望属于康德思想的“后永久和平”部分，是审美的转向，由希望推动着对于和平理想的坚定靠近。

阿伦特所探讨的康德、希望以及作为舞台的世界的思想，当然并非全是微笑与阳光；正如她自己说的：“对于那些替代物，康德认为，那要么是倒退，要么就是永劫无期的雷同，而倒退带来绝望，永劫无期的雷同将令我们厌烦至死。”[45] 因此，是希望——这在阿伦特对康德的解读中，意为对趋向和平这个争议性概念的适度信念——挺立为一个受观察人类世界可能性条件所驱使的超越性的命令。希望不是某种仅仅源自乐观的东西；它是任何形式的来自经验的胆量，其中可以观察到人性所有的先验的希望的必然性。

但是，如果将人类历史视为长篇故事、视为某种与艺术品相似之物的观点代表着康德的成就（阿伦特很好地证明了这点），那么在这个故事里还有更多的东西。甚至在康德的审美方法里，虽然以牺牲艺术品的物质性为代价来强调了观察者视角，其他或许重要性较小的瞬间也仍然存在。暂且不论康德强调个体理性判断主体的优缺点，这种故事也不应以世界观察者结束，就像康德不应以艺术观察者终结艺术作品里的美一样。因此，需要发展一种能够解释物质对象（此处指自然世界）的人类进步之美学。

四、李泽厚和康德

我断言，作为中国研究康德及美学最有影响力人物之一的李泽厚，其著作回应了这种需要，给康德关于人类接近和平理想的世界观察者观念，增加了迫切需要的、从在更广大环境里人类生存之物质维度而言的世界观察。李泽厚混合康德、马克思主义和儒学概念以确定美的根源，而非将其放在物质艺术品或个体的主观想象中。在他对美的论述中，重要的是由在物种水平上的人类理解和想象形成的、地方化了的文化积淀，此种积淀其实已然积累并超过了生存的自然必需。[46]李泽厚所谓的积淀，是什么意思呢？

李泽厚使用积淀来特别指“过程中的结构”。他回应说：

> 我用积淀这个词，意指作为独特的人性能力的一种文化心理构造的人性，人性从使用工具、社会交往以及巫术的礼仪式的历史进程中形成。人之所以为人者被积淀到个体，理性被积淀入感性，而社会则被积淀入自然。同时，原始人的动物感官和自然心理结构的人化获得了人性的特点。[47]

李泽厚接着说：

> 作为人类，我们开始使用工具，通过合作来生产、建造生存所必需的食物与住所。这些活动中的一些变成了礼(rituals)，并由此成为了惯例(rites)。礼不仅是习惯的、有效的做事方式；它们也成为了正确的方式。语言随后描述和反映了这些礼仪，我们也学到了行为的好坏之分。道德出现了。习俗法典化而成为法律的一部分，而法律变成了制度(institution)的社会结构。从这个角度来看，制度是法典化、礼仪化的群体行为，远比原始的礼仪行为复杂。它是后者的自然演化，形成了人类心理。[48]

尽管黑格尔看起来为这种历史的、物质主义的、半马克思主义的处理人类发展的方法提供一个自然连接点，但是对于李泽厚来说，“在某些方面，康德比黑格尔更具洞察力”。他抱怨后者将哲学让给认识论，参与“一种对马克思主义有不良影响的”泛理性主义。这种视角，与李泽厚重点关注马克思《1844年经济学哲学手稿》，却漠视后期马克思主义及其中更为突出的黑格尔影响相应。[49]李泽厚指出“康德的伟大成就[以及它如何]以一种相当全面的方式提出主体性问题”，而以康德的卓越贡献为自己探索的框架。[50]王瑾总结李泽厚对康德和马克思的论述说：

> 一方面，他认识到康德是马克思的真正的哲学先驱，因为康德主义预示了不能将存在还原到思想的唯物主义论题；另一方面，李泽厚急于强调康德认识论的唯心主义框架（以检查就康德之认识论、伦理学和美学三重探索而言的“人类主体性的主体心理框架”）是重振中国马克思主义的先验前提。[51]

因此，在其研究康德哲学的影响力很大的《批判哲学的批判：康德述评》中，李泽厚既采用了康德框架的主要部分，又对其逻辑前提和取向在很大程度上作了重新推敲。李泽厚在概括这一早期著作时说：

> 我再三强调人类实践行为在形成一个人的完整心理结构和过程中的决定性功能。实践行为随着历史进步愈来愈扩大其领域和内容，这一实践行为的基础——虽然并非其整体——是使用和制造工具。[52]

这让王瑾有了如下发现：

> 康德的影响在此定义里相当明显，因为李泽厚将理性视为先验的综合能力去命令和限制现象……但是李泽厚的问题跟康德的问题——“知识何以可能”——不一样。康德关心人类知识的局限性的本质以及人类因此最终无法掌握“物自身”，而李泽厚则专注于人类知识的应用。他提出了一个不同的问题：我们如何为了实际运用而产生知识？[53]

李泽厚甚至动摇了康德认识论大厦的基础，声称“数学的根源不是分析或者推理而是人的基本实践行为”[54]。这一基本论点延续到了伦理学，李泽厚同样谈及“伦理遗产”是实践人类行为的积淀，以至于“个体的伦理只有借助于人自觉的、理性的控制而存在，而这属于人的主体性建立的范畴。正如在知识论的直觉中有理性的积淀，在人的感情、意志和愿望的感性之中也有积淀”[55]。这种逻辑，也适用于李泽厚所认为的比例、均衡、对称、品味以及一般的艺术和美学领域的历史性发展。[56]

但是，重要的是，只有在审美体验中，人类实践的积淀性格才在感性中自由地展现自己而未从最初即有所限制。[57]以使用知识而非知识自身驱动事件的可能性为条件，所引出的是对于人类整体的历史性实践的美学强调。这样我们就回到了世界观察者的问题。

李泽厚此处谈到了集体的“大我”和个体的“小我”，认为美的基点不在于个别主体（天才或者观察者），因为对美的判断和欣赏自身即是历史性实践在持续进行中的积淀，而这种实践发生在超越了“个别偶然”的、物种“合目的性”的层面。[58]通过谈论沉积于集体无意识中的残余荣格原型，以及个体美学天才调整自己以适应背景的能力——李泽厚明确追随康德，认为这是一种普遍感受——李泽厚在某种程度上减弱了对物种中心的强调。但是，在李泽厚对康德“合目的性”的使用中，真正重要的是人类社会实践的整体倾向。[59]

对于李泽厚来说，美的根源不在于艺术，而在于人类提高生存的实践，以及人类与自然的超越必要性的关系。[60]例如，这意味着“吃饭不只是充饥，而成为美食；两性不只是交配，而成为爱情”[61]。因此，对李泽厚来说，人类发展指向一种总体倾向，即增加美学实践、扩大美的行为，以及提升以“人化自然两部分[内在官能和外在世界]永无止息的进步”为特征的审美。[62]

这种处理积淀的方式兼顾了历史偶发性和文化传统的迫切必要性，而在康德关于人类进步和种族决定论的更令人遗憾的著作里则显非如此。[63]对于李泽厚来说，对于自由和美的最准确理解，是人对形式的理解战胜了自然的必要性。这种理解积淀于物种的层面，但却是个别的，并不假设一种普遍的、万能的理解形式。人类进步中的美由此保持为一个开放话题，如康德所理解的艺术品的美一样。因此，存在、自然以及对任何可能的美的人类进步的目的，都像品味问题一样开放着以供人讨论。

但是，讨论这一问题及涉及人类发展的话题，假定了某种将要成为世界观察者的事物，也假定了被观察的世界可能确实会发展的希望。由此，我们又回到了有关阿伦特及其对希望的阐释的讨论。

五、汉娜·阿伦特和李泽厚对康德人类事务中“合目的性”的讨论

在其《康德的政治哲学讲稿》里，因为解释性讲授所具有的更大限制，阿伦特的确未能如李泽厚一样，在富于创造性的框架里讨论康德思想。然而，她在康德美学框架里对人类事件“合目的性”的讨论，跟李泽厚所考虑的问题相似。而且，她关于希望是世界观察可能性的条件的结论，与李泽厚将美定位于人类生存和繁荣的正式积淀不谋而合，虽然两者之间仍有严重分歧。

但是，对于李泽厚所认为的科学性论争的“应该”的这一半——伦理命令，阿伦特则更多的是从美学争论的“应该”角度——“应该”有进步——切入。对于李泽厚来说，既然倒退就其定义来说“并非人类理想”，这意味着技术和自然的人化应该向前行进，既非停滞也非倒退。[64]对于阿伦特来说，既然观察人类“合目的性”这一广义的康德概念暗示着希望，这意味着人类迈向和平的进程应该得到持续推进，即使它所朝向的是模糊不清的目标。前一个“应该”将人类世界置于与物质对象相似的层面，亦即有明确移动轨迹的、应该如何移动的事物。后一“应该”则更多是审美的非论证性的断言，即人“应该”觉得某一特定物体很美；它具有更多的“如果我是你，我也希望；我们‘应该希望’的味道”。

因此，尽管李泽厚在人类实践之持续积淀里的“合目的性”方面采取了康德术语，但是他关于通过观察人类之“合目的性”而产生的对于美的企盼的思考，以及他在这方面的论述，可以增添更多东西。

阿伦特之所以能够做到这点，部分地是通过考察康德的思想传记，然后以一种半康德式的方式思考人类“合目的性”的世界观察的可能性

条件。最后,她发现对于活动的、有意义的、发展的人类前景,希望是这些条件之一。

汉娜·阿伦特的论述并未作进一步的展开,这至少体现在其关于康德的演讲中,因为当时她的论述范围较为狭窄。但是我们可以想象李泽厚提倡对于格外美丽的人类前景的希望,而这种希望的确是必要的。世界性事件挫败了关于人类迈向永久和平——就像它们对康德所做的那样——等雄心勃勃的争议性主张。即使如此,每一个体和人类整体关于美丽的人类实践获胜的希望,仍然是人类经历的必要条件。

从这个希望里能够得出什么?这一从物种层面表达的希望,尽管可能是模糊的,却可以在改善个体层面的主体性忧郁和愤怒方面有所作为。在李泽厚关于主体性的著作里可以找到的希望的种子,值得特别注意,因为他对世界观察者视角立足于美学的理解,连接着在主体化中由仪式化的规范性来规定的有、无意识领域的形成。

即使阿伦特对康德的具体解读范围稍显狭窄,但在与她较大的哲学思考范围相连时仍然能够激发我们的兴趣。其中特别值得注意的是,她以生命和"诞生"抵消现象学话语中常见的"向死而生"的观念,此点从物种层次的生存和死亡方面考虑尤其重要。不是死亡而是诞生的观念指向了硬币的另一面,指向了初生之物,指向了原初和初创,指向了"出生所固有的新开端",因为没有出生,存在和"向死而生"都将不可能。[65]

如果运用阿伦特较为宽广的哲学框架,康德走向和平的观念可被分成:(1)人群为了物种存活而进行的去个体化的肉体劳动;(2)制造纪念人类劳动并赋予其持久性的人造物品;(3)发现和保存组织工作和劳动的政治体的行动,由此"为记忆即为历史创造了条件"[66]。对于阿伦特来说,所有这三者——劳动、工作和行动——"都根植于诞生,其任务在于为世界提供和保护资源,以迎接预计中延续不绝的新来者,因为这些新来者都是作为陌生人而诞生于这个世界"。政治领域发起的种种行动则促成此任务的完成,因此"是诞生而不是死亡,成为政治思想的中心范畴,从而与形而上学的思想区别开来"[67]。

将所有这些放回到阿伦特对康德所谓“人类走向和平”的更为集中的阐释中，能够充实关于世界观察的希望之含义。在此种思考中，希望确实能引向永恒。政治领域的行动，总是带有一种重新开始的感觉，因为“如果没有言说和行动，没有诞生性的表达，我们就注定要在周而复始的流变循环中永远转动个不停”[68]。因此，采取一种关于物种层面之积淀和人类发展的世界观察者视角，表明了初生的创造性在宏观层面上如何可能，这可能寄希望于找出个人在自己主体生活之微观层面的初期成长。从这里可以引出一些新的方向。

首先，这一关于世界观察的讨论，伴随着它跟艺术观察的所有联结，指出将阿伦特的洞察力用于政治的价值，可以重新评价现象运作的普遍意义。第二，从理论到实践需要一个结合点，一个以跟仪式有关的记忆的形式表现出来的决定性转向。但这种记忆肯定不仅是普通智慧维持的、保持在头脑中的个体记忆；相反，对于此处讨论而言，重要的是那种积淀的物种记忆；它存活于骨髓深处，并外显于政治领域里的现象中。这正是将核心的儒学洞见提升到礼和体的李泽厚著作，所以如此重要之原因。

六、结　　论

李泽厚使用康德、马克思和儒学的逻辑前提，描述了借由社会动力而出现的身体性和仪式性自觉意识，以及无意识的社会力量，如何在其所谓主体性过程——该过程处理了传统于何处积累并随时间推移而对自身不再熟悉的问题——中，通过自我的礼仪技术之历史性积淀而形成。因此，他关于主体性的观点处理的是物种层面上的积淀和集体无意识的发展，而主体化的观点则将更多重点放在了自我意识的个体发展方面。

主体性要求某种历史性的世界观察视角。世界观察者的视角又带来了其他要求，即一个关于物种进步的广阔的美学视角，以及关于人类发展的温和乐观主义。这反过来或许将为主体的自我意识困境带来真正希望;这种希望,在某种程度上,在人类社会和政治生活的不自觉的历史积淀领域里,是可以接近的。

人类理想化过去积淀的努力,可能确实使得礼仪化的过程成为联合生存的可能条件,虽然这一过程偶尔也除去一些无意识的现象。人类的状况可能呈现一种基本的讽刺,永远达不到必要性的目标,尽管其中也蕴含律令的力量。或许必要的是,这个世界一直是一个共同理性的概念,而不带有任何真实世界的目的。这即是说世界可能是一个理想。这让政治领域的问题,即不同党派如何跟世界发生关系的问题,主要成了一个美学争论问题——这种美学论争发生于明显的伦理论争之前,后者标志着政治世界中较为表面的现象。

正是面对及由于这一讽刺,我们有了希望,特别是美的希望。请试将自己置于世界观察者的位置,询问儒家圣王在其特殊位置上长期追问的问题:世界看起来应该如何?

(赵凌云译)

注释

[1] Li Zehou & Jane Cauvel, *Four Essays on Aesthetics*, Lanham, MD: Lexington Books 2006, p.177.这段文字仅见英文版《美学四讲》。

[2] Hall & Ames, *Thinking Through Confucius*, Albany: State University of New York 1987, pp. 292—293; cf. Ferdinand de Saussure, *Cours de linguistquegénérale*, Eds., Charles Bailly and Albert Séchehaye, Paris: Éditions Payot & Rivages 1995, pp.166—168; Jacques Derrida, "La Différance", *Marges de la Philosophie*, Paris: Les Éditions de Minuit 1972, pp.8—9.

[3] Roger T. Ames & Henry Rosemont, Jr., "Introduction", *The Analects of Confucius*, New York: Ballantine Books 1998, p.51.

[4] Ibid.

[5] 金良年:《论语译注》,上海古籍出版社2004年版,8.8, 16.13, 20.3。

[6] 约翰·诺布洛克(John Knoblock)、张觉编:《荀子》(全二卷),湖南人民出版社1999年版,20.2, 20.3, 20.12。

[7] 金良年:《论语译注》,16.5, 17.11。Roger Ames, *Confucian Role Ethics: A Vocabulary*, Honolulu: University of Hawai'i Press 2011, p.74; James Garrison, "The Social Value of Ritual and Music in Classical Chinese Thought", *Teorema: Revistainternacional de Filosofía*, vol.31, no.3(2012), p.212.

[8] 王云五主编、史次耘注译:《孟子今注今译》(第三版),台湾商务印书馆1978年版,第410页。

[9] Hall & Ames, *Thinking Through Confucius*, pp. 292—293; cf. Jacques Derrida, "La Différance", pp.8—9, 12—13.

[10] 金良年:《论语译注》,13.3。

[11] Ames, *Confucian Role Ethics*, p.109.

[12] 约翰·诺布洛克、张觉编:《荀子》,13.5, 19.3, 19.9;参考金良年:《论语译注》,12.11; James Garrison, "Confucianism's Role-Based Political Ethic: Free Speech, Remonstrative Speech, and Political Change in East Asia", *Non-Western Encounters with Democratization: Imagining Democracy after the Arab Spring*, ed, Christopher K. Lamont et al., Surrey, UK: Ashgate 2015, pp.31—47。

[13] 约翰·诺布洛克、张觉编:《荀子》,23.13。

[14] Li & Cauvel, *Four Essays on Aesthetics*, p.26. 这句话只见于英文版《美学四讲》中。

[15] 李泽厚:《华夏美学》,广西师范大学出版社2001年版,第67—71页;cf. Marx & Engels, "*Ökonomisch-philosophische Manuskripte aus dem Jahre 1844*", pp.537—546。

[16] 李泽厚:《华夏美学》,第67—69页。

[17] Bourdieu, *La Distinction*, p.552.

[18] 李泽厚:《美学四讲》,生活·读书·新知三联书店1989年版,第113页。

[19] 同上书,第67页;《论语》,8.8。

[20] 李泽厚:《华夏美学》,第69页;《美学四讲》,第109页。Li Zehou, "Subjectivity and 'Subjectality': A Response", *Philosophy East and West*, vol.49, no.2(Apr. 1999), pp.174—175; cf. Jung, *Die Archetypen und das Kollektive Unbewusstsein*, pp.13—17.

[21] Li Zehou, "Of Human Nature and Aesthetic Metaphysics", *International Yearbook of Aesthetics*, Volume 14, 2010, ed., Wang Keping, Beijing: International

Association for Aesthetics 2010, p.4.

[22] Li, "Subjectivity and 'Subjectality'", p.175.

[23] 李泽厚:《美学四讲》,第 75 页;王云五主编、史次耘注译:《孟子今注今译》,第 291 页。

[24] 李泽厚:《美学四讲》,第 109 页。

[25] 同上书,第 83 页。

[26] Li & Cauvel, *Four Essays on Aesthetics*, p.178. 该段文字只出现于英文版《美学四讲》里。

[27] 李泽厚:《华夏美学》,第 148 页。

[28] 同上书,第 75 页。

[29] 同上。

[30] 同上书,第 75—77 页。

[31] Kant, *Die Kritik der Urteilskraft. Gesammlte Schriften*, vol. 5, Berlin: Preußische Akademie der Wissenschaften 1900, pp.293 & 304.

[32] Kant, "*Zum Ewigen Frieden: Einphilosophischer Entwurf*", *Gesammlte Schriften*, vol.8. Berlin: Preußische Akademie der Wissenschaften 1900, p.360.

[33] Kant, *Die Metaphysik der Sitten. Gesammlte Schriften*, vol. 6, Berlin: Preußische Akademie der Wissenschaften 1900, pp.365—368.

[34] Ibid., p.338.

[35] Garrison, "Kant's Aesthetic Judgment and the Progress of Peace", *Sovereign Justice: Global Justice in a World of Nations*, ed., Diogo p. Aurélio, et al., Berlin: Walter de Gruyter 2011, pp.179—197.

[36] Kant, *Die Metaphysik der Sitten*, pp.354—355.

[37] Ibid., pp.350—351.

[38] Hannah Arendt, *Lectures on Kant's Political Philosophy*, Chicago: University of Chicago Press 1982, p.16.

[39] Kant, *Die Metaphysik der Sitten*, pp.381—383.

[40] Hannah Arendt, *Lectures on Kant's Political Philosophy*, pp.18, 49.

[41] Ibid., p.76.

[42] Ibid., p.61.

[43] Ibid., pp.61—62.

[44] Ibid., pp.50—51.

[45] Ibid., p.51.

[46] 李泽厚:《美学四讲》,第 69—70 页。

[47] Li & Cauvel, *Four Essays on Aesthetics*, p.88.该段文字只见于英文版《美学四讲》。

[48] Li & Cauvel, *Four Essays on Aesthetics*, p.177.这段文字只见于英文版《美学四讲》中。

[49] Li Zehou, "The Philosophy of Kant and a Theory of Subjectivity", *Analecta Husserliana: The Yearbook of Phenomenological Research*, vol.XXI, Dordrecht: Riedel 1986, pp.141—142.

[50] Ibid., p.137.

[51] Jing Wang, *High Culture Fever: Politics, Aesthetics, and Ideology in Deng's China*, Berkeley: University of California Press 1996, p.96; cf. Li, "The Philosophy of Kant and a Theory of Subjectivity", p. 137.

[52] Li, "The Philosophy of Kant and a Theory of Subjectivity", p.138.

[53] Wang, *High Culture Fever: Politics, Aesthetics, and Ideology in Deng's China*, p.109.

[54] Li, "The Philosophy of Kant and a Theory of Subjectivity", p.139.

[55] Ibid., p.143.

[56] 李泽厚:《美学四讲》,第 83 页。

[57] 同上书,第 121 页。

[58] Li, "The Philosophy of Kant and a Theory of Subjectivity", pp.143—144.

[59] 李泽厚:《美学四讲》,第 109 页。请参考 Kant, *Kritik der Urteilskraft*, p.293。

[60] 李泽厚:《美学四讲》,第 69 页。

[61] Li, "The Philosophy of Kant and a Theory of Subjectivity", p.146;参见李泽厚:《批判哲学的批判:康德述评》,人民出版社 2001 年版,第 413 页。

[62] 李泽厚:《美学四讲》,第 116 页。

[63] 同上书,第 115、195 页;Li & Cauvel, *Four Essays on Aesthetics*, p.176.(该文字只见于英文版《美学四讲》); Kant, "*Von der Verschiedenheit der Racenüberhaupt*", pp.427—443。

[64] 李泽厚:《美学四讲》,第 87 页。

[65] Hannah Arendt, *The Human Condition*, 2nd edition, Chicago: University of Chicago Press 1998, p.9.汉娜・阿伦特:《人的境况》,王寅丽译,上海人民出版社 2009

年版。

[66] Ibid., pp.8—9，214.中译本第 1 页。

[67] Ibid., p.9.中译本第 2 页。

[68] Ibid., p.246.中译本第 191 页。

第二部分
李泽厚对儒学哲学的重新阐发

李泽厚《论语今读》书评

戴梅可(Michael Nylan)
美国加州大学伯克利分校

本文以李泽厚的《论语今读》作为主题。《论语》是儒学经典"四书"之一,长久以来的传统说法,认为它是在孔子本人的直接圈子内产生的,由孔子弟子及再传弟子编写而成。《论语今读》是李泽厚用现代语言对《论语》的重新翻译和评价。不同于有些学者盲目吹捧各种形态的中国文化或儒学传统的固有优越性(我们脑海里会浮现出于丹等这样一些学者)[1],李泽厚则是要解构传统。他想让我们注意到道统观念产生一千多年前的先秦、秦汉时期儒学学说的面貌,看看早期儒学的哪些方面可以和来自西方哲学传统的观念相结合,以更好地应对中国的现实问题,从而进一步解决整个人类社会所面临的问题。李泽厚认为有一点非常重要,那就是儒学传统并不是单一的,而是一系列相互竞争的传统并存,《论语》、《孟子》及《荀子》中所表述的原始儒学学说更具有内在价值,它们比统治中国传统社会晚期的宋明理学更能适应今天的世界。现代新儒家,把注意力从"仁"转到"理",把自己密封在现实世界之外的一个理想主义的道德里,而鄙弃许多曾被早期儒学视为务实和愉快的活动,就像康德在近代欧洲所做的那样。[2]与沉浸在古典学说中的早期思想家相同,李泽厚更愿意把这个世界解释为联结世俗生活和自然宇宙的一个连续的、相互影响的复杂系统。

当学科和思想体系经历了时空变化之后,他们就需要进行翻译。这种创造性的重新表述,有时能够增强早期文本或口头传授中所提出的原始观点，正如《论语》中孔子的教导“温故而知新”所强调的。实际上，改进而不是机械仿古一直是古典传统和经典化传统的特征，就像希腊罗马及欧洲新古典主义研究者经常注意到的那样。[3]传播的有趣悖论之一，就是通过传播，一些被视为非常古老的东西可以看起来崭新无比，长期在音乐、艺术、体育上的实践很容易证明，每一次训练都会带给体验者一些新的调整，李泽厚自己也认同这一点。[4]

孔子和他的追随者们作为文化的传播者，他们都在不断调整较早的传统，以使它们能够更好地适应时代的需要，尤其是在礼仪形式方面。[5]如同另一位 20 世纪伟大的哲学家伯纳德·威廉斯(Bernard Williams)，李泽厚愿意忽视近代社会的许多令人不快的特点，包括男尊女卑的问题(虽然简单地把它作为历史遗留问题来对待，会低估它在当今中国以及其他地方性别不平等现象中依然深深扎根的程度)。[6]考虑到对于现代欧洲早期受过良好教育的政治精英们来说，古代是作为主要的文化习惯或环境而存在，因此李泽厚在《论语今读》中提出了一个重要的问题，那就是，阅读中国经典，尤其是阅读《论语》，能否给今天下定决心实行中国现代化和改良运动的文化精英们在处理家族利益和集体利益的方式上，提供一些帮助？或者退一步说，也可以为周围的日本、朝鲜或西方社会提供鉴戒？

对这个紧迫的问题，李泽厚给出了响亮的回答：“是的。”即使他主张改变传统的把四书五经当作道德和文章典范来进行诵读的做法，而代之以他所提出的更新奇变化的方式，也即用少量的基础文本，特别是《论语》，来发展出一套实用的、快乐的、审美的能力，使今天的中国人能够在天人和谐的背景之下更易于欣赏彼此的优点。[7]因为李泽厚主要关心伦理，审美对于他来说只是“更高层次上的伦理”，是一种带有明显精神维度的伦理，所以李泽厚认为儒学思想观念占据着一个类似于“半哲学”、“半宗教”的位置，这就意味着它具有两方面的特征。[8]不管怎样，李泽厚认为，绝大部分中国人，不管是在大陆、台湾或者香港，都对他们由来已久的历史身份保持信心，他称这是他们的“文化心理结构”。

换句话说，李泽厚绝对相信任何 20 世纪的重大事件都没有能够摧毁儒学学说的基石。因此，李泽厚所说的中国“沉默的大多数”[9]，作为一种习惯和倾向，把他们行动的理由建立在明确的儒学原则之上，用礼仪建立小区，确定等级，公平分配财物，甚至以此来应对那些接受过西学训练，认为儒学学说“过时”、“落后”因而拒绝排斥的知识分子们的集体指责。对于李泽厚来说，《论语》不仅是“中国文化的心魂所在”[10]，而且《论语》的教导还是一剂受欢迎的、独特的中国解药，可以治愈建立在西方模式之上的现代生活的各种主要病症，包括缺乏自主性、异化、丑陋、来自不同利益团体的古怪偏见[11]，以及彻头彻尾的生存绝望等[12]（在这个名单上，人们或许还会添上一条，那些纯粹的“深藏不露”的越来越多的21世纪准社会互动）。[13]他认为，中国的绝大部分病症，是从西方输入的，只有真正的儒学模式的领导人，用一剂民主的传统，才能够给其他人提供无数的机会。虽然我们不容易知道，他提出这种说法的用意，是仅在描述观点还是在对症下药。[14]

李泽厚对《论语》每一章的解读，从总体上试图证明他所认为的真正的儒学学说，和宋代周敦颐、二程所提倡，由朱熹及其拥护者所确定的理学，以及今天亚洲那些自称继承朱熹或王阳明衣钵的“现代新儒家”并非一致。[15]有一个例子足以说明问题，在《论语》第9篇第13章中，有一段非常传统的把道比作美玉的对话，在回答弟子是藏着它还是卖掉它这个问题时，孔子热切地说：“沽之哉！沽之哉！”孔子的回答给李泽厚提供了一个阐明自己观点的机会，“孔子念念不忘‘外王’，自比如出售良货，绝不像宋明理学所解读的孔子”。

话虽如此，李泽厚还是保留了他对后现代理论支持者最严厉的谴责，他认为这些理论否认了个体的存在，而把人描述成一堆碎片。李泽厚反驳说，如果人只是一堆偶然的欲望、冲动和本能，那么他们只不过是一个不起眼的亚种动物，缺乏独特的思考、情绪和意志的力量来形成完全的“自我意识”，而“自我意识”正是构建具有非凡洞察力的连贯人格的前提条件。[16]而那些李泽厚欣赏的存在主义哲学家，却没有受到他的批评。虽然他们对于“偶然性”概念的理解，和后现代主义者相去不远。在李泽厚看来，“心”是人的身份的核心，作为一种能力它产生审美和谐，而审美和谐反过来能提供一个充分的基础去建立人对社区、对国家、对世界的个人认同。[17]对李泽厚来说，如果礼仪的装饰失去了，那么日常生活就没有多少享受快乐的机会。而且，李泽厚认为美、善通常是一致的，这一点和古希腊人的观念相同。[18]

在概括这些观点时，李泽厚显然是一个哲学家，而不是历史学家。他不仅倾向于用尽可能粗的笔触勾勒遥远的过去，而且似乎也忽略了学界对于早期中国研究的最新认识。他坚持共和国时代的过时观点，认为董仲舒和汉武帝是经典(他称之为儒学经典，有意或无意地采纳了很多康有为的语言)神圣化过程中的关键影响因素。[19]同样地，李泽厚也进行了一系列广泛的非历史性的考察，包括传统时代的士大夫和现代知识分子、口传和读写文化(对李泽厚来说，它们都显示出持久性和稳定性)的概念混淆。[20]我并不认为他这样做是无意的，因为它们是“中国最为古老的持续发展的文明”这个非常受人欢迎的观念的必要预言。例如，李泽厚写道：“最使人感到惊异的是，公元前五百多年孔子讲的话，即当时的口头语言经文字记载后，今天大都能读懂，困难不多……今天绝大多数人就无法读懂 11 世纪的英文。”[21]当然，这样的陈述轻率地忽略了那些阻止本土中国人理解古代文化的巨大障碍，如果读者统计一下于丹翻译中那些明显错误的数量，这一点就会看得很清楚。对李泽厚来说，为什么要把一本书从文言文翻译成现代汉语?[22]而且，可能由于他所接受的马克思主义哲学训练，李泽厚很危险地接近和拥抱黑格尔的单线发展的人类历史进步观，尽管他提倡一种中国例外论，认为中国用一种激动人心的方式偏离了普遍模式。

值得注意的是，李泽厚的中国文明例外说为他赢得了众多的汉语读者，《论语今读》在华人地区不断再版的情况就充分说明了这一点。[23]

从中国早期大多数信仰只是为了“求福避祸，去灾治病”、处于一种前道德阶段这个前提出发[24]，李泽厚把孔子描述为一个传道者，在某种程度上努力把上古巫术中狂热之“情”改造为哲学的理性之“情”，最终创造出一个独特的具有丰富情感潜力的中国之道。[25]李泽厚反复地提醒我们，当孔子在齐国听到演奏韶乐时，他是如此感动，以至于“三月不知肉味"[26]。在刘殿爵和其他现代《论语》阐释者的模式之后，李泽厚认为中国之"道"的明显优势是独特的，这个"道"，他名之为"儒学思想"。同样，他在注解《论语》中几处有多重可能性解读的章节时，毫不犹豫地认为"鸟兽"并非中国文化，即使他们生活在中国传统之下。[27]在他的思维方式里，中国文化的优越性之所以能够产生，部分原因是由于早期儒学的思想家们不愿意指派一个人格神的上帝或神灵作为道德的最终基础，或者说他们不愿意把更多信任放在抽象和逻辑思维上；部分原因是由于他们一直强调现世生活中人类存在的神圣性，而不是来世。这就使得一般的中国人尤其是孔子，建立起"高度自觉"的方法，让他们在"仁"的实践中获得一种深思熟虑的偏好。[28]正是这种独特的文化优势，使中华民族饱经困苦而能长期生存，从而获得国家的繁荣昌盛。[29]

仿佛是为了说明中国人在变化中生存更新的强大能力，李泽厚显然觉得没有必要去为那些他所认为和民主价值观念相冲突的中国历史的任何一个方面辩护。于是，他表面上抛弃了一些近代著名儒学学者（如康有为）所拥护的许多教义[30]，即使抛弃已有传统，其困难比他本人意识到的要大得多。[31]

根据李泽厚的说法，中华文明在以下几个方面毫无疑问是卓越的：它能包容不同的观点；[32]它没有严厉褊狭的宗教，因此从来没有真正的宗教战争或宗教正统；[33]它把任何对于殉道或来世的"死亡愿望"降到最低；它对个体的救赎和超凡脱俗表现出较少的兴趣；[34]它更多关注获得技能和艺术（"如何做"），而很少关注本体的确定性（"存在是什么"或者"事物的本质是什么"）。[35]孔子很快乐地既不是耶稣，也不是柏拉图，因为他所说的"闻道"根本不同于西方的"认识真理"。同时，与耶稣和柏拉图形成鲜明的对比，他也很快乐地让弟子们关注现实世界，而不是来世。[36]在李泽厚温暖的描绘里，孔子非同寻常、独一无二，他知道"内圣"（社会和个人的道德修养）和"外王"（处理家庭、国家和外交事务）需要平衡，同时又能够"知命"、"立命"。[37]因此，中国文化并不欣赏西方基督教的"罪感文化"、日本的"耻感文化"，而是推崇

"实用理性"和"乐感文化"[38]，它包容更广泛的情感，即使它专注于"和"、"美"、"度"。[39]请注意，李泽厚自己把"乐感文化"翻译成"乐观文化"，但是这个翻译并不能捕捉他对于这个问题广泛思考的所有精微之处。因此，我进行了补充，意在涵盖他的所有观点。

李泽厚认为，孔子"中庸之道"的高明之处在于，它努力把追求"崇高原则"和现世的"生命快乐"统一起来。[40]因此，和他之前的伯纳德·威廉斯对古代希腊的看法一样，李泽厚认为早期中国有足够的智慧提出"我怎样才能生活好"这个问题，但并不把它和道德实践截然割裂开来。因为受到康德及其后大多数西方哲学家的启发，李泽厚的观点就如同康德观点的注脚。[41]为了实现这一目标，中国文化一般重视"正行"（与个人身份相对应的正确行为、实践、活动）超过"正念"（正确的认识）。要知道对于思想、学说、言论来说，其间鲜明的差异并不一定带来现实生活中的后果，李泽厚所描述的孔子也不会笨到把动态多元化与"各行其是"混为一谈。[42]毕竟，任何社会都需要有最低限度共同遵守的秩序，以维持社会凝聚和团结。[43]

尽管有文化沙文主义倾向，但由于浸淫经典的时间足够长，李泽厚可以轻易地做出非常敏锐的判断，比如像我们所知道的，孔子第一个把"仁"的重要性提高到和"礼"同等的地位，而孟子第一个经常把"仁"与"义"相提并论。[44]在李泽厚的翻译注释中我们发现最有趣的讨论之一，就是"命"的观念（通常被翻译为"命运"、"命定"或"天命"）。他的观点颇具说服力，认为"命"指明了在直接干预和人类控制之外，人类存在还有相当大的空间。因此命相当于一种偶然性（或者至少是无计划的、非有意追求的）模式，但它的聚合（同样是无计划的、非有意追求的）会影响个人、社会团体，甚至于宇宙本身。一个智者不会试图去突破他（或她）自己个体存在的有限性，相反地，他在无法逃避、无法选择的局限（比如父母、国家、职业）之内努力去承担，学会建立一个合适的生存空间。[45]

具有讽刺意味的是，在西方传统中所有关于超越社会政治和经济因素局限的廉价谈论里，可能由于宗教戒律和教义已经断定了一个神授秩序的存在，人们经常使用“命”这个术语来表达更高程度上的“宿命”。李泽厚说，相比之下，孔子和他的那些早期追随者把“命”都“归于人”。[46]因此，李泽厚反复有力地否认主流传统“天佑孔子”的假设，虽然他极其佩服孔子为挽救中国文化所作的贡献以及他在此过程中显示出的英雄气概。[47]在他的解释中，孔子提出了两个表面上貌似冲突的准则“知命”、“立命”。[48]

在谈到现代生活的各种危险陷阱时，李泽厚对越来越强的专业化趋势表示担忧，因为过度的专业化会限制一个人的全局视野[49]，也会阻止他对于每个时期（甚至在最蒙昧偏执时期）那些被视为儒学核心观念的深刻理解。[50]李泽厚公开表达了他的忧虑，那就是今天的中国人看不见博大精深的儒学思想，而这种思想正是建立社会秩序的唯一安全的基础。当前中国的领导层必须通过榜样向人们灌输这一信息[51]，即使有时需要牺牲某些财政收益或效率。[52]因此在他的设想中，今天社会最基本最紧迫的需求是：(1)人民生活水平的提高，无论对于受过教育或者未受过教育的群体，是道德提高的一个必要条件；[53]（2)承认、允许多元价值观的存在；(3)遵守经济、法律、政治中体现出来的共同准则，以代替自私；[54](4)拒绝把人仅仅视作现代化过程中的一种工具，以免使老弱妇孺和残疾等弱势群体在社会中处于不利地位；[55](5)恢复公共生活中的信任与诚信。[56]虽然他提出的这些政策建议并不具体明确，李泽厚依然忠实于《论语》和马克思主义的基本理论，因为这两套教义都认为当政者有造福于民的责任。[57]同时，被欧美修正派学者的二手研究着重强调的儒学学说的精神维度，在某种程度上被李泽厚归结到爱国主义和中国身份之下，这两方面有时偶然被李泽厚合并在一起，称为神圣的人文主义或消极的黄金法则，这是他希望所有中国人为之努力的目标。[58]

李泽厚对于《论语》分析的前提，是他相信孔子说话时一直使用日常语言，而不是“大字眼”[59]，根据谈话对象的具体需求和个性特点有的放矢，区别对待。这就可以解释为什么孔子对从事商业和政治活动的子贡主要谈论社会公平、法律制度和官员廉洁的必要性，而和远离政治环境的颜回、曾参谈话时，则主要是在神圣的人文主义框架内谈论自我修养和个人道德。[60]

因为很多的宋明理学思想家对现实改革表示不屑，李泽厚如果想要说服读者，就必须修正关于儒学历史的标准叙述。鉴于许多遍及亚洲自我认同的现代儒学学者，正急迫地想要在儒学道统传递体系中找到自己的位置，李泽厚不可能挥挥手就可以废除由朱熹及其团体最早发明的正统道统。因此，他对标准的儒学分期进行了一个激烈的修订。传统的道统叙事，批评荀子和早期帝国的经典学习是一个致命的对孔子“正道”的偏离，这种偏离在荀子为秦帝国意识形态所规划的糟糕蓝图里就已经扎下了根。[61]李泽厚把汉代经学加进道统谱系中作为儒学的第二期，他认为汉代儒学学者特别是董仲舒、扬雄之所以能设法保留住孔子的许多深刻见解，在很大程度上要归功于荀子关于礼仪和治国之道的可靠杰出的教诲。和早期的儒学大师荀子一样，李泽厚认为真正的儒学是不会赞成地中海和印度教所认同的自我克制和禁欲主义，因为欲望是和呼吸一样自然的东西，否认身体及身体欲望只会对那些无视生活有丰富可能性的可怜灵魂来说才比较容易做到。[62]李泽厚继续说，和早期儒学学说相比，陆王派以及牟宗三虽然以“心”为体，但强调“道心”、“人心”之别，以及“心统性情”，这在早期的儒学学说里是没有的。这些后起的学说要求人们彻底把欲望抛在身后，以便追求更高的人生境界，同样，这种观念在儒学原典中也不存在。

李泽厚认为，正是这些自认为“第三期儒学”的宋明理学支持者和虔诚的现代新儒家(包括著名学者牟宗三和杜维明)，背叛了孔子之道，他们先急切拥抱了佛教而后又接受了西方观念，把西方科技和一系列后现代理论抬高到半宗教的地位。[63]实际上，在李泽厚看来，正是这些新儒家，尤其是牟宗三，结束了第三期儒学。[64]在某种程度上，他们过分强调敬畏、静思、推理，关注自我和浮华的虔诚，因此这些第三期儒学学者已经使他们的追随者忘记了，在一个理想的社会里，好的行为自然会导致“一个世界”(现实人生)得到多重满足。即使是次一等理想的社会，比如今天的东亚，依然给这些忠诚的孔子追随者们提供很多机会去体验来自高度社会性和艺术欣赏性的多重乐趣。[65]作为一本有想象力的“指导行动”的书，李泽厚的评论（他自称为“儒学第四期”）意在搭建一个舞台，以欢迎儒学回归或剥离了外部堆积物之后的儒学实践的复兴，从而更有利于建立独特的、中国方式的快乐、社会和艺术。[66]

李泽厚眼中的孔子非常有趣，依然保持着贵族的气质。李泽厚没有任何将孔子“民主化”的意图，把他塑造成想要铲平地位阶级差异的教育改革家。举个例子，这里是李泽厚对《论语》第3篇第7章的解释，用“射箭”来说明贵族礼仪中的“君子不争”：

> 射箭竞赛，来自远古遗风。在农耕社会以前，人靠狩猎为生，射箭是主要的、恐怕也是最早的重要技能，它成为后来孔子时代的“六艺”（礼、乐、射、御、书、数）之一。

朱熹的《集注》称呼这些参加射箭比赛的人为乡原[67]，认为真正有高尚道德的君子相信万物皆为一体，从而避免任何竞争的必要。但是李泽厚提出了一个反对意见：“并非孔子讲的句句都是真理。”然后他列举了几个质疑孔子的历代思想家的名字，并采用了他们的观点。[68]《论语》第11篇7—11连续五章的内容都是讲述孔子钟爱的弟子颜回之死，李泽厚认为，在个人感情的表达和坚守礼制的问题上，孔子的教导有明显区别。“孔子坚持贵族立场、制度和身份，的确大不同于墨子、庄子等人”，李泽厚这样说。[69]

李泽厚《论语今读》与其他几种在中国大陆、台湾、香港流行的《论语》译本（比如康有为、钱穆、杨伯峻的翻译）的不同之处在于，当无法弄清准确原始的历史背景时，他从不试图去猜测许多篇章句子的含义。因此，李泽厚的翻译包括三个部分：第一部分“译”，把《论语》内容由古代汉语翻译成标准的现代汉语。第二部分“注”，引用前人值得关注批评的一些解读。第三部分“记”，是李泽厚对于《论语》每一篇章内容的大段评论，这些评论往往把中国过去的历史和当代身份认同问题紧密结合起来。聪明的读者不久就会注意到李泽厚在某些具体的篇章中对

《论语》语言和潜在意义的表述与早期的传统完全不同,从《论语》第5篇第22章、第7篇第23章就可以明显看出他试图重塑悠久传统的倾向。

(一)《论语》第5篇第22章

传统翻译:

> 子在陈,说:"归去吧,归去吧,我们那里的年轻人狂妄粗疏,文章花哨,不知道怎样裁制他们。"(否定评价)

朱熹《集注》:

> 夫子初心,欲行其道于天下,至是而知其终不用也。于是"始欲成就后学以传道于来世"。(否定评价)

李泽厚的翻译:

> 孔子在陈国,说:"回去吧,回去吧,我家乡的这批学生有志向、有能力、有条理、有文采,我真不知道如何裁剪培育。"(肯定评价)

李泽厚的记:

> 孔子在陈受困,甚至没有饭吃,于是发此感慨,说还不如回去,回去有大事可干,何必在此受罪?"狂简"在此译解作有远大志向,有干练才能。(肯定评价)

(二)《论语》第7篇第23章

传统翻译:

> 上天给了我力量,我为什么要怕桓魋呢?

程树德《集释》:

> 《史记》曰:"孔子过宋,与弟子习其礼大树之下,桓魋伐其树,孔子去之。弟子曰:'可以速矣。'子曰:'天生德于予,桓魋其如予何?'遂之郑。"

李泽厚的翻译:

> 孔子说:"上天给了我品德,桓魋能对我怎么样?"

李泽厚的记:

> 这章常被后人引为孔子负有某种神秘使命或具有某种神秘"圣性",自有上天保护,因此不怕。其实这不过一句普通壮胆的话罢了。何必如此刻板解说,把孔子神化?由某种责任感而生的历史使命感,从而设信有某种客观法则规律在,即此种"壮胆的话"的由来,用以自勉自励,即孟子"虽千万人吾往矣"的大无畏气概也。[70]

当这种在中国文化背景下对《论语》有能力指导现代生活的深信不疑,和对帝国后期理学家们及其建立的道统理论的直接批评结合在一起的时候,必定使中国读者对李泽厚观点的冷静评价变得复杂化,因为你很难把他的立场进行明确归类。就像历史学家约翰·梅卡姆(John Makeham)所指出的,你很难确定李泽厚是不是一个新儒家,他似乎不把这个标签贴在自己身上,甚至在《论语今读》中总是提示我们他对老庄思想和神秘学的极大兴趣。[71]李泽厚宣称自己是马克思主义或后马克思主义者,对大多数现代新儒家来说这个标签是十分讨厌的。在最近的一本讲述第三期新儒家的著作中,李泽厚仅仅被随意提到了三次。但是,生活在东亚的反社会主义者或反儒学的许多分析家们,却经常把他视作新儒家。[72]

欧美学者可能更倾向于在李泽厚的书中找到一个主要的缺陷，那就是，归根结底，他把自己的关注兴趣局限在中国知识分子的命运上，这一点在他的整个写作中充分表现出来。例如，李泽厚谈到孔子(以及他的追随者荀子)时说："他们忽略了这种非常人性化的美(一种完全的自然之美)，不论是在现实生活中，还是在心灵或精神生活里，或者在文学艺术的创造欣赏中——这对于中国的知识分子来说是一个巨大的损失。"[73]作为一个气度宏大的读者，这样的结论反映了他对孔子非常有限的认识，而赫伯特·芬加雷特(Herbert Fingarette)的开放式评价则对这种看法给予了有力反驳：

> 当我开始阅读孔子时，我认为他是一个平淡狭隘的道德说教者，他的谈话语录《论语》，对于我来说是一部不甚相关的古典著作。后来，随着学识的不断增长，我发现他是一个有着高深见解和丰富想象力的人，和我所知道的其他思想家一样伟大。我已经相信，孔子能够做我们今天的老师，一个主要的老师，不仅在流行的观念上给我们稍微有点异国情调的看法，他还告诉我们那些应该知道，但是其他人却从来没有说过的道理。他有新的东西教给我们。[74]

作为一名白人女性，我经常阅读早期儒学著作。一方面是出于个人兴趣，一方面是由于它是我历史探究的主要对象，所以我痴迷地阅读经典。我不得不相信，这些著作有更普遍的价值。对于李泽厚非常激动人心的，但只是部分合理的中国历史的叙述，我建议学生考虑其普世性价值，而不是历史准确性。[75]我没有受过严格的基督教家庭教育，当我经过努力想要弄清如何通过我的工作使我的社区成员过得更好时，我在中国典籍中发现了很多古典时代的观念能够给我帮助。并且，当一个中国培养的知识分子承认，通过将近40年对于中国经典和历史著作的阅读，也会使一个非华裔的研究者有资格和权威谈论早期中国的时候，我一定会为之欢呼的。虽然有点苛刻，但我认为一个特定的基因构成并不能保证每个中国人阅读文言文的能力。也许因为李泽厚的《论语》翻译是针对一些中国大陆、台湾和香港的华语市场，他的默认信息就是宣扬中国文明的优良美德，这种方式必然会使外来者感到不安，而且看起来相当理想主义，而不够现实。因为我们都知道，历史上中国和欧美国家一样存在着野蛮残暴。除了这点说明之外，我愿意鼓励现代中国的每一位读者都去了解李泽厚对《论语》的独特解读，这样我们就能把这个特殊的对话进一步向前推动。虽然我会对李泽厚偶尔流露出的文化沙文主义表示反对，并且对他的关于文明和历史的大叙事表示疑问，但我完全赞成他的这种想要把中国古老文明的优美韵味传递给今天和未来读者的愿望。

（何如月译）

注释

[1] 对早期道统的建立，可参考 Thomas A. Wilson, *Genealogy of the Way: The Construction and Uses of the Confucian Tradition in Late Imperial China*, Stanford: Stanford University Press, 1995。

[2] 可参见下面伯纳德·威廉斯(Bernard Williams)关于古代人优于康德和其他受基督教影响的思想家们的评论。

[3] Viccy Coltman, *Fabricating the Antique: Neoclassicism in Britain, 1760—1800*, Chicago: University of Chicago Press, 2006, pp.71, 150, 162.

[4] 李泽厚：《论语今读》，生活·读书·新知三联书店 2004 年版。参见第 2 篇第 11 章关于"温故"的注释。他借此机会来谈论由阅读、书写以及汉字的特点所决定的它在中国文化中所发挥的巨大作用。

[5] 李泽厚在《论语今读》第 3 篇第 9 章强调了这点，就像他在第 9 篇第 30 章中所做的一样。实际上，李泽厚批评托尔斯泰、屠格涅夫等人，谴责了"他们时代的文化"。看看

李泽厚在第 5 篇第 9 章所列举的政治、文化改革者的有趣名单。对于古典主义者和儒学的区别(他们都用“儒”这个词来标示自己),参见 Michael Nylan,“A Problematic Model: The Han ‘Orthodox Synthesis,’ Then and Now,” in Kai-wing Chow, On-choNg, and John B.Henderson ed., *Imagining Boundaries: Changing Confucian Doctrines, Texts, and Hermeneutics*, Albany: State University of New York Press, 1999, pp.17—56。对于古典主义者和儒学学者对仪式的调整,请参考田天“从四方到都城长安:西汉晚期的郊祀改革”,in Michael Nylan and Griet Vankeerberghen ed., *Chang'an 26 BCE: An Augustan Age in China*, Seattle: University of Washington Press, 2015, pp.263—292; Michael Nylan, *The Five "Confucian" Classics*, New Haven: Yale University Press, 2001, chap.4。

[6] 参见《论语今读》第 5 篇第 2 章,可比较 Bernard Williams, *Shame and Necessity*, Berkeley: University of California Press, 1993, pp.20, 251。对于解决男尊女卑这个问题的困难性,可参考 Rebecca Solnit, *Men Explain Things to Me*, Chicago: Haymarket Books, 2014。

[7] 李泽厚在第 6 篇第 7 章引袁枚批评宋明理学的话:宋明理学的支持者已经把“乐”从其学说中剔出(147 页)。同时可参考《论语今读》第 7 章第 2 节李泽厚的评论。

[8] 注意李泽厚的评论,儒学学说不强调严谨的逻辑和抽象的辩证[因此布雷夏尼(Bresciani)称它是“一种半哲学”],但它致力于“影响一个人的日常生活”,又具有西方宗教的传统功能(因此它是“半宗教”)。尽管如此,李泽厚的复杂分类并没有能够帮助我们澄清手头的问题。

[9] 中国共产党之所以能持续执掌政权,部分的原因就是因为他们能够灵活变化,这一点在后毛泽东时代、从邓小平提出白猫黑猫理论的时候就开始了。

[10] 这是我的话,是从理查德·尼克松(Richard Nixon),斯皮罗·阿格纽(Spiro Agnew)和其他人那里借用来的。

[11] 参见《论语今读》前言第 3 页。

[12] 见《论语今读》第 4 篇第 10 章,他赞美公正,把不公正看作人文文化发展的严重障碍。

[13] 参见《论语今读》第 1 篇第 14 章最后。

[14] 例如,帕梅拉·德鲁克曼(Pamela Druckerman)写道:“我们被 21 世纪生活的无形碎屑淹没了:未回复的邮件,未打印出来的家庭照片,脸书上没完没了的别人生活图谱,不断提高的养育要求,我们每隔 15 分钟就检查一下手机的疑心病。”Pamela Druckerman, “The Clutter Cure”, in *New York Times*, February 17, 2015, p.19.

[15] 在第 2 篇第 1、3 两章里，李泽厚依然假设领导者能够通过他们自身人格道德的神奇力量，引导保护民众；当他谈到政府官员应该树立榜样时，他的议论不仅是描述性的。因此对我来说，李泽厚看起来更像是针对中国今天的领导层讲话。那些不同意我看法的人，会用李泽厚反对社群主义的观点——任何政府都不应该要求一个单一的善的标准——来反击我。我看不出这两者之间有什么矛盾冲突。参见李泽厚《论语今读》前言第 9 页，他坚信中国将从现代民主中得到好处。同时，每个人对于什么是民主都有自己的定义，正如奥威尔(Orwell)在《政治与英语》(*Politics and the English Language*)中所阐述的那样。

[16] 李泽厚在《论语今读》第 4 篇第 24 章里，认为"新儒家"是纯课堂的思辨哲学，更关心赢得辩论而不是日常实践。按照他的说法，他们已经失去了儒学之道最基本的见解。理学家们注重死丧之礼，因此剥夺了日常生活的乐趣。可参见第 5 篇第 10 章的例子。

[17] 见《论语今读》第 9 篇第 4 章的例证。不像庄子，李泽厚坚持认为动物感觉不到悲伤之情，这种感情是人的族类自觉和文化心理的开始。李泽厚一直把"心"翻译成"情感意识"。这又是一个时代性错误。"心"足以解释包含理性能力的早期观念，就像它足以解释前笛卡尔时代的欧洲论述一样。李泽厚没有提到反对科学家把人类本质减少到物理神经元的几次有影响的讨论。他可能比较欣赏别的观点，如 Marilynne Robinson, *Absence of Mind: The Dispelling of Inwardness from the Modern Myth of the Self*, New Haven: Yale University Press, 2010。

[18] 参见《论语今读》第 3 篇第 4、5 两章。在这三种学说中没有原罪的概念。人的心理情感对于道德培养来说，被视为是足够的。见《论语今读》第 78 页。在第 4 篇第 6 章，他认为艰苦的精神努力意味着"只要立志去做，仁是容易做到的"。

[19] 比如在第 7 篇第 32 章里，李泽厚反对过分的严肃，因为它会压制感情；在第 4 篇第 1 章，他同意美、善不是同义词。

[20] 注意李泽厚因此把先秦时期的君子(有一定社会地位的人，潜在的或实际上的政府官员的候选人)和现代的"知识分子"的概念混淆起来。用同样的方法，他把儒学(古典主义)和现代孔子之学的区别掩饰起来。最后，他假设书写文本比其他的文化因素都重要，即使他承认"阅读文本"在《论语》中只扮演了一部分角色，因为大部分教学在先秦是以口头的形式完成(见《论语今读》第 1 篇第 8 章)。

[21] 这种做法在整个《论语今读》中出现过很多次，我们可以看看第 5 篇第 7、13 两章的例子。正像余英时和其他喜欢合并的学者一样，李泽厚忽视了"知识分子"这个词的历史。在中国"知识分子"意味着"有一定教育水平"，而起源于 19 世纪欧美国家的这个

术语有更多含义，"知识分子"被描述为"疏离社会、神学素养、反体制"，典型地依赖于独立的金融支持，代表财务独立、思想独立的社会批评家，这根本不是早期中国的思想家或当代支持者们所讲的东西。可以参考 Alister McGrath, *The Twilight of Atheism: The Rise and Fall of Atheism in the Modern World*, New York: Doubleday, 2004, p.53。

[22] 李泽厚：《论语今读》，前言，第 11 页。

[23] 关于这点，可参考 Michael Nylan and Thomas Wilson, *Lives of Confucius*, New York: Random House/Doubleday, 2010, chap.7。

[24] 关于于丹，可参考于丹：《论语心得》，中华书局 2006 年版。于丹的一些错误已经在后来的再版和英语翻译中修改过来。《论语心得》最早于 1998 年在香港出版，1998 年在合肥、2000 年在台北、2004 年在北京不断再版。

[25] 李泽厚：《论语今读》，前言，第 4 页。

[26] 见李泽厚：《论语今读》，第 9 篇第 5 章。有时候，李泽厚把民间信仰和崇拜看作"小传统"(民间大众的)，把儒学文化看作知识精英的"大传统"，参见《论语今读》，第 6 篇第 13 章。从早期帝国的情况来看，这是一种时代性错误。可参考顾颉刚：《秦汉的方士与儒生》，亚细亚书局 1935 年出版，1952 年、1966 年两次再版。

[27]《论语今读》第 7 篇 14 章。

[28] 参见李泽厚：《论语今读》，第 18 篇第 6 章。请注意李泽厚对《论语》第 3 篇第 5 章有争议的句子的校勘，因为他只列出了三种可能性解读中的两种，这两种都认为诸夏(被视作中华民族的前身)优于其他民族。《论语今读》第 9 篇第 14 章值得留意。人们很容易把他当作中国的沙文主义者，但那样做过于简单，因为他并未以特定时期认定中国人，只是以进入文明阶段的早晚来区别。李泽厚谴责"种族纯洁"这种观念，更不用说种族灭绝了。他也对于"为了竞争而竞争"的观念很不认同(见《论语今读》第 3 篇第 7 章)。

[29] 注意比较赫伯特·芬加雷特(Herbert Fingarette)的《孔子：即凡而圣》(*Confucius: The Secular as Sacred*)与李泽厚在《论语今读》第 7 篇第 1、3 两章谈到孔子高度的"自觉"。

[30] 在《论语今读》第 5 篇第 10 章，李泽厚提到了侵略、饥荒和其他困苦。

[31] 在《论语今读》第 8 篇第 9 章李泽厚提到了康有为改写(重新断句，改变了句子意思)"民可使由之，不可使知之"一句的曲折逻辑。他明智地说，在孔子的时代，政府是"民有"、"民治"的概念不存在，所以只应该是"民享"。

[32] 公平地说，李泽厚的同时代人，阿瑟·韦利(Arthur Waley)对于弗雷泽的神话和礼仪系统也提出过类似问题，就像《金枝》中所表达的那样。关于韦利，可参考 Michael Nylan ed., *Norton Critical Edition of the Analects: A Collection of Essays plus a*

Translation, New York: Norton, 2014。

[33] 在《论语今读》第 5 篇第 21 章，李泽厚谈到儒—法和儒—道（他认为《论语》和《庄子》有更多的共同性，而《老子》则大不相同）的结合，在其他地方他也提到了佛教的理想。

[34] 参见李泽厚在《论语今读》第 2 篇第 4、16 两章，第 6 篇第 22 章，第 11 篇第 11 章的举例。他认为苏轼是一个对儒、释、道三家观念都感兴趣的典范。

[35] 这些观点都出现在《论语今读》前言第 5 页，以及第 2 篇第 6 章。

[36] 参见《论语今读》第 2 篇第 5 章及第 3 篇第 20 章。

[37] 见《论语今读》前言第 6 页，又见第 4 篇第 8 章。李泽厚在第 3 篇第 12 章里说，因为孔子学说没有要求任何特定的信仰，他们不愿冒险去做某些无法证实的陈述。李泽厚批评朱熹把“天”等同于“理”。不用说，人们一直在争论对于苏格拉底的描写有多少是被柏拉图理想化的这个问题。我自己倾向于接受亚历山大·尼哈马斯（Alexander Nehamas）在他文章中的描述（*Virtues of Authenticity: Essays on Plato and Socrates*, Princeton: Princeton University Press, 1999），但格雷戈里·弗拉斯托斯（Gregory Vlastos）笔下的苏格拉底又完全不同了。

[38] 见《论语今读》第 20 页，尤其注意第 6 篇第 24 章。李泽厚强调“命”不是指“必然性”、“命定性”，而是意味着“偶然性”、“巧合性”，是各种因素和大的社会环境的结合体。他也强调孔子既非复古，也非革命，而是一个积累进化论者。见《论语今读》第 3 篇第 14 章、第 6 篇第 10 章。

[39] 见《论语今读》前言第 20 页。在第 4 篇第 24 章，李泽厚宣称“宋明理学家当然害怕他们及他们自身的欲望冲动”。因此，他认为在宋明理学家身上佛教徒的成分比儒学的成分更多。

[40] 见《论语今读》第 1 篇第 12 章。

[41] 见《论语今读》第 93 页。在第 4 篇第 2 章中，他把我们的注意力吸引到“利仁”这句话。

[42] 见《论语今读》第 5 篇第 9 章。李泽厚说，“智”或“知”在《论语》中反复出现，“但是后世哲学家很少谈论”。“知”的推理模式，在后康德时代当然很少被看作“哲学”。可参考 Henry Rosemont, Jr., *A Reader's Companion to the Confucian Analects*, New York: Palgrave Macmillan, 2013, chap. 8。后康德时代的陈词滥调中唯一令人耳目一新的例外，参见 Timothy Chappell, *Knowing What to Do: Imagination, Virtue, and Platonism in Ethics*, Oxford: Oxford University Press, 2014。

[43] 见《论语今读》第 3 篇第 2 章。

[44] 对团结为一体的这个观点，参见 Richard Sennett, *Together: The Rituals, Pleasures, and Politics of Cooperation*, New Haven: Yale University Press, 2012。

[45] 注意，和安乐哲(Ames)、罗斯蒙特(Rosemont)相同，李泽厚并不认为这些是“美德之言”，而是对行为的描述。关于孔子对“仁”的重视，可参见《论语今读》第7篇第1章李泽厚的评论。

[46] 参见《论语今读》第7篇第12章、第35章，以及第9篇第29章。因为这个原因，李泽厚认为《论语》第9篇第29章(逝者如斯夫，不舍昼夜)“大概是全书中最重要的一句哲学话语”。当然，李泽厚在20世纪90年代离开中国大陆，所以他并不认为所有的参数都是永久设置的。当然，“礼让”是各种礼仪活动的基础(见《论语今读》第4篇第13章)。在第5篇第23章的评论中，他说传统的中国人更多地关注和谐快乐，故而相对较少关注人权。为此他毫不含糊地谴责某些“作伪的政客”，见《论语今读》第5篇第24章。

[47] 见《论语今读》第2篇第4、8两章。

[48] 见《论语今读》第3篇第24章、第7篇第23章、第9篇第9章、第11章等等。

[49]《论语今读》，第19—20页。

[50] 参见李泽厚在《论语今读》第2篇第12章，关于“君子不器”的评论。他没有引述，但他会同意温德尔·贝里(Wendell Berry)的观点，见 Wendell Berry, *Standing by Words*, West Stockbridge, MA: Lindisfarne Press, 1980, chap. 1。

[51] 在《论语今读》第2篇第15章，李泽厚谴责自我满足和自私。他评论说，只有一些观念是汉代儒学和宋明理学所共同承认为儒学核心的东西。注意，在第4篇第14章，李泽厚把“一贯”定义为“连接他人和自己”。

[52] 见《论语今读》第3篇第4章、第4篇第12章。他认为“心理情感”比“心”，更为重要根本。

[53] 在《论语今读》第4篇第16章，李泽厚批评宋明理学的一点，就是它企图消灭“利欲”。李泽厚认为这和孔子学说的基本观点不符，道德水平取决于经济条件。

[54] 在《论语今读》第2篇第21章，李泽厚指出，家庭关系并非只是个体家庭成员的“私人事务”，而是一种公共的政治体制和规范，家庭是社会的坚定支柱，现代社会必须建立在家庭之上。社会结构的剧烈变化，势必会在短时间内动摇人们的观念。但是感谢“孝”这种家庭情感，使得即使是现在，祖先也能在某种意味上和他们的后代生活在一起，就像李泽厚在《论语今读》第3篇第12章所评论的那样。他尖锐批评基督教和弗洛伊德理论，坚持认为“转化性创造不应该走得太远，以至于背叛父母”。

[55] 参见《论语今读》第2篇第16章。

[56] 参见《论语今读》第4篇第22章。

［57］李泽厚引用《论语》第5篇第16章和其他篇章的内容来支持他的社会政治改革意图。

［58］参见《论语今读》第5篇第12章。

［59］在《论语今读》第5篇第13章，李泽厚抱怨新儒家喜欢贩卖“存在”和“超越”这种词语，因为他们“轻视日常生活经历”，这使得他们在一个宗教环境里寻求启悟。注意《论语今读》第5篇第18章、第6篇第29章李泽厚的评论，他把“中庸”之“中”定义为“平常”。

［60］颜回和曾子比子贡处在更高的发展阶段上，这一点在《论语》中有暗示，但是并没有明说。可参见《论语今读》第5篇第8章。在第6篇第8章中，李泽厚直言，搞政治，依靠的主要是才干、能力，而并不是心性修养或内圣。在第6篇第14章、第16章中，李泽厚谴责了腐败的暴发户。注意，我这里不谈个人道德，因为孔子学说主要关注社会性公德及其与宇宙之间的联系。在《论语今读》第6篇第2章里，李泽厚评论说：“一个人（当权者）应该对天地万物、对人的本体有一种敬畏的宇宙情怀。”

［61］关于荀子坚持把个人欲望纳入社会计划，可参见 Michael Nylan，“Master Xun：An Early Reception History，Han through Tang”，for a volume edited for Springer（Dao Companion series）by Eric Hutton（scheduled for early 2016）。

［62］例如，李泽厚在《论语今读》第2篇第8章写道：“这些后来的学说要求人们把所有的个人欲望抛在身后，以追求更高尚的境界。这种观念在早期的经典文本中是没有的。”

［63］例证可参见《论语今读》第8篇第3章。李泽厚指责那种认为“人是碎片”的观点，比如像后现代的理论。如果真是这样，追寻自我就没有任何的意义，并且徒劳无益。引用孔子的话来说，就是“毋固”、“毋我”（《论语今读》第9篇第4章）。

［64］Bresciani，*Reinventing Confucianism*，p.387.他说，李泽厚认为牟宗三已经成为新儒家的最后一章，这个学派没有任何未来可以发展，因为在很大程度上，牟宗三借用了康德思想。

［65］在《论语今读》第8篇第21章，李泽厚描述了辛苦工作以及不顾自己而服务于他人的乐趣。

［66］参见《论语今读》第7篇第1章、第4章李泽厚明确的阐述。

［67］见朱熹《四书章句集注》，四库全书本。

［68］参见《论语今读》第3篇第7章。

［69］参见《论语今读》第11篇第7章。

［70］见《论语今读》第7篇第23章第183页，李泽厚引用《孟子》里的话来说明没有

必要把孔子神圣化。

[71] 见《论语今读》前言,第3页。

[72] Sylvia Chan, "Li Zehou and New Confucianism", in John Makeham ed., *New Confucianism: A Critical Examination*, New York: Macmillan, 2003, pp.105—130.

[73] Li Zehou, *The Chinese Aesthetic Tradition*, trans., Maija Bell Samei, Honolulu: University of Hawai'i Press, 2010, p.99.

[74] 李泽厚:《今读》,前言,第1页。

[75] 李泽厚的《美的历程》,显示了各种持久的地域文化所保有的古老观念。与追求真实准确性相反,许多历史的书写目标是为了赞美王侯将相,这是路易斯·马林(Louis Marin)所阐述的观点,参见 *The Portrait of the King*, trans., Martha Houle, Minneapolis: University of Minnesota Press, 1988, p.65。

李泽厚对儒学情感伦理学的重新阐述

贾晋华

香港理工大学

一、引　　言

当代杰出的思想家李泽厚为其伦理学创造了“情理结构”一词。他强调情感和理智之间一种平衡、综合的结构，其核心是康德理性主义和儒学伦理学的创新性结合。李泽厚欣赏康德的伦理学理性本体论，但是批评他排除人的情感和欲望。李泽厚提倡以其称为“情本体”儒学情感伦理学来补充康德的理性主义。他认为，这样一种情理平衡的结构将给当前变革中的世界以启发，并对构建新的人文主义和文化秩序作出贡献。

众所周知，西方哲学的主流传统上强调情感与理智的对立分化。情感和激情被视为非理性的、主观的，完全背离了理性或者站在其对立面上。不过，近数十年来，许多哲学家和心理学家已经在质疑这种观点。学者们指出情感不可能完全脱离理性，情感也并不必然是非理性的或者完全是主观、私人性的。相反，他们相信情、理相互关联，并指出情感在智力认知以及理性评估方面起着举足轻重的作用。[1]社会学家也强调，情感能量是社会生活的主要驱动力。[2]李泽厚在20世纪80年代初就开始研究儒学情感伦理学；他提出的“情本体”和“情理结构”等观念对这种新的思想趋向作出了开拓性的贡献。

本文首先介绍李泽厚对以“仁”为核心的孔子伦理学之情感基础的

重新阐述。[3]接着，文中对“情”字做出新的解读，并考察其在郭店楚简《性自命出》及其他相关儒学文献中的含义，借以探讨战国时期儒学情感伦理学的发展，从而为李泽厚的观点提供支持。[4]最后，从将康德理性主义与儒学情感伦理相结合的角度，本文探讨李泽厚的“情理结构”理论及其对变革中的世界文化秩序所可能带来的启发和贡献。

二、作为道德本体的情

李泽厚对儒学情感伦理学的阐述，始于20世纪80年代初对孔子的“仁”观念的讨论。他认为“仁”是孔子的核心观念，并指出它在《论语》中包括五个要素：(1)血缘基础；(2)心理原则；(3)人道主义；(4)个体人格；(5)以上四个要素均由“实用理性”引导。通过这些要素发挥的功能，孔子以“仁”释“礼”，将社会和伦理规范内化为个体的自觉和情感。而在这五种要素之中，“最为重要和值得注意的是心理情感原则，它是孔学、儒家区别于其他学说或学派的关键点”[5]。

要理解李泽厚对“仁”这一观念所做的哲学阐发，我们首先需要看一下此字的字源含义。许慎(约58—约147)释“仁”为“亲也，从人二”[6]。这让一些学者认为，《论语》中“仁”的含义并非以心理学概念为基础，而“仁”字后来才发展出心理、主观的用法。[7]但是，许慎的解释局限于汉代隶定之后的“仁”字。尽管他也列出了此字的两种战国古文，但他没有追溯其更早期的构形。在战国的玺印文中有一个由“身”和“心”(图1a—b)构成的字。[8]丁佛言和郭沫若皆认为此字应为“仁”。[9]刘翔进一步考察所有战国古文的“仁”字构形，确认此字应是“仁”的初构，而“身”为既表义又表声的字根。[10]值得注意的是，“身”的早期构形描绘的是一个腹部凸起的人体，肚皮上还有一个点，象征着有孕在身，因此也象征人和人的生命(图2a—c)；在周代铜器铭文和战国文字中，经常在腹部下面加一条水平线作为装饰。[11]因此，由“身”和“心”所构成的“仁”字包含着在人心中思念、珍惜、爱护人的身体、生命以及人类的意思。后来这个字逐渐变化、简化或假借，变成由“千”和

“心”构成的忎字(图 1c),因为在战国时期的文献,尤其是晋国文献中,“身”字在结构和读音方面与“千”字相似(图 2d)。[12]在《说文》里该字被列为“仁”的“古文”。同时,在一些文献里,作为偏旁的“心”被从原来的“身”加“心”的构形里省略掉了,在战国文献中经常有这种省略掉一个或者更多偏旁的做法。这些有所省略的字慢慢演化为各种形态,包括《说文》里列举的另外一个“仁”字的“古文”,其后最终被隶定为“仁”字(图 1d—g)。[13]后来,当郭店竹简刊行面世时,“仁”字确实在很多文本中被写作从身从心(图 1h—i)。[14]《韩非子》说:“仁者,谓其中心欣然爱人也。”[15]这一解说既是义训,也是形训,完美地解码了由“身”和“心”构成的“仁”字初形之语义结构。[16]

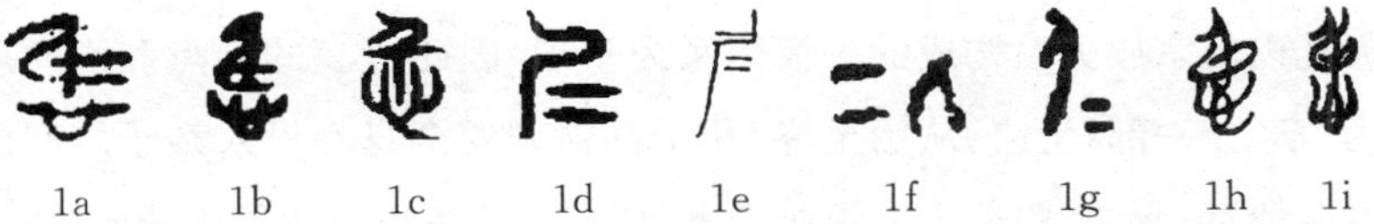

图 1　仁

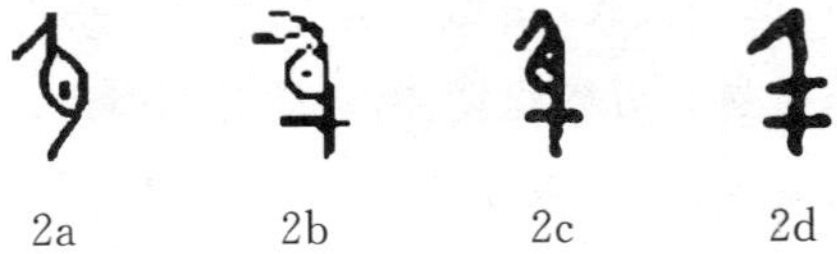

图 2　身

“仁”在《论语》中出现逾百次[17],通常出现在孔子回答弟子“问仁”的谈话中。由于“问仁”一般被释为“问仁是什么”,而孔子对这个问题的回答从来都不一样,因而“仁”被认为是“德之总名”,“本体论观念”,甚或“充满了自相矛盾和神秘性”。“仁”在被译成英文时也由此而有各种不同译法,如“agape”,“benevolence”,“love”,“humaneness”,“humanity”,“altruism”,“kindness”,“charity”,“compassion”,“magnanimity”,“goodness”等。[18]但是,正如李泽厚所指出,传统中国的思想家很少关注“是什么”的问题,而是对“如何做”更感兴趣[19],“问仁”通常意谓“如何实践/培养仁”。此点可以由其他类似的问题,如“问孝”

和“问政”,来予以确证。“孝”和“政”的意思并无含糊不明之处,故“问孝”、“问政”可以一致地解释为“如何实践/培养孝”和“如何治理”。孔子对不同的人给出不同回答,原因在于每个人应该按照自己的个性或者所处环境来实践“仁”、“孝”或“政”。例如:“司马牛问仁。子曰:‘仁者其言也讱’。”[20]据《史记》司马牛的传记,其人“多言而躁”,这可能就是为什么孔子以“言讱”来回答的缘故。[21]

李泽厚认为,《论语》中的“仁”的基本含义仍然是“爱人”[22],蕴含情感的心理观念。其他一些重要的中国学者持有类似观点。例如,冯友兰认为:“孔丘论仁,注重人的真情实感。”[23]钱穆亦说:“仁便是情感。”[24]

李泽厚指出,孔子讨论“仁”的目的之一在于恢复和重新解释“礼”。周礼以由宗族关系构成的等级体系为基础,因此“仁”的起点和实质应为“孝”。一部《论语》从始至终,孔子都强调要全身心投入亲子之间的真诚情感。他在跟弟子宰予讨论丧仪时,最清楚地表达了这种想法:

> 宰我问:“三年之丧,期已久矣。君子三年不为礼,礼必坏;三年不为乐,乐必崩。旧谷既没,新谷既升,钻燧改火,期可已矣。”子曰:“食夫稻,衣夫锦,于汝安乎?”曰:“安。”“汝安则为之。夫君子之居丧,食旨不甘,闻乐不乐,居处不安,故不为也。今汝安,则为之。”宰我出,子曰:“予之不仁也。子生三年,然后免于父母之怀。夫三年之丧,天下之通丧也。予也有三年之爱于其父母乎?”[25]

李泽厚特别注重这则对话,在几部著作中反复予以讨论。根据他的分析,孔子将“三年之丧”的礼制,直接解释为一种回报父母对子女无条件的爱、表现子女对父母的真挚之情的一种情感和理性的自觉。他指出,实践这一礼制取决于人是否感觉心安。这里的关键词是“安”,显然指情感和感受。但是,这不仅仅是自然的情感和感受,也是一种被提升至理性的自觉的“孝”,要在情感上回报父母对子女的爱和养育之恩。孔子将礼的家族基础定义为“孝”,并将“孝”建筑在日常的亲子之爱上。

然后，他将形诸外的礼解释为人们内在情感的表露，将严格的、强迫性的外在规定提升为他们的自觉理念和自由意志，将宗教的、神秘的礼纳入日常感情和生活经验之中。这样，伦理规范与心理意愿融为一体，礼也因获得心理学依据而被人性化了。礼从天/神的命令转变为人的内在意愿和自觉意识，人从追随天/神转变为服从自身的意志和情感。李泽厚断言，这一变化在中国古代思想史上具有划时代的重要意义。

李泽厚进一步指出，孔子认为从这种作为基础的亲子之爱出发，人们会自然地将其情感扩展至面向他人及其福祉的"仁"，亦即普遍的爱人，如《论语》中引孔子及其弟子语云：

> 弟子入则孝，出则弟，谨而信，泛爱众，而亲仁。[26]
>
> 君子务本，本立而道生。孝弟也者，其为仁之本與？[27]

郭店竹简《五行》解释这一点更为清楚：

> 爱父，其继爱人，仁也。[28]

孟子也说：

> 老吾老以及人之老，幼吾幼以及人之幼。[29]

以亲子之爱为核心，仁爱的感情由近及远、由亲及疏辐射，最终到达"仁"，亦即普遍的爱人这一儒学之道的核心概念。在这里，人们对他人的爱出自对自己家庭成员的生物性的、自然的爱的延伸。李泽厚强调，尽管"仁"在儒学道德理论中处于比"孝"更高的范畴，"孝"被孔门认为是"仁"的根本，而亲子之爱为人们培养和实践"仁"提供了自然的、人性化的坚实基础。

当代道德情感研究在定义道德感情时使用两种典型的特征。第一种是客观的激发物(elicitors)。一种感情越是容易被不直接影响自身的事件所促发，它就越可能被认为是一种典型的道德情感。第二种是社会性的行为倾向(prosocial action tendencies)。情感通常会促发某种行为以回应激发事件(eliciting event)，而这些行为倾向可以按它们对他人或者社会秩序有利的程度来划分等级。[30]孔子对"孝"和"仁"的描述，与这两种特征吻合。就激发物而言，孝是不仅对自己父母而且也对同一宗族和社群的其他成员的强烈情感("入则孝，出则弟")，而"仁"则进一步将一个人的仁爱之情推衍至其他所有人。在行为倾向上，"孝"和"仁"都引导人们诚挚无私地去爱、帮助，以及利于他人，并在这样做的过程中获得家庭、社群以及社会秩序的和谐。因此，"孝"和"仁"皆可被定义为道德情感，它们构成儒学伦理学的基础。

李泽厚比较了儒学的"孝"与基督教伦理。基督教传统也要求子女崇敬父母，为父母争光(《十诫》之第五诫)，但这是上帝的谕令或者理性化的、伦理的规则。在这里情感被理智控制，因此敬爱成为理性的要求。人们应该敬爱自己的父母和他人，其原因在于必须遵从上帝的谕令。孔子没有将情感与外在的崇奉对象或者神秘、终极的境界联结在一起。他以一种实用理性的态度，允许情感渗透在人际关系之中，以亲子之爱为根本、实体和基础。在这里情感和理智达到平衡，人们对他人的爱是生物性的自然感情的延伸。因此，观念、情感和礼仪这三种宗教的重要因素，全部围绕着社会道德和日常感情的统一。不需建造一座神学大厦和信仰系统，而是具有一种道德和心理的脚踏实地的取向，这是孔子"仁"这一观念的核心特点。另外，因为观念、情感和礼仪被导向一种日常的伦理—心理模式并达到圆满，儒学的心理原则是普通人的诚挚情感。这让儒学的"仁"摒除了宗教苦行或者弃世。孔子并没有任何压抑情感和欲望的想法；相反，他承认正常情感和欲望的合理性，主张对之进行合理节制。儒学的世俗倾向与其心理原则是密切相关的。

李泽厚更进一步指出，因为这一情感、心理原则，孔子的"仁"是一种古典的人文主义。孔子以"仁"释"礼"，最初目的在于恢复礼制，但最后手段超越了目的——"仁"，作为伦理—心理状况和人性的表征，变得比"礼"更为本质和重要："人而不仁，如礼何？人而不仁，如乐何？"[31]

孔子的“仁”强调人际关系和情感是人性的本质，是将人与动物区别开来的所在。正如孟子所说：“无父无君是禽兽也。”[32]没有了社会关系、角色义务以及亲子、君臣、夫妻等之间的情感，人将丧失人性而变得与禽兽无异。与强调个人解放以及个体独立和自由的近世和现代人文主义的许多派别不同，古典儒学人文主义强调人际之间的情感、关系和谐以及彼此之间的爱、尊敬和帮助。

而且，与人文主义的外在实践相关，孔子的“仁”也培育个体的内在性情及品质。通过在实用理性的规范下学习和实践礼仪，“仁”以及其他道德情感对个体的塑造、发展、陶冶和完善起着重要的作用。“仁人”或“君子”成了《论语》中理想人格的标志。

以宗族关系为基础，孔子以亲子之间的伦理情感为核心，扩展为对外的普遍仁爱的人文主义和对内的理想人格的修养。通过这种方式，孔子建造了一种带有理性和实用主义倾向的心理模式。李泽厚将孔子的“仁”观念概括如下：“孔子以仁释礼，将社会外在规范化为个体的内在自觉，是中国哲学史上的创举，为汉民族的文化—心理结构奠下了始基。”[33]

接着，自20世纪80年代末以来，李泽厚进一步探索了古典儒学的情感伦理学，确证其以情感为道德本体，并孕育了“乐感文化”的传统。他指出：

> 孔学特别重视人性情感的培育……实际是以情作为人性和人性的基础、实体和来源。……强调亲子之情(孝)作为最后实在的伦常关系以建立人/仁的根本，并由亲子、君臣、兄弟、夫妇、朋友五伦关系，辐射交织而组成和构建各种社会性感情作为“本体”所在，强调培植人性情感的教育，以之作为社会根本。[34]

古典儒学看重现象世界和日常生活，将情感看成人们审视和体验此世的方式，也是人们自己生活和维持彼此关系的基础。每一天每一刻，人们都体验着由自己在家庭和社群内的多种关系刺激生发的情感：亲子、君臣、兄弟、夫妻以及朋友。情感由社会、伦理和人际关系所定义并错综交织，成为人类生活和社群的本体。换句话说，情感定义了人类存在和社会的共同经验并与其共同存在，情感能量是社会生活的主要驱动力。以“仁”为核心，道德情感通过在道德上值得称颂的行为表现出来，这些行为令人际关系和谐，维持着社会的秩序和稳定。[35]

因此，反过来说，道德上值得肯定的行为给道德主体的心理带来一种肯定性的愉悦情绪。孔子强调“乐”的情感的重要性：“知之者不如好之者，好之者不如乐之者。”[36]在学习的三个层次上，乐是所能达到的最高等级。孔子认为自己实现了这一终极目标：“其为人也，发愤忘食，乐以忘忧，不知老之将至云尔。”[37]孔子的这幅自画像描绘了一个解决了“忧”，忘记了“老之将至”以及迫近的死亡，尽情感受生活之乐的每一个瞬间的人。在整部《论语》中，孔子强调学习、实践礼的快乐，其中包括培养自我实现的理想人格即“君子”，及由此而需要的理性化的社会和道德规则。孔学的“乐”并不带有浅薄或者天真之感，因为此种“乐”被赋予道德的情感和理性承担。道德主体乐于做任何他们相信有道德价值的事，即使他们可能遭遇困难或者悲剧结局：“一箪食，一瓢饮，在陋巷，人不堪其忧，回也不改其乐。”[38]

李泽厚指出，这种快乐和乐观是“仁”的体现：

> 此乐即仁，乃人生境界，亦人格精神。
>
> 将最高最大的乐的宗教情怀置于这个世界的生存、生活、生命、生意之中，以构建情感本体。[39]

因其“一个世界”的取向[40]，儒学传统肯定人类生活、经验和情感的价值，并在此世的世俗生活中而非超自然或超验的领域内找到快乐和意义。中国文人一直在不断地表达自己对联结着自然万物和乡土故园的日常生活的强烈感情，并对人际情感徘徊不舍，依恋难分。在这个意义上，李泽厚认为中国儒学传统是“乐感文化”，跟西方的“罪感文化”和日本的“耻感文化”形成对比。[41]

但是，到了宋明理学，“天理”或伦理原则与“人欲”或“人情”被割裂开来，前者控制着后者。这种理论也被称为“心性为本”，强调人性（在本体论意义上）而忽略人的情感。“仁”的情感内容被抽象化并被重新阐述为一切德行的本体性质和原则，而孔学的“孝为仁本”被颠倒过来改为“仁为孝本”。李泽厚批评那些对抗或者背离了古典儒学伦理的情本体的理学学者：

> 原典儒学以情为本是一个非常重要的特征，却一直为后世所忽视。[42]
>
> 宋明理学对超验或先验的理性本体即所谓“天理”“道心”虽然做了极力追求，但在根本上是失败的。[43]

其他一些重要的现代思想家也做出同样的批评。例如，梁漱溟说：“周孔教化自亦不出于理知，而以情感为其根本。”[44]钱穆说：“宋儒说：‘心统性情.’毋宁可以说，在全部人生中，中国儒学思想，则更着重此心之‘情感’部分，尤胜于其看重‘理智’的部分。”[45]梁漱溟和钱穆都强调，在古典儒学中，情感比理性更为根本和重要，可是宋明理学改变了这种取向。

在西方哲学史中，对道德心理学的研究在传统上集中于道德理性。自 20 世纪 80 年代以来，出现了一种“道德—情感修正”，情感在道德心理学的研究中逐渐变成了中心课题。但是，研究者更重视“否定性”而非“肯定性”的道德情感，例如鄙视、愤怒、耻辱以及愧疚；而对于一些重要的情感体验诸如爱是否可被看作道德情感的问题，学者们仍在争论。[46]李泽厚以普遍之爱的“仁”作为儒学情感伦理学的核心，为填补这一空白提供了丰富的资源。

三、“情”字新释及其在郭店楚简写本中的含义

当李泽厚最初于 20 世纪 80 年代指出古典儒学情感伦理学的重要

性时,学者们普遍认为"情"字在古典时期并不指情感,而古典儒学代表人物也没有对情感给予特别注意。至20世纪90年代末,随着新出土的战国时期的郭店楚简写本诸如《性自命出》及其他一些篇章的刊行,学者们发现"情"的确含有"情感"之义,而儒学的情感理论是这些文本的核心主题之一。由此,李泽厚的早期论点得到了出土新发现的支持。本节即旨在对"情"字及其在郭店楚简《性自命出》和其他相关儒学写本中的意蕴做出新的解读,探讨战国时期儒学情感伦理的发展,为李泽厚以情感作为道德本体的观点提供证据。

除了仁、孝、爱、乐,孔子在《论语》里也探讨了其他情感如恭、敬、畏、恸等。但是,"情"在《论语》中凡两见,似乎并不直接指"情感"之义。在《孟子》和其他经典中的情况也一样。葛瑞汉(Angus C. Graham)由此断定,在汉以前的文献中"情"字从来没有"感情"之义。他认为,"情"的基本意思是"本质"和"本质的"(或"真实的"),尽管在《荀子》和《礼记》中它的意思开始"注入情感内涵"[47]。陈汉生(Chad Hansen)将"情"定义为"由实在输入的信息"和"对实在的反应",包括对各种各样感情的反应,但并非指情感状态自身。[48]李天虹考察了所有的先秦文献,包括新出土的《性自命出》篇,将"情"的基本义概括为四点:(1)诚挚和真实的感觉;(2)情感或性情;(3)事物和境况的实际情形;(4)本体或者事物的原则。[49]何莫邪(Christoph Harbsmeier)大约在同一时间也对早期文献作了一番全面考察,总结出相似而更多的含义:(1)事件的基本事实;(2)潜在、基本的动力因素;(3)基本、流行的情绪或者回应;(4)普遍的基本本能;(5)根本的感性和感受;(6)基本动机和态度;(7)个体的确信、回应和感觉。[50]以葛瑞汉的定义和何莫邪的分类为基础,梅道芬(Ulrike Middendorf)进一步定义了"情"字的两组意思:应用于事物和状况时,意为"真实和忠实";而应用于人时,指所有类型的情感回应,例如:基本驱动力、感官知觉、情感、情绪、性情、态度、喜爱、欲望、动机以及礼仪化的行为模式。[51]运用历时性的方法,艾皓德(Halvor Eifring)则提出"情"字语义演变的三个阶段,即从"基本本能",到"情感",然后再到"爱情"。[52]

这些学者分别找出了“情”字的一种或者多种含义。尽管其中的一些辨析可能太过琐细，他们所提出的大多数含义都能在早期文献里找到佐证。为了将所有这些不同含义进行连贯一致的理解，对“情”字进行字源学分析将会有助于阐明其基本义及后来的引申义，由此我们可以更好地理解它在早期儒学经典中的含意。

然而，鉴于“情”字在音、义上与“生”和“性”的关联，我们的考察需要从这两个字开始。“生”字见于商周时期的甲骨文和金文中，其初形由植物幼芽和水平线构成，象征植物破土而出(图 3a—d)。[53]从植物的生发开始，“生”字进而指包括人类在内的所有生命体的产生，后来再扩展至宇宙中所有事物的诞生、产生和出现。我们从适用于所有事物和境况的合成词“产生”和“发生”中可以看出这点。这一字源代表了中国一种重要的世界观，即将宇宙间的所有事物都看成是有机的、活生生的、共生的，对有知觉的和无知觉的、动物的和非动物的、有生命力的和无生命力的不作区分。[54]

3a 3b 3c 3d

图 3 生

在许多出土或传世的先秦文献中，“生”字也被用来指“性”之义，而在任何先秦时期的出土文献中都没有发现由“心”(忄)和“生”两个部分构成的字。[55]在郭店写本里，“性”的意思由“生”和“目”所构成的字来指代(图 4a—b)。该字与“省”(检查，察看)同义，在郭店写本里只是“性”字的假借。[56]一些清代学者已经指出，“生”是“性”的初形和字根[57]，现代学者普遍同意这种看法。看来“生”长期以来一直既有“生”意，也有“性”意。不少早期文献谈及这两个字间的字源学联系。例如，《孟子》中记载告子说：“生之谓性。”[58]《荀子》中也有同样的说法：“生之所以然者谓之性。”[59]“性”随着某种事物的产生而出现，指这种事物与生俱来的所有属性、特点和素质。

4a　　4b

图 4　性

现在，我们可以对“情”字进行字源学分析。“情”字不见于商周时期的甲骨文和金文。在郭店楚简里，“情”写作“青”或“情”。在其他一些出土和传世文献中，这两个字也可以互换使用。在西周金文里，“青”字由“生”和“井”构成(图 5a)。后来，作为构成部分的“井”经过多种变体，最后定型为“月”(肉；图 5b—d)。[60]“生”象征植物的发芽和生出，而“青”指植物的颜色，与植物的生发密切相关，犹如《释名》所说：“青，生也，象物生时色也。”[61]因此，“生”应是“情”的声符和义符，而“井”只是声符。从这一字源学分析我们可以进一步推导，“青”应为“情”之初构，“心”旁应为后来所增。[62]现代学者对上古音的重构也令人信服地揭示，“生、性、青、情”四字的尾音相同，从属同一韵部(表 1)。[63]另外，根据王元鹿的研究，“心”字直到西周时期才出现，从此“心”开始包含心理思想活动之义，出现了不少带“心”字旁的字。[64]将“生”和“青”加上“心”从而变为“性”和“情”，这一过程揭示了逐渐形成的对这两个字所蕴涵的思想活动及心理状况的理解。

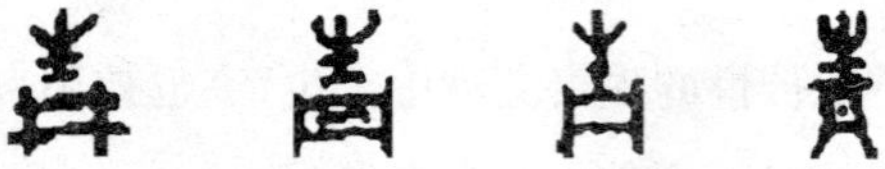

5a　　5b　　5c　　5d

图 5　青

表 1　现代学者对生、青、性、情的上古音重构

字	韵部(郑张)	上古音(郑张)	上古音(Baxter-Sagart)
sheng 生	*geng* 耕	* sreŋ	* sreŋ
xing 性	*Geng*	* sleŋ	* sreŋ
qing 青	*Geng*	* shleeŋ	* sˤ〈r〉eŋ
qing 情	*Geng*	* zleŋ	* dzeŋ

以植物生长作为其充满喻意的根源，“性”字和“情”字源自“生”字即植物和万事万物之产生。“性”是随某物体的出现而与生俱来的属性，是该物体本质的、决定性的特点。“情”是该物体的“性”的外在表达和显现——颜色、外表、所处境况、实际成分、物质材料、动态模式，等等。

将“性”、“情”这一对词应用于人，“性”是人内在的性情、品质和感受性，而“情”是发之于外的表现、反应，以及与其性格和感受的关系，例如“情感”、“表情”，以及“情境”。换句话说，“性”是人天生的、内在的、性格的层面，而“情”则是人类经验表达的、情感的、事实的，以及互动的层面。[65]《性自命出》很清楚地解释了“性”和“情”的这种内外关联：“喜怒哀悲之气，性也。及其见于外，则物取之也。”（第 2 号简）[66]一个人有内在的性情、感受性，以及可能形成多种情感的“气”；当它们被外在的刺激性物体和事件促发时，快乐、生气、哀伤或悲痛的情感就会出现，并呈现为面部表情和动作。[67]以下出自经典文献的引文，描述了这种内外关联以及情感过程：

> 子夏问孝。子曰：“色难。”[68]
>
> 百姓闻王钟鼓之声，管籥之音，举欣欣然有喜色。[69]
>
> 谏于其君而不受，则怒，悻悻然见于其面。[70]
>
> 夫貌，情之华也。[71]
>
> 哀有哭泣，乐有歌舞，喜有施舍，怒有战斗。[72]

快乐或者生气的面部反应，哭泣或者歌唱的声音回应，跳舞或者战斗的行为倾向，所有的这些都是对受物体和事件刺激而产生的内在情感的表达、显现以及反应。其中特别有趣的是，“色”字被用来描述情感性的表情，其字面意义为“颜色”。这跟“情”的初构“青”本来指植物的青色相吻合。因此，“情”是对由人的“性”或者内在性质生成并经由外物刺激促发的情感的真实表达和呈现。当因刺激生成的情感自然而然地、真诚地形诸面部表情和行为时，它被叫做“情”，就如青色是植物的真实外表一样。这就是为什么“情”内含“真情”和“情实”之意的原因。

这些中国早期文献中对于情感过程的描述，与现代对情感心理学的研究存在部分一致之处。尽管存在不同的看法，但一般而言情感过程被认为包括以下几种成分：(1)刺激性事件或者物体的激发；(2)对刺激物的认知性评估；(3)生理性回应和面部、声音的表达；(4)情感状态的主体经验；及(5)行为的倾向。[73]以上描述在一定程度上与早期中文文献里“情”字的含义相似。

但是，另一方面，“性”和“情”的内外界线很难被清楚地定义和区分，因为情感是主观经验的复杂状态，其特点不仅在于有心理生理表现、生物学反应和行为倾向，也在于其中的性情倾向、精气成分、心理状态、所含蕴的文化密码以及对事件和物体的认知评估。在不少早期文献中，“性”和“情”可以互换[74]，这两个字甚至被结合为合成词“性情”。

综上所述，由于“生”是“青”的字源，而“青”是“情”的初构，因此“情”字在早期文献中的确包含学者们已经指出的多种意义：“本质的或真实的”；性格倾向或情性；与人、物或者状况相关或者对其做出反应的外部事实；人的情感表达和体验，以及与他人及现象世界的积极互动。“情”包括事实和情感的双重意义，应该根据不同的文本内容对之进行解释。但是，在加上“心”旁后，“情”的情感义被特别强调，并逐渐发展成为其主要的意思。

现在我们可以对“情”字在郭店出土的《性自命出》以及其他相关儒学文献中的重要性展开分析。[75]“情”字在篇幅有限的《性自命出》篇中凡二十见，可以肯定是其中心思想和主题之一。尽管一些学者仍然有所保留，大部分学者将本篇中的“情”字解释为“情感”。本人基本上同意这一阐释，但是要补充一点，即在很多例子里，“情”可能有不止一种含义，因此应该根据具体的上下文内容做出解释。郭店竹简的整理者将《性自命出》分成两部分。[76]这两部分都以对“情”的探讨为主要论题，其中第一部分更多地讨论人类的感情和经验、礼和乐之间的关系，而第二部分则更多地讨论情感的真诚。[77]

在许多方面，如我们在上面所讨论的那样，《性自命出》阐释和发展了李泽厚所概括的孔子的情感伦理学。首先，如李泽厚所说，孔子以“仁”(人的情感)释“礼”，并将外在的社会道德规则内化为个体的自觉观念和道德情感。沿着这一方向，《性自命出》篇更进一步，宣布礼原本出自人的情感和经验：“道始于情，情生于性”(第 3 号简)。该篇认为“情”是“气”的呈现，而气是喜怒哀伤等情感的构成能量，这些情感潜含于“性”之中，所以此处的“情”主要意指“情感”。“道”指的是“人道”，以礼为核心，因为该篇又进而说：“道四术，唯人道为可道也”(第 14—15 号简)；[78]“礼作于情”(第 18 号简)。郭店竹简中另一篇名为《语丛二》的写本也记载：“情生于性，礼生于情。”[79]“道”与“礼”都被说成始于或者生于“情”，那么这两个字显然可在这些文本中互换使用。[80]而且，跟《性自命出》一样，《语丛二》认为各种不同的情感，例如爱、愠、喜、畏，皆生于“性”。[81]这也支持我们关于“情”是人类的情感体验的解释。周礼是伦理、宗教和政治的三合一，所有这些都发源及发展于人的感受性经验。但是，鉴于人的情感激发于与外界事物或环境的互动，我们还应该指出此处之“情”也含有人的存在情境的实际经验。

其次，为了陶冶自然情感和发展道德人格，孔子强调学习和实践礼仪的重要性，沿着这个方向，《性自命出》进一步讨论了礼，尤其是音乐在陶冶和规范角色情感和道德人格方面的重要功能和影响。在谈到礼始于人类情感经验之后，该篇告诉我们：“始者近情，终者近义”(第 3 号简)。在这一语境中，“情”主要指各种基本情感(以及情感判断)，而“义”指的是礼所规定的角色义务和情感，如《礼记》所说：

> 何谓人情，喜怒哀惧爱恶欲，七者弗学而能。何谓人义？父慈，子孝；兄良，弟弟；夫义，妇听；长惠，幼顺；君仁，臣忠。十者谓之人义。[82]
>
> 君子之所谓义者，贵贱皆有事于天下。[83]

在其伊始，礼从人类经验和喜、怒、哀、惧、爱、恶、欲的自然情感中出现。通过礼仪化和理性化，这些经验和情感构成了社会、政治、伦理的规则。

而这些规则又反过来教育、陶冶和培育自然的情感，使之达于“义”，即恰如其分地符合每个人的社会和家庭地位的角色情感、义务和伦理，例如君臣、父子、夫妻。葛瑞汉正是在此意义上将“义”定义为角色行为和义务[84]，而安乐哲从延展的视角将儒学的伦理哲学定义为角色伦理学。[85]

《性自命出》篇进一步清楚地描述了这种礼仪化和理性化的过程：

> 诗、书、礼、乐，其始出皆生于人。……圣人比其类而论会之，观其先后而逆训之，体其义而节度之，理其情而出入之，然后复以教。教，所以生德于中者也。（第15—18号简）

《诗》、《书》、《礼》、《乐》这些经典著作是周礼的最重要成分。它们来源于人类生活和自然情感，但是它们并不仅是人类经验的摹本。圣人/文化英雄们将质朴的材料整理、排序以及模式化，使之成为社会的、伦理的规则。这些规则反过来被用来教育人，培养其角色情感和道德人格，以达致圆满。换句话说，为了发展出理想的性格特质和高度的道德德行，应该用音乐和礼仪的模式来改善和规范自然情感。

《语丛一》表达了同样的观点：“礼因人之情而为之节文者也”（第31及97号简）[86]。礼出自人类情感和经验，但是被进一步规范和理性化。同样的思想也见于郭店出土的其他文本、《荀子》及《礼记》之中。[87]由此，《性自命出》篇立足于孔子的观点，以人类情感及其陶冶作为基本观念，进一步讨论了礼的形成和功能。礼来自人类情感并回归于人类情感；在这个过程中，自然的情感经由改善、理性化及和谐化，成为合乎道德的角色情感。正如《性自命出》篇所说：“其人拔人之心也厚”（第23号简）。《礼记》中载有一句类似的话：“君子反情以和其志。”在《中庸》开篇，这种经过改善的、理性化的、和谐化的情感被推崇为世界之根本，“道”的呈现，以及宇宙秩序的持续：

> 喜怒哀乐之未发，谓之中；发而皆中节，谓之和。中也者，天下之大本也；和也者，天下之达道也。致中和，天地位焉，万物

育焉。[88]

当代情感心理学区分功利情感(基本情感)和美学情感。[89]根据这一分类,中庸、和谐的思想状态及其表述可被视为美学情感。[90]但是,因为取得中庸、和谐能带来社会和宇宙秩序,所以在古典儒学思想家眼里它们也是道德情感。

第三,与孔子对诚的情感的讨论相一致,诸如亲子之爱和由真诚的孝而扩展的仁爱之情,《性自命出》直接将"情"看成诚挚、真实的情感:

> 信,情之方也。(第 40 号简)
>
> 凡声,其出于情也信。(第 23 号简)
>
> 凡人情为可悦也。苟以其情,虽过不恶;不以其情,虽难不贵。(第 50 号简)

上述引文中的"情"被定义为"信任","值得信任的","愉悦的",基本上都可以说是"真实的情感"。正如本节稍早讨论过的,"情"字以指示天然青色之"青"字作为意符,已经含有"真实、诚挚"之义,因此它自然是值得信任的。真正的情感甚至变成了衡量喜欢和不喜欢的情感判断的标尺:出自真实情感的所有行为都是令人愉悦的,即使这些行为伴有错误;所有不包含真实情感的行为都是没有价值的,即使大费周章去实施。[91]另外,如学者们所注意到的,《性自命出》篇认为音乐最真实地表达了人类情感(第 23—35 号简)。[92]这种观念也可回溯至"情"字的字源,以外部声音、歌曲和音乐作为内在情感和感受的自然、真实的呈现。

第四,《性自命出》篇追随孔子所说道德主体具有快乐、乐观的积极感受的特征,进一步描述了他们通过礼的教育和修养而自我实现的愉悦情感。以下出自《性自命出》:

> 君子美其情,贵其义,善其节,好其容,乐其道,悦其教,是以敬焉。(第 20—21 号简)

礼仪所教育培养之真诚情感、角色义务、道德规则、得体举止给作为道德主体的君子带来了伦理和美学愉悦。结果，君子尊敬彼此，在他们之间营造和谐关系，并在社会建立和谐秩序。

综上所述，《性自命出》及其他郭店出土文献的作者们进一步发展了孔子的情感伦理学。通过追溯礼的起源，他们讨论了自然情感和礼的社会道德规则之间的互动。道德规则从人类情感和经验的基础上生发出来并被理性化，随后反过来规范和培育道德的角色情感和理想人格。因此，理性化的、伦理的原则被建立在心理基础之上，道德和心理、理智和情感结合起来塑造理想的人性和道德人格。所有这些观念在其他古典儒学著作里，例如《孟子》、《荀子》、《礼记》，以及《易经》的古典注疏等，也都有所探讨和拓展。[93]

四、情理结构

如前所述，以人的情感和心理为核心，李泽厚将孔子的“仁”概括为四种要素，但他也指出，所有这些因素都受制于实用理性。因此，尽管情感是其伦理学的基础，孔子还将情感理性化以构建其理论，目的在于培养情感和理智并重的理想人性。郭店出土的儒学文献的作者们，以及其他古典儒学思想家，进一步描述了对人类情感和经验进行礼仪化、理性化及典雅化之过程。李泽厚以这种古典儒学的情理传统为基础，并进一步结合康德的理性伦理学，形成了自己的“情理结构”理论。

李泽厚声称，尽管提出了“情本体”，在伦理理论方面他是跟康德而非休谟(1711—1776)为伍。李泽厚强调，理性而非情感主导着人内在的道德心理结构。理性不能变成情感的仆人；相反，理性是道德的动力机制，而情感是其支持性力量。道德的关键在于自由意志的心理模式的建构，而这一模式的特征是理性管辖情感。与休谟不同，孔子不但谈论情感，也强调仁和礼两者并重：一方面以自然情感为道德的基本来源，另一方面又认为对它们的理性约束很重要。在前面讨论“三年之丧”的礼制时，孔子强调心理感受的“安”，这既带有理性觉知(一个人必须回报父母之恩并守丧)，又出于自然的感情(人对于父母的真诚感情)。在回答颜回如何实践“仁”时，孔子说：“克己复礼为仁。”[94]克己出于个体的意志，守礼是理性之行为；它们都导向“仁”的理性化情感。孔子的回答清楚地表达了他对人性和道德的情理理想。道德的概念和内容随着时代和社会更迭而发生变迁，但是“克己”的心理模式是绝对法则。孔子关于个体的理性意志还有另外一个著名说法：

> 三军可夺帅也，匹夫不可夺志也。
>
> 岁寒，然后知松柏之后凋也。[95]

第二句引文里的“松柏”象征着人坚韧不屈的意志。

尽管如此，李泽厚也指出，孔子并没有充分论述和强调理性意志和观念，传统的伦理观念和规则到了现代也已经发生很大的改变。例如，许多传统的礼仪和道德风俗，如三年之丧、等级性的义务和情感早就已经过时了。李泽厚在其伦理理论中创新性地区别了两种道德，即传统宗教性道德和现代社会性道德。[96]这两种道德都是历史的产物。在传统社会中并不区分社会和宗教道德(请注意李泽厚在讨论伦理理论时所用的“社会性道德”和“现代社会性道德”具有不同含义)，而宗教性道德起源于社会情感、信仰、习俗和道德规范。在中国传统中，古代的巫术礼仪在经过理性化之后变成了融宗教、政治和伦理因素于一炉的周礼；反过来，周礼又成了古典儒学的伦理学基础。因此，在儒学伦理理论中存在着宗教因素，例如对上天和祖宗的崇奉和情感；“天道”这一模糊观念总是跟“人道”紧密结合在一起。现代社会性道德是近世至当代的产物，代表人物有霍布斯(Thomas Hobbes，1588—1679)、洛克(John Locke，1632—1704)、卢梭(Jean-Jacques Rousseau，1772—1778)、康德、罗尔斯(John Rawls，1921—2002)，等等。现代社会性道德基本上来说是一种理性构建，以现代市场导向的经济、社会契约、个体价值以及公共理性为基础，适合现代社会的需要。

更为重要的是，李泽厚在区分了社会性道德和宗教性道德之后，进一步讨论了存在于这两种道德间的互补关系。现代社会性道德应该被当作基础，因其适应现代社会生活，但是传统宗教性道德仍然可以在对现代社会性道德的范导和适当构建中发挥作用。因此，与其两种道德的理论相一致，李泽厚倡导儒学伦理学和康德理性主义的结合，以使其情理结构更为完善，如他所宣称的："强调个体权利的现代社会性道德与 Kant 相关，强调情理结构的宗教性道德来自孔夫子。"[97] 另一方面，自从黑格尔以来，康德的伦理绝对主义因忽略不同社会和历史状况之间的差异性而为人所批评；李泽厚认为传统宗教性道德起源于社会情感、风俗和道德的观点可用来修正这种缺失。李泽厚还运用儒学的情感伦理学来救治康德伦理学对经验和情感的摒弃。康德构造绝对律令的来源是超越经验的先验理性。康德否定或者严格限制情感对于道德生活的贡献。以具体的社会、历史经验为起源的传统宗教性道德是人类存在的经验性持续。道德并非出自上帝或者绝对理念，也并没有脱离人类的实际生活。尽管是理性的，它跟人类经验和情感能够相互关联、渗透。康德伦理学高度神圣，但是不切实际，很难实践。如果我们将儒学的"仁"之情感融入康德道德的理性本体，那么我们就可以将绝对命令具体化为人类经验，并将理性感性化。因为人类的延续和持久是这种"情理结构"的基础，将经验性的"仁"融入实践理性将不会令后者失去其普遍神圣性，因为道德的起点并非是经验性的"仁"而是人类存在延续的理性绝对律令。因其"两个世界"的背景，康德伦理学的本体跟经验现象界是分离的。前者影响和决定了后者，但并不能从后者提升。信奉"一个世界"的儒学认为本体在现象中呈现和建立。李泽厚认为，如果我们把康德理性的绝对主义作为人类伦理本体，将其与儒学"仁"之道德情感相融合，那么超验理性就可以在经验中实现。

另一方面，在儒学的情理结构中，理性基本上是实用主义的，内容则大多是传统的，两者俱为各种形式的现代公共理性和社会道德所挑战。康德尊重人类作为目的而非仅仅是手段的伦理原则，强调个体在做出自己的决定时的自主性，已经成为现代公共理性和社会道德的理论基础。把康德和孔子结合起来作为基础，传统的宗教性道德可以恰当地用来建构现代社会性道德，情理结构可被发展以容纳各种不同路数的公共理性，包括自由主义、正义理论、平等主义、个人主义、功利主义、社群主义，等等。

李泽厚提出“和谐高于正义”的口号，代表了他对这一经过更新的情理结构的视境。李泽厚指出，正义及公共理性的其他形态主要是理性的，而和谐则是情感和理智的平衡。另一方面，尽管和谐是一个高于正义和公共理性的其他形态的目标，却不能替代它们；相反，和谐必须建立在这些公共理性的基础上，只有在此之上，现代社会的真正和谐及世界的秩序才能被培养并发展。这解释了为何李泽厚倾向于将此口号译为“harmony above justice”，而非“harmony is higher than justice”。

作为一位深刻关注中国和人类未来的思想家，李泽厚的目标不仅仅在于研究儒学伦理学并形成自己的伦理理论，更重要的是在于儒学的情感伦理学和更新后的情理结构为中国和世界文化的发展可能作出的贡献。李泽厚敦促我们将强调人类情感和人际关系的古典儒学作为一种信仰和价值，“注入渗透在以个人权利利益为基础的社会生活、秩序、规范中，以超世俗的境界精神（宗教性私德），来履行世俗性的义务和职责（社会性公德）”。其结果是使个人利益、社会契约以及启蒙理性带有更多的人间温暖、情意感受及和谐气氛。这样一种情理共谐的结构将带来“更多的协商调解，更多的人际互助，更多的自治自理，减少法庭裁决，和缓理性竞争，削弱残酷争夺”[98]。情理结构在外部体现为情感渗透到民主、自由以及各种形式的公共理性的规则的现代系统之中，在内部显现为情感、欲望、意愿、人性、责任感和义务感以及是非观念的感应平衡。

五、结论和展望

李泽厚以情感作为道德本体来概括原典儒学伦理学的核心观念和价值，而本文对郭店写本中出现的“情”字及其意义进行的新解读支持了李泽厚的观点。着眼于人类发展这一更大的视角，李泽厚进一步将儒学伦理学与康德的理性主义相结合,发展出其情理结构的理论,希望通过对公共理性的多种现代形式的创造性转化和融合,使得儒学珍视人类存在、人类情感以及和谐社会关系的伦理学能够成为普遍理想和普世价值,从而对疗救当代社会所处的严重境况及建构新的人文主义和世界文化秩序作出贡献。

带着这样的目标,李泽厚一直在宣扬回归原典儒学的"第二次文艺复兴"。对古希腊和罗马经典的重新发现和研究掀起了文艺复兴运动。20 世纪对中国古代文献的重大发现,诸如商周时代的甲骨文、金文,以及战国秦汉时期的简帛写本,也召唤对古典儒学的回归。文艺复兴的人文主义将人从上帝的控制之中解放出来,李泽厚期望第二次文艺复兴的目标将是把人从物质和社会机器的控制之下解放出来,并超越启蒙理性主义的局限,在心理和文化制度领域达到情感和理智的平衡,以便为人类的持续性发展激发卓有成效的行动。

（赵凌云译）

注释

* 李泽厚、安乐哲(Roger T. Ames)、林琪(Catherine Lynch)、顾明栋、德安博(Paul D'Ambrosio)及尼维雅・多尔西尼(Nevia Dolcini)对本文的草稿提出重要的修订建议,谨此致以衷心谢忱。

[1] 例如,可参考 Antonio R.Damasio, *Descartes' Error: Emotion, Reason, and the Human Brain*, New York: G. P. Putnam, 1994; Martha Nussbaum, *Upheavals of Thought: The Intelligence of Emotions*, Cambridge: Cambridge University Press, 2001; Robert C. Solomon, *Thinking about Feeling: Contemporary Philosophers on Emotions*, Oxford: Oxford University Press, 2004。

[2] 例如,可参考 Randall Collins, *Interaction Ritual Chains*, Princeton, NJ: Princeton University Press, 2004。

[3] 本文讨论李泽厚思想，主要以其如下几种著作为基础：《孔子再评价》，载《中国社会科学》1980年第2期，第77—96页；《中国古代思想史论》，人民出版社1986年版，第7—51页；《论语今读》，安徽文艺出版社1998年版；《己卯五说》，中国电影出版社1999年版；《历史本体论》，生活·读书·新知三联书店2002年版；《伦理学纲要》，载《哲学纲要》，北京大学出版社2011年版，第1—126页；《回应桑德尔及其他》，生活·读书·新知三联书店2014年版；《由巫到礼 释礼归仁》，生活·读书·新知三联书店2015年版。

[4] 这些竹简1993年在湖北郭店出土，1998年首次刊印面世。它们的出现时间被推定为不迟于公元前300年。见荆门市博物馆编：《郭店楚墓竹简》，文物出版社1998年版，第59—66页，第177—184页。

[5] 李泽厚：《中国古代思想史论》，第1页。

[6] 许慎：《说文解字》，中华书局1963年版，第161页下。

[7] 例如，可参看 Herbert Fingarette, *Confucius: The Secular as Sacred*, New York: Harper and Row, 1972, 37—56。不过，芬加雷特注意到孔子肯定个人意愿的作用，并要求激发它作为实现理想生活的主要手段(134)。

[8] 罗福颐：《古玺文编》，文物出版社1981年版，第264页。

[9] 丁佛言：《说文古籀补补》，中华书局1988年版，第37页；郭沫若：《金文丛考》，人民出版社1954年版，第216页。

[10] 刘翔：《中国传统价值观阐释学》，上海三联出版社1996年版，第157—161页。

[11] 见李孝定：《甲骨文字集释》，"中央研究院"历史研究所1970年版，第2719页；戴家祥：《金文大字典》，学林出版社1995年版，第4502—4505页；何琳仪：《战国古文字典》，中华书局1988年版，第1137—1138页。

[12] 何琳仪：《战国古文字典》，第1138页。

[13] 刘翔：《中国传统价值观阐释学》，第157—161页。

[14] 陈伟编：《楚地出土战国简册(十四种)》，经济科学出版社2009年版，第162—262页。

[15] 王先慎：《韩非子集解》第6卷，中华书局1998年版，第131页。

[16]《国语》载有公元前651年的一则话语："为仁者，爱亲之谓仁；为国者，利国之谓仁。"见徐元诰：《国语集解》，中华书局2002年版，第264页。一些学者据以肯定"仁"的原始意义是爱父母/亲人。但是，这则话语提出了分别由普通人和统治者践行"仁"的不同做法。它并没有说明"仁"的初义，而是告诉我们"仁"有着不同的含义。

[17] 根据杨伯峻的统计，见其《论语译注》，中华书局1980年版，第221页。

[18] Wing-tsit Chan, "Chinese and Western interpretations of jen (humanity)",

Journal of Chinese Philosophy 2.2(1975), pp.107—129; Fingarette, *Confucius*, 37.

[19] 李泽厚:《论语今读》,第 54 页。

[20]《论语・颜渊篇》12.3。

[21] 杨伯峻:《论语译注》,第 124 页。

[22]《论语・颜渊篇》12.22。

[23] 冯友兰:《中国哲学史新编》第 1 册,人民出版社 1982 年版,第 134 页。

[24] 钱穆:《孔子与论语》,台湾联经出版公司 1974 年版,第 5 页。

[25]《论语・阳货篇》17.21。

[26]《论语・学而篇》1.6。一些学者将这一则里的"仁"字释为"人",指的是贵族。但是,跟前一句里的"爱"相应,此处"人"应为"仁",指"仁人"。见杨伯峻:《论语译注》,第 5 页。另外,孟子也说:"仁之实,事亲是也";"亲亲,仁也"(《孟子・离娄上》,《孟子・尽心上》)。

[27]《论语・学而篇》1.2。一些学者也把此处的"仁"释为"人"或者贵族。但是,作此解跟前一句话无法衔接:"本立而道生"。此处之"仁"与"道"相关,应为"仁",即孔子所讲之道的中心。见杨伯峻:《论语译注》,第 2 页。也可参考出自《五行》和《孟子》的下段引文。

[28] 陈伟:《楚地出土战国简册》,第 184 页。

[29]《孟子・梁惠王上》。

[30] Jonathan Haidt, "The Moral Emotions", in *Handbook of Affective Sciences*, ed., R. J. Davidson, K. R. Scherer, and H. H. Goldsmith, Oxford: Oxford University Press, 2003, pp.852—870.

[31]《论语・八佾篇》3.3。

[32]《孟子・滕文公下》。

[33] 李泽厚:《中国古代思想史论》,第 1 页。

[34] 李泽厚:《论语今读前言》,载《中国文化》1995 年第 8 期,第 32 页。

[35] 一些学者质疑李泽厚对"本体"一词的使用,断言情感不能被当作本体原则(ontological principle)。但是,李泽厚在"情本体"之概念中,并非暗示新儒家"一本万殊"的本体模式,或者西方形而上学传统。相反,他指出情感作为道德本体意味着没有本体原则或本体,因为"本体即在真实的情感和情感的真实之中"(《论语今读》,第 10 页;《哲学纲要》,第 39—63 页)。

[36]《论语・雍也篇》6.20。

[37]《论语・述而篇》7.19。

[38]《论语・雍也篇》6.11。

[39] 李泽厚:《哲学纲要》,第 61—62 页。

[40] 李泽厚以及其他一些学者认为,在儒学传统中,“天道”被用来模糊地将神灵的、宗教的维度跟政治伦理的维度统一起来,而无需诉诸一个超自然的或超越的世界。见李泽厚:《说巫史传统补》,载《说巫史传统》,上海译文出版社 2012 年版,第 45—96 页;Roger T.Ames, *Confucian Role Ethics: A Vocabulary*, Honolulu: University of Hawai'i Press, 2011, pp.55.

[41] 李泽厚:《论语今读》,第 21 页;李泽厚:《哲学纲要》,第 52—63 页。

[42] 李泽厚:《初读郭店竹简印象纪要》,载《道家文化研究》1999 年第 17 期,第 416 页。

[43] 李泽厚:《哲学纲要》,第 45 页。

[44] 梁漱溟:《中国文化要义》,学林出版社 1987 年版,第 119 页。

[45] 钱穆:《孔子与论语》,第 353 页。值得注意的是,在 17 世纪的日本,以伊藤仁斋(1627—1705)为代表的“古学派”摆脱理学形而上学的倾向回到古典儒学,发现“仁”不是本体意义的“天理”,而指的是人类之爱的实际情感。见石田一郎:《伊藤仁斋》,东京:吉川弘文馆 1989 版,第 30—41 页。

[46] Jonathan Haidt, "The Moral Emotions", pp. 852—870; Haidt, "The new synthesis in moral psychology", *Science* 316(2007), pp.998—1002.

[47] Angus C.Graham, *Studies in Chinese Philosophy and Philosophical Literature*, Singapore: Institute of East Asian Philosophies, 1986, pp.59—65.

[48] Chad Hansen, "*Qing* (Emotions) 情 in Pre-Buddhist Chinese Thought", in *Emotions in Asian Thought: A Dialogue in Comparative Philosophy*, ed., Joel Marks and Roger T. Ames, Albany: State University of New York Press, 1995, pp.181—211.

[49] 李天虹:《郭店楚简性自命出研究》,湖北教育出版社 2003 年版,第 31—59 页。

[50] Christoph Harbsmeier, "The Semantics of Qing in Pre-Buddhist Chinese", in *Love and Emotions in Traditional Chinese Literature*, ed. Halvor Eifring, Brill: Leiden, 2004, pp.69—148.

[51] Ulrike Middendorf, "Again on *Qing*: with a translation of the Guodian *Xing zimingchu*", *Oriens extremus*, *Zeitschrift für Sprache*, *Kunst und Kultur der Lander des Fernen Ostens* 47(2008), pp.97—159, especially 127—128.

[52] Halvor Eifring, "Introduction: Emotions and the Conceptual History of *Qing*", in *Love and Emotions in Traditional Chinese Literature*, pp.12—22.

[53] 对“生”字的详细分析,主要可参考唐君毅:《中国哲学原论原性篇》,中国社会

科学出版社 2005 年版，第 6 页；及刘翔：《中国传统价值观阐释学》，第 171—183 页。

[54] 关于这一世界观的讨论，可参考如下著作：Graham，*Studies in Chinese Philosophy and Philosophical Literature*，p.8；and David L. Hall and Roger T. Ames，*Anticipating China：Thinking through the Narratives of Chinese and Western Culture*，Albany：State University of New York Press，1995，pp.187—190.

[55] 宋代学者夏竦(985—1051)从《孝经》中抄录了一个由"生"和"心"组成的性字；见夏竦：《汉简・古文四声韵》，中华书局 1983 年版，第 67 页。

[56] 李天虹：《郭店楚简性自命出研究》，第 60—61 页。

[57] 参考阮元(1764—1849)：《性命古训》，见《揅经室集》，中华书局 1993 年版，第 10 卷，第 211—236 页；徐灏：《说文解字注笺》，见《续修四库全书》，第 10 卷，第 353b 页。

[58]《孟子・告子上》。

[59] 王先谦(1842—1917)：《荀子集解》第 16 卷，中华书局 1988 年版，第 412 页。

[60] 参考何琳仪：《战国古文字典》，第 821 页。

[61] 刘熙(160?—?)：《释名》，《丛书集成初编》本，第 67 页。

[62] 欧阳祯人已经指出这一字源，见其《先秦儒家性情思想研究》，武汉大学出版社 2005 年版，第 85—88 页。但是，他将"情"释为一个抽象普遍概念，跟我的分析相当不同。

[63] 参考郑张尚芳：《上古音系》，上海教育出版社 2003 年版，第 460—461 页；William H. Baxter and Laurent Sagart，*Baxter-Sagart Old Chinese reconstruction*，http://en.wiktionary.org/wiki/Appendix：BaxterSagart_Old_Chinese_reconstruction，pp.104，114，146，accessed on 2014.10.31；and Baxter and Sagart，*Old Chinese：A New Reconstruction*，New York：Oxford University Press，2014，pp.235—236.

[64] 王元鹿：《心字探源》，见《普通文字学与比较文字学论集》，上海古籍出版社 2012 年版，第 222—238 页。

[65] 应该指出的是，"性"最初并不包含"本质的人性"意义上的"人性"之义。这一意义是后来出现并逐渐扩展而成的。

[66] 本文中所有《性自命出》中的引文均来自陈伟：《楚地出土战国简册》，第 220—235 页。陈来将"物取"释为被物体刺激或者与之产生共鸣而出现的感情；这跟《礼记》所述意思相同："感于物而……然后好恶形焉。"见陈来：《荆门竹简之性自命出篇初探》，载《中国哲学》1999 年第 20 期，第 293—314 页。

[67] 一些学者已经注意到性、物、情之间的内外关系，但我的解释与他们不同。例如，陈来：《郭店楚简性自命出与儒学人性论》，载《竹帛〈五行〉与简帛研究》，生活・读书・新知三联书店 2009 年版，第 80 页。

[68]《论语・为政篇》2.8。

[69]《孟子・梁惠王下》。

[70]《孟子・公孙丑下》。

[71] 徐元诰:《国语集解》,第 376 页。

[72] 杨伯峻:《春秋左传注》,中华书局 1990 年版,第 1458 页。

[73] 参考 Damasio, *Descartes' Error*, p.145; Damasio, "Fundamental Feelings", *Nature* 413(2001), p.781; Peter J.Lang, "The Emotion Probe: Studies of Motivation and Attention", *American Psychologist* 50.5(1995): p.273; and Klaus R. Scherer, "What Are Emotions? And How Can They Be Measured", *Social Science Information* 44(2005), pp.693—727.

[74] 徐复观:《中国人性论史:先秦篇》,台湾商务印书馆 1969 年版,第 233 页。

[75]《性自命出》有一个名为《性情论》的对应写本,收于上海博物馆。见马承源编:《上海博物馆藏战国楚竹书》(一),上海古籍出版社 2001 年版,第 69—118, 215—301 页。但是,鉴于这两者非常类似,本文未征引此文本。

[76] 一些学者提出,这两部分最初应是两篇独立的文章。

[77]《性自命出》也体现了其他重要的主题如"性"及其与"情"之关系。篇幅所限,本文只专注于"情"。

[78] 陈伟将第三个"道"读作"导"(導),见陈伟:《楚地出土战国简册》,第 222 页。

[79] 陈伟:《楚地出土战国简册》,第 253 页。

[80] 一些学者注意到这一点。例如,李天虹:《郭店竹简性自命出研究》,第 136—137 页。

[81] 陈伟:《楚地出土战国简册》,第 253 页。

[82]《礼记・礼运》。

[83]《礼记・表记》。

[84] A.C.Graham, *Disputers of the Tao*, La Salle, IL: Open Court, 1989, p.11.对"义"进行的字源研究揭示出,它在更早期的意思是"角色义务"(义务);后来,它所包含的"恰如其分的角色行为"之意逐渐延伸至代表"公义、正义、合宜"等一般社会标准。参考 Jinhua Jia and Pang-fei Kwok, "From Clan Manners to Ethical Obligation and Righteousness: A New Interpretation of the Term *yi*", *Journal of the Royal Asiatic Society* 17.1 (2007), pp.1—10.

[85] Ames, *Confucian Role Ethics*, pp.159—210.

[86] 陈伟:《楚地出土战国简册》,第 245 页。

［87］可参考李天虹:《郭店竹简性自命出研究》,第 56—59 页。

［88］《礼记·中庸》。

［89］Scherer,“What Are Emotions”, pp.706—707.

［90］Middendorf,“Again on *Qing*”, pp.106—107.

［91］鉴于《性自命出》中“情”作“诚挚感情”解,一些学者指出,《论语》里两次谈及情,此之前被释为“事实”或者“诚实”(13.4, 19.19),实际上可能也含有“人的真诚情感”之意。可参考蒙培元:《性自命出的思想特征及其与思孟学派的关系》,载《甘肃社会科学》2008 年第 2 期,第 36—43 页。

［92］可参考 Erica Brindley,“Music, Cosmos, and the Development of Psychology in Early China”, pp.19—32; *T'oungPao* 92(2006), pp.1—49; and Scott Cook, *The Bamboo Texts of Guodian*, pp.671—674.

［93］郭店出土的文本与这些经典的关系,可参考如下研究成果:庞朴:《孔孟之间:郭店楚简中的儒家心性说》,载《中国社会科学》1998 年第 5 期,第 88—95 页;Paul R.Goldin,“Xunzi in the Light of the Guodian Manuscripts”, *Early China* 25(2000), pp.114—138;汤一介:《道始于情的哲学诠释》,载《学术月刊》2001 年第 7 期,第 40—44 页;Michael Puett,“The Ethics of Responding Properly”, pp.37—68; Scott Cook, *The Bamboo Texts of Guodian*, pp. 678—686; and Curie Virág,“Early Confucian Perspectives on Emotions”, in *Dao Companion to Classical Confucian Philosophy*, ed., Vincent Shen(Dordrecht: Springer, 2014), pp.203—226。与这些经典之中的“情”之概念有关的更多讨论,可参考以下资料:Kwong-loi Shun, *Mencius and Early Chinese Thought*, Stanford: Stanford University Press, 1997; Alan K. L. Chan, ed., *Mencius: Contexts and Interpretations*, Honolulu: University of Hawai'i Press, 2002; T.C.Kline, III and P.J.Ivanhoe, eds., *Virtue, Nature, and Moral Agency in the Xunzi*, Indianapolis, IN: Hacking Publishing, 2000; James Behuniak, Jr., *Mencius on Becoming Human*, Albany, NY: State University of New York Press, 2005; BongraeSeok, *Embodied moral psychology and Confucian philosophy*, Lanham, MD: Lexington Books, 2013。

［94］《论语·颜渊篇》12.1。

［95］《论语·子罕篇》9.26,9.28。

［96］李泽厚在其早期著作里使用“宗教性道德”的说法,但最近他决定加上“传统”二字,以便将此与现代社会性道德更为清楚地区分开来。

［97］李泽厚:《回应桑德尔及其他》,第 118 页。

［98］李泽厚:《说儒法互用》,载《己卯五说》,第 102 页。

李泽厚之“情本体”与儒学哲学

郑炳硕(Byung-seok Jung)
韩国岭南大学

一、引　　言

对现代儒学的理解和研究已经出现了种种不同趋向。现代新儒家学者,如冯友兰和牟宗三,可被看作在这些对立方向上探索的代表。牟宗三的著作及其对儒学的独特阐释,对中国香港、中国台湾以及大中华文化圈其余地区研究儒学的学者有着特别重要的影响。但是,牟宗三的观点被以李泽厚为首的反对派所批驳。

李泽厚公开抨击牟宗三及现代新儒家的“儒学三期说”,提出“儒学四期说”,认为现代新儒家应归入宋明理学以来的同一时期。[1]在他看来,虽然牟宗三的主要著作《心体与性体》代表了一种以理性或道德为根本的哲学体系,它仍然未超出内在于宋明理学的心性论。李泽厚对于现代新儒家的最严厉批评,是认为后者背离了孔子和孟子所宣扬的古典儒学基本精神。李泽厚是从哪个制高点上批评现代新儒家的局限和困难所在?就此而言,“情本体”可被看作他对该领域的主要贡献。但是,批评新儒家并非“情本体”唯一的首要目的;将其视为一种在后现代时期从普遍或者世界哲学的立场上创造新哲学的尝试,可能更为恰当。李泽厚说得很清楚:

我现在提出的情本体,或者说人类学历史本体论,这是一种世

> 界的视角，人类的视角，不是一个民族的视角，不只是中国视角。但又是以中国的传统来看世界的。所以我说过，是“人类视角，中国眼光”。[2]

将李泽厚的“情本体”仅仅看作对新儒家的批评或者是对中国哲学核心要素的现代阐释，可能会不可避免地有低估李泽厚著作哲学价值的风险。李泽厚的“情本体”可以被看作一种创造性的方法，不但可以对儒学，也对世界哲学这一领域有所贡献。

情很少成为中国或者西方哲学的中心命题。而且，情也未被当作本体来理解。通过其“情本体”说，李泽厚试图将日常生活的情感引入哲学。这与其基本信念，即哲学应该是“人的哲学”具有逻辑一致性。随着由理性构造的绝对意识形态及其权威被解构，随着“上帝已死”（尼采）和“人类已死”（福柯），个体甚至连自我也迷失、消失了。人在此意义消失和不确定的时代里如何生活？李泽厚提出了“情本体”来应对这一严重的问题。

本文首先介绍李泽厚哲学的基本观点，作为其哲学体系的“历史本体论”，以及作为其历史本体论轴线的“情本体”。随后，我尝试分析情本体的观念和核心内容，以及以情本体和儒学哲学为特征的乐感文化和“一个世界”观。最后我讨论李泽厚的观点，借以从情本体的立场出发重新理解儒学哲学的历史。

二、李泽厚的哲学观和历史本体论

什么是哲学？李泽厚在其《哲学探寻录》中强调哲学并非只属于伟人，“常人皆可思想”；哲学的本质是“思考”，而思考是任何一个普通人的天赋权力。因此，哲学之领域不仅包括深刻的思想，也包括家常生活，甚至白日梦呓。从这方面来说，哲学的任务应该被视为捍卫和保护“思考”的权力。这种“思考的权力”来自何处？答案是只有满足“人活着”这一条件时才有可能，因为只要人活着就可以思考。[3]

李泽厚将“人活着”视为哲学的起点。“人活着”是什么意思？李泽厚坚持“人活着”是首要事实，“活着”比“活着的原因”更为根本，因为“活着”是已经成立之事实。它并非由人做出的选择或决定，而是事实。“人活着”这一事实包含活在这个世上并与其他人共存之意，或者如海德格尔所说：“活在世上，与他人同在。”这并非由人自己做出的选择或者决定。“与他人同在”，也即“与其他人一起活在这个世界上”，简单说就是参与每天的日常生活。“人活着”这一事实与过日子，如吃饭、穿衣相关。[4]李泽厚试图将“人活着”这一概念当作哲学的起点，意味着哲学不应该也不能够从个人生活中脱离出来。如此，哲学必须跟人及其生活相关。

李泽厚所说的“人活着”有两层含义，它们反过来跟哲学应该面对的主题或者方向(内容)有关。第一层含义是“为人类的哲学”[5]，以人为中心进行哲学主题的讨论。另一层含义则强调“人活着”的历史意义，或者人是历史性存在。另外，李泽厚也认为，“人活着”中的人以及由人类所形成的历史之全部过程，正是所有现象的最终实体。

“为人类的哲学”是什么？李泽厚认为脱离人的哲学是毫无意义的，像宇宙论这样的问题应该由科学而非哲学来处理。[6]结果，他的哲学总体来说不包含自然本体论的任何因素。他以譬喻的方式提到了现代西方哲学的重要流派，认为现代西方哲学由如下流派主导：“动物的哲学”，其中所有价值都被解构，眼前所见一切被认为是真实的；“机器的哲学”，泥足深陷于对语言的精准分析技术；“士兵的哲学”(海德格尔意义上的)，裹挟着巨大悲伤盲目地朝着死亡奔去。[7]但是，即使这些哲学流派各自提供了新视角，它们都属于“反哲学的哲学”[8]，无法解决生命中的迫切问题。李泽厚于此提出，哲学应该“为人类”，拥抱人性、情感、偶然，或更具体地说，人类的命运。[9]

李泽厚相信哲学面对的是人类的命运。[10]“命运”是什么？李泽厚的解释是：

> 命不应被解释为“必然性”或者“命定性”……应释为“偶然

> 性”，即每一个体要努力去了解和掌握专属自己的偶然性的生存和命运，从而建立自己，这就是“知命”和“立命”。[11]

如果哲学要解决的主要命题就是人类命运，那么就不能用科学的方法来研究；这是因为命运无法被规定，也不能被明确观察，更无法找到其法则。相反，命运充满了偶然和主观意志，个体的欲望和情感也起着重要的作用。由此，无法在科学推理的基础上去把握命运的必然性及法则。李泽厚说：“哲学是研究人的命运的。所以它才是‘人生之诗’，从而具有那永恒的魅力。”[12]他将哲学定义为科学与诗结合的学问，而非简单的是语言学分析或者科学方法论的研究：

> 哲学始终是科学加诗。这个“加”当然不是两种事物的拼凑，而是指具有这两个方面的内容、因素或成分。它有科学的方面和内容，即有对客观现实（自然、社会）的根本倾向作概括领悟的方面，但并非某种科学的经验论证；同时它也有特定时代、社会的人们的主观意向、欲求、情致表现的方面，其中总包含有某些朦胧的、暂时还不能为科学所把握所规定的东西，这东西又总与人的存在或本质、人生的价值和意义、人的命运和诗情纠缠在一起。[13]

李泽厚将哲学定义为科学与诗的结合，似乎暗示了哲学同时具有立足于理性的科学特征与扎根于情感的诗歌特征。关键在于这两种特征如何和谐地融合。李泽厚认为过分强调理性会带来“机器的哲学”，而过度强调情感则产生了“动物的哲学”。

“人活着”的另一层重要意义在于人是一种“历史性存在”，而非活着的生理性存在。他的“人的哲学”，立足于一种对抗客观性质、以人或“人类的主体性”为中心及基础的方法。在这里，李泽厚热切地介绍了他独特的哲学体系，也即“人类学历史本体论”、“历史本体论”，或者“人类学本体论”；在这一体系里，人、历史和本体有内在的相互关联。

> 本书所讲的“人类的”“人类学”“人类学本体论”，就完全不是西方的哲学人类学之类的那种离开具体的历史社会的或生物学的含义，恰恰相反，这里强调的正是作为社会实践的历史总体的人类发展的具体行程。它是超生物族类的社会存在。所谓“主体性”，也是这个意思。[14]

“人类学历史本体论”或者“人类学本体论”中所用的“人类学”一词，并不指人类学或者哲学人类学的一个分支。在这里，李泽厚实际上强调的是作为历史整体的人类发展的具体过程。人的主体性超越了生物学局限。通过这一概念，他提出“人本体”，而非“上帝本体”或者“自然本体”，并称其为“人类学本体论”或者“人类学历史本体论”。李泽厚意识到了“人类学历史本体论”中明显的潜在含义，所以后来将其重新命名为“历史本体论”，以避免与“人类学”一词有关的一些误解。这里提到的历史指人类的历史，而非自然的历史：

> “历史本体论”便只是为了强调以人与自然（外在自然与内在自然）的历史总体行程来作为一切现象包括“我活着”这一体己现象的最后实在。它丝毫不意味脱离开每个“我活着”。如果离开每个“我活着”，又还有什么人类学历史“本体”之可言。所以，所谓“历史本体”或“人类学历史本体”并不是某种抽象物体，不是理式、观念、绝对精神、意识形态等等，它只是每个活生生的人（个体）的日常生活本身。但这活生生的个体的人总是出生、生活、生存在一定时空条件的群体之中，总是“活在世上”“与他人同在”。[15]

哲学的主题是研究人的命运，以及提出诸如“人为什么活着”以及“他/她活得好吗?”这样的哲学问题。但是活着的意义与价值必须以“人活着”这一事实为基础。历史本体论必须以一个活生生的人（个体）的日常生活，而非特定的范式、概念、绝对精神或者意识形态为中心。由此，立足于历史本体论的研究对象被扩展至包括来自全部人类或历史的有血有肉的个体的心理与情感。“人类学历史本体论则从理性(人类、历史、必然)始,以感性(个体、偶然、心理)终。”[16]这代表了对始于感性终于理性的传统哲学的颠覆。在此处,历史本体论将心理本体和情感视为作为个体的人的本体。

三、情本体和回归个人

李泽厚认为,人类的命运构成了哲学应该阐释的主要命题。他坚持认为自己的哲学代表了一种历史本体论,并认为哲学应该回归到“人活着”这样的基本问题上来。他将康德提出的“认识如何可能”这样的问题转化为“人类如何可能”,并发展出自己的哲学观。

> 人类学本体论的哲学基本命题即是人的命运,于是,“人类如何可能”便成为第一课题……它认为认识如何可能、道德如何可能、审美如何可能,都来源和从属于人类如何可能。人类以其使用、制造、更新工具的物质实践构成了社会存在的本体(简称之曰工具本体),同时也形成超生物族类的人的认识(符号)、人的意志(伦理)、人的享受(审美),简称之曰心理本体。理性融在感性中、社会融在个体中、历史融在心理中……有时虽表现为某种无意识的感性状态,却仍然是千百万年的人类历史的成果。[17]

历史本体论是一种尝试,试图以人类数百万年来通过使用工具存活下来的方式,以及通过理性、秩序或者美学而从这些具体活动中形成的经验,来呈现“人类如何可能”的答案。由此出现了工具本体和心理本体的问题。历史本体论由“工具本体”和“心理本体”组成,十分强调工具和个体心理对人类存活的重要性。这两种本体分别沿着人文主义及人性这两个方向发展,代表双本体。

基于以上观点,李泽厚强调心理结构的重要性,清楚地解释了研究它的首要任务:“深层历史学(即在表面历史现象底下的多元因素结构体),如何积淀为深层心理学(人性的多元心理结构),就是探究这一本体的基本课题。"[18]深层历史学,存在于历史现象之下的多种不同因素,沉淀于心理结构之中。这与文化是如何通过历史沉淀于心理中的文化—心理结构问题有关。

通过历史的融合和积淀而成的文化心理结构,作为只有人类才有的存在形式,是通过文化积淀于自然的生理—心理基础上而形成的一种人性。积淀于这种心理结构之内的有真、善、美的多种因素。[19]更确切地说,它们包括了由理性内化而来的认知,由理性凝聚而来的善,以及理性融化而来的美。它们代表一种情理结构,理智和情感以一种复杂的方式交汇其中。这种复杂的情理结构所代表的正是人性或人类心理。从这种人性结构里出现了情本体,与心性本体相对立。

李泽厚并非一开始就使用了"情本体"这一概念。它与别的一些术语,如"心理本体"和"新感性"有关。事实上,这些术语按照时间顺序先后出现。"心理本体"一词最先用到,接着是"情本体"与"新感性"。李泽厚在《美学四讲》中谈到美的概念时说:"美感这讲中主要谈的就是'建立新感性',亦即关系建立情感本体的哲学问题。"[20]从中可见他认为新感性与情本体内容相同。20世纪90年代之后,李泽厚开始热切地谈论"情本体"。"情感本体"与"情本体"区别何在?"情感本体"以人及其情感结构为中心,而"情本体"主要关注个体及其日常生活。李泽厚的哲学方向由此修正为围绕着个体的日常生活世界打转,暗示个体人的日常情感被当作哲学的核心。

但是,情感如何被视为本体?不少人质疑"情本体"这一概念。首先,"情本体"是对"本体"或者"本体论"的批评吗?这可以看作"本体"、"本体论"的一般性概念与李泽厚观点的不同。李泽厚提到过一系列与本体有关的概念,如历史本体、工具本体、心理本体和情感本体。那么,他是在何种意义上使用"本体"一词的呢?

李泽厚谈了自己关于本体的几点意见,以此回应其他学者的反对。首先,他说:"所谓本体即是不能问其存在意义的最后实在,它是对经验因果的超越。离开了心理的本体是上帝,是神;离开了本体的心理是科学，是机器。所以最后的本体实在就在人的感性结构中。”[21]他补充说，超越经验因果的本体并非与现象世界冲突或者背离的超越性物质。那么，本体究竟是什么？“所谓‘本体’不是Kant所说与现象界相区别的noumenon，而只是‘本根’、‘根本’、‘最后实在’的意思。”[22]也就是说，本体存在于现象之中，本体与现象属于同一个世界。从该角度来说，“所谓‘情本体’，是以‘情’为人生的最终实在、根本”[23]。更准确地说：

> 这个“情本体”即无本体，它已不再是传统意义上的“本体”。这个形而上学即没有形而上学，它的“形而上”即在“形而下”之中……“情本体”之所以仍名之为“本体”，不过是指它即人生的真谛、存在的真实、最后的意义，如此而已。[24]

对本体和本体论的这种定义，跟中国儒学哲学紧密相关。

在传统哲学中，情（情—感）被认为是纯粹主观的显现或者因应外来刺激而产生的不可控制的激烈感情，因此并未被当作重要的哲学主题来对待。也因此，许多哲学家避而不谈“情”。相较于这种观点，李泽厚提到的“情”是理性化的情，其中理性积淀于情—感之中，跟情或者情—感有关的问题跟心理本体有关联。在这里，心理本体不在经验性的、科学的心理之疆域，而是属于哲学领域。另外，心理本体是一个有历史积淀的感性结构。这种感性结构之所以是本体，正因为它已不是生物性的自然存在，而是对有限经验的超越。[25]

理性积淀到情感之中，意味着来自动物本能的感受被人化了，自然的心理结构变成了人的。因此，情感中有善和理性。这种情与出自盲目冲动或者本能暴露的情不同，因为其中包含着真理和理性。李泽厚又说，这种心理本体沿着三个方向发展：认知或逻辑能力，伦理和道德良知，情感和感性。[26]李泽厚在讨论心理本体时强调了“情”的问题。“情”最初属于心理本体范畴。但是，如上所述，“情”最初属于心理本体，而李泽厚将其提升至本体层面。

李泽厚积极肯定真实生活以及个体生活状态的重要性，出于这一根本意愿，他将“情”提升到了本体的高度。李泽厚在一次访问中被问到：“你相信什么？”他回答道：“我认为是情感。人生的意义在于情感。包括人与上帝的关系，最后还是一种情感的问题，不是认识的关系。”[27]他批评过度强调社会的客观法则的唯物史观，认为应该对普通的人类个体的生存给予更多注意，与此同时也专注于真实个体如何根据自己的力量承担及决定自己的命运。真实生活中的个人一直是具体的、敏感的、多种多样的。他补充道：

> 这“心理主体”不也就是“本体”所在么？传统哲学经常是从感性到理性，人类学历史本体论则从理性（人类、历史、必然）始，以感性（个体、偶然、心理）终……因为已经没有在此情感之外的“道体”“心体”，Being或上帝了。[28]

李泽厚将情本体从心理本体（文化—心理结构）中剥离出来，逐渐将焦点转移到个体的心理情感上。从20世纪90年代以来，他以情本体为中心，关注个体的生存状况。因此，我们可以看到，他又一次开始对社会群体的情或两德论（即宗教性和现代社会性道德）发生了兴趣。从这个立场来说，情本体的问题并不局限于人类个体，而是扩大和发展到包括整个社会的存在状态。由此看来，情本体的形成，经过了从人类到个体，然后再回到人类的历程。但无论其视角从人类到个体或从个体到人类如何改变，李泽厚哲学中保持不变的是情等同于本体。我们可以据此推测，其哲学的起点及核心在于个体当下活生生的存在。

四、情本体和儒学的“一世界说”

李泽厚说情本体是乐感文化的核心，明确指出它实际上代表了中国儒学哲学的关键点。[29]他接着说道：“乐感文化以情为体，是强调人的感性生命、生活、生存，从而人的自然情欲不可毁弃、不应贬低。”[30]

李泽厚说，以儒学为中心的中国文化之特质构成了乐感文化。他在这种乐感文化里发掘了情感哲学，并发展出情本体的新观点：

> 因为西方文化被称为“罪感文化”，于是有人以“耻感文化”[31]（“行己有耻”[32]）或“忧患意识”[33]（“作易者，其有忧患乎”[34]）来相对照以概括中国文化。我以为这仍不免模拟“罪感”之意，不如用“乐感文化”更为恰当。[35]

与西方罪感文化及日本耻感文化[露丝·本尼迪克特(Ruth Benedict)和日本学者提出了这一观点]相比，李泽厚在以儒学为基础确立中国文化特征或精神时寻找乐感文化。《论语》中说：“学而时习之，不亦乐乎？有朋自远方来，不亦乐乎”；[36]“夫子发愤忘食，乐以忘忧，不知老之将至”；[37]以及“一箪食，一瓢饮，居陋室，回也不改其乐”[38]。这种精神不只是一种观察儒学的方式，更重要的是它已经成为中国人的普遍意识或潜意识，成为一种文化—心理结构或民族性格。因此，“乐”在中国哲学中具有本体的实际意义。[39]

上述《论语》引文里的“乐”是此世的欢乐，而绝非其他宗教里所追求的死后世界的狂喜。中国儒学哲学家努力去获取的最高目标，即天道、天命和人性，本质上是美学的。它不是科学的、推理的和哲学的，但完全是实践的、情感的和心理的。因此，该目标的最后实现或体认，也即天人合一的过程或者程度，比那些推理的或者哲学的东西更接近宗教实践或经验。李泽厚于此认为，即使儒学并非宗教，它也属于超道德的、等同于宗教经验的最高领域，属于审美领域。儒学的美学意识并不只是简单的感官快乐，它也是心灵的满足或者救度，意味着即人向天的精神回归。因此，儒学的审美领域可以说不仅是感官的快乐，也是心灵的满足或者救度。[40]

李泽厚有时将情分为不同阶段，并分析每一阶段的宗教层次或经验。他也将审美分为三个层次，即悦耳悦目、悦心悦意和悦志悦神。[41]“悦志悦神”的审美阶段可以说属于宗教阶段或经验。“这种文化精神以‘即世间又超世间’的情感为根源、为基础、为实在、为‘本体’。”[42]这就是为什么“乐在中国哲学中实际具有本体的意义”[43]，也是“宗教性的情感”[44]。

构成中国文化特质之一的乐感文化的哲学背景，是“一个世界（也即此世）”的确立。换句话说，既不需要超越此世的形而上学世界或者拥有人格神的宗教，也无必要去获得一个分离的天堂，由此出现了“一个世界”观。李泽厚清楚地表明，代表其哲学核心观点之一的“本体理论”，也立足于“一世界说”：

> 我想澄清一下我如何使用“本体论”（ontology）与“本体”（noumenon）。在西方哲学中这两个词均意义重大，但从中国“一世界说”角度看来，它们便都具有了不同的意义。我们没有“存在”（being）这样的哲学问题，或者现象与本体的不同领域，因为对我们来说不存在两个世界。Noumenon 被译为“本体”，由“本”（根，起源）加“体”（茎干，身体）构成。“本体论”的字面意义是一种讨论，理论，研究，或者观点，这个合成词在汉语中被用来翻译 ontology。因此，“本体论”并非研究“存在”（being），而是关于事物之本（起源，根源）和体（茎干，身体）的学问。很显然，此种方法从生物的或者历史的，而非形而上学的视角看待物体起源。我认为，人类实践的本和体是“本体”，更进一步说，人类情感（主体）和工具（客体）是本体。我称之为“本体论”，本体研究，或者历史本体论，强调本体论是关于事物的根源与本质的研究。另外，根据中国的“一个世界说”，一切存在跟人类存在相关：因此存在不能跟人类的存在分割开。[45]

李泽厚清楚地表明，本体的概念和法则源自中国儒学所提及的“一世界说”。在此方面，其哲学的核心与“一个世界”说并不违背。他支持建立在“一个世界”基础上的历史本体论和情本体，在那里现象世界与本体世界并不截然两分，也不存在世俗世界与超验世界的分离。在此世界里形成的万千事物都跟人相关，不可分割。很自然地，李泽厚哲学的核心是人类及其历史。哲学毕竟应该回归人的命运和生活，也即“人活着”的基本立场。这点在传统儒学对生活的提升和人性化中，可以清楚地看出来。

李泽厚哲学提供的获得情本体的方法之一，就是对真实生命和生活的积极肯定。积极肯定包括摒弃以天堂为中心的宗教。为了寻求灵魂的解脱而否定、抛弃生活、家庭和婚姻，对中国人远非易事。从衣食住行到性、健康、长寿和娱乐，所有的一切都展示出中国文化的情本体特征，人们在通过提升和肯定生命在日常生活中去追求幸福。[46]对此李泽厚说：

> 从原始时代起，对死亡、葬礼的活动和悲歌便是将动物性的死亡恐惧予以人化，它用一定的节奏、韵律、活动等形态，将这种本能情绪转化为、塑造为人的深沉的悲哀情感，实际丰富了生命，提高了生命……动物性的本能情欲、冲突、力量转化为、塑造为人的强大的生命力量。这生命力量并非理性的抽象、逻辑的语言，而正是出现在展开在个体血肉之躯及其活动之中的心理情感本体。也正因为此，艺术和审美才不属于认识论和伦理学，它不是理知所能替代、理解和说明，它有其非观念所能限定界说、非道德所能规范约束的自由天地。这个自由天地恰好导源于生命深处，是与人的生命力量紧相联系着的。[47]

升华和转化本能情感使其人性化，并非听从超验的神灵的命令。“这种生命力量便区别于动物恋生本能，尽管在生物学上仍以它为基础，但毕竟是彻底地‘人化’了。它正是我所说的‘情本体’。”[48]在这里理智不能控制感情，但是渗透和沉淀其中。动物的本能，通过理性的渗透和反思，融为一体而不再有理性与欲望的分野。情感本体在所有个体的情感生活都有一席之地，其自身即是最为真诚和基础的存在状态。因此，它不再制造或要求另外一个在真实世界里控制个体的“超验存在”或者一个为更完美的“思想世界”。

五、从“情本体”看儒学哲学传统

李泽厚在建立“情本体”时尽管受到了一些观念的影响，但他的主要观点来自中国哲学尤其是儒学学说。以情本体为基础，李泽厚有效地重新梳理了儒学哲学史。他强调古典儒学的核心是“情”；儒学哲学是“珍惜感情的学说”，以情为重。李泽厚还试图进一步在巫史传统里发现情本体的根源。

孟子倡导的原典儒学和郭店竹简里有许多关于情的讨论。《论语》中孔子和宰我讨论三年之丧时出现的“于汝安乎?”这句话[49]，孟子的“恻隐之心”，以及郭店竹简《性自命出》章出现的“道始于情，情生于性”[50]，都将“情”作为根本和出发点。儒学学者将情看作是人性，甚而是天道生发的基础。即使儒学之“仁”具有理性的、客观的普遍性，它也不是纯粹形式的，不是脱离了感性经验的超越的纯粹形式的思想，而是存在于情感中，通过情感活动表现出来。

孔子或儒学以存在于亲子之间的“孝”来指“仁”。李泽厚认为，宗族血缘关系构成了儒学人道主义确实的社会起源，而孝、悌则是这一起源直接、不经中介的表现。“孝弟也者，其为仁之本与?”(《论语》1.2)“君子笃于亲，而民兴于仁”(《论语》8.2)，孝的可能性及必要性植根于人类心理情感之中。[51]这意味着仁爱并非玄奥难及之物，而是开始于我们自身和周围环境。也即是说，完美德行根源于“顺从父母，尊敬长者”，而为了向整个社会和国家传播这种德行，君子应该真诚地对待自己的亲族，然后人们会自然地向此德行靠拢。孝悌是父母、子女、兄弟之间的自然情感流露，是人们普遍共有之情。孔子赋予近亲之间的共同情感以普遍的社会意义和功能。其哲学观并非由一套理论组成，而是直接立足于或者诉诸情感或心理因素，这可被称为“情理合一”的方法：

> 而孝的可能性和必要性却在于心理情感。(子曰:"予之不仁也!子生三年,然后免于父母之怀……予也有三年之有于其父母乎。"《论语》17.21)不诉诸神而诉于人,不诉诸外在规约而诉之于内在情感,这是一种虽朴素却重要的发现。因为,从根本上说,它是对根基于动物(亲子)而又区别于动物(孝)的人性的自觉。它是把这种人性情感本身当作最后的实在和人道的本性。这正是孔子仁学以及整个儒家的人道主义和人性论的始源基地。[52]

孔子以亲子之情(孝)来指称仁。他将亲子之间的自然关系,转化为通过情感的方式达成的所谓"孝"的人性觉醒。这绝非他律的外在约束。三年之丧是礼制,但是孔子认为内在情感比礼制本身更重要,认为后者只对真正孝顺的人才有意义。由此,孔子将礼的外在约束——这种约束排除了人的自然性和独立决定,反过来导致了无意识的盲目顺从——转化成了内在心理即情感。

秦汉之后,极为孔子所看重的情感被分裂为情和性,后又变为"性善情恶"。宋明以降,"存天理灭人欲"的说法更以道德律令的绝对形态贬斥情欲。到了康有为、谭嗣同以及"五四运动"时期,也即从明代中期一直到清代末期,又开始积极地肯定情欲,却仍然缺乏哲学论证。李泽厚因而认为情感被掩埋在现代新儒家的道德形而上学之中[53],反对以牟宗三为首的现代新儒家是儒学第三期发展,批评他们至多不过是"现代宋明理学"而已。

李泽厚认为"儒学三期说"的失误有两个方面。一是以心性的道德论来概括儒学,失之片面。就此而言,孔子几乎没有谈过"心"和"性"。孟子虽曾谈及,但认为社会和政治问题更为重要。郭店竹简里提到的"心"、"性",则并非显著区别于"情"的抽象哲学概念。李泽厚认为,"儒学三期说"以抽象的心性道德作为儒学根本,不仅显著偏离,甚至违背了原典儒学:

> 牟的代表著作《心体与性体》,如同冯友兰的《新理学》一样,都

是运用西方哲学的理性框架和逻辑范畴，以理性或者道德为人生根本，构建哲学体系，基本上没有“情”的位置。[54]

“儒学三期说”的第二个错误，是抹杀了荀子和以董仲舒为首的汉代儒学。李泽厚认为，汉代儒学的重要性并不在宋明理学之下。而且，他认为汉代儒学影响中国社会和人民的时间更长，至今我们还能感受到其影响。对于李泽厚来说，任何企图抹杀汉代儒学的努力都代表着一种狂妄。[55]他反对“儒学三期说”，认为儒学有四期。更确切地说，孔子、孟子和荀子所代表的原典儒学是第一期，汉代儒学是第二期，宋明理学是第三期，现在或未来的儒学则是第四期。

李泽厚批评牟宗三的“内圣开出新外王”并未超出宋明理学的范围。[56]他认为牟宗三的“内在超越说”充满致命冲突。“内在超越说”一方面遵循儒学传统，否认外在超验的上帝神明，把道德律令建立在“人心即天心”和“人性即神性”，即将内在心性作为本体的基础之上：

(牟宗三)另方面又模拟西方“两个世界”(天堂与人世、理念世界与现实世界、本体与现象界)的架构，将此人“心”、人“性”说成是“超越”的。[57]

天命、道和天意均与人的情感态度有关，自然的同情和悲悯之心，既是情感的又是心理的。将本不能脱离感性以及感情的“仁”、“恻隐之心”、“良知”，说成是内在的“超越”或“先验”。因此，这一逻辑无法避免一个巨大矛盾：既要是超验的(与感性无关，超越)又要是经验的(与感性有关，内在)，或者说既要是神圣的(上帝)又是世俗的(人间)。[58]甚至从历史的立场来看，牟宗三哲学也跟中国原典儒学永远无法协调。

李泽厚提出了一个创造性观点，即儒学极端重视情感的源头，可被回溯至孔子之前的巫师时代：

这有历史和现实两方面的根源。前者我以为与上古巫术仪典

> 有关。在原始群体性的巫术仪典中，人心的忠诚敬畏被认作关乎神秘力量的出现与存在，至为重要，否则即渎神致灾……历经久长岁月的理性化，与原始巫术仪典的外在方面演化为繁复的礼制系统(《礼仪》《周官》)的同时，其内在方面对心灵忠诚敬畏的讲求，便演化为原典儒学如竹简这种对“心”“性”“情”的分析研讨和理性阐释……周公“制礼作乐”，完成了外在巫术仪典理性化的最终过程，孔子释“礼”归“仁”，则完成了内在巫术情感理性化的最终过程……巫术仪典的直接理性化……产生的是情理交融。[59]

李泽厚强调，巫史传统是中国哲学的历史起源之一。虽然儒学理性化了巫术，但是它仍然保持了巫术的传统。例如，围绕着祖先崇拜，儒学要求在祭祖时要真诚和热诚。巫史传统形成了儒学的深层心理结构，而且，它将理性与情感或欲望混合一处，而不过多强调任何一方。李泽厚认为情的起源可溯回巫史传统，看起来进一步强化了其哲学体系。

上述观点有助于我们更为深刻地理解《论语》中提及的“敬”和“庄”的意思。“敬”和“庄”的概念最初来自对鬼神、天地、祖先的巫术礼仪，其中内含浓厚而强烈的情感成分。《论语》和儒学虽然把它们世俗化和理性化了，却又仍然保存着宗教性传统的情感特征。[60]“敬”是一种内在态度，是在礼乐仪式过程中，必然和必须培育的某种恭谨畏惧的心理状态和感情。孔子将内在心理情感和状态放在首要位置，认为它才是本体的人性，即人道的自觉意识。他指出，如果没有这种人性的自觉，即使神圣的“礼乐”传统也只是一堆毫无价值的外壳、死物和枷锁。[61]

李泽厚明确以“情本体”为儒学核心，关注巫史文化和“情本体”之间的关系。远古巫史文化使宗教和政治在中国未能独立发展，而是形成了以具有神圣巫术—宗教品格性能的礼制(亦即氏族父家长制下的伦理血缘关系和秩序)为基础的伦理、宗教、政治三合一的上层建筑和意识形态。李泽厚认为，这导致了儒学的道德原则和政治完全渗透神圣的宗教感情却也同时被笼罩其下。理性化的情感，始于殷商的“畏”，经过周代的“敬”，发展为孔子的“仁”，成为儒学的主要特征。此后，它发展为汉儒的宇宙规律和宋儒的道德律令。情感(仁、爱)成了“天心”、“天理”的本体所在。情感本体或者特征始终是儒学的内在魂灵。因此，儒学的核心观点是“情本体”，不是天本体、气本体、理本体、心本体或性本体。[62]这似乎是李泽厚最后得出的结论。

另外，把巫史传统中的宗教感情当作情本体的起源，由此可以更为清晰地理解与两种道德的宗教伦理，以及儒学的半宗教、半哲学特征相关的问题。

六、结语：“命运的哲学”和“哲学的命运”

说“命运的哲学”会让不少人想起算命，而实际上一些人也确实把哲学和算命看作一回事情。但此处所说的“命运的哲学”，来源于李泽厚认为哲学处理的是人类命运这一说法，内含“研究人类的命运是哲学的功能”之意。后者，即“哲学的命运”与当前哲学所处的位置与状况密切相关，也即“哲学将走向何方”。这两个问题有什么联系？它们之间存在着什么样的互相联系呢？

李泽厚一直主张，如果脱离人类而存在，哲学将毫无意义。他相信哲学应该探索人类及其命运。他认为哲学的主题应该是“人的哲学”，包括对人性、情感、偶然，以及更为具体的“人类命运”的研究。他后来将“人的哲学”以外的哲学称为“动物的哲学”、“机器的哲学”和“士兵的哲学”。李泽厚也曾这样批评牟宗三：“大都是纯学院式的深玄妙理、高头讲章，至今未能跨出狭小学院门墙，与大众社会几毫无干系。”[63]这一批评，清楚地表现了哲学的当前状况。

哲学走向何方？换句话说，哲学有立足之地吗，或者其未来很难去预测？简单地说，这可说是哲学正在面临的危机。当街头巷尾哲学变为讲坛哲学，哲学家建立起高耸的围墙不跟普罗大众沟通时，哲学的危机就到来了。当陷身于象牙塔里的哲学充满了理论辩论时，它也同时被其邻人抛弃，因为它沉思邻人幸福及世界的智慧之眼，已经渐趋衰颓了。

李泽厚认为，哲学的功能，只在启悟。所以哲学强调的是智慧。[64]他说："哲学主要是提供某种对世界和人生的看法、角度、眼界或思路，从而可能给人提供某种生活和心灵的境界。"[65]这意味着哲学首先应该回到其基本前提，即"人活着"。

李泽厚的"情本体"显然意义重大，不仅在于它寻求将哲学的焦点从对未有生命之先和死后的问题的讨论转换到活着的人身上，也在于他努力将之作为哲学的主题。这种哲学不应被视为一种从反理论到理论的发展，而应认为它改变了哲学的焦点，将"人活着"作为本体。在此意义上，他的"情本体"应被看作是回归到哲学自身，而不是反哲学。尤其是，他将哲学定义为诗加科学，吸引人们注意超越哲学之无情这一主题，而这又反过来激发了"命运的哲学"和"哲学的命运"这样的话题。

（赵凌云译）

注释

[1] 李泽厚：《世纪新梦》，安徽文艺出版社 1998 年版，第 109 页。

[2] 李泽厚：《该中国哲学登场了？》，上海译文出版社 2011 年版，第 80 页。

[3] 李泽厚：《实用理性与乐感文化》，生活·读书·新知三联书店 2005 年版，第 163 页。

[4] 同上书，第 243 页。

[5] 李泽厚：《美学四讲》，生活·读书·新知三联书店 1989 年版，第 266 页。

[6] 李泽厚：《世纪新梦》，第 242—243 页。

[7] 李泽厚：《实用理性与乐感文化》，第 165—166 页。

[8] 同上书，第 166 页。

[9] 同上书，第 248 页。

[10] Zehou Li & Jane Cauvel, *Four Essays on Aesthetics: Toward a Global View*, Lanham, MD: Lexington Books, 2006, p.28.

[11] 李泽厚:《论语今读》,安徽文艺出版社 1998 年版,第 20 页。

[12] Zehou Li & Jane Cauvel, *Four Essays on Aesthetics: Toward a Global View*, p.28.

[13] Ibid.中文版《美学四讲》,第 17 页。

[14] 李泽厚:《批判哲学的批判:康德述评》,人民出版社 1979 年版,第 94 页。

[15] 李泽厚:《历史本体论》,生活·读书·新知三联书店 2002 年版,第 32 页。

[16] 李泽厚:《实用理性与乐感文化》,第 190 页。

[17] Zehou Li & Jane Cauvel, *Four Essays on Aesthetics: Toward a Global View*, p.40.中文版《美学四讲》,第 36 页。

[18] Ibid.同上书。

[19] 李泽厚:《实用理性与乐感文化》,第 19 页。

[20] 李泽厚:《美学四讲》,第 304 页。

[21] 李泽厚:《实用理性与乐感文化》,第 237 页。

[22] 同上书,第 55 页。

[23] 同上。

[24] 李泽厚:《该中国哲学登场了?》,第 75 页。

[25] 同上书,第 236 页。

[26] “这个人性建构是积淀的产物,也是内在自然的人化,也是文化心理结构,也是心理本体,有诸异名而同实。它又可分为三大领域:一是认识的领域,即人的逻辑能力、思维模式,一是伦理领域,即人的道德品质、意志能力,一是情感领域,即人的美感趣味、审美能力。”李泽厚:《美学四讲》,第 97 页。

[27] 李泽厚:《世纪新梦》,第 243 页。

[28] 李泽厚:《实用理性与乐感文化》,第 190 页。

[29] 同上书,第 55 页。

[30] 同上书,第 79 页。

[31] 赫伯特·芬加雷特(Herbert Fingarette)是这个思想派别的绝佳例子。

[32]《论语·子路篇》:“行己有耻。”

[33] 请参考徐复观的著作。

[34]《易经·系辞 II》:“作易者,其有忧患乎?”

[35] 李泽厚:《中国古代思想史论》,安徽文艺出版社 1985 年版,第 309 页。

[36]《论语·学而篇》:“学而时习之不亦说乎,有朋自远方来不亦乐乎。”

[37]《论语·述而篇》:“发愤忘食,乐以忘忧,不知老之将至云耳。”

[38]《论语·述而篇》:“饭蔬食饮水,曲肱而枕之,乐亦在其中矣。”

[39] 李泽厚:《中国古代思想史论》,第 309 页。

[40] 李泽厚:《实用理性与乐感文化》,第 330 页。

[41] Zehou Li& Jane Cauvel, *Four Essays on Aesthetics*: *Toward a Global View*, pp.116—122.中文版《美学四讲》,第 130—144 页。

[42] 李泽厚:《论语今读》,第 29 页。

[43] 李泽厚:《中国古代思想史论》,第 309 页。

[44] 李泽厚:《实用理性与乐感文化》,第 185 页。

[45] Zehou Li &Jane Cauvel, *Four Essays on Aesthetics*: *Toward a Global View*, p.40.

[46] 李泽厚:《实用理性与乐感文化》,第 104 页。

[47] Zehou Li & Jane Cauvel, *Four Essays on Aesthetics*: *Toward a Global View*, p.151.中文版《美学四讲》,第 186 页。

[48] 李泽厚:《实用理性和乐感文化》,第 104 页。

[49]《论语·阳货篇》。

[50] 陈伟编:《楚地出土战国简册(十四种)》,经济科学出版社 2009 年版,第 221 页。

[51] Li Zehou & Maija Bell Samei, *The Chinese Aesthetic Tradition*, Honolulu: University of Hawai'i Press, 2010, p.40.中文版《华夏美学》,台湾三民出版社 1996 年版,第 46 页。

[52] Ibid.同上。

[53] 李泽厚:《实用理性与乐感文化 》,第 56 页。

[54] 同上。

[55] 李泽厚:《己卯五说》,中国电影出版社 1999 年版,第 2—3 页。

[56] 同上书,第 5 页。

[57] 同上。

[58] 同上书,第 6 页。

[59] 李泽厚:《世纪新梦》,第 205—206 页。

[60] 李泽厚:《论语今读》,第 18 页。

[61] Li Zehou & Maija Bell Samei, *The Chinese Aesthetic Tradition*, p.41.中文版

《华夏美学》,第 47 页。

[62] 李泽厚:《论语今读》,第 79 页。

[63] 李泽厚:《己卯五说》,第 11 页。

[64] 李泽厚:《实用理性和乐感文化》,第 148 页。

[65] 同上书,第 149 页。

李泽厚与实用主义

林琪(Catherine Lynch)
美国东康涅狄格州立大学

一

在中国哲学思想与实用主义关系的讨论中，实用主义通常是指约翰·杜威的哲学思想，此类讨论会关照近代或古代的中国哲学思想，但不包括当代中国哲学。近一个世纪以前，无论是在英语国家还是在全世界，杜威都是实用主义最重要的倡导者。在中国，杜威的学生胡适是新文化运动(1915—1921)最有影响力的领袖之一。1919 年 5 月至 1921 年 7 月，杜威在中国授课讲学，两年的时间里，杜威直接影响了中国大批的知识分子，尤以教育界为甚。[1]过去除了研究杜威在中国历史转折点上的影响之外，也有传统儒家思想和杜威实用主义之间的对比。1999 年出版的郝大维和安乐哲所著《先贤的民主：杜威、孔子与中国民主之希望》(*The Democracy of the Dead: Dewey, Confucius, and the Hope for Democracy in China*)[2]就是个典型的例子，另一个是 2004 年乔瑟夫·格瑞志的《约翰·杜威、孔子和全球哲学》(*John Dewey, Confucius, and Global Philosophy*)。[3]

上述这些作者本身就是实用主义哲学家，他们希望能复兴实用主义来解决当代的问题。大众所接受的美国实用主义的进程是：1952 年约翰·杜威去世后，一种积极的哲学——分析哲学——代替了实用主义，除了 20 世纪 70 年代理查德·罗蒂以极端形式复兴实用主义以外。

近年来，实用主义旧火重燃。尼古拉斯·雷舍尔2007年的作品[4]和谢丽尔·米萨克2013年的《美国的实用主义者》(*The American Pragmatists*)[5]中据理说明，实用主义从未间断过，其传统发轫于19世纪下半叶，是查尔斯·桑德斯·皮尔士的哲学思想中最为重要的内容，甚至在克莱伦斯·欧文·刘易斯和奎因的分析理论中也有谈到过实用主义。米萨克和雷舍尔一起见证了这个理论在美国本土和全世界当代哲学家的作品中得到发扬，并呈现出一片生机。李泽厚，当代中国最有创造力的思想家之一，其哲学思想[6]也可以说是实用主义的一部分。

如若把约翰·杜威看作实用主义的代表人物，那就可以将实用主义与李泽厚的哲学思想作对比。李泽厚本人也指出了他与杜威的共通点[7]，以及他们的理念在很多方面的重合之处。李泽厚的实用主义理论主要取自传统儒家学派思想与实践，这也是儒家思想、李泽厚的哲学思想和杜威的实用主义之间有着相似之处的原因。李泽厚还指出他的理念与杜威的实用主义的区别和超越之处，因此他认为他本人的哲学思想必须同杜威的实用主义区别开来。按照谢丽尔·米萨克的观点，如果将实用主义看成是一个涉及范围广且仍在完善的传统理论，那么李泽厚便能成一家之言，并成为最有创造力的代表人物。

二

谢丽尔·米萨克和尼古拉斯·雷舍尔的哲学思想并不一致，但巧合的是，二者对实用主义传统理论的基本描述方法大致相同。美国实用主义哲学家从真理和意义的认识论问题出发，正如米萨克所述："真理观和知识观与实用主义联系最为密切，也把实用主义同其他的哲学思想划分开来。"[8]实用主义发轫于19世纪六七十年代，当时正值哲学与宗教、科学的关系不断变幻之时，哲学逐渐与宗教分离，同时科学方法被引进了哲学并开始启发哲学，而科学本身也成为了科学新哲学的一个课题。米萨克认为实用主义哲学家们始终秉承着这样的理念：知识、信念和理论必须与经验结合，理论必须来源于实践。[9]实用主义奠基人反对之后的“形而上学”，或者说反对任何脱离现实世界超越自然的解释。但是，从这个意义上来讲，早期的实用主义哲学家们都是经验主义者，他们也反对经验主义，因为经验主义者认为，信念在微观上是与分散的经验联系在一起的，或者说物质具有本体优先性。信念与经验之间的联系对于实用主义哲学家来说是复杂的。他们不从外部世界和内部信念着手，看二者中的其中一种是否与另一种相呼应，反而寻找居于外部与内部之间并且相互联系的第三种因素，也就是人类实践活动。

实用主义从人类经验和实践活动出发。米萨克认为其面临的首要问题是“在承认理性、真理及价值是深刻的人类现象的同时，要弄清楚它们的标准是不是规范的、具有约束力的？规范性和强制性是如何在人类经验和实践活动世界中产生出来的？”[10] 为了解决这些问题，米萨克和雷舍尔在具体的著作中描述了实用主义哲学家之间的许多区别，以及贯穿实用主义思想的同一分歧。一方面，分歧是指雷舍尔所称为“用‘什么对 X 有用’来证明实现某个人（或团体）的愿望是有效用的实用主义”；另一方面，“实用主义是‘在什么客观条件下有用’——用与人毫无关联的方法来证明实现某些目的的方法是有效用的……”[11] 米萨克用相同的方法来区分和排列出一些哲学家，“[大体分为]：认为世界上没有真理和客观性的和用实用主义陈述追求真理的”[12]。米萨克将杜威划分到第一类别，而雷舍尔坚称杜威二者兼顾。如果把李泽厚看成一个实用主义者，那他就属于后者。

三

谢丽尔·米萨克认为“康德哲学贯穿实用主义的一个重要命题就是，如果我们要继续实践，那就要对某些事物进行假设”[13]。但是，皮尔士认为这些假设没有固有的“必要性”，“而只在继续实践时需要它们”[14]。李泽厚因撰写关于康德哲学的作品而出名[15]，他吸收了康德的灵感先验论形式和先验观念，并将其运用于人类认知的情感和理解之间的互动。但是他认为这些灵感和观念事实上既不是先验形式也不是假设事物，而是根源于人类实践活动的东西。更确切地讲，李泽厚所说的实践活动，发端于最早的原始人类使用和制造工具，然后随着人类历史长河不断积淀的文化心理结构而累积了起来。李泽厚把他所理解的卡尔·马克思（不是马克思主义，仅指马克思本人）的基本哲学方法添加进康德的哲学思想里，而马克思的基本哲学方法是历史唯物论，关注的是实践活动和“人化的自然”的哲学观点。李泽厚进一步说明，他之所以将康德和马克思结合在一起是因为他对中国文化背景的了解，中国文化里不把现实世界分成两个方面，而是把世俗的和超脱的事物看成一个整体。根据李泽厚的观点，中国文化往往追寻历史发生之前事物的根源，而不是脱离经验来看待事物。“中国人强调思维主体不能与行为主体分离，意识不能与人类的物质（身体）分离。”[16]

从上面对李泽厚复杂的哲学思想、中国文化、马克思及康德的大概描述可以看出，李泽厚的哲学思想与实用主义之间有着密切的关系。这两种思想都认为：人类的认知来自实践活动，而不是超越自然的；在物质世界里，信念与经验的关系是复杂的。李泽厚“主张复活杜威，补救他的缺失，并把他与马克思和改造了的中国传统接连融合起来”[17]。这个提法来自他较近时期的论文《实用理性的逻辑》（*The Logic of Pragmatic Reason*），2004 年初次发表，2011 年在《哲学纲要》（*Outlines of My Philosophy*）中在认识论部分作为一章再次发表。[18] 实用主义的理论出发点是如何认识事物是正确的还是有意义的认识论问题，李泽厚也在书中明确参考了杜威的实用主义理论，因此本篇关于认识论的论文可以作为一个参考，以更详细地窥见李泽厚的部分哲学思想的一斑。

四

在《实用理性的逻辑》里，李泽厚解答了人类逻辑之源，包括形式逻辑、数学、辩证逻辑，以及米萨克所提出的是什么使得逻辑具有权威性的问题。很多哲学家认为,逻辑既不是由语言的本质和脱离具体世界的思维形成,也不是简单推导而成的对客观世界的反映。李泽厚认为,逻辑的基本规则产生于实践活动所需的相对稳定性。例如,数学不是源于归纳推理,而是源于最早的人类在维持生活时所做的原始操作。1979 年,李泽厚在《康德哲学与建立主体性论纲》一文中写道:“数学的根源不是分析或归纳,而是人类基本实践活动即使用工具的原始操作某些因素和形式(如次序、关系、排列)的抽象化(如可逆、恒等、交换等等)。”[19] 正因为有了人类对象化、抽象化及形象化操作活动的悠久历史,才有了计算的基本规律。[20]

李泽厚意识到他所关注的操作活动与让·皮亚杰的儿童认识发展研究有所重合[21],并且他的观点跟杜威的有着极其相似的地方。杜威认为数学的观念产生于具体的操作活动中,符号运作包括数学演算是从这个基础(操作活动)中提取、抽象而成,具有脱离一切特殊经验的独立性。对于杜威来讲,数学观念的来源不仅是经验,还有活动和行为本身。“公共操作的起源毋庸置疑”,杜威写道:

> 工作和游戏中皆有计数和计分的操作,没有这些行为和合适的符号,工作和游戏就不可能有复杂的发展。计数和计分就是数字和数字发展的源头……例如,木匠和石匠如果没有这种即便是粗糙的估量大小和重量的办法,就没法进行工作。

再有,“计算和测量的根源在于这种处理的经济和有效,其结果表现为物理工具如最初刻痕、划划、结绳,后来表现为形象和图表”[22]。

由此我们可以看出李泽厚与杜威的相似之处。正如李泽厚本人所说,他与杜威都反对人类认知来源于先验形式和观念的说法;他们都认为人类认知、道德和美学来自人类经验。他们还将人类物质生存看成最根本的东西。他们关注行为,强调实践操作的人类活动产生了代表性的生存操作。杜威和李泽厚都强调数学和逻辑不是实体的东西,而仅仅是认知的工具和方法，并不是事物本身的属性。他们都是面向未来的。[23]

杜威对数学来源的某些描述似乎也跟李泽厚的哲学观点相似。杜威提及的不仅有操作，还有“一些设备”工具的使用。他将数学的发展看成一个从早期刻痕、划痕演化到后期形象和图表的历史过程。但是他并没有以这些概念为基础。对于李泽厚来说，人类历史上工具的使用是他思想的中心，他建立的哲学思想也因此超越了杜威和其他实用主义哲学家。

五

根据米萨克的观点，实用主义哲学家的出发点是对人类认知的认识，解答了有些事情如何可能成真或有意义的问题；李泽厚以陈述人类之源为起点，回答了人类如何可能的问题。为了回答这个问题，李泽厚提出了人类学历史本体论的哲学观点[24]，该观点认为随着时间的推移，人类同不断变化的实用理性一起发展，人性本身起源于实践活动，更具体地说是使用和制造工具的物质生产活动。人类也因此首先变得人性化，与动物区别开来。

李泽厚认为人类如何可能的问题是最重要的问题，但该问题常常被忽视。过去这个问题的答案是现成的，就是上帝让人类可能。但是关于神性本质的问题是中立的，所以人类如何可能的问题与神性并不相关。如今，尤其是尼采宣称“上帝死了”之后，生物进化反而充分地解释了这个问题。但一般来说生物进化，尤其是基因突变解答不了人类以何种方式变得极其人性化以及是什么使得人类区别于动物的问题。生物学也揭不开人类经验和创造的巨大历史画布。[25]传统的儒家思想多次提出人类与动物之间区别的问题，正是在这样的背景下，李泽厚受到启发，从而提出了人类如何可能的重要问题，但是李泽厚的答案与着重强调人类道德的儒家思想有着很大的区别之处。

李泽厚对人类与动物区别和人类可能性起源的观点要回溯到至少

20世纪60年代。1964年他写了一篇文章《人类起源提纲》(*An Outline of the Origin of Humankind*)[26],即使20年都没有出版,但是他仍指明了卡尔·马克思和弗里德里希·恩格斯对生产劳动中工具重要性的重视,但他们并没有就这个观点作深入研究。20世纪90年代末李泽厚写道:

> [在]"生产力"的结构理论里,马克思说它最活跃的成分是"生产工具",其对生产力、社会经济及人类历史的发展起着决定性的作用。恩格斯甚至认为制造工具的劳动决定了从猿进化成人……但是马克思和恩格斯都没能将这个重要的概念进行展开说明……更重要的是,马克思和恩格斯没有建立一个关于人类心理与制造和使用工具之间关系的真正理论。[27]

李泽厚认为,使用和制造工具是人类起源的关键点,正是它将人类与其他动物区分开来。

这种区别并不是一蹴而就的,也是避免不了的。"无数涉及使用自然工具(树枝、石头等)来维持生命的活动必定构成了使人类慢慢区别于动物的原始劳动。"[28]李泽厚指出了人类四肢的变化伴随着工具的使用,在《人类起源提纲》中他特别强调了双手的进化,这与目前所关注的直立行走姿势的进化有所不同,李泽厚写道:

> 我觉得似乎更应该注意的是,猿类前肢从原来的攀援、爬行的器官,逐渐演化为使用工具的专职器官。即由于专门从事于把握天然工具去挖掘、切割、获取食物和防卫自己等活动以维持生存,从而引起的形态学上的一系列变化,其中重要的是前肢逐渐形成拇指与四指的相互对立和辅助的人手。[29]

有趣的是,有研究者目前沿着这个思路,研究出了多种物种的掌骨密度和手的形状。以前的证据显示能人在240万年前就已经制造工具,直立人的手可能在 190 万年前就具有了现代特征，而一些尼安德特人的手在 20 万年前就能有力而准确地握住工具。然而，现在看来，其他人属、“毫无出路的”南方古猿及一些更新世古人类的双手大约在 200 万到 300 万年前也为了掌握工具而开始进化，而不是为了爬树，其时间比预想的还要早。[30]

早期将自然物体作为使用工具是偶然性的。其他物种也使用工具，黑猩猩就是个绝佳的例子，它们大多数的基因组与人类的相似。但是，李泽厚认为，“人类实践活动与动物生命活动之间的根本界限在于工具的使用和制造”[31]，关键点是“生命活动”。在所有的动物中，只有人类“把使用工具作为一种基本生存必需的活动”[32]。人类的生命以及持续生存依赖于对工具的掌握。而黑猩猩则不然，从理论上来讲，黑猩猩也可以朝着依赖工具的方向发展，但是它们没有，因为它们的双手没有改变的进化动力。黑猩猩使用工具只能确认为使人类使用工具的出现有了生物基础。

人类与动物区别的两个方面是人类双手以物理形式使用和制造工具的生物基础和工具本身的技术基础。对于李泽厚来说，人类文化与心理的相关方面更为有趣。他想从外部技术社会结构和内部文化心理结构里去发现生物方面与人类方面之间的关系。[33]通过将这两个方面联系在一起，他发现双手和工具都不重要，重要的是双手、胳膊、腿使用工具的活动。这种活动不是生物本能，它需要有意识的关注，然后随着时间的推移越来越定型化了。

> 这种原始劳动活动由于获得成功并由个体传达到群体，便得到不断强化和巩固。日积月累，它们日益摆脱个体活动的环境和条件的各种偶然性、独特性以及动作中的尝试性，而趋向定型化和简化。[34]

早期对工具的掌握源于行动本身，“实际上具有思维的性质或功能，是一种动作思维”[35]。人类最早的思维表现在并贯穿于人类四肢的动作和作为超生物肢体的工具延伸。

意识作为一个能够作用于世界的主体，其出现的基础是在不断定型化与非偶然性的动作中对自我意识的关注。这种人的主体性，正如李泽厚定义的一样[36]，曾经是个体的，现在已经是社会的。使用和制造不断增加的、无限多样的工具的活动需要社会合作以及技能的社会传播。此外，社会的持续存在需要社会的一致性。原始部落发展成萨满社会也严格要求统一社会实践活动。

作为继原始部落之后的更大更复杂的萨满社会，其互动与交流需要人类语言。20世纪哲学界普遍认为正是人类语言将人与动物区别开来。某些动物，包括灵长类动物都有语言，它们用独特的声音和所指叫声来传达事情或事件的可操作信息。虽然最近有研究显示，这些叫声在黑猩猩中并不像假设的那样先天固化，而是可以经过社会学习的。动物的叫声虽然具有所指性，但仍然不是人类语言的语义信号，而且动物语言缺乏人类语法。[37]

虽然人类语言具有重要性，但李泽厚反对现代哲学将语言看成是使人成为人的基础。维特根斯坦曾经拥护语言的决定性作用，但是在他生命即将走到尽头时，他甚至开始思考语境中的语言实践才是最重要的，而不是字句本身。[38]李泽厚带我们回到最早时期的人类实践，也就是人类语言之前的工具使用和制造。

> 物质生产实践是根本，是基础；它是历史上和逻辑上的优先活动。“优先”的关键首先在于经验，由此物质生产将因果定律转移、保存和累积到语言和符号系统中。这个过程为语言提供了语义，从而产生了代代相传的人类知识。[39]

李泽厚将人类语言的语义方面看作关键，而不是语音和语法方面。他认为，语义内容不是由动物得到所指叫声发展而来，而是来自运动思维中衍生出来的意义。早期操作活动经过一代又一代得以保留、传播以及定型化：

> 这种动作形式实质上乃是客观世界的因果联系(规律)的最初主观反映样式(即在技能中保存了客观因果规律和形式),只不过这一反映样式是用动作,而不是用言语表现出来罢了。通过这种动作形式,将已知的和概括了的因果联系应用到未知的新事物上……[40]

操作活动提供了早期语义内容,但是“它最后可以发展简化为一套象征性的符号结构,并成为用以传递经验的交际手段,如手势语”[41]。李泽厚假定最早的人类语言其实是手势语,虽然也有可能是手势语和口头语按时间顺序共同发展,但从哲学上来讲,手势语具有优先性。[42]

六

人类如何可能的答案是使用和制造工具。多样性工具的使用和制造需要为人类造福,而使用和制造工具是人类可能性之源,虽然让我们成为人并且具有人性的基础是使用和制造工具,但其基础肯定不限于此。

> 多种多样的自然和规律性的结构、形式,首先是保存积累在这种实践活动之中,然后才转化为语言、符号和文化的信息体系,最终内化、凝聚和积淀为人的心理结构,这才产生了和动物根本不同的人类的认识世界的主体性。[43]

经过一代又一代偶然的工具使用后,人类社会和人类的本性逐渐形成。

李泽厚认为,人类的本性和人性的心理不是固定或是被赋予的。它的特点是实用理性、认知的主体性是经过数百万年形成的,而人类理性在不断累积、改变。李泽厚用“主体性”代替“主观性”,表明了人类理性是与动物和感官分不开的,它从始于动物的实践中显现出来,变得内化,理性的部分积淀到动物性里。人类是理性的动物,其认知能力与动物起源并不冲突。人性的心理有使理性融合进动物情感的情理结构。

在很长的一段历史里，人类实践活动——狭义上是指物质操作活动，广义上是指符号操作——不断累积、积淀到李泽厚所说的文化心理结构中。

> 重视和强调历史的积累性，特别重视和强调文化积淀为心理，形成了人的各种区别于其他动物族类的智慧和感性，认为这是“人性能力”的形成。[44]

从一开始，这个形成过程掩盖了人类认识论、伦理学和美学，也因此将我们带回到形象思考与逻辑的讨论中来，亦即李泽厚与杜威理论的重叠部分。

李泽厚指出，早期人类对世界的前象征认知到象征认知是一次巨大的飞跃。[45]它涉及一种创造性的、主动的认知能力，李泽厚将其称为“自由的直觉”和“智性直观”。“这种认知结构是一种非归纳演绎的智性直观能力。（康德认为只有上帝有智性直观，但事实却不是这样。）”[46]有趣的是，虽然所处背景不同，但是皮尔士认为有必要在他讲逻辑的书中辨别“除了归纳和演绎之外的第三种推理模式……皮尔士将这第三种推理模式称为‘溯因推理’……从根本上讲是具有创造性的”[47]。

成功的实践活动需要掌握一个井然有序的世界，而这个世界是建立在身体操作的感性活动中的。随着这种认识世界经验的内化，自由的直觉从感性活动中抽离出来成为数学和逻辑。数学不是脱离具体世界进行归纳的产物，尽管文化和语言因社会而异，但数学产生的过程与人类历史相同，是一种超越时间和空间的认知方式。这个源于有序世界里成功实践操作的感性活动蕴含了数学和逻辑的普遍必要性，而米萨克提出的“规范性和权威性源于人类经验和实践世界”就是人类如何可能的一个范例。

当然，也有其他超越数学和形式逻辑的逻辑形式，一些实用主义哲学家已经通过论证不同的逻辑框架适用于不同的实际情况来解释了原因。李泽厚用实用理性的历史建构解释了原因，他提出了两个层次的认知。第一层是数学和逻辑的操作层，随着时间的流逝便产生出了符号系统的普遍规律，这些规律是没有界限的，也不黏附于任何特定的目标。根据杜威的观点，从这个层次上来说，“知”就是“行”。第二层就是存在层，“知”和“行”在这个层次上开始分道。辩证法就属于这个层次。人类实践活动始于操作实践，逐渐累积了大量自然世界和社会关系的经验。在为了达到目标而重复犯错的背景之下，辩证逻辑——作为一个关乎人类生活基本生存的问题——出现了。认知的辩证形式已经从形式符号系统和直接的操作活动中分离出来，其关注重点在于现实的东西，因此它达成目标的潜力有限。[48]

以因果观念为例。李泽厚认为因果观念就是人类认知操作层和生存层的过渡。因为人类主体使用的工具多种多样，所以人类就参与进了大量客观的因果关系之中，然后在固定的生产实践中保存下来，并慢慢进入到语言和礼仪规范的萨满社会的概念体系里。因果观念之源不是静观的感知、观察、归纳的结果，而是联系具体事物的实践活动。最终因果观念逐渐概括抽象为“凡事总有原因”的因果范畴，比如，中国古代将辩证形式分为阴阳五行。[49]

源于实践操作的因果概念过渡到生存层后，就逐渐衍生出了必要性的辩证类型以及偶然性的关系类型。在中国，辩证因果关系不能脱离于个体操作，因果不是线性的机械决定论，系统的复杂结构形成了多元和网状的因果，可能性的选择极大。而任一选择对整体系统和结构均将产生影响。所以不能把总体过程当成是机械决定论的必然，必须极大地注意偶然性、多样的可能性和选择性。“人有选择、决定、创造自己命运的自由。偶然性与必然性、可能性与现实性这两组由操作层面‘因果’提升得来的辩证范畴，就成了人的生活—生存—生命的历史主题。”[50]

七

李泽厚与美国实用主义哲学家（比如杜威）认为知识和信念同经验有关系，并且来自实践活动。虽然他们从不同的角度总结出这个观点，但这却产生了很大影响。实用主义哲学家们起始的背景是摒弃旧的形而上学，开始接受现代科学。而李泽厚提出了人类如何认知事物真假和人类如何可能的问题，并且问道人性是什么。在《实用理性的逻辑》中，李泽厚的观点就是将杜威看成实用主义代表人物。

李泽厚和杜威有很多相似之处。他们都“反对先验论，都认为知识、道德和美学皆来源于经验”[51]。杜威同马克思一样，反对理想主义，偏向日常生活中的实践经验。人类的物质生存是最基本的，虽然不是从旧物质主义意义上来讲，但是理性不是先验或者天生的，而是习得的，是实践的产物。特别的是，李泽厚发现自己在寻找为人类经验提供基础内容的操作活动时，他的观点与杜威一致。符号操作脱离了这个基础，呈现出独立性，可以同具体的经验分离，但逻辑是看不见摸不着的东西，它没有实体。理性不能具体化，它是一种认知方式，是人类处理客观事物的方法，而不是事物或物体本身的性质。[52]

尽管李泽厚发现在这些重要方面与杜威持相同意见，但是他认为杜威对人类的看法过于狭隘。因为杜威没能寻出区分人类和动物的东西，因此遗漏了人类独特而有意义的很多东西。

> 杜威以实践操作和群体关系为极致和一切，忽视了个体存在及其心理形式（人性能力）。这从哲学上说，便是人失去了自身，成了生物适应环境的机器。[53]

杜威明白逻辑和数学的发展独立于特定的经验，符号操作独立于各自的劳动操作，但是他却将自己束缚在这些操作上，忽视了超越动物的人类生存和活动途径。基于这个观点，他认为一切事物都只是工具，有用的才是正确的，“知”就是“行”。

> 对杜威来说，将一个无秩序、不确定的世界(情境，situation)改变为一个可控制、有稳定秩序的确定的世界，这就是一切。逻辑和审美、科学和艺术都服务于这一目的；此外，肯定任何独立的客观实体的存在，无论它是物质、精神、理性、心灵，都是没有意义和难以承认的。“知”就是“行”；实践操作便是一切。[54]

然而，李泽厚认为，“知”不可能等同于“行”。人类的认知有其历史渊源，而且一直在前进。

李泽厚认为，早期人类使用工具的操作活动使得人类得以开始控制环境，并且随着时间推移，累积的经验使得人类超越了动物，形成了积淀进人类心理的实用理性。正如李泽厚的认识论所说，辩证思维的出现不再需要实践操作活动。人性能力虽然根植于自然世界，但是也超越自然成为了超级生物。认知不仅仅是作为。在人类的历史长河中，人类文化心理结构不仅包括“逻辑和数学，还包括了其他的认识论类型(如辩证法)、道德意志、美学需要等”[55]。杜威的实验科学并不适用于所有的人类经验，也不能解释人类存在的意义，因为个体在“偶然性和必然性，可能性和现实性”的环境下有选择的自由。

但是杜威停留在实验上，忽视了历史的深度，他的方法也不能解释世界为何具有普遍必要的标准和价值。杜威的观点是，所有的真理都是工具性的，离开了这点，就无法谈事物的存在。与此相反，李泽厚发现，人类的操作是在一个可以为事物发声的世界里进行的。始于使用工具操作活动的人类共同历史是客观世界普遍必要的因果规律之源。法则、标准及价值产生于实用理性的历史建构，它们源于人类与世界的互动，与世界分不开。“实用理性将事物本身看成经验之源以及信仰的对象。”[56]人类认知没有形而上学的或是超自然的来源，也不仅是经验世界给予的一对一的对应关系。在这一点上李泽厚和杜威不谋而合。但是，李泽厚对世界的理解要比杜威的工具性认识更进一步，因为对他来说人类是这个世界上的生物。"[实用]理性不是'实验经验主义'或'实验的逻辑',而是人类历史存在的逻辑。他不属于实用主义,而是属于人类学本体论。"[57]

八

虽然我们对李泽厚认识逻辑的一些观点只是蜻蜓点水,但是我们可以看到李泽厚的哲学思想远远超出了认识论的领域。李泽厚停留在杜威的工具主义和实验逻辑上,这或许误解了实用主义的理论。其他的实用主义哲学家想要证明这一点,也确实证明了很多。李泽厚像所有的实用主义哲学家一样,想要给人们展示一个用人类经验和实践来认知的世界。他最大的贡献在于他坚持认为工具的使用和制造是原始的人类实践活动,在这个基础上,通过长期的历史累积和积淀,最终形成了超越各自实践活动的文化心理结构。李泽厚给出人类如何可能的答案是人类学历史本体论。他开启了研究人类使用和制造工具的先河,得出了实用理性和人性能力是不断进化的结论,说明了人类本质、繁荣自由的人性能力,以及个体生存的意义。人性既不是生物进化的结果,也不是上帝或者超自然赋予,而是由人类自己创造的漫长历史的产儿。李泽厚的历史本体论顺应了实用主义的趋势,同时也进入了一个更大的新领域。

(杨蔚译;方朝晖校对)

注释

[1] Robert W.Clopton and Tsuin-chen Ou, eds., *John Dewey: Lectures in China, 1919—1920*, Honolulu: The University Press of Hawai'i, 1973; Jerome B.Grieder, *Hu*

Shih and the Chinese Renaissance: Liberalism in the Chinese Revolution, 1917—1937, Cambridge, Mass.: Harvard University Press, 1970; Barry Keenan, *The Dewey Experiment in China*, Cambridge, Mass.: Harvard University Press, 1977; Barbara Schulte, "The Chinese Dewey: Friend, Fiend, and Flagship", in Rosa Bruno-Jofré and Jürgen Schriewer, eds., *The Global Reception of John Dewey's Thought: Multiple Refractions through Time and Space*, New York: Routledge, 2012, pp.83—115.

[2] David L.Hall and Oger T.Ames, *The Democracy of the Dead: Dewey, Confucius, and the Hope for Democracy in China*, Chicago: Open Court, 1999.

[3] Joseph Grange, *John Dewey, Confucius, and Global Philosophy*, Albany: State University of New York Press, 2004.

[4] Nicholas Rescher, "Pragmatism", in Constantin, V.Boundas, ed., *Columbia Companion to Twentieth-Century Philosophies*, New York: Columbia University Press, 2007, pp.128—142.

[5] Cheryl Misak, *The American Pragmatists*, Oxford: Oxford University Press, 2013.

[6] *Biographical Dictionary of the People's Republic of China*, Jefferson, NC: McFarland & Company, Inc., 2013, pp.188—191.

[7] 李泽厚:《实用逻辑的理性》,载《哲学纲要》,北京大学出版社 2011 年版,第 146—184 页。

[8] Cheryl Misak, *The American Pragmatists*, p.10.

[9] Ibid., pp.10, 246.

[10] Ibid., p.11.

[11] Nicholas Rescher, "Pragmatism", in Constantin, p.130.

[12] Cheryl Misak, *The American Pragmatists*, p.3.

[13] Ibid., p.11.

[14] Ibid.

[15] 李泽厚:《批判哲学的批判——康德述评》,北京人民出版社 1979 年版。

[16] 李泽厚:《主观性与"主体性"》,载《东西方哲学》1999 年第 2 期第 49 卷,第 180 页。

[17] 李泽厚:《哲学纲要》,北京大学出版社 2011 年版,第 158—159 页。

[18] 同上。

[19] 李泽厚:《康德哲学与建立主体性论纲》,载《论康德黑格尔哲学》,上海人民出

版社 1981 年版,第 1—15 页。

[20] 李泽厚:《哲学纲要》,第 151 页。

[21] 李泽厚:《康德哲学与建立主体性论纲》,第 140 页;李泽厚:《哲学纲要》,第 151—152 页。

[22] John Dewey, *The Quest for Certainty*, New York: G.P.Putnam's Sons, 1960, p.155.

[23] 李泽厚:《哲学纲要》,第 156、159 页。

[24] 李泽厚使用的"人类本体论"、"历史本体论"及"人类历史本体论"概念是一样的,但是着重点不同。耶恩·哈金(Ian Hacking)也曾经使用过"历史本体论"。二人皆在同一年以相同的标题出版过书籍。虽然标题大体一致,但是用法不同。哈金的这一术语借用自米歇尔·福柯(Michel Foucault),他想将历史和分析哲学结合起来,但并没有像李泽厚那样关注人类的可能性,他只略提"一些物体可能性的产生",这里的物体"不仅指事物,而是一切我们使之个体化并谈论的东西,不只是'物质的'物体,还有阶级、人种和思想"。哈金认为历史本体论是"概念分析,分析我们的观念……观念存在于历史,它们之间的逻辑关系是在时间里形成的……"

[25] 李泽厚:《由巫到礼释礼归仁》,生活·读书·新知三联书店 2015 年版,第 232 页。

[26] 李泽厚:《人类起源提纲》,载《李泽厚哲学美学文选》,湖南人民出版社 1985 年版。

[27] Li Zehou, "Subjectivity and 'Subjectality': A Response", in Timothy Cheek, ed., "*Subjectality*"主体性:*Li Zehou and His Critical Analysis of Chinese Thought*, special issue of *Philosophy East and West*, 49.2(April, 1999), pp.178—179.

[28] 李泽厚:《人类起源提纲》,第 21 页。

[29] 同上书,第 20—21 页。

[30] Geoffrey Mohan, "Tool Making Arose Earlier Among Human Ancestors", http://www. latimes. com/science/sciencenow/la-sci-sn-human-hands-evolution-20150122-story. html ("Los Angeles Times", publishing time: 2015.01.22); Matthew M.Skinner et al., "Human-like hand use in *Australopithecus africanus*", *Science*, 347.6220(23 January 2015), pp.395—399.

[31] 李泽厚:《康德哲学与建立主体性论纲》,第 138 页。

[32] 同上书,第 148 页。

[33] 李泽厚:《关于主体性的补充说明》,载《李泽厚论著集》,台湾三民书局 1996 年

版,第119—123页。

[34] 李泽厚:《人类起源提纲》,第23页。

[35] 同上。

[36] 中文有两个不同的词:主体性和主观性,两个词的英译都是 subjectivity,所以概念上没有什么区别。李泽厚选用了“主体性”是为了强调他所说的是新的东西。详见“Subjectivity and ‘Subjectality’”。

[37] 例子见于 Geoffrey Mohan, “Chimps Learn Each Other's Grunts, But Is It Language?” http://www.latimes.com/science/sciencenow/la-sci-sn-is-human-language-chimp-grunt—20150204-story.html(“Los Angeles Times”, publishing time: 2015.02.05).

[38] Ray Monk, *Ludwig Wittgenstein: The Duty of Genius*, New York: Penguin Books, 1990, pp.578—579.

[39] 李泽厚:《关于主体性的补充说明》,第30页。

[40] 李泽厚:《人类起源提纲》,第23页。

[41] 同上。

[42] 一位认知考古学的学生詹姆斯·希克斯想要通过遗留下来的物质文化来认识早期人类的思想和符号结构,他研究了直立人的手斧,得出的结论似乎能佐证李泽厚的观点。大约190万年前,奥杜韦式手斧被阿舍利式手斧代替。阿舍利式手斧不像早期的手斧那样只有锋利的刃,不久后就被抛弃了,而是用途多样,有设计感,制作精良,呈三维对称型。直立人有前符号的思维。发展成熟的社会仍然缺乏复杂的人类的语言。希金斯认为阿舍利式手斧有修辞学的价值。“这些设计优美手斧的出现是物质的、紧密连接社会的、非符号的修辞实践,以高度发展的碎石技能为基础。”希金斯认为这是人类意识的出现,是穿越时空的自我意识的体验。当然,他也强调人类语言和符号思维出现之前的物质实践的重要性。希金斯没有复制李泽厚的理论观点。(James M. Hicks, “The Presymbolic Mind of *Homo erectus*,” 2014, http://www.academia.edu/10065046/The_Presymbolic_Mind_of_Homo_erectus.)参见:Lambros Malafouris, *How Things Shape the Mind: A Theory of Material Engagement*, Cambridge, Mass.: The MIT Press, 2013。

[43] 李泽厚:《康德哲学与建立主体性论纲》,第139页。略有改动。

[44] 同上书,第137页。

[45] 李泽厚:《哲学纲要》,第150—151页。

[46] 李泽厚:《康德哲学与建立主体性论纲》,第139页。

[47] Cheryl Misak, *The American Pragmatists*, pp.47—48.

[48] 李泽厚:《哲学纲要》,第159—160页。

[49] 同上书,第160—162页。

[50] 同上书,第162页。

[51] 同上书,第159页。

[52] 同上书,第154—157、159页。

[53] 同上书,第158页。

[54] 同上。

[55] 同上。

[56] 同上书,第159页。

[57] 同上。

李泽厚的实用理性观

王柯平
中国社会科学院

李泽厚大部分著作表明，他既心系中国现实，又关注人类境况。中国现实主要涉及如何发展生产力，确保生活必需品，以供养长期生活在温饱线上的庞大人口。改革开放三十余年来，绝大部分中国人受益于已取得的社会经济成就，生活水平大幅提高。即便如此，中国现今仍有七千万人尚未脱贫。不难想象，中国这样一个占世界人口五分之一的国家，一旦依靠自力更生彻底解决粮食自给问题，对世界会是多么大的贡献！至于李泽厚思考的人类境况，则涉及人类的进化过程、人的生活状态、人之成人及其人性完满实现的可能性等等。在寻求上述难题的解决之道中，李泽厚的哲学探索呈现出两大特点：一是实践期待与理论假设密切互动；二是借鉴西方思想资源重估古典儒学传统。据此，在中国和全球的双重语境下，李泽厚提出了一条解决社会—文化和人类关切之诸种问题的可能路径。

以上所述主要体现于李泽厚的实用理性观。该观念经历了两个发展阶段。鉴于其所论要素既相互区别又互为补充，本文将这两个阶段分为第一论证和第二论证。第一论证主要源自儒学思想，侧重审视实用理性的典型特征：有用性、伦理性、情理不分、历史意识、准宗教性，以及转化性创造所必需的开放性。

第二论证则展现出李泽厚的个人洞见，借此将中国传统的实用理性转化成历史本体论的实用理性。在此，李泽厚确立了一项理论原则，该原则主要由三个假设构成:历史建理性、经验变先验、心理成本体。[1]沿着这条思想脉络,他进而提出"度"和"情本体"概念。[2]

本文所论包含以下四个部分:20世纪90年代的第一论证;新千年伊始的第二论证;实用理性视野下的哲学抉择或替代方式;爱因斯坦和李泽厚描绘的世界图像之比照。

一、第 一 论 证

李泽厚早期对实用理性的思考,可追溯到1985年他对中国智慧的论述[3],后又在1993年对此做了更为具体的阐发。[4]如他所言,实用理性对形塑中国传统(就思维模式和人之生活的想法而言)起着至关重要的作用。此外,他还从实用理性出发,引出乐感文化,与西方基督教强调的罪感文化形成鲜明对比。[5]乐感文化以一种乐观和审美的语气,包含了"一种中国哲学的本体论意义",而与之相应的罪感文化则意味着原罪以及寻求自我救赎过程中潜藏的悲观主义。

至于李泽厚所说的中国实用理性,可理解为同"历史积淀"和"文化心理结构"一样,是"一个活生生的过程中的创造原则"[6],正是源于这种原则,某些"具有客观和普遍必然性的绝对价值和道德规范才得以形成"[7]。中国实用理性虽内生于早期儒学,却与时俱进,对不断展开和推进持开放态度,总体上呈现出如下六大性相:伦理性、有用性、情理不分、历史意识、准宗教性和转换性创造的开放性。

首先,伦理性或道德感是中国实用理性的关键维度,备受儒学强调,与康德提倡的建立在实践理性基础上的"绝对律令"有相似之处,因为二者都强调道德完美和伦理行为对个人修为和终极幸福的必要性。鉴于这种相似性,为了与康德设想的实践理性区分开,李泽厚提出了实用理性的概念。李泽厚用这一概念否定了先验理性和先验综合判断的存在,因为实用理性追求的目的与康德的形而上学和道德神学没有太大关系。通常,实用理性并不把理性置于至高无上的地位,而是把理性作为一种工具,服务于作为最高目的的人的生存或生活。实用理性不具有先验性,从不脱离经验和历史。总之,实用理性源自对历史进程中经验合理性的哲学归纳。实用理性关注人之成人的可能性,要求一个人提升道德修养,在私人和公共场合都能举止得体。也就是说,他必须对家庭负责,需要尊老、爱幼、忠于配偶;同时,他必须遵守公共行为规范:诚信待友、与社群同胞互惠互利。此类道德义务易于推广且易于变得苛刻。儒学有仁、义、礼、智、信“五常”,也有温、良、恭、俭、让“五德”。这两套道德准则旨在培养人的君子品格。

其次,有用性是中国实用理性的一个主要方面,有些类似于美国的实用主义。二者用相似的标准来衡量真理及其价值,都认为真理就其纯粹意义而言,应该在实践中发挥作用或效用。在生活经验领域,二者都偏重采取有效和正确的行动,而非抽象或形而上的理论。然而,中国实用理性并不等同于杜威的实用主义,因为前者强调甚至笃信要适应一个客观原则或秩序。此客观原则存在于天道或天命中,独立于人的思维。但是,此原则又不能独立于人道,因为人道应遵循天道,人道与天道在辩证链条上是一而二或二而一的关系。事实上,这种有用性有助于形成一种务实态度。一句流行的比喻很好地体现了这种态度,那就是“不管黑猫白猫,捉到老鼠就是好猫”。猫的比喻暗示,差别明显的方法之间存在外部区分,但此区分并不像最终目的之实现那样重要。例如,从很多中国人的日常行为可以看出,在处理各类事务时,他们不会拘泥于任何套路或惯例;相反,他们会审时度势,在可行的办法中做出有效选择。中国人惯于依据目的性追求而做方式性选择,不管所选方式是传统的还是现代的、民族的或是全球的、内生的抑或外来的。总之,中国人更看重目的的实现,而非方法的类型。

再次,由于注重人之成人的均衡性,中国实用理性倾向于将人性中两种不可或缺的元素情感和理性联系起来,从而表现出情理不分的样态。中国实用理性几乎总是试图在情、理之间取得平衡,即通过满足情、理两方面的需要,恰到好处地待人接物,以维系生活质量。情感需要主要是为了确保平等、互惠以提升人际关系,理性需要则主要是为了根据既定的成文和不成文的规章制度公平对待人类活动。我们应该恰当地统筹利用这两种需求，而非生硬、割裂地利用它们，因为它们在大多数情况下同时并存。它们经常因为作为适中原则的中庸而得到校正或节制。倘若偏向极端，任何行为都会被认为有失平衡，最终无法达到情理兼容的理想状态。我们通过艺术品的艺术表达或社会境遇中的个人行为可以发现，感人之处往往渗透着合理之处，反之亦然。因此，暗中要对滥用情和认死理的情况进行调控。为了提高道德和审美的均衡程度，必然要求遵循适当和节制原则。然而，同时追求情与理，很多时候可能会引起依法裁决与怜悯心态之间的紧张，这会对法治的全面落实产生负面影响，尽管中国自19世纪晚期走向现代化以来社会已经发生翻天覆地的变化。

第四，中国实用理性除了某些唯物论倾向外，还与历史意识联系密切。这种意识深深扎根于中国思想本身之中。中国实用理性倾向于“从长远的、系统的角度来客观地考察、思索和估量事事物物，而不重眼下的短暂的得失胜负成败利害”[8]。因此，它不同于其他形式的工具理性或思辨理性。为了服务于社会生活的具体利益，中国实用理性热衷于汲取历史教训的真谛，但又不妨碍人们学习外来新事物，只要这些事物与实践目标相关即可。此外，中国实用理性有助于将历史意识提升到世界观层面，该世界观视过去、现在和未来为三位一体，同时强调“天人合一”。作为中国文化遗产的独特现象，实用理性“把自然哲学和历史哲学铸为一体，使历史观、认识论、伦理学和辩证法相合一，成为一种历史（经验）加情感（人际）的理性”[9]。值得注意的是，实用理性的精神主要源自古典儒学，它有利于形成一种典范品质和思维模式，它们共同重塑了中国人的如下心理：通过在生活经验和日常事务中持守中道而避免极端。“持守中道”与“过犹不及”的信条相关，因为二者都没有达到作为适中原则的“中庸”。遵循中道行事者，会更加冷静、热心、拒斥暴力，虽然会少一些奇思妙想或创新。他们会“贵领悟，轻逻辑，重经验，好历史，以服务于现实生活，保持现有的有机系统的和谐稳定为目标，珍视人际，讲求关系，反对冒险，轻视创新……所有这些，给这个民族的科学、文化、观念形态、行为模式带来了许多优点和缺点。它在适应迅速变动的近现代生活和科学前进道上显得蹒跚而艰难”[10]。

第五，中国实用理性的准宗教性，不同于任何其他现存文化。它从融合了宗教和哲学的儒学那里，继承了某些固有却也成问题的倾向。毫无疑问，儒学既可被看作是一种准宗教，又可被看作是一种准哲学。例如，尽管儒学伦理缺乏基督教那样的宗教信仰，却仍然被赋予了某些宗教特征，要求在凡尘俗世中践行具有宗教性的伦理准则。结果，它导致中国式的“政教合一”，伦理由此等同于政治，反之亦然。一旦爆发新的运动或革命，受准宗教热情声援的准宗教信仰就会被激发。在某些历史事件中，比如 20 世纪 20 年代早期的新文化运动以及 60、70 年代的“文化大革命”，就出现了狂热有余而冷静不足的问题，结果在众多领域造成了弊大于利的危害。

最后很重要的一点，中国实用理性具有与时俱进的开放性，要求根据情况变化及时做出调整。就像“文化心理结构”一样，中国实用理性并非指一种僵化的模式，而是一个动态的过程。它总是处于不断发展之中，在历史进程中不断重构和积淀。它注重变化、扩展、革新和前进，并不阻碍中国本土的现代化，而是要求一种扎实的研究和转换性创造。因此，一方面，对于经验的、历史的和实际的结果，它必须采取并保持一种冷静、理性和现实的态度，以便明确区分道德与政治；另一方面，它必须对人生保持并强化一种乐观、坚韧的态度，以便重建符合内心升华的伦理学要求的心灵境界。如此，我们或许能够突破延续至今的政教合一传统，克服目前与日俱下的道德颓丧和信仰危机趋势。[11]

中国实用理性具有上述基本特征。在揭示这些特征时，为了便于理解，李泽厚借助了与之相关的“他者”。这里所说的“他者”，指的是其他的文化、传统、哲学或思想家。例如，在考察伦理性或道德感方面，李泽厚比照了康德对实践理性和绝对命令的思考；在考察有用性方面，则联系到杜威的真理观和功利观；在考察准宗教性方面，则参考了基督教的传统，诸如此类。

李泽厚眼光敏锐，从未忽视中国实用理性的不足之处。他指出，正是由于中国实用理性对中国思想的负面影响，人的情感才被限制在人际关系的范围内，人的理性才无法超越经验领域的限制。可以确信，“中国哲学和文化一般缺乏严格的推理形式和抽象的理论探索，毋宁更欣赏和满足于模糊笼统的全局性的整体思维和直观把握中，去追求和获得某种非逻辑、非纯思辨、非形式分析所能得到的真理和领悟”[12]。中国思维模式和生活方式当然还有很多其他不足。我们在理论探究的训练中不难发现，中国实用理性常受实践意愿的驱动。也就是说，它依赖于解决问题的意图，而非为了满足好奇心。因此，理论思考只在寻求解决办法的过程中进行，很可能随着问题的解决戛然而止。这在某些领域会妨碍科学探究的发展，阻碍理论思辨走向成熟。

为了消除这些负面因素，我们需要采取开放的态度和跨文化的方法。正如李泽厚提出，要想保存中国文化的优点，就面临一项巨大而艰难的任务，即必须搞清如何才能认真明断和吸收其他文化的长处，例如“德国抽象思辨那种惊人的深刻力量、英美经验论传统中的知性清晰和不惑精神、俄罗斯民族忧郁深沉的超越要求……使中国的实用理性极大地跨越一步，在更高的层次上重新构建……它也将是一个历史的漫长过程”[13]。在笔者看来，除了上述三种文化的优点，还须加上美国式的开拓精神和科学创造性。无需赘言，在当今全球化语境下，完成这项工程，对中国的哲学从业者来说，无疑是一项艰巨而复杂的任务。

二、第 二 论 证

新千年头十年，李泽厚对实用理性做了转化性创造。他这方面的努力和成就，主要见于 2002 年和 2005 年发表的一系列论文。[14]这些论文构成了他的第二论证，即实用理性的改良或创新模式。

简言之，与第一论证相比，第二论证建构了一个新的框架。这并不必然意味着二者毫无内在联系，因为对二者的揭示和表述，皆出自历史和经验的视角。第二论证不同于第一论证之处，主要在于前者很大程度上建立在李泽厚历史本体论的理论基石上。此理论基石至少由三个主要的假设构成。

第一个假设是“历史建理性”。按照李泽厚的看法,“人活着”是第一位的,理性是第二位的。也就是说,理性只有作为“人活着”的工具时才有价值和意义。理性的工具功能源于其合理性,并随历史而进化。根据李泽厚的结论,实用理性只是对合理性的哲学归纳,因为它否定任何形式的先验思辨理性。实用理性强调相对性、不确定性和非客观性,但绝不等同于相对主义。毕竟,它受“人活着”或“吃饭哲学”的绝对准则决定。此外,实用理性支持如下观点:在历史积淀过程中,人类确立并遵循着“普遍必然性”的“客观社会性”。这里再次强调的是:中国传统的实用理性根本不是先验的、一成不变的和绝对的。它近似于经过历史建构和经验证实的合理性,亦可被称为历史理性,因为它依附于人类历史(即人类整体的实际生存、生活和生命的时间过程),因而随着历史而产生、成长和演变,因此具有足够灵活的“度”[15]。

第二个假设是“经验变先验”。我们在道德领域中发现,约束个体的东西源自个体的内心。实用理性帮助一个人自觉抑制从饮食男女到各种“私利”的欲求,使其行为自觉或不自觉地遵循和符合规范要求。这种作用产生出与人的心理和意志力(自由意志)相关的“理性凝聚”。用李泽厚的话说,“理性凝聚”是理性对感性自觉支配的结果。每个人经过理性的长期培育和训练才成为群体的一分子,道德在心理上是人类特有的理性凝聚的成果。这种凝聚的力量非常强大,它主宰了人类存在的感性层面。因而,康德称之为“绝对律令”,朱熹谓之以“天理”,王阳明名之曰“良知”,它们都具有普遍性和必然性,就像亘古不变的“天道”,或者放之四海而皆准的“历史必然性”。事实上,“绝对律令”、“天理”和“良知”指引人认识生命的意义、价值和责任,就像人们为了稳定起见而给飘浮的船只抛锚一样。这些道德原则由内而外规范人的行为并使之道德化,使其内化后不会产生心理抗拒或认知争议。这些原则尽管压倒一切且非常理性,却要求经验性的情感、信仰、爱敬和畏惧支持其实际运行。[16]这一切揭示出如下可能性:“绝对律令”、“天理”和“良知”这类道德原则,形成于人类实践和文明化历史过程中的经验。它们后来发展成为从内心指导人类行为的超验之物或无上神圣之物,因为它们是强大的自由意志自觉选择的结果。

第三个假设是“心理成本体”。某种程度上,该假设出自海德格尔的此在哲学,这一哲学蒙着由不可预知的死亡引发的“烦”、“畏”这类挥之不去的感情面纱。这些感情不仅与经验心理学和人的自我意识相关,而且与我们现代人的生存现状相关。它们具有人类本体论的特质,此特质滋养了纠缠于“烦”和“畏”的“人活着”的过程。谈到其历史本体论时,李泽厚声称它“提出了两种本体,前一本体(工具本体)承续马克思,后一本体(心理本体)承续海德格尔……结合中国传统,前者得出‘实用理性’,后者得出‘乐感文化’。两者都以历史为根本,统一于人类的历史存在”[17]。因而,强调这种“历史存在”,正是与“人活着”和人之成人相关的历史本体论的关键。

值得注意的是,李泽厚时常反复强调历史本体论的根本性。为了凸显它,他甚至将它与其他思想来源相提并论。如其所言:“历史本体论来自马克思、康德和中国传统,又不同于它们。不同于马克思仅着重人的社会存在,而忽略了个体心灵。不同于康德将心理形式归于超人类的理性,忽略了它的历史生活根源。不同于中国传统过分偏重实用,忽略了抽象思辨的极端重要性。另一方面,它又融合了三者。总体来说,历史本体论通过‘实用理性’和‘乐感文化’所提出的是,在现代生活中全面实现个性潜能的心理建设问题。”[18]据笔者看来,李泽厚自然会发展其历史本体论哲学,因为他极其关注后现代“人活着”的首要性和人之成人的可能性。他发现,人类在这样一个历史时期,面临着大量挑战和问题,这些挑战与问题均与人类文化心理结构相关。他毫不犹豫地开出了自己的药方,我们稍后会对此进行讨论。

这里,我们将实用理性的这种逻辑,视为符合历史本体论的第二论证的一个组成部分。实用理性的核心是经验合理性,由于当前讨论的这种逻辑与经验合理性构成了紧密联盟,所以它也出现在“度”的概念中。“度”原则上依赖于技术—社会本体,但它拥有主体性,以至于被看作“人类学历史本体论的第一范畴”[19]。它出现在人的生产实践中,而非存在着的对象或意识本身之中。作为本源,“度”的主体性不仅是人为(主观)的发明,而且是自然(客观)的发现。就此而言,从“度”的视角来看,人的实践是基本性的,主、客二分则是第二位的。[20]说白了,“度”本身暗示了对“掌握分寸、恰到好处”的实际要求,即要求人类依“度”劳作,依“度”应对遇到的各种事情。可以说,“度”意味着技术上的正确、合适和有效,近似于古希腊人推崇的“万物适度至上”的思想。通常,“度”在古代中国构想的“中”或“和”那里得到了实现和客观化,运用在音乐技艺、战争技艺、政治技艺等诸如此类的领域。从这个意义上说,随着具体时空和条件的变化,无论是从质还是从量方面考虑,“度”在某种程度上都等同于恰到好处的原则。虽然这很难达到最佳状态,但却极为重要和令人向往,以至于人类在缺乏“度”的情况下,不可能维持自身的生存、繁衍乃至个人生活。正是由于这个原因,李泽厚将“度”视为第一范畴,而非像黑格尔那样,将“质”归为第一范畴,“量”归为第二范畴,却把“度”作为第三范畴。之所以出现这种不同,是因为李泽厚是从历史本体论的视角思考“人活着”如何可能,而黑格尔则是从形而上学本体论的角度定义物之所是。

据笔者观察,“度”的概念在三大层面产生作用。首先,“度”在物质和符号操作层面起作用,涉及物质与精神实践,例如生产活动、语言交流、艺术创造、科学探索、宗教祈祷等等。这一切都指向“理性的凝聚”和“理性的内在化”——作为人充分利用理智能量和不断劳动的结果。其次,“度”服务于辩证智慧层面,因为它经过实践领域直达存在领域。例如,它反映在中国“阴阳互补”概念上,反映在希腊“一寓于多”的理论中,反映在西方“对立统一”的学说中。再次,“度”运用于独特创造层面。在这方面,“度”具有不多不少、恰到好处的特点。“度”运用于创造在艺术上被视为美的东西,以便培育那些沉思美之人的美感。就这方面来说,人的大量活动通过利用“度”来获得美[21],这些人类活动包括物质生产、生活行为等。“度”的概念传达出一种精神自由的愉悦感,而精神自由则是美感本身的源泉。同时,“度”是美的基石,而非美自身。美代表着对“度”的自由运用,以及对人性能力(human capacity)的充分展示。“度”自身仍然是“技”,美则是“艺”。由于“艺”能够对“技”进行自由和创造性运用，因而“艺”高于“技”。[22]归根结底，“度”的概念在其因果关系链条中具有主体性，亦如上述三个方面所示。

需要指出的是，如果不谈乐感文化，对第二论证的揭示就不完整。在李泽厚的思想中，乐感文化和“度”具有典型的中国传统特征，它们对于处理当前人类处境的问题不无裨益。正如《历史本体论》所述，中国语境中的乐感文化具有三重意涵。首先，乐感文化标志着体现中国传统基本倾向的“世间幸福文化”，该文化是关乎“世间幸福、人际和谐的文化”，当然也是关乎人类生存和物质生活的文化。其次，乐感文化意味着一种“乐观文化”，因为它聚焦于“人活着”的基本命题，从人道的和乐观的视角探究其可能性。它对人的力量和主动性抱有切实的自信，尽管历史演进过程充满悲剧；它主张光明的前景将要到来，人类所处的形势会得到改善，只要人类鼓起勇气，不畏前行中的各种挑战和艰险。第三，乐感文化象征着一种“音乐和美学的文化”，因为汉字“乐”(lè)也读作“乐”(yuè)。从字面上说，前者的意思是快乐，后者的意思是音乐。在中国传统中，快“乐”标志着音“乐”的本质和功能，根据目的论对最终快乐或幸福的追求，二者都被视为人性与人生不可或缺的一部分。相应地，依靠最佳的音乐品鉴和审美鉴赏力，乐感文化被认为有助于人性的最终实现。[23]

值得注意的是，乐感文化的核心是情本体，情本体事实上是心理本体或者文化心理结构的一个支撑部分。乐感文化容易与以下内容相抵触：将道德秩序等同于宇宙秩序、将存在的道德状态作为人生的最高境地，以及所谓的最高理性统治一切的观念。相反，乐感文化认为，人之为人理应回归到精神领域的自然而自由的存在状态。它进而把人当作最终目的，认为人依靠的基础是情感，而非仅仅是(适合动物的)食欲或(适合神明的)纯粹理性。[24]

顺便提及，儒学思想中有关情的概念，实质意指人文化成的爱人之情，这种爱人之情源自动物本能的爱欲，经人文化为一种恻隐之心，先是育养为亲亲，继而扩展为仁民，进而发展为爱物，最终上升到泛爱众。在李泽厚看来，“情”不再局限于此类自然情感的旧有范围，例如“喜、怒、哀、乐、惊、恐、悲”。“情”得到了更新和升华，涵盖了七种感情类型：亲情、友情、爱情、人际关系情、乡土家园情、集体奋进情和科学艺术情。这七种类型都被社会理性人性化和渗透了。[25]

在这种特殊情景下，情本体在隐喻意义上用来意指化育能力或生长潜力的本根，它与人道的出现、审美形而上学的基础、乐感文化的样式等息息相关。在人之成人的过程中，情本体是生长或变化的主因。[26]中国古代的郭店竹简指出，“道”由“情”生，这表明人道来自人情，尽管人道依靠道德准则与社会规范的内在互动作用试图将人情驯服到适度的地步。由此，李泽厚主张，人性的本体[27]不是理性而是审美——情与理的相互融合产生的审美。所以，他强调情本体，弱化性本体和理本体。为了人类当今的生活，他甚至提倡一种新的转换，即从道德形而上学转换为审美形而上学。他一再强调，情涉及性（道德）和欲（本能）不同比例的配置和组合。情从来不会建构某种固定的框架、体系或那种无论是外在超越还是内在超越的所谓“本体”（substance）[28]。在他看来，情本体对人类更具有决定意义，因为它被置于狭义的“理性积淀”中，而不是被置于伦理学意义上的“理性凝聚”中。这在某种程度上得到实实在在的确证，即：人源自自然，随后当其成长为一种文化—道德的存在时又超越了自然。然而，人不可能永远处于超越自然的状态，因为他在身体上是一种自然存在，毕竟最终还要回归自然。[29]因此，人经历了两种历史事件：自然的人化和人的自然化。[30]

三、一种哲学替代理论

上述两种论证，揭示了李泽厚对中国传统实用理性的重思结果和基于跨文化视野的转化性创造。它们事实上构成了李泽厚实践人道主义哲学的一个重要部分，该哲学以他的人类学历史本体论的目的论理据为基础。作为一位具有深切人道主义关怀的思想家，李泽厚借助哲学来发掘人类命运的光谱，在普遍层面他始终关注人类处境的现状，在特殊层面他不断思索人之成人的可能性。亦如康德一样，李泽厚深切意识到，有一种认知是实践性的而非理论性的，因为实践认知指向做事的行为，而理论认知则指向存在的性质。尽管他承认自己对两种认知形式均有兴致，但他更注重实践的手段，更关切如何在当前环境下阐述人活着所面临的问题与挑战。

李泽厚的人道主义，作为一种替代理论，经常被认为与众不同，因为它宣称其所探究的是一种“吃饭哲学”。恩格斯强调，食物供应是人类实践的首要前提。有鉴于此，李泽厚的人道主义利用“吃饭哲学”这个充满“嘲讽”的说法，来回敬那些因热衷于艰涩沉奥的思辨性理论演绎而偏好讥笑直面现实问题的哲学家们。简言之，李泽厚另辟蹊径，无视这类嘲弄性批评。但要看到，他运思相当审慎，将“吃饭哲学”这一看似非哲学的观念用作一种修辞策略，一方面于自嘲之际讥讽那些自视甚高的批评者，同时又以此激起公众对其哲学事业、人道关切和目标追求的关注。如果我们历史地审视李泽厚的思想，就会发现他进行哲学探究的方法与努力，是想在实践认知和理论认知之间达到适度的平衡。

至于对实用理性的转化，李泽厚通过梳理实践和理论两个方面，旨在提出一个综合性整体。因而，他力图为实用理性的基本理据增添两个截然不同的观念：一个是与中国实用主义相关的实用性格，另一个是与德国理想主义相关的抽象思辨，其意在于提升实用理性的有用性，增加其理论深度。如他所言：

> “实用理性”以服务人类生存为最终目的，它不但没有超越性，而且不脱离经验和历史……“实用理性”使古代中国的技艺非常发达，但始终没能产生古希腊的数学公理系统和抽象思辨的哲学，所以，它在现代遇到了巨大的挑战。但也因为它的实用性格，当它发现抽象思辨和科学系统有益于人的时候，便注意自己文化的弱点而努力去接受和吸取。[31]

李泽厚所谓“人类生存为最终目的”，与“人活着”同义。与其他关切相比，“人活着”最为关键。显而易见，在李泽厚心目中，“人活着”这一铁的事实，无论对于人之成人还是人性完满实现的可能性，都具有决定作用。“人活着”通常涉及三个层面的挑战：第一，它首先会遭遇生存中生、老、病、死之种种不幸；第二，它会遭遇社会—话语权力、生产方式和人际交往的全方位操控；第三，在社会转型期历史进步与道德下降的二律背反中，个体会顾此失彼，无所适从。[32]为了提高“人活着”的质量，所需要做的远不止勉强维持生计，因为“人活着”至少有四个主要维度：物质的、认识论的、伦理的和审美的。具体说来，物质维度对应于与满足基本需求相关的“以何活”；认识论维度对应于与生死真谛相关的“为何活”；伦理维度对应于与切实遵守公共及私人道德相关的“如何活”；审美维度对应于“活得怎样”，这与出于人性的完满实现或完善的自觉动机相关，而人的实现或完善则要借助自由直观和自由审美。下述内容将集中在物质和审美两个维度，以便表明实用理性的有用性和思辨价值。

如其所是，李泽厚的“吃饭哲学”自然与众不同，因为它在寻求一种可行的解决办法，以确保“人活着”的物质维度。这种实质化的解决办法明显有赖于日常必需品的充足供应。事实证明，此乃致力于“人活着”的其他诸种维度的前提条件。由此可见，物质维度的实现，是李泽厚实践哲学最重要的任务。为此，人类劳动所物态化的，恰是在使用—制造工具的同时，在文明的历史进程中把握“度”的艺术。

尽管如此，物质维度的落实不是个体层面的问题，而是社会层面的问题，因为这是所有人或共同体的一致追求。因而，李泽厚本人一直关注中国在这方面的现实境况，非常重视从实践角度关注社会的发展与改革进程。通过对经验合理性进行历史和反思式的判断，他从宏观角度提出了中国改革顺序的建议。该顺序由四个连贯的步骤构成，即“经济发展、个人自由、社会正义和政治民主”。他称之为“四顺序说”，[33]当反对者提出批评时，他为其辩护说：

> 这四项既是相互渗透并非截然划开的独立时段，它只有轻重缓急的先后顺序，而且这“轻重缓急的先后顺序”也只是就整体、一

般而言，并非机械的僵硬规定，它随具体事例具体情况仍有一定的灵活性和变异性。因此，在不同时间不同问题上，如何掌握四者之间错综复杂的关系，便成为关键所在。这也就是我所强调的“度”的艺术。[34]

自从1995年有此提议以来，李泽厚持守这一“先后顺序”。他一方面意识到，通过发展经济养活庞大人口理当优先于其他所有事务；另一方面，他认为，任何导致大众饥馁的改革都注定遭到抵制或以动荡收场。此外，任何激进的改革——在条件不成熟的情况下，冒险将个人自由和政治民主放在首要位置——都弊大于利，因为它违反中国当前的社会现实。中国历史上不乏此类悲惨遭遇，世界上很多国家亦然。尽管如此，李泽厚的主张还是遭到一些人尖锐抨击，这些人抑或是新自由主义者，抑或是民粹主义者。在他们中间，有的人甚至挖苦说：李泽厚老了，已经落伍，成了懦夫。然而，李泽厚逆流而上，走自己的路，基于特定的历史文化意识，进而宣称“和谐高于正义”。笔者赞同李泽厚“经济发展”优先的观点，但却难以苟同将“政治民主”置于“个人自由”和“社会正义”之后的安排。当然，在上述引文中，李泽厚解释说，这“四项”会相互渗透而非截然区分的独立阶段，其“轻重缓急的先后顺序”在具体实践中并不是机械或僵化的，而是酌情而定或因时制宜。然而，在实践中，这一顺序或许会被采纳，但是其关系也许就被悬置了，“度”的艺术则可能被忽视了。因此，笔者对此顺序略表怀疑。笔者以为，如果缺少相关的“政治民主”建制，“个人自由”和“社会正义”怎么可能成为实实在在的东西呢？笔者相信，只有依靠法治而非治制，“政治民主”才能确立和持续，“个人自由”和“社会正义”也是如此。因此，笔者认为只有全面落实法治，才是行之有效的逻辑，历史经验亦反复印证了这一点。至于李泽厚倡导的“和谐高于正义”一说，也包含同样的问题。

我们接下来谈谈李泽厚对“人活着”的审美维度的探询。既然审美维度主要涉及“活得怎样”或“人如何才能活得好”的问题，那么该维度实现的可能性就在于洞察人类境况，在于借助审美升华使审美维度获得相应提升。在当今每一个比较富裕的社会里，我们不难看到，与人类境况相关的诸多问题大都转化成了文化心理结构方面的问题。据预测，这些问题可能导致精神疾病和病态行为，例如焦虑、自闭、世纪病、自杀，诸如此类。李泽厚所言的文化心理结构，至少涵盖三个层次：从人类角度来看它主要是人性的；从环境观点来看它主要是文化的；从心理文化积淀过程来看它主要是个体的。

在李泽厚看来，所有的文化心理问题都能够通过审美升华得到妥善解决，因为作为其第一哲学的实践美学具有能动的有机作用。在这方面，对美的自由欣赏被认为是主体性体系的最终目的，因为它与自由直觉一起，都是理性凝聚的过程，而理性凝聚则是人性结构的顶点。更具体地说，这类美出自合规律性与合目的性的有机综合，因而被认为本质上具有真与善的荣光。对美的自由欣赏相当于“人活着”的最高境界，该境界被喻为“天人合一”。这种合一出自经历了人化自然的物质现实，而这种现实则包含了对外部世界和内部世界的改造或重铸。这完全有赖于工艺—社会工具的生产力，而非个体的精神本身，这些工具奠定了以下三种情况的基础：人类和个体的发展，社会结构的存在和改进，个体的心理结构。[35]

根据李泽厚的说法，中国的美学观念不同于西方的美学观念，它至少在两个因素上高于宗教：第一因素在于一种隐秘的物质性和超道德性存在状态，它会导向实现道德上的超越生、死和任何功利性的可能性；第二因素是集体与个人内在交融的特征——历史与心理、社会与个人、理性与感性，统一于心理、个体和感性组成的三重结构中。这一切预示了理性积淀的结果：个性潜能总体上得到了充分培育和展现。[36]在笔者看来，自由的审美活动在追求内在升华过程中扮演着至关重要的角色，内在升华依赖于内在的道德培育，而非外在的宗教救赎。在中国传统中，内在升华和“天人合一”彼此强化和促进，以至于都以超越一切受利益驱使的关切和责任为目的。在理性积淀和个性潜能的帮助下，自由行为之渴求就可能为人性的完满实现或最大程度的完善制造有利的氛围。

我们在第二论证中发现,李泽厚关于"度"的说法,与关于"以美启真"的说法相似,二者都指向其实践美学的特殊作用。相应地,他的情本体的结构类似于"以美储善"的结构,二者都导向其实践美学的内在价值。这一切皆因为李泽厚笃信"美"是"真"和"善"的象征。在这种情况下,审美启示起到了某种启蒙作用,使审美者能够洞见"真"的认识价值,提升对"善"的道德意识。

在笔者看来,"度"的作用背后有三种相互关联的原则,适用于三个不同的领域。一是合适性原则,它聚焦于功能的有效性和生产率,意在"以度劳作"。用于前文提到的身体和精神活动时,对于维持人生活和解决"吃饭哲学"方面的问题,它不仅具有效用,而且富于成果。二是正确性原则,强调认知的相关性和判断的合理性,意在"以度获智"。这种智慧可有效区分人世间细微而令人困惑的种种现象。当然,在时空变换中获取这种智慧,需要在生活实践中不断尝试和检验,这无论如何绝非一件易事。三是创造性原则,注重想象力和自由直觉,为的是"以度立美"。它要求对"技"有良好的掌握,对"艺"有良好的趣味。只有通过自由运用"技",才能创造美和欣赏美。然而,这样还不够,因为美要被用于更高的目的:即用来阐明"真",体现并不传达任何具体方法论的实用理性的"逻辑"核心。[37]这自然指向接下来要论述的内容。

首先映入我们脑海的,是"以美启真"的意义。它不外于获得关于某种新型事物本身的真知,在李泽厚看来,这等同于"人与宇宙的共在"。这是一种形而上学假设,没有这种假设,审美经验将缺失渊源,形式感将难觅其踪。宇宙的存在像一种不可知的先验客体,而人造符号系统具有的创造力和认知力,则像先验主体。从历史本体论的角度看,二者以人类实践为基础获得了统一。在"以美启真"的协助下,人类可窥知宇宙的诸多奥秘,从而确保人类在宇宙中的地位。正是通过这样一种充满偶然性和自发性的积极人生,人与宇宙之间的交流才成为可能。与此同时,人以自身与宇宙在物质意义上一致和共存的名义,必然会拥有关于这一事情本身的一种形而上假设。此假设将不可避免地转向一种前提,该前提使得人赋予宇宙或自然的各种秩序成为可能。[38]

至于情本体的效果，就像其本身一样不可捉摸而令人向往。关于情本体效果的主要功能，笔者认为至少能从三方面感知。首先，它鼓励人“以情待物”。这样做之后，能使人将他们对家人的爱推及邻人（“亲亲而仁民”），并进一步推及所有人和事（“仁民而爱物”），就像孔夫子“泛爱众”的观念那样。其次，它告诫人要“以情育德”。在这种情况下，情感本身受到道德准则或社会规范的人性化、人文化和适度节制。最终，在某种目的论意义上，它帮助人们变成道德和文化的存在。第三，它引导人“以情审美”。在这个阶段，它诱导人们充分利用他们的美感——这使得悦耳悦目的审美经验获得迅速发展；指导人们超越这个层次，转向悦心悦意的审美情感；启蒙人们走向悦志悦神的审美升华。

巧合的是，李泽厚将情本体导向了他视为第一哲学的实践美学。正如他对待“度”那样，李泽厚极为重视实践美学，乃至于想以之解决现代人文化心理结构的重大问题。他相信，实践美学一方面与人类学本体论关联颇多，另一方面则与先验心理学关系密切，因此有助于涵括作为最终目标的人性的完满实现。

那么，如何才能实现这一目标呢？根据李泽厚的替代理论，就是在“度”的协助下“以美启真”，同时在“情本体”的协助下“以美储善”。在这方面，在第一种情况下要做的，与对“物自体”的假设有关，该假设是人获得关于宇宙的更多知识的逻辑前提；在第二种情况下要做的，与对“物自体”的设定有关，该设定是供人选择的情感和信仰的充分条件。[39]“物自体”是人与宇宙共存的新形式，类似中国的“天人合一”概念。李泽厚的分析再三证实，这里的两种行动模式关涉对善好情感的培育，既有助于抚育人类灵魂的真正成长，又有助于文化意义上的人性发展。这两种行动模式都有利于促进和提升人性的完满实现，途径是使以下四方达到和谐，即使个体的、个性的、自然的和社会的整合成一个有机的整体。很难有其他方式会像这个替代方式如此有效和可靠。历史一再表明，人的人文化成或性格的塑造，无法只借助外在命令、宗教教规或革命学说来进行，因为人作为个体彼此不同。也就是说，伦理要求一旦崩塌或被弃之不顾，一些人就容易堕落成没有丝毫道德感的颓废浪子。[40]

这里,笔者假定:作为李泽厚第一哲学的实践美学之方法,导致了他对审美形而上学的推崇,这种审美形而上学设定了通过审美智慧增进内在升华的理路。这种升华可被视为更高的精神教化或道德教化的结果。据称,审美形而上学不仅有助于人通过在此世生活中践行彼世价值而变成在经验时空中的样子,而且有助于他们提升人性能力,以便以自由的直觉和思辨的宁静来面对世间的“烦”与“畏”。相应地,审美智慧可看作所有这种直觉、宁静和鉴赏力的本体性理据。

为了证明这种内在逻辑在这方面的合理性,李泽厚借助他的人类学历史本体论,重新考虑了人之成人的可能性,尤其在涉及人性和人性能力方面。于是,他宣称人性是神性和动物性的交合,因为人既依赖于生理需求以维持肉体的存在,同时人也运用其获得的能力操控这种需求,并将之导向高贵的目的。构成人性基础的是人性能力,即将人类与其他动物种类区别开来的道德心理。具体来说,人性能力包含三种主要元素:从道德心理和意志力量(自由意志)方面而言的“理性凝聚”,从人对逻辑、数学和辩证概念的认知力来看的“理性内化”,以及作为审美能力特征的且与审美积淀的动态性相一致的“理性融化”。[41]

更具体地说,理性凝聚的心理基础,可能有助于在中枢神经系统中的认知—思考区域与情感—意志区域之间建立一种特殊渠道,而中枢神经系统由长期的(人类整体的)实践和(人类个体的)教育过程进化而来。李泽厚将这个过程等同于“文化心理结构”,或者“人性能力的积淀形式”。在这方面,“理性内化”和“理性融化”在某种程度上彼此相像。“长期的实践过程”与历史的过程相似,二者相互交织,因为人的实践包含源于使用—制造工具的历史进步,而人的历史与人的进化一道,都得经由人的实践。至于人性能力和每个个体的人性,它们在个人自身的认知、道德和审美能力中相互依存——这是由于实践和历史互动的结果。在大多数情况下,由于不同的天赋、养成习惯和教育情况等原因,人类个体往往变成他们所是的样子。

在这方面,李泽厚大力倡导其审美形而上学,他深化了康德面向人性整全的“无目的的目的性”思想，纳入了“以美启真”、“以美储善”和“以美立命”的内容。然而，李泽厚的思想又与康德有所不同，因为李泽厚为了尽可能获得“人性的完满实现”，通过普遍的爱来整合理性和感性的方式，发展了他的审美形而上学。在这里，李泽厚所依据的是与自然法和实用理性相关的历史本体论观点；而康德则从审美判断走向目的论判断，据此他从与道德法和思辨理性相关的神学—伦理学视角，提出了关于最高善的立场(即，人能获得的最大幸福是人的德性的产物，而人的德性则被视为自然的最终目的)。相比而言，由于综合了理性和感性的二分法，李泽厚更关注整个人类的成长；而康德更关切作为一种道德存在的人的修为，这是其实践理性与神学—伦理学意识——对最高的善和绝对命令的意识——之间相互影响的结果。

此外，为了平衡理性力量的总体主宰以及工具理性的具体泛滥，李泽厚的实践美学理论保留了对情本体化育潜能的强调。在这种情况下，情本体与仁爱协同生效，仁爱使得 eros[爱欲]和 agape[爱情]以一种复杂且相互作用的方式交织在一起。儒学没有来世概念或末世论说，为了治疗当今社会—文化的顽疾——这些顽疾同时对人的精神和生活施加了大量负面的影响——审美形而上学的必要性被提了出来。根据这种审美形而上学，审美介入意味着超越纯粹的愉悦和动物性的欲望，努力实现精神领域的“超越”。“它(审美)强烈指向某种超生物性的生存状态或人生境界的追求。但它依然不‘纯’，仍然不可能像中世纪苦行僧那样，追求脱离此动物性肉体生存。并且恰恰相反，它只能是在此动物性肉体存在基础上追求超脱。这就是我所讲的‘人自然化’中身体—心理的修炼与自然—宇宙的节奏韵律相合拍一致，所产生的‘天人合一’等神秘经验。”[42]

实际上，情本体意味着一种“珍惜”，或及时珍惜人物、境迁、事件、偶在的一种倾向——只是为了将它们引入此在的领域。在这种情况下，“如何通过这个有限人生亦即感性生存的偶然、渺小中去抓住无限和真实，‘珍惜’便成为必要和充分条件。‘情本体’之所以不去追求同质化的心、性、理、气，只确认此生偶在中的千千总总，也就是‘珍惜'之故:珍惜此短暂偶在的生命、事件和与此相关的一切,这才有诗意地栖居或栖居的诗意。任何个体都只是'在时间中'的路途过客而已,只有在'珍惜'的情本体中才可寻觅到那'时间性'的永恒或不朽"[43]。退一步讲,暂时的珍惜可以频繁地自我重复,就好像受到永恒轮回的护送。这种奇特的体验和感觉,对人的生活和成长构成极大影响。

此外,人能够以其自己的方式觉醒。他接受自己偶然、有限的生存,不怨天、不尤人,奋力求生。他下学而上达。这种说法的形而上意思是:通过个人修养寻求精神自由……然而,"人是什么"和"人是目的"的思想,终将落实在"美感双螺旋"充分展开的人性创造中,落实在时间性的情本体中,落实在此审美形而上学的探索追寻中。[44]

在笔者看来,李泽厚的美学思想原则上是跨文化的。它整合了中西传统,同时由于转化性创造又与二者有所不同。其审美形而上学概念的本体论基础是"人与宇宙共存"的假设,该假设暗含"天人合一"的思想。这种共存包括内外兼修的人之成人和人性的完满实现两个过程。外在修养主要由"度"和出自实践本体的技术—社会本体决定,并体现为人类活动的两个主要领域——即自然的人化和人的自然化——之间的动态互动。内在修养包含在文化心理结构中,反映在"以美启真"或"以美储善"这种具有互补性的训练中。前者有望获得与整个宇宙相和谐的人性的平衡发展,后者有望通过建立在情本体之上的审美智慧促进内在升华。这些构想都是为了抵制人类中心主义和工具理性的大肆泛滥。

值得注意的是,李泽厚的审美形而上学理论具有远大的抱负,其目标旨在通过内在升华促成人性的完满实现,以消灭人类文化心理问题。它招致了怀疑论或批评性反思:在一些人眼中,它是审美乌托邦,因为它无法消除所有这些问题;而在另一些人眼中,它是一种实践性替代理论,有助于缓解或减少这些问题。无论怎么讲,这都需要接受时间的盘察和检验。

四、李泽厚独特的世界图像

统观李泽厚的著述，其哲学探索涉猎了康德、黑格尔、马克思、杜威、皮亚杰、弗洛伊德、尼采、马克斯·韦伯、海德格尔、哈耶克、罗尔斯、中国儒学、道家、禅宗、后现代主义等众多思想资源。李泽厚从实用理性角度出发，着力重思和挑选了相关理论来构建自己的思想结构。在其行文过程中，他主要依靠批判性反思和转化性创造两种手法，而这两种手法又融汇着跨文化研究和重构性动机。

在2003年的自传中[45]，李泽厚列举了自己提出的一些主要概念，指出其认同德勒兹(G.Deleuze)的观点，即哲学就是构造概念以思考世界。他自己列举的这份清单并不完整，但我们从中可以发现，他所构造的概念，诸如"自然的人化"、"积淀"、"文化心理结构"、"人的自然化"、"实用理性"、"乐感文化"、"情本体"、"度作为第一范畴"等，达14种之多。我们在此可以给这份清单补充一些关键概念，如"主体性"、"工具本体"、"心理本体"、"审美形而上学"和"历史本体论"等，借此勾勒其关于"人活着"和人之成人的哲学素描。李泽厚总结自己最能引起共鸣的思想成果时，依据的就是这幅素描。诚如他所宣称的那样，他自己旨在"为思考世界和中国从哲学上提供视角，并希望历史如此久远、地域如此辽阔、人口如此众多的中国，在'转化性的文化创造'中找到自己的现代性"[46]。

在笔者看来，李泽厚的哲学素描简要地突出了其独特的世界图像。他描绘世界图像是根据概念性的指南，而非具体的细节。这正符合他的一个偏好，即偏好对核心观点进行"宏大叙事"，而不是基于精细证据的"琐细的专业化"。[47]值得一提的是，尼采也对过度专业化发出过警示，因为过度专业化会带来不良后果——很可能会把一门专业知识当作目的而非手段。在这一点上，李泽厚与尼采所见略同，因为两人都是特立独行的思想家，而非某一狭窄领域里自以为是的专家。实际上，李泽厚本人一再激励他的读者反复思考其所言所著。鉴于这一点，他更像一位思想助产师，而非信息传递者。他多次指出，当今无论何种信息，都可以通过计算机数据库轻易获得。这几乎让博闻强记的功夫失去了以往的用武之地。实际上，从20世纪80年代以来，对于中国好几代有志于美学或哲学研究的学者而言，李泽厚都扮演着精神导师和灵感来源的角色，从而把他们从僵化思想和惰性思维的桎梏中解放了出来。总之，李泽厚穷尽毕生精力与时间，为中国乃至世界的社会现实问题寻找可能的对策。步入晚年后，他常常谈及为全人类工作的使命感。在笔者看来，他的世界图像在某种程度上堪比爱因斯坦的世界图像。说来也巧，我们发现李泽厚特意引用过爱因斯坦这样一段话：

> 人们总想以最适当的方式来画出一幅简化的和易领悟的世界图像，于是他就试图用他的这种世界体系来代替经验的世界，并来征服它。这就是画家、诗人、思辨哲学家和自然科学家所做的。他们都按自己的方式去做，个人都把世界体系及其构成作为他的感情生活的支点，以便由此找到他在个人经验的狭小范围里所不能找到的宁静和安定。[48]

这是爱因斯坦在一次演讲中称赞的世界图像，该演讲是他在1918年庆祝普朗克(Max Plank)六十寿辰的宴会上发表的。李泽厚对此非常认同，他先是将这段话放在了《历史本体论》的扉页，随后又在正文中再次引用，以支持或强化自己的论证。[49]在爱因斯坦看来，这样一幅世界图像指向了一种积极的动机，有别于叔本华的消极动机，后者主张把人们引向艺术和科学。勾画这幅图像，是为了远离日常生活，因为生活中充满烦人的粗俗和无望的沉寂，也是为了摆脱反复无常的欲望对个人的束缚。这一图像的妙用，就“好比城市里的人渴望逃避喧嚣拥挤的环境，而到高山上去享受幽静的生活，在那里，透过清寂而纯洁的空气，人们可以自由地眺望，陶醉于那似乎是为永恒而设计的宁静景色”[50]。

我们从爱因斯坦的言说中可以看到，他的世界图像之所以具有某种典范意义，是因为它建议物理学家“必须满足于描述我们的经验领域里的最简单事件；企图以理论物理学家所要求的精密性和逻辑完备性来重现一切比较复杂的事件，并非人类智力所能及。高度的纯粹性、明晰性和确定性，会以牺牲完整性为代价”[51]。

依据爱因斯坦这幅世界图像的主要特征，李泽厚似乎在追求他自己的目标。他描绘了一幅类似的世界图像，一方面使其尽量适合人类的需要，另一方面想要确立自己“情感生活的支点”。据此，他突破了中国图像“个人经验的狭小范围”，担负起提供“简化的和易领悟的世界图像”的使命。这一使命感反映出他在美国定居二十余年所扩充的国际视野或全球意识。进入古稀之年后，他一再宣告自己在为全人类工作。他所展现的写作风格和思想方式，无不印证着其世界图像所蕴含的“简化的和易领悟的”特征。

李泽厚所提供的这一世界图像，从自然法的观点看，凸显了他对人之成人的可能性的持续专注。不过，这种自然法是一种全新的自然法，因为它以实用为导向。传统上，道德性的自然法主要等同于人性和自由意志。但在李泽厚看来，自然法本身具有一种文化特性。于是，他将人性与人文联系起来，认为人性不单是个人自由选择的结果。相反，他把人性的培养，看作是在人类实践和历史进步动态过程中通过人文发展人性能力的结果。如此一来，就必须充分考虑文化多元主义背景下人类大脑的功能和进化。因为，自从历史上出现跨文化互动以来，整个人类不再生活在一座孤岛上，而是生活在一个地球村里。这一事实必然会影响人类大脑的成长，因为人类大脑总是与人性能力和人性息息相关。在当今阶段，我们从脑科学的发展中看到，双螺旋现象的发现在这方面提供了令人印象深刻的证明。我们希望在不久的将来，这个领域会有更多的发现，到时我们将能破解这个未知之秘。笔者对此非常期待，尽管这绝非易事。

（李向利译）

注释

[1]“本体”是个复合词,可以分成“本”和“体”。从词源和语义上看,“本”的意思是根或本源,在抽象意义上可被视为一种基本原理;“体”的意思是身体和官能,是属性和功能赖以存在的基础。至于李泽厚的“本体”概念,根据其人类学—历史本体论——常简称为历史本体论——通常用来指称某种根本的、首要的和最重要的且具有生发能力的东西。顺便提及,李泽厚所言的“本体”,既不同于康德所用的 noumenon(本体,涉及不可知的“物自体”),也有别于西方思想史上所用的本体概念(比如用其意指亚里士多德的“实体”,笛卡尔的“上帝”和黑格尔的“绝对”等)。

[2] 李泽厚使用这一术语带有某种喻说特征,意指包含生殖力或生长潜力的“本根”。人类的情感对人生非常重要,以至于它关系到人道的出现、心理本体的产生、乐感文化的模式以及审美形而上学的基础,等等。

[3] 李泽厚:《试谈中国的智慧》,载《中国古代思想史论》,人民出版社 1985 年版,第 299—322 页。亦参李泽厚:《新版中国古代思想史论》,天津社会科学院出版社 2008 年版,第 234—255 页。该文的部分段落被译成了英文,参 M.E.Sharpe trans.,“Contemporary Chinese Thought: Li Zehou”, *Translation and Studies*, Winter 1999—2000 vol.31, no.2(2000), pp.44—65.

[4] 李泽厚:《关于“实用理性”》(1993),载《实用理性与乐感文化》,生活·读书·新知三联书店 2005 年版,第 325—332 页。

[5] 李泽厚本人将乐感文化用英语表述为“a culture of optimism”。他当初提出这个概念,比照的是与西方传统相关的罪感文化,然而西方传统已经被根深蒂固的原罪观念基督教化。另外,他意识到乐感文化在中国传统中是三维的,后文将对此加以解释。因此,笔者倾向于依据中国传统将乐感文化译为“joy-conscious culture”,即使它具有某种乐观主义的特点,对“人活着”的种种可能性持隐秘却又积极的态度。

[6] 李泽厚:《关于“实用理性”》(1993),载《实用理性与乐感文化》,第 329 页。

[7] 李泽厚:《李泽厚近年答问录》(2004—2006),天津社会科学院出版社 2006 年版,第 205 页。

[8] Li Zehou, “Some Tentative Remarks on China's Wisdom”(excerpts), M.E. Sharpe trans., “Contemporary Chinese Thought: Li Zehou”, *Translations and Studies*, p.49.亦参原文《试谈中国的智慧》,载李泽厚:《中国古代思想史论》,人民出版社 1985 年版,第 305—306 页。

[9] Li Zehou, “Some Tentative Remarks on China's Wisdom”(excerpts), p.50.

[10] Ibid.

[11] 李泽厚:《关于“实用理性”》(1993 年),载《实用理性与乐感文化》,第 331—332 页。

[12] 李泽厚:《中国古代思想史论》,人民出版社 1985 年版,第 305—306 页。

[13] 李泽厚:《试谈中国的智慧》,载《中国古代思想史论》,第 306 页。

[14] 李泽厚:《历史本体论》,生活·读书·新知三联书店 2002 年版,及《实用理性与乐感文化》。

[15] 李泽厚:《历史本体论》,第 43 页。

[16] 同上书,第 49—51 页。

[17] 同上书,第 92 页。在该书的 2006 年版中,根据上下文,“人类历史的本体”应为“人类的历史存在”。

[18] 李泽厚:《实用理性与乐感文化》,第 108 页。

[19] 李泽厚:《历史本体论》,第 10 页。李泽厚将他的这本书置于一个十分重要的位置。他有时称该书为《人类学本体论》,有时称为《人类学历史本体论》。

[20] 同上书,第 13 页。

[21] 语义上,中国的“美”的概念由于具有三方面含义,从而与希腊的 kallos 的观念非常接近。它首先指某些具有好看形状或外观的美丽之物,其次指某种从善或正当性方面判断为道德的行为,最后指属于一种高贵性的某种道德的且较高的人格。

[22] 李泽厚:《实用理性与乐感文化》,第 42 页。

[23] 李泽厚:《历史本体论》,第 408 页。

[24] 李泽厚:《实用理性与乐感文化》,第 71—72 页。

[25] 李泽厚:《历史本体论》,第 108 页。

[26] 李泽厚:《实用理性与乐感文化》,第 55 页。

[27] 李泽厚这里所谓的“本体”,可以理解为“‘本根’、‘根本’、‘最后实在’的意思”。参李泽厚:《实用理性与乐感文化》,第 55 页。

[28] 李泽厚:《哲学探寻录》(1994),载《实用理性与乐感文化》,第 187 页。

[29] 李泽厚:《实用理性与乐感文化》,第 70 页。

[30] 李泽厚:《说天人新义》,载《历史本体论》。

[31] 李泽厚:《课虚无以责有》,载《实用理性与乐感文化》,第 364 页。

[32] 李泽厚:《历史本体论》,第 125 页。

[33] 李泽厚:《伦理学》,人民出版社 2010 年版,第 189 页。

[34] 李泽厚:《说历史悲剧》,载《历史本体论》,第 234 页。

[35] 李泽厚:《关于主体性的补充说明》(1983),载《实用理性与乐感文化》,第231页。

[36] 同上书,第230—231页。

[37] 李泽厚:《实用理性与乐感文化》,第45页。

[38] 同上书,第53—54页。

[39] 同上书,第111页。

[40] 李泽厚:《历史本体论》,第123页。

[41] 李泽厚:《人性与美学形而上学》,载王柯平主编:《美学:多样性与普遍性》,上海锦绣文章出版社2012年版,第6—7页。

[42] 同上书,第8页。

[43] 同上书,第9—10页。

[44] 同上书,第10页。

[45] 李泽厚:《课虚无以责有》,载《实用理性与乐感文化》,第371页。

[46] 同上书,第371页。

[47] 同上书,第357页。

[48] Albert Einstein, "Principles of Research", *Ideas and Opinions*, ed., Carl Seelig, trans., Sonja Barmann, New York: WINGS Books, 1954, p.225.

[49] 李泽厚:《历史本体论・己卯五说》,生活・读书・新知三联书店2003年版,题记页,第111页。

[50] Albert Einstein, "Principles of Research", *Ideas and Opinions*, p.225.中译文参爱因斯坦:《探索的动机》,载《爱因斯坦文集》(第一卷),徐良英、范岱年编译,商务印书馆1976年版,第101页。

[51] Ibid.中译文参爱因斯坦:《探索的动机》,第102页。

第三部分
李泽厚的美学理论与儒学

李泽厚美学:循康德、马克思和儒学前行

刘再复

香港科技大学

一、具有哲学、历史纵深度的美学表述

如果确认李泽厚美学是一个体系,那么接下去的问题便是,这一体系的中轴是什么,换句话问 李泽厚美学的总特色是什么?对此,我想回答说,李泽厚美学是哲学家的美学,尽管它也包含艺术家的美学,但总的特色是拥有哲学、历史学纵深度的美学。因此,他对美的定义,不是艺术学的定义,而是哲学的、历史学的定义。

笔者是研究文学出身,对于意象性的概念特别敏感。为了对上述论点做出更有力的表述,我想借用尼采的男人美学与女人美学这一概念来论证。这里要声明的是,李泽厚很不喜欢尼采,也未必能赞成我的借用与表述。李泽厚如此说:

> 尼采曾以为,如果从接受者即欣赏者的角度来研究艺术和美学,只是女人美学。尼采强调要从创造者的角度来研究美学,即从强力意志来研究艺术的创造。
>
> 本书不同意这一观点。其实,为尼采所批判的康德美学,早就提过天才与趣味的区别。康德认为,创作需天才,否则将是平庸之作。但比较起来,趣味仍然更为重要。[1]

李泽厚在这里提到尼采的“女人美学”概念。他不喜欢尼采，一是因为尼采张扬的是蔑视女人的大男子主义；二是因为美学应包括创造者与欣赏者两种视角，天才创造与审美趣味缺一不可，不知审美趣味，哪来的天才创造？尼采显然是偏激的。但是，如果我转换一下概念的内容，以“男人美学”这一意象指涉具有哲学历史学纵深的气魄，而“女人美学”仅止于欣赏的话，那么可以说，李泽厚的美学倒是真正的男人美学（仅在比喻的方式上运用此词，不涉及男女性别区分）。换句话说，他是柏拉图、康德、黑格尔式的美学把握，是从“建构情感本体”这一哲学历史视角展开对美的界定，探讨的重心是“美的本质”而不是“审美对象”，即探讨的是美的哲学究竟，而不是表现、移情、距离、对称、韵律等具体的审美性能。关于这一点，他说：

从审美对象到美的本质，这里有问题的不同层次，不能混为一谈。其实，这个区别早在两千多年前柏拉图就已提出了。他说“美”不是漂亮的小姐，不是美的汤罐，也就是说美不是具体的审美对象和审美性质，而是美的理式，即“美本身”。黑格尔在《美学》中称赞说：“柏拉图是第一个对哲学研究提出更深刻的要求的人，他要求哲学对于现象（事物）应该认识的不是它们的特殊性，而是它们的普遍性。”怀特海说，一切哲学都只是柏拉图哲学的注脚，都只是在不断地回答柏拉图提出的哲学问题。在一定意义上，也可以说，本书就是要用主体性实践哲学（人类学本体论）来回答柏拉图提出的美的哲学问题，研究美的普遍必然性的本质、根源所在。[2]

李泽厚和朱光潜先生的区别就在这里。朱光潜比李泽厚年长32岁，是20世纪中国美学的第一个最认真探索美的杰出学者。他也讲创造与欣赏的关系，其最著名的论断表现在下边的两段话上：

美不仅在物，亦不仅在心，它在心与物的关系上面……它是心借物的形相来表现情趣……创造是表现情趣于意象，可以说是情趣的意象化;欣赏是因意象而见情趣,可以说是意象的情趣化。美就是情趣意象化或意象情趣化时心中所觉得到的“恰好”的快感。

……创造之中都寓有欣赏,欣赏之中也都寓有创造。比如陶潜在写“采菊东篱下,悠然见南山”那首诗时,先在环境中领略到一种特殊情趣……惟其觉得有趣,所以他借文字为符号把它留下印痕来,传达给别人看。这首诗印在纸上时只是一些符号……我如果觉得它美,一定要认识这些符号,从符号中见出意象和情趣,换句话说,我要回到陶潜当初写这首诗的地位……陶潜由情趣而意象、而符号;我由符号而意象、而情趣……[3]

从这一关键性的表述中,我们可看出两点:其一,朱先生把美感的源泉界定为欣赏,欣赏产生情趣,把情趣加以呈现,赋予意象(意象化)便产生美。其二,把美界定为欣赏后的创造(意象)。因此美的本质就是两者之互动(关系)。这里应当注意的是朱先生所讲之“创造”内涵只是把情趣符号化、意象化的例子,文学艺术活动,是欣赏化为作品和作品形成之后又让人欣赏的循环。如果说欣赏是美的发生,那么,作品便是“美”的实现。这样,美和美感便成了一体,似乎没有分别。这种美学,在尼采眼里,便是女人美学。而李泽厚则首先把美与美感两大概念划分得格外清楚。他批评西方美学家说:

许多西方美学家把美看作审美对象,而审美对象是审美态度(心理)加在物质对象上的结果,因此,美是美感所创造的,从而美感和美也就是一样的东西。这样解释美的根源是不对的,但解释美感现象却有一定的道理,丑的东西因为有审美态度的中介,也可以成为审美对象。并且同一对象,因为审美心理的原因,对不同的人或同一个人有时感到美,有时不感到美。我不同意机械反映论,我重视审美活动中主观意识的能动性。但这能动性却又不是把审美对象与美的根源,把美与美感画个等号,就能解决的。相反,我始终认为,从美的本质、根源(哲学问题)到现象(包括许多心理学问题)不是那么直接、简单,相反,要特别注意在两者过渡中的许多重要问题……柏拉图曾希望找出一个美的共同理式,把这个理式灌注到那里,那东西就是美的东西……如上所讲,即应该把美从根本上是如何来的(美的本质、根源)与你为什么会对某一事物感到美,亦即某一事物为何会成为你(个体或某一具体社会、时代的群体)的审美对象(美学客体)相区别开。[4]

从这段自白可以了解,李泽厚美学的总体特点是在寻找美的共同理式,是沿着柏拉图的哲学思路探索美的根本和美的普遍性。他30年来在美学上苦思冥想的是"美从根本上如何来,如何可能"这个总题目。至于为什么对某一事物感到美的问题则是他的第二级问题。20世纪50年代,大陆的美学争论,主要是李泽厚与朱光潜先生的争论。在李泽厚看来,朱先生所讲的审美对象与美感的关系以及文艺心理学,只是美的现象学和审美方法论,并非美的哲学,或者说并非美学本体论。而叩问美的本体,解开美的哲学之谜,求证柏拉图提出但尚未完成的"美的共同理式",才是李泽厚的美学雄心与美学抱负,他自己不说,其实气魄很大。他近年来反复把过去的美学论述加以深化与简化,不断地说明"建立新感性",建构"情感本体",确立审美数学方程式,这些实际上都是在阐释他理解的"美的共同理式"。这样,他就把美学的眼界、境界大大拓展,拓展到历史深处。也就是不把美的本质、根源,局限在眼皮下的审美对象和审美经验、审美态度,而是直追摆脱动物界(自然界)之后的人类的美感如何发生,如何可能。换句话说,关于人类美与美感发生问题的大哉向,才是李泽厚美学的根本。

为了说明李泽厚美学的重心,我们不妨再重温一下他的美学定义。他说:

在美学范围内,"美"这个词也有好几种或几层涵义。第一层(种)涵义是审美对象,第二层(种)涵义是审美性质(素质),第三层涵义则是美的本质、美的根源。所以要注意"美"这个词是在哪层

(种)涵义上使用的。你所谓美到底是指对象的审美性质？还是指一个具体审美对象？还是指美的根源。从而，“美是什么”如果是问什么是美的事物、美的对象，那么，这基本是审美对象的问题。如果是问哪些客观性质、因素、条件构成对象、事物的美，这是审美性质问题。但如果要问这些审美性质是为何而来的，美从根源上如何产生的，亦即美从根本上是如何可能的，这就是人们所谓的“美的本质”问题了。[5]

李泽厚在阐释他的美定义时，特地画了一张小表：

美{审美对象(美是主观意识、情感与客观对象的统一)
审美性质(美是对象的客观自然性质)
美的本质＝美的根源

(美是人类实践的产物，它是自然的人化，因此是客观的、社会的)——自然美、社会美 ⤨ 科技美、艺术美

了解这些美的涵义之后，便可了解，李泽厚美学的重心不是在探寻审美对象、审美的性质，而是在探寻美的本质，美的根源。因此，从这一意义上说，李泽厚的美学也可称为审美发生学。由于美的本质中本质一词容易产生歧义和误解，所以他后期谈论美的本质时，多用美的根源。其逻辑是一旦找到美的总根，也就找到美的本质了。那么，这美的总根是什么？美如何发生？美如何定义？这个总问题一直煎熬着他，也逼迫他做出回答。他的著名答案，就是“自然的人化”这一哲学历史学命题。

关于这点，他一再说明：

那么，美的根源究竟何在呢？

这根源(或来由)就是我所主张的“自然的人化”。

在我看来，自然的人化说是马克思主义实践哲学在美学上(也不只是在美学上)的一种具体的表达或落实。就是说，美的本质、根源来于实践，因此才使得一些客观事物的性能、形式具有审美性

> 质，而最终成为审美对象。这就是主体论实践哲学（人类学本体论）的美学观。[6]

他又说道：

> “自然向人生成”，是个深刻的哲学课题，这个问题又正是美学的本质所在。自然与人的对立统一的关系，历史地积淀在审美心理现象中。它是人所以为人而不同于动物的具体感情成果，是自然的人化和人的对象化的集中表现。所以，从唯物主义实践论观点看来，沟通认识与伦理、自然和人、总体（社会）与个体，并不需要上帝，不需要目的论，只需要美学。真、善、美，美是前二者的统一，是前二者的交互作用的历史成果。美不只是一个艺术欣赏或艺术创作的问题，而是“自然的人化”的这样一个根本哲学——历史学问题。美学不只是艺术原理或艺术心理学，道理也在这里。[7]

李泽厚把美的本质、美的总根界定为“自然的人化”。这一界定，是美的发生学内涵，又是李泽厚美学的“哲学—历史学”特征。因此，把握住“自然的人化”，便可把握住李泽厚美学的总钥匙、总框架。关于“自然的人化”，李泽厚有时解说得极为简单：“自然的人化有双向进展，即工具—社会世界和心理—文化世界。简称之曰：客观的工具本体和主观心理本体。”也就是说，自然的人化具有两个方向：一是外自然的人化，造成工具—社会世界；一是内自然的人化，造成心理—文化世界。美的总根，便是外自然的人化，换句话说是人类通过制造和使用工具的劳动生产即改造世界的物质实践活动创造了美。

在中国具体的美学探讨（美学论争）的语境下，李泽厚强调，他的论战对手虽然也讲实践，也讲“人的本质对象化”，甚至也讲“自然人化”，但其内涵却大有区别。他说，他的对手（包括朱先生）所讲的实践、人化，实际上是意象化、意识化活动，讲的是艺术实践、精神实践。而他所讲的实践，则是物质生产的劳动实践，是改造世界的历史实践。他在

《美学四讲》中批评朱先生:

>……人的主观意识、愿望、想象、情感、意志("本质力量")—对象化,来作为象征、符号、艺术作品,亦即主(意识)客观统一,就产生美。这当然不是我所能同意的。这并不是说人的主观意志、情感、思想不重要,不起作用,而是说从哲学看,它们不能在美的最终根源这个层次上起作用,只能在美的现象层即构成审美对象上起作用。[8]

对美的终极根源的追索,使李泽厚在对美的哲学把握中,有了历史的纵深度。他走出美与美感的日常经验领域,不停留在日常的审美经验中寻找美与美感的根源。而是把美的发生与人类的发生联系起来考察,把美的本质与人的本质联系起来思索。因此,他的美学便有一条可寻的线索。即认定美不是美感所创造,而是人的历史实践所创造。换句话说,美不是美感的结果,而是历史的结果——人在历史实践中"积淀"的结果,也就是自然人化的结果。外自然的人化产生工具—社会结构,产生科技人文;内自然的人化则产生文化—心理结构,产生人性,产生情感本体。李泽厚的"历史本体论"就讲这两个本体,而最后的实在是情本体。他在《我的哲学提纲》中,把情感归结为最后的实在,也就是把内自然的人化归结为最后的实在。近年来,他强调建立"新感性",侧重讲内自然的人化。其要义则在于探讨美感的根源。如他所说:

>我所说的"新感性"就是指这种由人类自己历史地建构起来的心理本体。它仍然是动物生理的感性,但已区别于动物心理,它是人类将自己的血肉自然即生理的感性存在加以"人化"的结果。这也就是我所谓的"内在的自然的人化"。……自然的人化包括两个方面,一个方面是外在自然,即山河大地的"文化",是指人类通过劳动直接或间接地改造自然的整个历史成果,主要指自然与人在客观关系上发生了改变。另一个方面是内在自然的人化,是指人

> 本身的情感、需要、感知、愿望以至器官的人化，使生理性的内在自然变成人。这也就是人性的塑造。……从美学讲，前者（外在自然的人化）使客体世界成为美的现实。后者（内在自然的人化）使主体心理获有审美情感。前者就是美的本质，后者就是美感的本质，它们都通过整个社会实践历史来达到。[9]

李泽厚讲自然的人化包括两个方面：美的根源与美感的根源，但重中之重是后者。因此，我们可以极端地说，李泽厚美学的精华部分是美感学，他企图建构的柏拉图“美的共同理式”，乃是美感共同理式，新感性共同理式。

从以上讲述，可以知道李泽厚美学首先回答美从根本上如何成为可能，之后又回答美感从根本上如何可能。然而两者固然都是哲学，但是，前者偏重于历史哲学，后者偏重于人性哲学，而后者与文学艺术关系更大。关于后者，李泽厚的总观点可作如下概述：人性不是天生、天赐的，美感也不是天生、天赐的，美感来源于感官的人化与情欲的人化。所谓感官的人化，是指人的眼睛、耳朵、鼻子、嘴巴等五官的人化。动物的感官完全是功利性的，一切只是为了自己的生理性生存需要，而人的感官虽然是个体的，受生理欲望支配，但经过长期的“人化”，已逐渐失去狭窄的维持生理生存的功利性质，再也不仅仅是为了个体的生理的生存的器官，而是一种社会性的存在物，这就是所谓感性的社会性。李泽厚说，“美学要解决的恰恰是感性的社会性”。这句话，我们可以理解为美学以至于美感要解决的正是把人的感官从生物性升华为社会性，升华为优秀人性，例如把与动物一样可以听声音的耳朵升华为音乐的耳朵；把与动物一样可以看东西的眼睛升华为审美的眼睛，也把与动物一样的会吃东西的牙齿和舌头，变成会感觉到香甜、感觉到美味从而也感觉到享受与快乐的社会性形态的牙齿与舌头。这是内自然人化的第一项内涵。第二项则为情欲的人化。这是对人的动物性的生理情欲进行塑造或陶冶。人有七情六欲，这是人的自然性，性就是自然性。如果性仅仅是一种欲望要求，仅仅是一种为了生儿育女的功利欲求，那么，这只是动物的本能。只有从自然本能中升华,由情欲变成爱情,自然的关系变成人的关系,自然器官变成审美器官,这才进入人的真正的自由感受。这种内在自然的人化,正是美感的本质、美感的源泉。如果说,康德发现审美是超功利的,贡献了一个美乃超功利的经典定义,那么,李泽厚则发现审美是一种超生物的需要与享受,贡献了一个美的超自然本能的定义。我在思索李泽厚这一关于美感本质的思想时,老是想到《红楼梦》,想到贾宝玉原先只是一块石头,他在通灵之后变成人而来到人间。他开始时充满自然性欲望,喜欢吃丫鬟脸上的胭脂,但在林黛玉的引导下,他的这种欲望不断升华为真正的爱情,而且情感愈来愈真愈深,最后深刻到不仅是一般的人,而且是充满诗意充满大慈悲精神的人。我把《红楼梦》的内涵分为四个层次,即"欲"、"情"、"灵"、"空"。内在自然的人化,便是从欲升华为情、升华为灵的过程。至于"空",则是从更高的形上高度来观照自身的欲、情、灵,是对自然人化过程的哲学反思。

二、马克思与康德互补的历史本体论

自然的人化,自然向人生成,这才是美的本质,美的根源。美不只是一个艺术欣赏或艺术创作的问题,而是这样一个根本哲学—历史学问题,这一关键性思想在《批判哲学的批判》第十章中讲得明明白白,这就是结论,这就是李泽厚的美的本质论。

然而,"自然向人生成",把人视为整体自然的最终目的(其"人"指的是"文化—道德的人")这是属于康德的命题。紧跟着这一大命题而来的是更复杂、更深刻的问题,即自然如何向人生成,自然如何实现向人转化,转化的中介机制是什么?这是煎熬康德的问题,也是李泽厚超越康德、想做出与康德不同回答的问题。李泽厚讲述康德的著作,书名叫作《批判哲学的批判》,康德的哲学是批判哲学,李泽厚的超越,就在于对批判哲学进行改造性创造。那么,李泽厚使用的批判武器是什么?实现改造性创造的哲学是什么?读了李泽厚的论著,就会发现,这武器乃是马克思的历史唯物论即实践论。然而,如果再深一步地阅读,更会发现,这武器乃是李泽厚独家创造的历史本体论。如笔者在"引论"中所言,历史本体论并非照搬历史唯物论,它仅仅吸收历史唯物论那一坚硬的前提与基础,即人首先有物质需求(衣食住行),然后才有精神建构(文化、思想、意识等)。李泽厚从不侈谈生产关系等,只注重生产工具的制造与变革的巨大历史作用。人类正是通过改善工具的实践活动,创造了外在的工艺—社会本体,又在此活动中,创造了文化—心理本体尤其是情感本体。康德特别重视后者。整部《批判哲学的批判》就是这一批判工程。其批判的主题,如果必须用一句最简明的哲学语言表达,那就是李泽厚把康德的"认识如何可能"的大问题变成"人类如何可能"的大问题,即把康德的认识论"改造"成"人类学历史本体论"。

李泽厚的批判改造工程相当复杂,这里包含着对康德美学体系的吸收和扬弃,包含着整个美学基石从先验到实践的转化。作为美学的学子、学人,笔者自知,无论是对康德、马克思,还是对李泽厚,最要紧的是不要陷入概念的网络中,而应当对其著作进行穿透性的阅读,明了自然向人生成,如何成为可能这一核心问题。康德的回答是可以通过先验的审美判断力实现这种可能。所谓审美判断力,乃是以自然形式的合目的性与人的主观的审美愉快相联系构成的一种能力,也是由纯粹美走向依存美、由客体走向主体、由自然界的必然走向文化道德的自由的精神活动。这就是自然向人生成的中介(桥梁)。李泽厚认为,康德的回答乃是"主观唯心主义的解决"。他认为:"把审美当作主观合目的性的形式。这样便不可能解决'自然向人生成'这个巨大课题。"[10]也就是说,受因果必然性支配的自然为什么能以主观的合目的性向人生成,这才是属于李泽厚的真问题。李泽厚在回答"自然向人生成"的"巨大课题"时,批判康德的目的论,批判其仰仗审美判断力只是仰仗一种先验的、神秘的心理能力,最终只能导向信仰主义、导向宗教与上帝、导向神秘的"灵知世界",回到自然目的论。关于这点,李泽厚在《批判哲学的批判》第十章第七节"人是自然的'最后目的'"中作了非常精彩的批判。李泽厚说,当问一个事物为什么存在时就有目的论问题。但要从自然本身找到目的解释又是不可能的。康德只好指望一种“超感性的理知存在者”,这种存在者具有一种非人所有的“理知直观”,然而,这种超经验的假设又是属于所谓“本体”彼岸的东西,也就是说,自然存在及其有机规律是属于不可知的超感性世界中的(在那里,目的论和机械论便合而为一)。这样,在康德那里,世界的最后原因、整个自然的最后原因又是一位假定的“设计师”,也就是上帝。因此,目的论不只是一种探究自然的范导性原则,而且是指向某种所谓超感性的基体了(参见《批判哲学的批判》第十章“美学与目的论”)。这样,康德在认识论的层面上实际上又请回了上帝,即从自然走向上帝,从机械论走向目的论。而在伦理学的层面上,则由道德本体论走向道德神学论。李泽厚的改造工程就从这里入手,他确认“人”为自然的最后目的。而人为了达到自然的自由与解放,即从必然王国走向自由王国,不是依靠“知性直观”这种先驱的心理功能,而是靠人类总体的以改善工具为主要内容的物质性的社会实践活动。人是一种历史的存在,自然向人生成、自然的人化是历史的结果,即人在改造自然界(外自然)和改造自身(内自然)的巨大历史实践活动中的结果。所谓历史积淀,也就是人(主体)在历史实践活动中,让理性内化为人的心理情感本体和外化为工具—社会本体,换句话说,即社会、历史、理性积淀在个体、感性、直观中,而所谓“知性直观”,也是历史的结果、实践的结果、积淀的结果。这样,自然向人生成就不必仰仗一位超感性的设计者,而是仰仗自身,即仰仗主体历史性的实践活动。这就把康德的哲学基点从空中移向地上,从先验移向实践,从判断过程移向历史过程,总之,是从认识论、目的论移向历史本体论。

2007年1月,《读书》杂志发表了他的《循康德、马克思前行》的答问录,直言不讳地说明自己乃是从康德和马克思那里出发。把康德的名字放在马克思之前,只能暗示时间的先后和借助后者调整“修正”前者,不能说明自己从建构工艺—社会结构(物)到建构文化—心理结构(心)的大思路。所以,在发表答问之后,他又在2015年3月与笔者的私人对谈中说:

> 我虽然也讲艺术哲学、审美心理学，但重心的确是探讨美感如何发生、美如何成为可能、什么是美的根源等问题。我将“循康德、马克思前行”改为“循马克思、康德前行”，就是说不是从康德走向马克思，而是从马克思走向康德，即从马克思的工艺—社会结构走向康德的文化—心理结构。还是这条人类主体实践的大思路。康德很了不起，说明上帝、宗教是情感，不是用理性可以证明存在，不是认识论可以解决的问题。是情感的需要才设定的。说康德是超越的（即先验的）心理学，他实质上是提出了人之所以为人的文化心理结构问题即人性问题。这问题还需要仔细分疏研讨。人性不是上帝赐予的，也不是先天生物本性，恰恰是通过历史（就人类说）和教育（就个体说）所积淀形成自然的人化。所以我把人看成历史的存在，不仅在外在方面，而且也在内在方面。我所谓“内在自然的人化”即此意也。这观点是60、70年代开始形成的。

李泽厚这段自白极为重要。这说明李泽厚不是简单地用马克思“改造”康德，也不是用康德“改造”马克思。而是按照自己的历史本体论的思路，肯定康德提出的人之所以为人的文化心理结构问题的重大意义，但又回答康德不能回答即不可知的问题。

到这里，李泽厚只讲从康德到马克思（或从马克思到康德），没有谈及黑格尔。但黑格尔在支持李泽厚美学走向哲学—历史的纵深思索中，也起了重大作用。研究李泽厚美学不可放下黑格尔。尽管他在强调感性、个体、直观（“积淀”的落脚点）时，暂时放下黑格尔。关于这点，李泽厚作了说明。他说：

> 我认为从康德开始，经过席勒、费尔巴哈到马克思，特点之一就是抓住了“感性”，这也就是为什么我要把黑格尔撇开的原因。今年国际上有个会议，议题之一就叫“要康德，还是要黑格尔？”我的回答：都要！……
>
> 我自己受黑格尔的影响就很深。黑格尔最伟大的地方，是宏

伟的历史感。我认为他的辩证法的灵魂就是伟大的历史感,而伟大的历史感也正是马克思紧紧抓住的东西。这也是我们现在需要学习的黑格尔的东西。但是黑格尔的理论中也有大量的诡辩论。他的《美学》这本著作中就有很多牵强附会的东西。由于他的诡辩论,无论什么问题,到他那里都能讲出道理来,当然里面夹杂了很多主观的东西。这方面我认为康德比较老实,不知道就是不知道。黑格尔的历史感,对人类历史发展的整体性的观点,以及对必然性与理性的强调,无疑是很正确的。马克思接受了这种观点,这是永远值得高度评价与研究的方面。因为他站在整个人类历史的高度来认识与观察一切问题,自然很深刻。但另一方面,感性的、偶然的、个性的东西黑格尔就注意不够,这些内容在黑格尔的历史整体感中消失了。为什么存在主义崛起?就是对黑格尔的一种反抗。人都具有个体,并在有限的时间与空间中存在,这是一个真实的存在,人是感性物质的存在,而不能完全是理念的存在。[11]

在论述李泽厚的改造工程时,之所以要重提黑格尔,是因为18年前笔者曾发表过《李泽厚与中国现代美的历程》,说明李泽厚哲学与德国三个哲学家关系甚深,这就是黑格尔、康德、海德格尔,从影响角度说,李泽厚的哲学历程是一个从黑格尔到康德到海德格尔的吸收、批判和再创造过程。

首先是黑格尔。李泽厚一再说,历史具有两个特征,一是它的暂时性,这是指时代、事件、偶然等,一是它的积累性,这是指长期的历史积淀。李泽厚美学具有那么重的历史感,那么注意历史在个体中的积淀,那么注意人的个体存在的价值、意义、独特性、丰富性,又那么肯定普遍的心理形式来自人类历史的总体等等,这些都得益于黑格尔。直到《批判哲学的批判》问世,他才告别黑格尔而进入康德。这部在"文化大革命"时期写成的书,使李泽厚的美学进入更新更高的境界,关于这点,还是让他夫子自道:

> 在我这个马克思与康德的交会中，历史成了中介。“人是什么”是康德提出的最后一问，康德晚年走向人类学，未及完成的“第四(历史)批判”是康德哲学的终点，却正是我的历史本体论的主题。生活—历史的暂时性和积累性是我关注的要点。[12]

又说：

> 我通过这本书表达了我的哲学。本来，在研究美学时，我对康德最感兴趣。后来我由他的美学扩展到他的认识论、伦理学和历史哲学。我将康德与马克思连接了起来。我以“主体性实践哲学”又称“人类学本体论”(这个世纪初我简称之为“历史本体论”，意义未变)，反抗当时的正统意识形态。我以“人类如何可能”来回应康德的“认识如何可能”(先天综合判断如何可能)，认为社会性的人类物质生产活动是人类认识活动的本质和基础，认为认识论放入本体论(关于人的存在论)中才能有合理的解释。我将皮亚杰儿童发展理论嫁接到人类学，认为以使用—制造工具的实践为根本的社会活动与人们“先验”的认识形式有重要关系，是这些普遍形式的“物质”基础。我以人类的“客观社会性”来解读康德的“普遍必然性”，以为并没有康德说的那种普遍必然的先验理性，只有属于人类的普遍心理形式即人性能力，它在物质实践—生活基础上产生，具有并非意识约定的“客观社会性”。我把康德的先验形式逐一解读为经由人类生活实践所历史形成的文化心理结构，我称之“积淀”。我提出“积淀”应从人类(共同)的、“文化(共同)的”和“个体的”三个层面进行剖析，认为认识是“理性的内化”，表现为百万年积累形成似是先验的感性时空直观、知识性逻辑形式和因果观念；伦理是“理性的凝聚”，表现为理性对感性欲求的压抑、控制和对感性行为的主宰、决定；审美则是“理性对感性的渗透融合”。“积淀”理论重视理性与感性、社会与自然、群体与个体、历史与心理之间的紧张以及前者如何可能转换成后者，最终落脚在个体的

独特性和创造性,以获取人的自由;认识的自由直观,伦理的自由意志,审美的自由享受等等。[13]

我还要特别提醒大家注意最后一段,即审美是理性对感性的渗透融合,而"积淀"又使这种融合成为可能,即在理性与感性、社会与自然、群体与个体、历史与心理之间的紧张中使前者转化为后者并最终落脚在个体的独特性与创造性之中,对于美学来说,便是实现审美的自由享受。李泽厚在此书论美学的第十章就说明康德与黑格尔的区别也在于此。他说,处于卢梭与黑格尔的中间,康德整个哲学的真正核心、出发点和基础是社会性的"人"。它既区别于卢梭、斯宾诺莎和法国唯物主义的"自然",更区别于中世纪以来的"神",同时也区别于以后黑格尔完全淹没个体(人)的"绝对理念"。康德的"人"以社会性(尽管还是抽象的)作为"先验"本质,但仍是感性的个体的自然存在。这就是说,康德的哲学(包括美学)的优点,在于它不是纯感性(如卢梭)也不是纯理性(如黑格尔),更不是纯神性(如贝克莱),而是理性与感性、社会性与直觉性兼有,并且是社会性、理性落脚到感性的个体的自然存在。这里应特别提醒的是,李泽厚这部著作的名称叫做《批判哲学的批判》,是对康德哲学的批判,不是注解康德或只是阐释康德,批判中包含着对康德进行修正与再建构。批判的关键点是如何实现理性落脚到个体独特性之中。康德仅把"判断力"这种心理功能作为中介(作为从理性到感性的中介)是不可能实现的,只有通过主体性实践才有可能。李泽厚把康德的先验形式逐一解读为经由人类生活实践所形成的文化心理结构,并引入"积淀中介"。这就是说,靠心理功能不可能,只有靠历史实践的积淀才可能。康德解决自然与社会、认识与伦理、感性与理性的对峙,统一它们的最后方法是要找出它们之间有一种过渡和实现这种过渡的桥梁。过程本身是一个历史过程:由自然的人到道德的人。但它的具体中介或桥梁,在康德那里,是人的一种特殊心理功能,即所谓"判断力";在李泽厚那里,是人类的历史实践。

三、近似《红楼梦》的美学大思路

面对李泽厚的美学体系，我一直在寻找一个概念来概括这一美学存在的特色，也可以说是命名。近年来，我在潜心阅读《红楼梦》并写作《红楼哲学笔记》时，发现一个很有趣的现象，就是李泽厚的美学大思路与《红楼梦》的美学大思路相似，并都可以称之为大观美学或通观美学。

与曹雪芹美学相比，李泽厚美学是完全不同的类型。曹雪芹美学是艺术家美学、意象性美学、直觉性美学；李泽厚美学是哲学家美学、范畴性美学、逻辑性美学。曹雪芹美学蕴含于《红楼梦》作品文本中，由形象、意象作间接性表述；李泽厚美学则由美学主体作直接性表述。对曹雪芹美学，我所作的工作是发掘，对李泽厚美学，我所作的工作是阐释。尽管类型不同，他们的美学的大思路完全相通。我发现两者有三个共同点：

第一，两者的审美观都大于艺术观。即其审美观不仅是艺术观，而且是价值观、人生观、世界观、宇宙观。也就是说两者都是大观美学。我从“大观园”这一名称抽象出曹雪芹的大观哲学视角，也可以说是大观美学观角。这一视角浸透《红楼梦》全书。有此视角，才能“以空见色”，看到色的虚幻，既看到人间的悲剧，又看到人世的荒诞。我们说李泽厚美学具有哲学历史纵深度，也就是具有大观视角。李泽厚在自己的美学论著中，一再论证：美感大于艺术，美感早于艺术。原始人制造工具，产生美感，但工具不是艺术，它还有其他艺术之外的目的（宗教、巫术活动、物质生产等）。但艺术又把美感集中，通过线条、节奏等创造有意味的形式而成为艺术。一旦形成艺术又会反过来促进美感。《红楼梦》通过林黛玉谈诗（如与香菱说诗）、薛宝钗谈画、贾宝玉谈挽歌、贾母谈文学旧套等表明了曹雪芹自己的文学艺术观，但《红楼梦》的审美眼睛，不仅审视诗词、戏曲，而且审视人，审视大自然，审视青春生命，审视宇宙秩序，上至三生石畔、警幻仙境，下达少女眼泪、元宵灯节，全是审美对象。李泽厚一直认为，如果把审美仅仅局限于艺术，那是美学的狭窄化。也正因为有此彻底性,所以他才把审美眼睛伸向人与人、人与自然、人与历史、人与上帝、人与宇宙等多重关系中。

第二,两者都有一种取代宗教的对美的信仰。读过《红楼梦》的人,都知道曹雪芹通过他的人格化身贾宝玉展现他对美的崇拜与信仰,这就是女儿崇拜、青春崇拜、诗意生命崇拜。《红楼梦》乃是一部少女青春生命毁灭的伟大挽歌。我借用康德的语言范式说明《红楼梦》的主旨乃是"天上的星辰,地上的女儿"。在《红楼梦》研究界曾有学人认为这是一部类宗教的大书(如陈蜕、周汝昌)。可是《红楼梦》并非宗教书,因为它没有上帝,没有天主,没有神。但它有信仰,有崇拜。这就是以女儿崇拜取代神灵崇拜。它在第二回,就通过宝玉之口说:"这女儿两个字,极尊贵,极清净的,比那阿弥陀佛、元始天尊的两个宝号还尊荣无对呢!"这一石破天惊之语,乃是曹雪芹以女儿代佛道、以美代宗教的宣言。《红楼梦》受禅影响极深,贯穿于全书的是"始于情、止于悟"的线索,是以悟代替佛、以觉代替神的禅宗世界观,但在美学上则是以美的信仰代替神的信仰。因此可以说它是易信仰,但不能说它是灭信仰。关于这一点,我在拙著《红楼四书》中已作了充分说明,此处不再赘述。

有趣的是,李泽厚正是一个无神论者,完全拒绝宗教,但他与曹雪芹一样,相信有一个高于道德境界的审美境界,也有一个高于世俗人间秩序的宇宙秩序,这一秩序不是道德秩序,而是审美秩序。他称之为"宇宙—自然物质性的协同共在"秩序。他认定,中国历来所崇尚的"天地境界"(冯友兰概念),就是这种"共在"的境界与秩序。李泽厚认为,康德很了不起地道破了宗教并非理性,也非实在,而是一种情感。而中国人正是用对天地的敬畏情感来代替对上帝的敬畏情感。关于这一点,他在《华夏美学》第六章("走向近代")第二节("'以美育代宗教':西方美学的传入")中说,这正是儒学哲学的思路,也正是王国维、蔡元培的思路。李泽厚说:

> 儒家哲学没有建立起道德的宗教,它只有超道德的美学,它没建立神的本体,只建立着人的(心理情感的)本性。它没有去归依

> 于神的恩宠或拯救,而只有人的情感的悲怆、宽慰的陶冶塑造。如果说,王国维以悲观主义提示了这问题,那么可以说,蔡元培则是以积极方式提出了这问题:“以美育代宗教”。与王国维接受叔本华相似,蔡元培接受的是康德。与王国维立足于儒学传统立场相似,蔡元培没有像康德那样去建立道德的神学,却希望从宗教中抽取其情感作用和情感因素,来作为艺术的本质,以替代宗教。尽管根本理论的出发点容或有异,一积极,一消极,一 Kant,一 Schopenhauer,但他们将西学结合华夏本土传统之企图和走向,又仍是非常近似的。以美育代宗教,以审美超道德,从而合天人为一体,超越有限的物欲、情思、希望、恐怖、人我、利害……以到达或融入真实的本体世界,推及社会而成“华胥之国”、理想之民,王、蔡二人是相似相通的。[14]

李泽厚把“自然—宇宙物质性共在”视为基础、本源、重心。这是“有”,不是“无”,这是一个情感—信仰的“物自体”,是那作为总体存在的人和宇宙共在的本身。因为探讨这一巨大对象和把握这一巨大对象——可以代替神的对象,美学才成为第一哲学——比政治哲学、道德哲学更为重要的哲学。

第三,使我觉得更有意思的是,无论是曹雪芹还是李泽厚都在探讨“美从根本上如何来”、“如何可能”的大问题。只是用不同的语言回答罢了。李泽厚回答说,美是自然的人化。这一答案形成李泽厚美学的基础,也是李泽厚对美的经典性定义,而曹雪芹虽然没有使用这种逻辑性的概念进行定义,却用一部伟大小说的框架尤其是用象征美的主人公的发生来回答。主人公贾宝玉这一至真至善至美的生命,原来是一块石头,即原来是自然,他通灵之后化为人到人间,这就是人化。所谓《石头记》,就是自然人化的传记,自然人化的史记。李泽厚讲自然人化包括外自然的人化和内自然的人化。贾宝玉由石头变为人,是外自然的人化;而他到了人间之后又有一个从欲向情的提升(开始时喜吃丫鬟胭脂等),这是内自然的人化。宝玉和黛玉都是曹雪芹美的理想,美的象征，那么，这种美根本上如何而来？曹雪芹也让妙玉问宝玉："你从何处来?"宝玉答不出，惜春替他解围说，你不会回答"从来处来"吗？这个来处，这个总源是什么？是上帝吗？是神灵吗？不是，是青埂峰，是石头，是自然。另一主人公林黛玉原是三生石畔的绛珠草，也是自然。这草"久延岁月"，"既得天地精华，复得雨露滋养，遂得脱却草胎木质，得换人形，仅修成个女体……"(《红楼梦》第一回)这也是自然的人化。曹雪芹如果是个有神论者，他也许会把女娲改为真上帝，让她造出中国的亚当(神瑛侍者)与夏娃(绛珠仙草)，但是，他没有这样设计，也就是没有作出美来自上帝来自神的回答，而是作出来自"自然"的回答，并要经过一个历史过程("久远岁月")才能"向人生成"。我的这一阅读心得，写在《红楼哲学笔记》中，今天用来印证一下李泽厚的大观、通观美学，应当不算唐突。

以上把李泽厚美学与曹雪芹美学略作比较，但二者的美学形态毕竟很不相同，所以描述起来也很难尽意。就以李泽厚对中国美学的概说而言，那又需要另一番说明。他关于中国美学阐释的代表作是《美的历程》和《华夏美学》，这两部著作可称作李氏中国美学的外篇与内篇。以往的中外美学家，一说起中国美学，只谈庄子，只谈道家，而李泽厚则通观儒学与道家，尤其是儒学。他对儒学文化概说为"乐感文化"、"情本体"等，早已被广泛传播。此外我要强调的是，李泽厚所概说的"情本体"、"乐感特征"等，也正是中国儒学美学的要点与内核，今后还值得大书特书，值得进一步探索。李泽厚的《华夏美学》，第一章为"礼乐传统"，第二章为"孔门仁学"，第三章为"儒道互补"，第四章为"美在深情"(还有第五、第六章)。整部著作的重心是儒学美学，其所谓"华夏美学"，也就是以儒学思想为主体的中国传统美学。这一美学体系，其历史根源就发生在儒学的礼乐传统之中。《华夏美学》无论是论述礼乐传统，还是论述孔孟人道，或是屈原深情以及庄禅哲学美学都在说明：中国美学，全都建立在一种心理主义之上，这种心理主义不是某种经验科学的对象，而是以情志为本体的哲学命题。所以李泽厚最终高喊出"情感本体万岁"的口号。这种呐喊又在传达一种重大信息，即这个本体，不是上帝，不是道德，不是理智，而是情理相融的人性心理。唯有这种"情本体"可达久远，可通永恒，可称"万岁"。李泽厚对中国美学本体、美学根源、美学重心的发现，整个地改变了儒学在中国美学史上的地位。而这种发现，不是微观审美的结果，而是美学大思路延伸的结果。

注释

[1] 李泽厚：《实用理性与乐感文化》，生活·读书·新知三联书店 2005 年版，第 285—286 页。

[2] 同上书，第 257—258 页。

[3] 朱光潜：《文艺心理学》"第十章"，安徽教育出版社 1996 年版，第 148—150 页。

[4] 李泽厚：《实用理性与乐感文化》，第 281 页。

[5] 同上书，第 256—257 页。

[6] 同上书，第 258 页。

[7] 李泽厚：《批判哲学的批判——康德述评》，台北三民书局 1996 年版，第 444—445 页。

[8] 李泽厚：《实用理性与乐感文化》，第 266 页。

[9] 同上书，第 286—287 页。

[10] 李泽厚：《批判哲学的批判——康德述评》，第 445 页。

[11] 李泽厚：《美学论集》，台北三民书局 1996 年版，第 676 页。

[12] 李泽厚：《人类学历史本体论》，天津社会科学院出版社 2008 年版，第 319 页。

[13] 同上书，第 318—319 页。

[14] 李泽厚：《李泽厚十年集》第 1 卷，安徽文艺出版社 1994 年版，第 404—406 页。

李泽厚、康德和达尔文：积淀说

千孟思(Marthe Chandler)

美国迪堡大学

一、康德、达尔文和马克思

李泽厚与杜威和米德一样，采用了一种符合达尔文观点的方式来阐释康德的哲学观点。李泽厚认为，“主体性”是人类区别于其他动物的特征，其内容不仅囊括意识性和理性，还涉及物质实践、社会环境与革命发展。[1]李泽厚发现，康德的哲学观点有助于认识人类的心理精神发展，但其过于关注主体性的理性方面，而忽视了人类历史进程与进化发展。他的“积淀说”就是从历史主义角度对康德的哲学观点进行阐释，从而弥补了这一方面的不足。

为了发现人类理性的起源，或者更笼统地讲是人类主体性的起源，康德运用了逻辑分析和概念分析方法。分析哲学家从语言里寻找人类理性基础；很多科学家以生物学、遗传学及个体心理学作为切入口；马克思主义者将人类理性和心理学归因于社会生产和技术实践活动（即“物质基础”）。而李泽厚的“积淀说”则另辟蹊径，从他所称的“人类学历史本体论”的哲学角度去分析。[2]

然而，有人会问，李泽厚的理论是不是基于进化心理学家经常被指责的“扶手椅人类学”的假设性故事。李泽厚跟米尔恰·伊利亚德一样，把原始社会巫师的舞蹈和祭祀的本质作为自己大部分观点的基础。但是毫无历史证据来佐证其不切实际的一概而论，因此伊利亚德的著作《萨满教——古老的通神术》(*Shamanism*: *Archaic Techniques of Ecstasy*)饱受诟病。[3]当然,没有要求说哲学家必须去做人类学的工作,但是哲学理论至少要符合科学证据。这一点极为重要,尤其是一个自称为"人类学本体论"的理论。

基于人类学的最新发现、社会认知以及语言发展研究,本篇文章将探讨李泽厚的"积淀说"。作者拟论证,李泽厚的"积淀说"不仅符合大多数人类学和社会心理学的观点,而且其对于"大我"(集体意识)比"小我"(个人意识)更重要的认识有助于补充当代理论。文章结论部分拟对李泽厚的"美是一种自由的形式"的实践美学观做出批判性评价。

李泽厚的历史化研究以马克思的"感官的人化说"为出发点。马克思曾写道:"五官感觉的形成是以往世界历史的产物。"[4]人类获取感官信息的方式异于其他动物,也因此拥有了一些独特的能力,如:美的欣赏、历史的创造以及爱的感知。人类感官及能力在人类社会背景之下得到了发展,也将持续发展下去。一如马克思所写:"人类自己创造自己的历史,但不是随心所欲地创造,也不是在他们自己所选定的条件下创造,而是在直接碰到的、既定的、从过去继承下来的条件下创造的。"[5]马克思认为,从人类生产生存所需物品之初,人类就已经同其他动物区别开来了。但是关于原始人类,他说到的却仅有这一点。[6]因此,李泽厚的"积淀说"通过描述"自然的人化"填补了这一空白。"自然的人化"是指创造人类自然的过程,其不同于创造动物自然,而且这个过程是从我们的祖先制造和使用工具开始的。

二、积　淀

李泽厚将"积淀"定义为"把社会的、理性的、历史的东西累积沉淀为一种个体的、感性的、直观的东西,它是通过自然的人化的过程来实现的"[7]。自然的人化包含外在自然和内在自然,前者是人类改变自然、文化与技术客观环境;后者是改变人类本性的心理过程,使人类完全区别于其他所有的动物。[8]积淀是一个动态发展过程,因间断与错位而中断，而后又实现再积淀。[9]这个过程始终贯穿于人类的整个历史。

李泽厚把积淀的概念比喻成随着时间推移堆积而成的岩石层和土壤层。冰川的活动、风蚀与水蚀、大陆漂移造成的地壳运动，不同程度地形成了地质层，并使之受到磨损及变迁。可即便如此，比起相对不变的基岩来说，地球表面更为多变。

关于必要而普遍的先验判断和随时空改变的偶然判断之间的区别，维特根斯坦作了一个恰如其分的积淀比喻。在《论确定性》（*On Certainty*）一书里，他写道：

> 96. 人们可以想象：某些具有经验命题形式的命题变得僵化，并作为尚未僵化而是流动性的经验命题的渠道；而这种关系是随着时间的变化而变化的，因为流动性的命题变得僵化，而僵化的命题又变得具有流动性。
>
> 97. 这种[神话][10]可能变为原来的流动状态，思想的河床可能移动。但是我却能分辨出河床上的河流运动与河床本身的移动，虽然两者之间并没有什么明显的界限。
>
> 98. 但是如果有人说"这样看来逻辑也是一门经验科学"，他便错了。然而这却是对的：同样的命题有时可以当作受经验检验的东西，而有时可以看作是检验的规则。
>
> 99. 那条河流的岸边一部分是不发生变化或者变化小得令人察觉不到的坚硬的岩石，另一部分是随时随地被水冲走或者淤积下来的泥沙。[11]

李泽厚的"积淀说"就像维特根斯坦的积淀观点一样，描述了康德确定的时空先验形式及认识范畴的心理结构。李泽厚多次提到，他偏向于将心理"结构"称为"formation"，而非"structure"，这样能表明他们是历史的、不断运动的、持续被"形成的"，而不是静止的、永恒的。[12]这些结构与早期河床最早部分的形成大抵相似，而河床的基岩要经过数百万年的沉淀、堆积和挤压而成。心理结构是人类生物、心理及社会方面进化的结果。从个别人或个别群体的角度来看,这些结构似乎具有必要性、非偶然性及特定情况下的独立性。但就整个人类而言,这些结构是通过数百万年的制造和使用工具而形成的。积淀的过程不断发生变化,所以原始积淀创造的文化心理结构与康德描述的先验结构相比,也显得更加灵活多变。

虽然人的"主体性"是由积淀形成的,但是"主体性"却涵盖了个体意识及其之外的很多内容,包括人类的所有方面:自然、社会、生物、历史、集体、个体、理性、感性。[13]李泽厚确立了人的主体性四个方面的内容:(1)外部技术社会结构;(2)内部文化心理结构;(3)人类社会;(4)个体。其中每个方面都是一个含有几部分内容的复杂体。文化心理结构包含两个方面或两个层面:集体社会意识或者"大我",是人类社会的文化心理结构;[14]个体,也称为"小我"。社会包括历史时期、社会群体、种族等;个体包括人的身体和思想。这四个方面的内容相互融合、相互影响。[15]它们不能相互独立存在,但是也各有特质。从逻辑学和历史学上来讲,李泽厚认为积淀始于物质技术社会,以使用和制造工具的社会实践为发端。他认为原始积淀是"最重要的积淀,形成于物质劳动的过程"[16]。

我们的灵长类祖先就像今天的类人猿一样,在大自然中寻找物体作为使用工具,挥舞树枝、抛扔石子来获取食物或吓跑敌人。其他灵长类动物观察到同类其他动物使用工具的方式,他们便加以"学习"。他们通常没有社会实践行为所需的内在心理或"精神"文化心理结构,但是很多同类动物内部成员之间能相互学习,人类就极其富有这样的能力。

在技术社会和文化心理积淀中,原始人类社会的集体劳动改变了环境——保护人类社会免于危险、提供优质食物之源。工具让原始人类成为了更好的猎手,提升了他们杀死动物、给动物剥皮、挖掘和砍碎植物的能力。随着这些技能不断成为人类文化的一部分,人类逐渐获得了从事主动教与学的社会认知能力(第四、五节将详细介绍该能力如何发展）。

然而，这些能力只是文化心理结构的一部分而已。李泽厚解释说制造和使用工具的经验深刻地改变了人类。人们也开始留心不同工具的不同特性——形状、尺寸、重量、硬度及锐度——或多或少有不同的用处，以及工具特性在很多生产及使用方法过程中的作用。[17]此外，很多观察家注意到，最早的人类工具之一阿舍利手斧呈现出完全对称的美学特征。[18]李泽厚认为，早在早期人类开始物用其长，以使生存环境更安全舒适时，原始美学积淀就开始了。而早期人类在制造和使用促进人类繁荣的工具时所感受到的快乐就是美感的起源。[19]

李泽厚坚持认为，原始积淀最重要的组成部分是社会性的。灵长类动物最初使用从环境中获取的物体时，如捡起石头朝敌人扔去或塑造另一块石头的形状，物体特性具有自然性和几分偶然性；但是在其他成员也采用这种做法时，就规范和简化了工具使用与制造，而且更容易模仿、推广与传递。[20]这些标准与规则成为了社会一般技能的一部分，起初只是外化，以习惯性的肢体动作和运动活动为形式，之后就内化成一种新的文化心理结构。因此，人类的前语言始祖开始关注环境（自然因果规律、形式、形状）及其他动物成员，模仿他们的动作，这样不仅可以捕食、避敌，还可以更高效地学习这些技能。李泽厚认为，文化心理结构的形成与某种“语言”相关，常见于大多数类人猿的手势和叫声，这就牵涉到使用工具的肢体动作，最后逐渐发展成为当前的人类语言。[21]

原始积淀的个体方面涉及灵长类动物生理机能的诸多变化。许多人类学家认为，最重要的进化是由四肢爬行进化成双足直立行走。然而，李泽厚认为，双手进化成专门的工具使用器官比直立行走更具重要性[22]，原因是双手进化了之后用双足直立行走更加舒适。而我们的感官，尤其是听觉与视觉开始变得人化了。[23]他提到说比起人类的感官，动物的感官更专注、更专业、更具实用性。动物进食是为了生存，交配是为了繁殖。现代人类的进食是用餐的社会仪式使然，性欲变成了陷入爱河的复杂性快乐，而这种现象被彻底植入到一种文化的文学与社会结构中。[24]人类的听觉和视觉利于个体生存,但它们也是文化的产物。马克思说过,对于没有音乐感的耳朵来说,最美的音乐也毫无意义。[25]耳朵只有受到过音乐的熏陶,才能欣赏音乐,有音乐感的耳朵才是人类的社会性的感官。长期以来,格式塔心理学家一直认为视觉认知是受环境的影响,文化则是环境的重要组成部分。文艺复兴时期艺术家们教授欧洲人线性"看"世界,贡布里奇对其进行了分析,李泽厚和科威尔引用了他的分析方法,并描述了空间表征(绘画和地图)如何感知不同文化成员的"对"和"错"。[26]中国的山水画家在接触到欧洲的角度理念前,就自有处理时空跨度的方法。[27]人类能学习欣赏不同文化的画作,李泽厚却说最早的人类都不能欣赏艺术之美,更何况灵长类祖先。[28]

随着原始积淀人化感官,社会规则与标准变成了康德用来理解先验原则和美的形式原则的泛化范畴。[29]上文提到过积淀的过程是不断变化发展、灵活多变的,但是康德的这些认知结构并没有他所认为的那样灵活与适用。人类社会都有一种语言,但不是同一种语言;人类从时空和因果视角看世界,但世界有着显著的文化差异;真正的人类社会有美的感知,但对"美"的定义千差万别。

虽然原始积淀得以在个体的思想和生理上表现出来,但李泽厚认为,就像文化心理结构源于工具制造和使用的物质实践一样,个体方面依赖于社会和集体文化社会方面。他认为:"积淀是由历史化为心理、由理性化为感性、由社会化为个体的结构行程。"[30]随着积淀不断改变物质实践和社会心理结构,个体经验变得尤为重要。同时,后工业化的西方和中国都在竭力寻找意义之源,西方从传统宗教上寻之,中国则寻之于美学。无论如何寻找,李泽厚都认为"个体经验才是意义的最高境界"[31]。

这在哲学上显得颇为有趣,但是有没有任何人类学的证据佐证呢?李泽厚论述的很多观点都无化石记录。考古学和人类学可通过研究与人类残骸一起遗留下来的工具、文物以及残骸的大脑尺寸来测评认知能力和审美情感的水平。至于语言,虽然它含有美感,却也无化石记录可寻。[32]但是人类学、儿童发展研究、灵长类动物学、语言学及人类灵长近亲的证据却与李泽厚的“积淀说”显示出高度的一致性。

三、灵长类动物起源：从南方古猿到智人

认知心理学家迈克·托马塞洛提出，所有的哺乳动物都具有某些心理能力，包括时空感，比方说，哺乳动物能分辨某类树生长的地点及其结果的季节。在它们的世界里，物体永久不变，所以它们能根据物体的外形、味道和气味来辨别物体种类。哺乳动物的生活也是社会性的，它们能认出自己所在的种群和种群的成员，而且能多少察觉到同类的情绪状态。所有的哺乳动物有很多交流的方式，它们认族唯亲友，按社会等级而居。但灵长类动物更具社会复杂性，它们能认出同类的关系，比如两个灵长类动物之间的亲属及支配关系。[33]

大约600万年前，类人猿的新属——南方古猿（南猿）在非洲出现。[34]南猿的脑容量和生活习性与其他的类人猿相差不大，他们像类人猿一样会使用简单的工具抛扔、玩耍，在一定的范围内用叫声、呼噜声、喊声、呵斥声和姿势来进行交流。但至少有一部分南猿是双足行走的，他们栖息在今天非洲猿居住的林地里以及开阔的草原上。大约200万年前，南猿的后裔，也就是人属成员（包括能人、直立人、猿人），完全居住在开阔草原上，直立人完全用双足直立行走，而且可以走很远很远，但是再也适应不了爬树了。[35]

由于居住在开阔地上的灵长类动物没有躲开食肉动物的树木遮掩，为了保护安全，他们开始以社会群体聚居。考古学家和史前学家史蒂文·米森提到，虽然群体聚居增加了很多冲突，但他们能吃到包括肉在内的更好的食物。[36]新的饮食为直立行走所需的生理机能改变注入了动力。直立行走需要复杂的神经系统和更大的脑袋，这样才能平衡重力，协调双臂、双足、身躯。直立行走不但将我们祖先的双手从大量的劳动中解放出来，而且使得变直的脊柱降低了喉的位置，喉咙变得更长，能发出更多的声音。[37]根据米森的推测，人类的语言和智力“不

过是直立行走的衍生品”[38]。

而李泽厚认为，人类双手的进化比双足直立行走的进化更重要。[39]证据也似乎证明了他的观点，他认为双手逐渐适应使用工具是推动人类进化的重要因素。尽管早期南猿（非洲南方古猿[40]）的双手能适应爬树，但是他们的拇指更长更有力，手指也比大猩猩和人类现存近亲灵长类动物大猩猩的手更能转动。理查德·杨指出古猿双手的这些特征与人类双手的握力差不多："力量握力"用来拿棍棒，"准确握力"用来抛扔物体，这使得古猿在使用石头和棍棒袭击或防御敌人的时候具备了进化优势。他还研究出能人双手在具有古猿特征的同时，其双手握力也特别发达。[41]人类的双手不断进化，拇指越来越长、越来越有力，手掌和手指的改变也使人类能更精确地握住物体、拿住棍棒，更有力地敲击，握力对于能人及一些南猿制造工具来说尤其有用。

能人，最早直立行走的人类，居住在开阔的稀树草原上，250万多年的时间都在制造工具，却没有增加一点人类语言所需的脑容量，但是双手的结构却发生了重要的变化。[42]在这期间，某些心理文化结构如对自然规律的早期理解和对大小、尺寸、重量的认识得到积淀。这些结构最终促成了奥杜韦和之后的阿舍利工具制造。

李泽厚和马克思的观点一样，都认为是工具的制造和使用区分了人类和其他动物，也是考古证据能证明的最早的物质社会实践之一。奥杜韦工具的制造开始于200多万年前，尽管也有一些南猿制造，但大多都是与能人有关联。[43]从外形上看，奥杜韦石器是由相对坚硬的玄武岩或石英打磨而成的大型鹅卵石，这说明了能人能分辨岩石种类。用一块石头在另一块石头上撞击打磨，得到一块锋利的薄片，便可以用作刀具，而原来的那块石头则可以用来剁东西、作手柄、切植物以及宰杀动物。"石锤"也可用来敲击更硬的石头，为了方便使用会将其磨圆，但是其特有的属性不会改变。[44]

大约100万年前，奥杜韦石器出现后，猿人开始制造阿舍利式手斧。这些工具虽是以法国南部的一个地名而得名，但是其分布相当广泛，从南非到中国皆有发现。[45]尽管通常认为这些工具的分布是制造阿舍利石器的人类迁徙造成的,仍有学者认为阿舍利式手斧是货物交换的第一种商品,这才有了广泛的分布。[46]

心理学家乔纳森·海特认为,在漫长的一段时间里,阿舍利石器的使用毫无变化,这说明他们使用和制造工具的技能已经"内化",而不是文化进化所致。海特将人类使用阿舍利石器与海狸修建堤坝作对比,结果发现生物进化(如海狸的进化)与文化进化之间有着巨大的差异。[47]但是,也产生了一定数量的心理文化积淀,然后在可辨认的"文化进化"开始之前就已经"内化"了。在最原始的积淀过程中,生理和心理的能力共同进化。

比起奥杜韦石器,阿舍利式手斧的制造进步巨大。手斧呈椭圆形或梨形,长约 4.5—8 英寸(12—20 厘米)。典型的手斧都有两面,每一面都是有缺口或擦痕的薄片,用来砍或戳进物体里。手斧有很多用处:挖坑、砍伐树木和植物、猎获及宰杀动物。[48]即使手斧的大小和做工有所差别,有的仅仅是为其功用而制造,但大多数的手斧都是经过精心制造而成。[49]李泽厚认为,这种制造的认真程度,正是原始美学积淀最初的标志之一,也是美感起源的体现。

在 250 多万年制造和使用奥杜韦和阿舍利石器的时间里,能人和直立人在制造计划与工具形状和使用的构思方面,表现出了较高的认知能力。[50]从 160 万年前到 20 万年前,阿舍利石器一直在被使用。至少在前 100 万年的制造时间里,他们的脑容量和发声器官几乎没有出现变化。[51]由于这个时期大脑没有出现生物进化(基因突变和自然选择),托马塞洛认为工具制造的发展最初是得益于累积文化进化和社会学习能力的进步。[52]工具制造本身和运动技能属于人类自然的物质技术社会方面(李泽厚划分的积淀的第一方面),累积文化进化和社会学习属于文化心理结构方面(第二方面)。

其他动物能学习,甚至还能泛化其所学。被训练过的犬懂得不在屋内排便,它们学到的不仅仅是这个能力,还有文化学习所需的使用工具和把所学传给后代的能力。许多灵长类动物发现了行之有效的方法,将其应用到工具使用和相互间的技能传授。例如,黑猩猩特别善于用棍子来获取食物，其他的猩猩看见了，便加以效仿。但是黑猩猩没有进行累积文化学习，它们只学习看到过的新的行为，如果是没有看到过的，便丢失遗忘了。

托马塞洛认为，为了让创新行为成为社会知识库的一部分，直到新的创新代替旧的创新，累积文化学习除了需要工具使用和习得行为之外，也还需要一种精确传播创新行为的方式。个体无论在发明新工具或改进旧工具时有多么聪明巧妙，没有传播机制，也无法将创新带进社会知识库。[53]显然，制造奥杜韦石器和阿舍利石器的能力属于早期人类社会知识库的组成部分，因此其中必然涉及某种知识传播的方法。可是，人类使用奥杜韦石器和阿舍利石器的时长表明，在这种情况下传播机制并不主动，因为这种方法传播创新的速度相当之快，也有可能牵涉一种相当复杂的模仿学习。

大约 60 万年前，人类的脑容量猛增，到大约 20 万年前的时候，智人就出现了。[54]在 5 万到 10 万年的时间里，人类就进化拥有了今天常说的“现代行为”。行为的现代性有很多特征，比如居住的房屋有设计良好的灶台、专用的工具、仪式埋葬、钓鱼、长途商品交换、艺术，其中艺术包括个人装饰用的颜料、石洞壁画、岩画、珠宝及歌舞。第一个出现的特征大概是火的使用和控制。大约 160 万年前，人类已会使用并控制火，更保守地估计的话，大约是在 23 万年前。不管怎样，在 12.5 万年前智人使用的灶台就已相当普遍。[55]大约 20 万年前，多功能用途的阿舍利式手斧就被一套专用的复杂工具所代替，有用石头、骨头、鹿角和象牙制成的长矛、刮刀、刀、鱼叉、镐、针等，为了更具美感，这些工具通常都被磨亮、切割、上色。[56]艺术性可能是最后出现的行为现代性的特征之一——尽管学者们至今还在争论人类开始佩戴串珠饰品的时间是 4 万年前、7.5 万年前，还是 13.5 万年前。[57]

迄今为止，行为现代性出现的时间、地点、方式仍然存在争议。[58]过去有人认为是 4 万到 5 万年前突然出现了认知的、行为的和人类的“革命”。由于 15 万年前或更早时期的智人在解剖学上显示出现代性，所以研究者推测，这种改变是基因变异或者大脑结构的重组造成的。

但是并没有化石记录来佐证这个观点，同时期人类的头盖尺寸也没有显著增长。对于行为突变，最能让人信服的考古证据是壮观的欧洲史前洞穴艺术，但这些洞穴艺术此前从未在非洲出现过。[59]

现有大多数学者认为，大约25万年前，智人的行为开始出现渐变和间歇变化。从解剖学上来讲，这说明此时智人已经开始进化，并且进化过程持续到3万至4万年前。行为现代性的多种特征出现了之后，有时会消失一段时间。有发现结果显示，在20万年的时间里，行为现代性多次在非洲、欧洲和近东的大部分地区消失。这项发现结果很大程度上削弱了行为突变的说法，但支持了行为现代性是逐渐出现的观点。[60]

过去的几十万年间，逐步出现了工具制造、火的使用和居住地建设，之后又出现了象征符号行为，以串珠饰品、个人装饰品、岩画和洞穴艺术为形式。这为李泽厚（马克思主义者）的观点提供了支持，他认为物质技术生产早于精神文化心理的出现，并在一定程度上带动了其发展。[61]有一项极有启发性的猜测是关于最早使用的红色颜料（赭石）的：最开始时颜料有可能被用作棕褐色的遮蔽物，或是治疗伤口、驱虫；后来珠子和装饰品的使用取代了其实用功能。[62]

由于越来越多的证据显示，“行为的现代性”呈多时多地发展，因此，学者们最近开始将“现代行为”描述成一种象征符号活动，而不是之前所认为的组成行为现代性的种种行为。[63]艺术作品，包括串珠饰品在内，显示了其使用目的和意义都不是它的实用性。象征符号可以说能“代表”其他东西，显示其“之外”的一些意义。比如“马”这个字具有象征意义，因为它代表了一种动物。根据这种推理论证，学者们认为，用贝壳或石头做成的串珠形的象征符号表明了“语法语言”的出现。[64]然而，这种观点的语言理论依据却是含混不清的：象征符号系统如何发挥作用与什么算作“语法语言”皆尚未明晰。况且，即使这些理论上的问题能找到答案，考古学上也没有线索证明串珠与语言有关。[65]其导致的结果是，支持和批评这个观点的人似乎都认为语言从根本上来讲是所指的，而且象征符号的作用通常和常见名词的作用一样，即用字来"代表"一类物体，比如说马。这种观点并不可靠，而且一件艺术作品的象征意义也比其所指的物体更广泛。举个例子，唐朝画家韩干的《照夜白图》(*Night Shinning White*)描绘了一匹骏马，这幅图表现出了唐朝的自尊和强盛国力，激起了当时的人们对昔日辉煌和自信的怀念之情。[66]红色串珠做的项链可以显示出佩戴者的社会地位，或是领导地位，抑或是取药材于红赭石的医者。史前艺术——串珠饰品或是岩画——几乎可以肯定都蕴含着某些社会的、精神的或宗教的意义，但是也没有确凿的考古证据证明它们到底有什么含义。

另一方面，这些文物并不是"为艺术而艺术"的作品，而是创作者一时兴起而作。此外，为修饰或是装饰自己而创造艺术的这种能力，需要独特的人类性的认知能力去构思、想象和概括。在前语言人类社会中，或是用原始语言进行交流的人类社会，这些能力的发展都不够成熟，而构思需要语言。[67]在接下来的两节中，作者将阐释在完全语法语言完全使用前这些能力的发展开端。

四、能力与难题

人类学家通常认为，语言使得智人同人属的其他成员区分开来。然而，认知能力如构思、想象和概括离不开人类语言，反而依赖于人类语言。李泽厚提到了"先有鸡还是先有蛋"的问题，那么人类的认知能力和人类的语言到底是哪个先出现的呢？[68]

显而易见，语言含有一种生物成分。人类的发声器官和脑容量随着生物进化而得以发展进步；但是托马塞洛和米森认为，语言的发展离不开某一特殊的认知能力。托马塞洛把这种能力定义为分辨出其他人是不是"就像自己一样"有意图的存在。[69]米森把这种能力称作一种"思维阅读能力"，或称"心理理论"。[70]一旦拥有了这种能力，也可称作"共情"，人类语言就迅速取得充分发展。[71]然而，这个问题遭到了反击：这种相对复杂、具有独特人类性的认知能力是如何得到发展的？人类学家艾米·诺埃尔认为用"认知"来解读现代行为"根本就是

'黑箱'"[72]。

为了回答上面的问题，李泽厚解释了人类意识性（认知能力）和语言如何从日积月累的社会实践中产生出来——人类和灵长类动物祖先共同生活、一起劳作。[73]托马塞洛和米森也承认人类认知含有社会成分，但是由于他们的研究重点是个体行为，所以他们忽视了李泽厚所说的"大我"（集体社会意识）的意义，也因此留下了一个难题。

通过灵长类动物学和儿童发展研究，托马塞洛指出，九个月的幼儿和猩猩能明白其他人都是能够活动的生命体。然而，幼儿在大约九个月的时候已经开始懂得其他人都是有目标、有目的的意向存在（"就像自己一样"），但黑猩猩就绝不会懂。托马塞洛认为，人类通过对比模仿学习与仿真学习，能分辨出幼儿和猩猩的这个区别。第一个动物（幼儿或猩猩）模仿其他的动作并重现出来——用棍子以某种方式获得食物："她在用棍子获取食物。"第二个动物的关注点在于环境中所发生的变化，而不是其他动物的行为："棍子可以用来获取食物。"这就是仿真。第二个动物会用棍子来获取食物，但它有可能找到一种新的方法。猩猩就非常擅长于仿真，而幼儿倾向于模仿。虽然模仿往往没有仿真有效，但是关注另一个动物的动机（"她为什么那样做？"）而不是目标对于积极引导来说很有必要，也就是说，一个动物教另一个动物学会做什么。此外，积极引导不仅能让一种实践活动充分融入社会，而且还能塑造较强的代际关系。因此，个体创新对于制造和使用工具来说非常重要，托马塞洛同李泽厚一样认为工具制造最重要的组成部分是社会性的。[74]

托马塞洛报告称，幼儿及其他的灵长类动物能用某些方法体验到自己所处的环境，比如说，他们知道自己行为的一些影响，但是幼儿持续把自我认知转嫁到对他人的认知上。这并不意味着幼儿对自己的心理状态有一个完整的概念。概念的使用要求有语言能力，而幼儿处于前语言阶段。即便如此，托马塞洛认为，理解别人是否为"就像自己一样"有意图的存在并不需要复杂的概念机制。他认为幼儿会采用类比，因此他写道：

> 在那个最直白的个案中，对于他人有意向达到目标，儿童的看法或想象就像他们对自己目标的看法和想象是一样的，他们把他人的行为看作是要达到那个目标的，就像他们看待自己的行为一样。[75]

这个表述里有些地方让人困惑。想象并绘制出类比图的认知过程相当复杂，但托马塞洛认为儿童“只”那样做；并且他还说这种幼儿有而猩猩没有的能力是“基于人类特有的遗传（不怎么需要与社会环境的延伸互动）”[76]。由于他坚持强调认知的社会方面，所以这个表述让人困惑不已，这种能力怎么会“不需要与社会环境的延伸互动呢”？

词语“想象力”的意思并不清晰。最初想象力的概念是“创造出当前没有的新形象”的能力，如圣诞老人和独角兽的发明，还有对未来的规划：把石英打造成阿舍利式手斧和把种子打包装进香蒜酱里。后者也许没有考虑到自然的因果规律。康德对“想象力”一词的使用比它的普通含义更具技术性，而且与认知紧密相关。在康德的《第一批判》（*First Critique*）中，想象力是用转瞬即逝的感觉印象创造出统一整体的能力。格式塔心理学和认知语言学继承了康德对想象力的认识，并得出人类认知导致感性的观点，亦即事物和情境不仅仅是“给定的”。思考“如果我是你会怎样”（从个人角度看世界）的能力是一种想象力，但跟认知物体和利用简单自然规律的能力相比，显然这种想象力的形式更复杂。正如维特根斯坦指出，就算是狗也有某种期望，它们希望自己的主人晚上就能回家，而不是等到下周。[77]

托马塞洛还指出，早期人类也曾能辨别出其他的个体是有思想、信念、愿望、计划、目标的存在，亦即“就像自己一样”有意图的存在，包括语言发展在内的社会学习发展非常迅速。[78]托马塞洛把传播新技能给社会其他成员划分为他说的累积文化进化，而传播机制则确保新技能成为社会知识库的一部分。如果社会学习通过模仿之后有了积极引导作为补充——积极补充需要传授者和学习者双方理解互相的意图（信念、愿望、理由、目标），文化创新就能保留下来并得到发展，而并不是失之交臂。[79]托马塞洛总结说，人类开始把其他人看作有意图的存在时，累积文化进化就开始了，这种认识被看作一种心理理论。

史蒂文·米森认为，心理理论，或称为思维读解能力，要追溯到早期人类音乐能力的语言发展。在《歌唱的尼安德特人：音乐、语言、心智和肢体的起源》(*The Singing Neanderthals: The Origins of Music, Language, Mind and Body*)一书中，米森认为语言是由音乐进化而来的。尽管现代人的大脑的各部位支配着语言和音乐能力，但是神经系统科学研究表明，大脑中的语言和音乐系统有一定程度上的交叉；并且处理音乐的神经网络的脑区比支配语言的神经网络进化得更早。米森引用了脑损伤和自闭症的研究，发现人也有可能要么缺乏语言能力，要么缺乏音乐能力，但即便如此，仍然会拥有其他领域的能力。[80]他还推测，音乐和语言能力最初只是同一个单一系统，之后在人类交流中逐渐分流成语言，代替了音乐。[81]

米森认为，音乐有助于增强原始人类社会的凝聚力。前语言人类生活的原始社会逐渐发展壮大，而音乐制作在当时就是一项极其有用的共享活动，它能协调行为、缓解社会紧张以及交流情感。[82]因此，米森猜测，早期人类用来交流的音乐前语言，主要是用来表达特定的情绪，唤起他人的情感。一如今天非人类灵长类的简单交流系统，原始语言过去是用于引导或操纵他人的行为，而非借指单个对象或世间万物。[83]

同样，米森还指出，成年人尤其是母亲会使用“儿语”，就是指跟幼儿说话以引起幼儿的注意、抚慰幼儿忧伤情绪、警告或否定他们的行为。[84]这种浅吟低唱、轻言细语的说话有着音乐的音高、节奏和音调，米森认为这是原始人类的早期音乐原始语言得以幸存的一种方式。[85]儿童语言习得的许多实证研究显示，这种针对幼儿的说话方式非常重要，尤其对于处于前语言时期的幼儿所需的表情辅助和学习理解他人的感情和意图方面。[86]原始音乐的原始语言牵涉理解他人意图的“延伸社会互动”。理解他人的心理状态就是“思维读解”，也就是米森所说的心理理论。

米森认为,“心理理论”里有很多意向性层次。理解自己所想,是第一层次的意向性;理解他人所想,是第二层次的意向性;理解另一个人对他人想法的理解,就是第三层次的意向性。米森同托马塞洛一样,都认为有心理理论的灵长类动物不需要高层次的概念复杂性。他指出有研究显示,在有限的环境里,有些非人类灵长类可能有两层意向性。[87]例如,黑猩猩的有些行为类似于两个层次的意向性,因为它们的行为有时具有欺骗性——它们能分辨出自己的真实信念和希望其他动物拥有的错误信念。可即便如此,猩猩却不像人类一样理解别人的意向性——所感、所想、所认为、所愿、所计划。托马塞洛和米森一致认为,高级社会学习能促进人类语言的发展,而高级社会学习需要理解别人层次意图性的能力,或者说其他动物像自己一样有信念、愿望和目标,亦即共情的能力,也就是换位思考、将心比心,这也就促进了人类语言的发展。

但这些观点却引出了一个让人困惑的问题。人一旦有了第一层次的意向性,并且明白自我是一个有信念和愿望的意图存在,换言之就是,一旦理解了“我像什么”,那就能明白他人在这方面与“我”有相似之处。但是要怎样才知道“我像什么”?托马塞洛和米森皆未说明这种能力需要复杂的构思,不然为了明白别人是不是“就像自己一样”,个体也多多少少能对“我”有些认识。尽管他们二人承认成为社会群体的一分子有多么地重要,但在人类认知的发展过程中——音乐制作、语言及其他由这些技能演化而来的东西——他们的关注点却只是两个或至多三个社会成员之间的交流。

米森发现,母亲和幼儿之间的互动尤为重要。但托马塞洛似乎觉得认识别人“就像自己一样”是有意图的存在早在两三个人一起打猎或觅食时就开始了。[88]因此,尽管他们坚持认为,“思维读解”能力或共情的发展对整个社会具有重要性,但从托马塞洛和米森对小群体的关注可以看出,他们是对人类自我意识的假设和用信念—愿望大众心理学来理解他人。[89]

信念—愿望大众心理学指出个体有能解释个人行为的某种愿望

(目标)和一些达到目标的信念;有了这些信念和愿望,她就会做出这样的举动:"打开橱柜的门取一些花生酱,因为她确定橱柜里有花生酱。"作为心理理论,无论作何评说,有了第一层次的意图性,就能参考自己的信念和愿望来解释自己的行为;然后通过别人的信念和愿望,解释别人的(或动物的、物体的,只对人起作用)第二层次的意图性。

传统的哲学问题是关于他人心理的问题,其中暗含了信念—愿望心理理论。个体知道自己有信念和感知的心理,但是要怎样知道别人同自己一样呢?它们是不是聪明的机器人所作的迷惑性动作?托马塞洛和米森的作品中提出的这个问题和难题之间有着密切的关系;确实,托马塞洛给出了这个哲学问题的"解答",通过类比便知道了"就像自己一样"。

信念—愿望大众心理学其实是一个极具西方特点的理论(以美洲地区的研究居多)。其他文化对行为的解释有不同的"心理理论"。哲学家陈汉生说,中国古代的大众心理学与信念—愿望心理学极不相同,从他的观点看来,古代中国人的行为之源是心。信念(在思维中)和愿望(在心里)之间没有明显的区别,内心活动和外部行为亦然。然而西方的"心"与"思维"被看成一种容器,里面装有各种各样的信念、想法、主意、观念、主张、感知、情绪、愿望,心是意向的表现。从根本上来说,心是社会性的,其功能最初并不是对知识依赖的客观事物做出分类,也不是激发愿望或厌恶的个体反应,相反,正如陈汉生所说,是"协调我们与他人的行为"[90]。心的关注点不是个体或是理解者,而是社会关系。因此,其分类系统是描述性的、规范性的——将有些东西划分到需要处理方法的类别。心,得信息于社会,以合适的处理方法将事物和情景分类。对待妹妹的是恰当的反应,但是对待盗贼的是另一种。[91]

一项极具启发性的心理研究认为,大众心理理论因文化而异,从某种程度上来讲,中国的心理理论和西方的心理理论甚至在今天来说都还有很多不同之处。安琪兰·李拉德引用了菲律宾永勾特人和中非阿赞德人的民族志研究,来研究大量的中国和美国的谋杀事件报道。中国记者倾向于情景报道行为,是个体与环境之间的互动。因此,中国的新闻报纸报道的谋杀犯是“精英教育政策的受害者”，该政策近期遭到非议，被指责是“中国文化信仰的缺失”。美国记者则参考凶手的性格：凶手“性情暴躁”、“心理失常”、“精神不稳定”。[92]李拉德确立了至少三种常见的心理理论：(1)倾向解释个体性格特征、信念或愿望的行为；(2)解释情境中的行为，包括他人的行为；(3)以多种方法解释的其他的巫术或神行为的跟踪行为。[93]

可能会有人认为，这些理论会涉及一些科学发展前的迷信，理论中只有一部分是正确的。李拉德指出，杰瑞·福多认为“常识信念—愿望大众心理学”是内在的，而社会科学研究表明情境性解释往往是正确的解释。[94]

语言的认知能力无疑在所有智人中通用，可以肯定，语言在人类迁徙出非洲前就已经产生了。语言认知能力与信念—愿望心理学理论紧密联系的说法似乎并不可靠，因为信念—愿望心理学理论与某个特定的文化相关，与他人不产生共鸣。托马塞洛和米森的看法非常有见地，他们说明了人类如何拥有了语言所需的能力并促成了西方心理学(总的来说是社会科学)的个人主义假设。接受这些假设很容易就会忽视掉托马塞洛提出的让人费解的一些观点，他声称前语言人类认识到其他动物是基于意向性和类比的；米森的作品暗示道(虽未指明)，在他的作品中，第一层次的意向性是历史性的、逻辑性的、先于第二层次和第三层次的意向性的。[95]李泽厚的积淀说说明，将他人看作“就像自己一样”有意图的存在的能力是通过关注个体的所知及所为、对实际优先权的改变、始于心理文化积淀的错误维度来实现的。

五、巫术/萨满舞蹈与大我

原始积淀创造了集体心理结构，通过研究巫术/萨满舞蹈在集体心理结构中的角色，便解答了共情的起源问题。回顾一下，积淀共包括四个方面：技术社会(社会和物质生产)、文化心理结构、人类社会、人类个体。第二方面从精神上或者心理上来讲，也包含了集体和个人方面。

尽管四个方面的内容相互独立,但是制造工具的物质实践活动为后面三个方面的内容提供了物质基础。李泽厚指出,工具制造先于最早的象征符号艺术活动。[96]此外,集体方面的内容早于个体方面的内容。[97]没有社会制造和使用工具的实践活动,就没有人类双手进化的动力。在精神方面,个体的生命被认为是任意性的、没有意义的。李泽厚写道:“个体是被偶然扔入这个世界、本无任何意义的感性个体……努力去取得自己生命的意义。”[98]人类让自己的生命变得有意义的资源取自于人类社会和人类历史,也就是集体社会意识。

李泽厚将社会意识(“大我”)与“小我”(个体)作对比,他认为即便是活着的有血有肉的人也是“具体的、有历史真实性的”,人类生命中的重要方面:政治、欣赏的艺术、相爱和结婚,甚至是爱吃的东西,都是从人类发现自我的历史和文化环境中创造出来的。“大我”是根本的、具体的、历史的现实;“小我”从“大我”中分离而出,是空洞的抽象概念,人也仅仅是一种动物。[99]

李泽厚没有明确表示赞同郝大维、安乐哲及亨利·罗思文所捍卫的人类关系理论。[100]然而,心理文化的“小我”被剥离于社会环境的说法纯粹是空谈,罗思文的论点与之相呼应,他认为“根本个体”是妄想,是不存在的形而上学谎言。根本个体最显著的人物,存在于霍布斯、洛克、康德、边沁和罗尔斯的政治与道德理论中。这些理论旨在找到适用于所有时间地点、所有人的普遍原则。因此,个体发现自我的历史环境和牵涉个体的所有特定社会关系包括了与政治和道德毫不相关的家庭、种族、性别和年龄。[101]自由、理性及自主的根本个体与社会关系分离开来,人类关系理论认为是社会关系塑造了一个人。除开这些关系,关系理论认为没有本质的自我。罗思文还认为,如果一个人坚持认为必然有组成关系的“一些东西”组成了一个人,那只能是人的身体。从生理上来讲,不考虑心理文化因素,如李泽厚所说,人只是一种动物而已。

集体意识“大我”的符号活动使得人类心理区别于动物,比如使用人类语言与制造装饰物品的活动需要想象力、抽象思维和符号思维。[102]李泽厚认为，符号活动来源于原始巫术仪式舞蹈和唱歌。唱歌更容易协调人多的工作，巫术音乐和节奏的感染力量对于转变、人化表情与欲望、使人之所以为人来说非常重要。[103]仪式和舞蹈对早期人类增强尊重感、关爱和忠诚有很大的影响，这些皆积淀到人类社会进化真正所需的情感、道德及美学心理结构中。[104]李泽厚写道：

> 就像物质生产一样，我认为没有由集体社会意识表现出来的活动——意思是没有原始萨满仪式活动、公共语言与符号活动——人类心理结构与动物心理结构的区别就不可能表现出来。[105]

即便非人类动物不参与人类符号活动，巫术舞蹈也是起源于灵长类动物的行为的。灵长类动物学家报告称，类人猿、大猩猩，尤其是黑猩猩的行为像极了人类的舞蹈动作。在玩耍和求爱时，如果遇上了雷雨或是陌生求爱对手，它们的动作就会表现得非常仪式化——激动的叫喊、有节奏的足部动作、挥舞着树枝、拍打着地面、跳跃着、向一旁踢去。爱玩耍的年幼黑猩猩会拍手、把手伸出去快速旋转、做倒立、翻跟头。这些复杂花哨的活动是释放能量、吸引灵长类其他动物的注意、表达情绪和意图的有趣方法。[106]

人类社会的舞蹈也用于这些目的。此外，由于直立行走需要肌肉的协调与平衡，人类就能表演复杂而有节奏的舞蹈动作。本能叫喊的重复性节奏通常伴随着舞蹈动作，这使得声音和动作易于记忆。舞蹈也会涉及社会生活中戏剧性事件的重演——被熊攻击、俘虏敌人。由于猎人与猎物之间猎与被猎的重要关系，跳舞的人会穿动物皮，模仿动物的动作和叫声。[107]通过不断地重复，有节奏的姿势和声音会呈现出集体实践和社会意识的符号意义，转换人类的表情形式，团结社会、创造交流方式，最终形成了语言。[108]因此，苏珊·朗格得出结论，“[舞蹈]事实上是原始生活中最为严肃的智力活动”[109]。

李泽厚认为原始巫术舞蹈产生了狂热和沉醉。[110]同时，不论仪式怎么组织规划、多么有社会性，都融入了很多组成因素：表演动物情绪和冲动、带有宗教符号和图腾、对自然的控制、与灵魂交流。仪式和巫术就像工具一样，都是人类操控自然、控制自然环境的尝试，使大自然更适合人类的繁荣发展，甚至在丧葬仪式上人为控制死亡。

即使巫术/萨满仪式根本不能控制自然，但是也没有理由去相信只有立竿见影的形式积淀到了人类的心理文化结构中。科学就是对人类部分控制自然的回应，可是宗教和艺术的发展始终是对控制不到的事物的回应——包括所有的生命终将归于尘土的事实。李泽厚写道："从原始社会到现在，葬礼和音乐人化了动物对死亡的恐惧，他们把本能的恐惧改变成了心底的悲伤感情，由此丰富了生命，增加了死亡的价值。"[111]

巫术/萨满舞蹈的狂野节奏，唤起情感达到一种癫狂的状态，米尔恰·伊利亚德认为萨满教是一种"通神术"[112]。通神的状态是超出个体的、理性的控制，以饱满的情绪状态和沉醉快乐为特征。法国社会学家埃米尔·杜尔凯姆将他的表述观点同"集体意识"联系在一起，就像伊利亚德一样认为集体意识是宗教之源。在集体意识里，个体思维是社会整体的一部分。人们的行为是由标准或法律来规范的。他们抛开自己的个人利益，甘愿做出英雄般的牺牲，或者参与到恐怖破坏暴力事件中，通常但不总是捍卫大众的利益。这个表述生动有力，杜尔凯姆将其看成"一种奢侈的活动，因为它非常昂贵……与个体的日常生活有着质的不同，从高级到低级，从理想到现实"[113]。杜尔凯姆将这个表述同他所作的假设作为对比，他认为人基本上是以自我为中心的、相对孤立和独立的。[114]他还认为，集体意识在某个宗教社会里非常重要，但最终都要被珍视寻求自由的社会意识取代，因为社会意识更有哲理性，更以个人为导向。[115]

李泽厚对"大我"（集体意识）和"小我"（个人意识）的描述很好地对杜尔凯姆对两种意识的描述作出了回应，但是李泽厚并不认为"小我"的特征是"常态的"，它只是在历史和逻辑上先于"大我"。李泽厚像伊利亚德和杜尔凯姆一样，把原始巫术/萨满与宗教起源联系在一起，即使李泽厚对宗教的认识极不同于伊利亚德和杜尔凯姆的认识。[116]

伊利亚德和杜尔凯姆的写作背景是犹太教—基督教的文化积淀，它假设作为造物主的上帝的本质存在。李泽厚作品描述了华夏美学的历史，阐述了儒学文化从早期“礼乐传统”，一直到现今对个人情感和欲望关怀的文化积淀。[117]由于文化积淀在中国发生的方式不同于其他地方，所以华夏精神心理结构不同于西方，至少李拉德的研究也是这样显示的。然而，李泽厚认为中国正受现代西方思想包括马克思主义的影响而改变。[118]

现代化带来的改变之一，就是对个体重要性的关注。[119]该改变帮助消除前现代儒学思想的过激行为的影响。然而，李泽厚希望中国人能避免像美国社会一样的超级个人主义，美国人通常认为“大我”是对个人自主的威胁，并且与他们的信仰背道而驰，因为他们相信道德和政治道德是一种理性与自主维护自身利益的根本个体之间的社会契约。[120]

在原始仪式中，集体统一意识非常普遍，但无论身处何地它仍然是人类文化的一部分。芭芭拉·埃伦瑞克指出，上一代的人类学家宣称他们在去过的每个角落都看到了大部落的“野蛮人”心醉神迷地跳舞。但是这些西方人看到之后却表现出厌恶之情，埃伦瑞克称，启蒙运动和工业革命带来重大的文化变革之前，那种舞蹈是在欧洲很常见的“集体欢腾”[121]。而且，这种体验甚至在一个像美国一样有高度个人主义的文化里屡见不鲜。

历史学家威廉·麦克尼尔发现，“肌肉结合”发生在几个月与其他几十个士兵紧紧靠在一起练习踢正步的基础训练里：

> 训练时众人冗长一致的动作，在我心中引发某种情绪，这种情绪实非文字所能形容。回想起来，这是一种弥漫的幸福感，讲得更精准一点儿，是一种从个人扩散开来、膨胀起来的异物感，一种比生命更具大的感觉，这一切都拜集体仪式所赐。[122]

麦克尼尔认为,参与到集体的"我们"中去就好比士兵在战斗中牺牲自己;存活下来的老兵说这是他们生命中最重要的体验之一。[123]

乔纳森·海特认为"蜂巢开关"是"在特殊情况下拥有一种能力,即在比自身更大的群体中,放弃自我并且忘却自我(暂时沉迷)"[124]。海特认为一个人产生"蜂巢思维"的环境包括对自然的敬畏、宗教仪式上使用的药物、19 世纪 80 年代的锐舞派对。锐舞派对是一种大型的聚会,其使用具有强大音响系统的电子音乐,强调节奏感,使用激光光束产生壮观的炫目效果,而药品安非他命也因能让人兴奋而备受欢迎。海特引用了他旧金山狂欢晚会的经历:

> 一种与在场的所有人以及整个宇宙密切连接的灵性……每个人的意识似乎都消失了,取而代之的是一个整体意识。[125]

埃伦瑞克认为对"集体欢腾"的当代表达往往出现在体育赛事中,比如说美国的橄榄球和世界性的足球。由于现场观看这些体育项目的成本不断增加,埃伦瑞克推测这个体育事件将会消失于世,但是集体欢乐与绝望的叫喊声、动作和表情也将成为一大群人在电视机前观看北美橄榄球运动的标志。[126]

有这种经历的人们将其描述为"有改变能力的",但是何为改变?亨利·罗思文认为是一种安全感,是成为一个比自我更大的东西里的一员,这种经历会让我们变得更加开放、包容、接近大自然和非人类的世界。[127]不幸的是,这种"包容"有时只针对某个部落、军队、运动团体或是教派的一些成员。集体意识可能是暴民、军队或者足球粉丝的特点。罗思文想要区分精神的和宗教的体验,这些体验给那些疯狂排斥而不是冷静宽容的行为带来了更多的开放和宽容。杜尔凯姆所讨论的"集体意识"和麦克尼尔的集体意识体验都显示出了这其中的区别并不如罗思文想象的那么清晰。[128]

其他的学者都描述了"集体意识"或是"集体欢腾",亦即"大我"的体验,而李泽厚研究的是其对原始人类情感和智力积淀的影响。巫术舞蹈解开了共情起源之谜。托马塞洛和米森认为，共情、意向性或理解他人“就像自己一样”是构成行为现代性重要技能的基础。李泽厚认为这种能力来源于参与巫术舞蹈。

参与巫术仪式的原始人类体验了作为“大我”的一分子强烈的感情狂欢。那时个体的心理结构、个人自我或“小我”，并没有完全积淀，个体意识没有启蒙运动以来的集体意识强。在这种情况下，原始人类更容易在集体中“失去”自我。群体舞蹈、重复节拍、节奏、音乐能产生一种让“我们”参与到符号活动中的强烈感觉：“我们”是熊；“我们”一起猎杀动物；“我们”一起杀死了敌人。“我们”一起跳舞，感受一样的感受，同一个目标、同样的欲望和意图将“我们”连为一体。

舞蹈一旦结束，强烈的“我们”感情体验挥之不去，巫术舞蹈所表演的一个姿势、一个声音，或者也有可能是一连串的姿势和声音，对于参与跳舞的人来说都代表了“同一样的事情”，因为那就是体验之所在。如果有强烈的现代“自我”感，或者体验使人蒙羞，这种理解可能会被否定、被压制。然而，原始人类的道德感和个体“小我”才刚刚开始发展，因此他们更倾向于接受实际事情发生的经历。

一回体验或是几百回这样的体验显然都不会促成米森所说的意向性层次结构的充分发展；但是，如果体验让人感到非常快乐——杜尔凯姆说其“非常奢侈”，埃伦瑞克称为“集体欢腾”——人们就会不断重复该体验。最终，理解他人就“像自己一样”的共情就被积淀到人类心理文化结构中。因此，共情不需要考虑到其神秘莫测的“黑箱”结果——智力过程或基因突变。原始人类不用推理、反思、想象或者使用类比方法来理解其他人是不是“就像我们一样”。他们能够记住真实的体验。

由于积淀说坚持认为人类历史和人类社会是个体的载体，因此积淀说并没有提到太多当代社会科学和心理学提出的个人主义假设。李泽厚关注的是巫术舞蹈在塑造强大的社会心理中的作用，以此来理解行为现代性所需的共情心理结构的发展。通过解释在巫术仪式中音乐和舞蹈背景下“大我”的形成，从历史角度和逻辑上将“大我”看作比“小我”更重要，积淀说可以解释智人是如何发展共情的，无需参考“想象力"和"类比"解释复杂认知技能出现的说法。所以,李泽厚的积淀说不但与当代科学证据相符,而且还为当代社会科学纠正某些个人主义的假设打开了一个视角。

六、结论:美是一种自由的形式

李泽厚的积淀说与进化生物学、当代社会科学和人类学的某些基本假设背道而驰。当代科学思维推崇"价值中立"和非目的论。李泽厚否认了许多人类学家的文化相对论,坚称某些时期的社会优于其他时期的社会,特别是现代社会优于原始社会。[129]此外,李泽厚的积淀说是有目的的:人类是朝着一个目标前进发展的,而李泽厚跟黑格尔和马克思一样将这个目标描述成自由的提升。

黑格尔将自由和自我意识理性联系在一起,认为人类有用有意识、理性的选择来决定自己生活的自由。他研究了"精神"的成长与发展,"精神"在人类的精神和道德发展方面是主观的,在社会和政治体制发展方面是客观的。[130]黑格尔认为,随着意识性和政府变得越来越理性,人们也变得越来越自由——这个说法似乎与一些思想家的正常预期相反,他们认为是黑格尔包容的"存在即合理"思想(要么是上帝在地球上的化身,要么是上帝对人类计划的一部分)开启了20世纪极权主义。[131]虽然这个指控对黑格尔并不公平,但是李泽厚有充分的理由去怀疑极权主义的政治理论,且黑格尔的观点至少跟康德的一样理智而抽象。

尽管李泽厚接受了黑格尔对人类自由发展的进化认识,但是他反对黑格尔对自由发展过程演变方式的理解。黑格尔认为"精神"或者"思想"有三种意识形态。第一种是最低级的,是表达自由的艺术;第二种是提供信仰和信任基础的宗教;第三种是最高级的,是对真理有完全清晰概念的哲学。[132]李泽厚认为,黑格尔的划分方法(艺术—宗教—哲学)就像很多的西方哲学家一样,过于强调认知和政治,却不够关注艺术。对于李泽厚抑或是更普遍的中国思想来讲,美学最有可能产生最高形式的快乐和自由体验,而不是宗教或哲学。

马克思认为,只有在一个能够获得足够食物、住所和衣服,并能随心所欲熏陶自己的社会里,人们才有可能获得个人自由:“早晨狩猎、下午垂钓、傍晚养畜、晚餐后指点江山,随心所欲。”[133]李泽厚始终是一个马克思主义者。他认为评判一个社会比另一个社会好的标准是生活水平:优质的食物、医疗卫生、暖气、空调、舒适之所、乘车或乘飞机旅游、观看电视和电影了解世界。[134]然而,李泽厚认为,中国曾经低估了建设现代社会或社会主义社会工业基础的重要性。[135]

启蒙运动以来的几百年间,西方现代化、个人主义以及自由变得越发重要。李泽厚认为,心理文化结构伴随着资本主义生产往往以“冷钱为基础的关系、极端个人主义、无政府领导而动荡不安、片面机械的理性主义”为特点。[136]因此,他认为大部分西方国家宣扬的超级个人主义给西方经济和政治带来了精神和心理危机。[137]亨利·罗思文将这种危机称为“无意义的深渊”,是由一个“人们为了买不需要或不满意的东西而必须做不喜欢或不满意工作的完全物质生活”造成的。[138]

当代资本主义带来了日益加剧的不平等,破坏了环境,扰乱了社会。在这样的背景之下,“自由”就变成了无拘无束。在这个意义上,个体有选择自己生命结局的自由,不受政府、家庭、社会、教堂的阻碍。但是这个自由的概念能够帮助人们从压迫的体制下解放出来,李泽厚认为自由的概念已经走偏了。他写道:“自由不是任性,你想干什么就干什么,恰恰是奴隶,是不自由的表现,是做了自己动物性的情绪、欲望,以及社会性的偏见,习俗的奴隶。”[139]他认为,自由是使人类区别于动物的事物之一,它根植于我们改变环境和我们自己的集体能力。

李泽厚将自由定义为“改造对象的普遍力量”,并认为自由为人类生活赋予了意义。[140]使人类区别于其他所有的灵长类动物的特征是人类的创造力,一种出现在想象有用的工具形状和开始制造工具时的能力。李泽厚对自由的定义源于儒学思想所强调的艺术在理想人类生活中的重要性。孔子认为这种生活是“志于道,据于德,依于仁,游于艺”(《论语·述而篇》)[141]。李泽厚认为,尽管儒学艺术限于礼、乐、射、御、书、数六艺，但艺术的范围可以延伸到更多方面。“游于艺”要求掌握某项专业技术、体验熟练掌握技术之后带来的自由感。[142]

从上文可以看出，李泽厚认为美感始于工具的制造，它改造世界，让生活更安全舒适，使人类社会有了安全保障。美学体验起源于原始人类社会劳作、表演、跳舞时的群体活动，但是随着人类生产的技术基础改变，相应的心理精神结构、审美享受和创造力的起源也随之而改变。[143]

人类一旦没有为了简单生存而劳作的必要性，就有了更多自由的时间以及自由选择；同时生命意义的问题也需要迫切解答。在西方国家，生命的意义往往存在于与至高无上的上帝合一的宗教体验。李泽厚将这种宗教的神秘体验等同于与宇宙融为一体的美学体验，也就是中国传统天人合一的说法。然而，宗教体验与美学体验之间有着很大的差异。许多对上帝的理解是上帝创造物之外的存在物：人类和世界。李泽厚坚持认为美学体验是人类创造物的体验，是人类自由的实践所创造的美的体验。

自由的实践形式需要所有人发现各自的潜能和能力，去创造一个独特的自我，让人类生活更美好——更自由、更复杂、更宽容、更有趣、更有埃伦瑞克所说的集体欢腾。[144]在一个关注个体自由（自我意志）的社会里，带来这种体验的观念会让人胆战心惊。[145]不然的话，就像伊利亚德和李泽厚所说，巫术/萨满活动产生的集体神秘体验是人类状态的一部分。[146]杜尔凯姆认为，即使这些体验会带来破坏和愚蠢，但这却是一个人能够拥有的最丰富和最了不起的体验。[147]确实，这些体验所具有的破坏性为打破积淀结构提供了动力，而再也不能创造人类繁荣和自由。

尽管他非常担心现代西方社会的极端个人主义，但是李泽厚乐观地认为，在大规模的工业社会中还是能找到美与诗歌。[148]他相信，在后现代工业社会里，无意义的、反人化的劳动会让机器人来做，把人类解放出来，让他们去做有意义的工作，能够生产美的工作。在自由的实践中产生的艺术，不会是只有极少数人能在现代博物馆或是音乐厅里欣赏到的高端艺术作品，而是所有人日常生活的一部分。李泽厚表示，艺术存在于建筑、城市规划、电影制作以及音乐创作中。[149]

创造性工作提升了人类社会的生命品质，它所带来的美学体验给后现代生活展示了一个合适理想的生活状态。简·科韦尔担心，面对野蛮经济的不平等、环境的破坏、现今工业资本主义使当代战争成为可能的恐惧，这种愿景过于乐观。李泽厚回应道："最好是相信，乐观自信地生活，这样一个人才会有更积极的人生观，有更多的精力，工作得更有建设性、更悠闲、更愉快。"[150]

（杨蔚译、方朝晖校对）

注释

[1] Li Zehou, "Subjectivity and 'Subjectality': A Response", *Philosophy East & West* 49.2(1999), p.12.李泽厚对"主体性"(subjectivity)的理解比英语中这个术语的意思要丰富很多。他用了"subjectality"来区分"subjectivity"，后者的意义更少。李泽厚将"主体性"翻译为"subjectality"，就是为了同笛卡尔的"我思"(cogito)区分开来，后者与人的身体及物质条件很少或根本没有关系。但是很多译者不接受这个新词，下文中作者还会讨论其实"subjectivity"比它所涉及的纯知识的、非物质的"我思"意义更广泛。

[2] Li Zehou and Jean Cauvel, *Four Essays on Aesthetics: Toward a Global View*, Lanham, MD: Lexington Books, 2006, pp.38—39.

[3] Mircea Eliade, *Shamanism: Archaic Techniques of Ecstasy*, trans., Willard R. TraskLondon: Routledge & Kegan Paul, 1964; Paul G. Bahn, *Prehistoric Rock Art: Polemics and Progress*, Cambridge: Cambridge University Press.书中认为伊利亚德的关于萨满教的作品内容有虚假信息。

[4] Li Zehou and Jean Cauvel, *Four Essays on Aesthetics: Toward a Global View*, p.90.

 [5] Karl Marx, "The Eighteenth Brumaire of Louis Bonaparte", in *The Marx-*

Engels Reader, 2nd., ed. Robert C. Tucker, New York and London: W.W.Norton & Company, 1978, p.595.

[6] Karl Marx and Friedrich Engels, "The German Ideology: Part I", in *The Marx-Engels Reader*, p.150.

[7] Li Zehou and Jean Cauvel, *Four Essays on Aesthetics*: *Toward a Global View*, p.94.

[8] Ibid., p.13. Li Zehou, "Subjectivity and 'Subjectality': A Response", p.175.

[9] Li and Cauvel, *Four Essays on Aesthetics*, pp.88, 166; Gu Xin, "Subjectivity, Modernity, and Chinese Hegelian Marxism: A Study of Li Zehou's Philosophical Ideas from a Comparative Perspective", *Philosophy East & West* 46 no.2(1996), p.215.

[10] 维特根斯坦根据语言游戏规则探讨"神话",但是这种情况下的差异并不重要。

[11] Ludwig Wittgenstein, *On Certainty*, trans. Denis Paul and G.E.M.Anscombe, ed. G.E.M. Anscombe and G.H. von Wright(New York: Harper & Row Publishers. 1969), p.15e.

[12] Li Zehou and Jean Cauvel. *Four Essays on Aesthetics*: *Toward a Global View*, p.177.

[13] 李泽厚:《主体性的补充说明》,载《当代中国思想》2000 年第 2 期,第 28 页;顾欣认为李泽厚的"主体性"概念同黑格尔的"总体性"概念一样包罗广泛。

[14] 同上,第 28 页。

[15] 同上,第 27—30 页。

[16] Li Zehou and Jean Cauvel. *Four Essays on Aesthetics*: *Toward a Global View*, p.134.尽管仍有争论认为李泽厚的观点与马克思主义相去甚远,但是前两个方面之间的关系类似于马克思主义的经济基础和上层建筑的关系。

[17] 李泽厚:《人类起源提纲》,载《当代中国思想》2000 年第 2 期,第 22 页。

[18] Roger Lewin, *Human Evolution*: *An Illustrated Introduction*, 5th edition, Malden, MA: Wiley-Blackwell, 2004, p.166.

[19] Li Zehou and Jean Cauvel. *Four Essays on Aesthetics*: *Toward a Global View*, p.134.

[20] 李泽厚:《人类起源提纲》,载《当代中国思想》2000 年第 2 期,第 23 页。

[21] 同上,第 24 页。

[22] Li Zehou, "The Philosophy of Kant and a Theory of Subjectivity", *Analecta Husserliana*, *Vol XXI*:135—149, 1986, p.138.

[23] 尽管有人可能会将智人归为“人类”，但是这个问题还是很复杂，因为通常对类人猿灵长类动物某些成员的命名是不一致的。类人猿是灵长类动物的分族，类人猿族包括了猩猩、大猩猩、黑猩猩、已灭绝的南方古猿和人属成员，只有一种现存——智人。直到最近术语“类人动物”用来指包括智人、灭绝的人属成员及其所有的直系祖先（如南方古猿、傍人、地猿）在内的种群。在很多当代的科学写作中，“类人动物”的范围扩宽到类人猿及其祖先。被称为“类人动物”的种群也被叫作“古人类”。仍然有些作者还在使用“类人动物”的狭义定义，这样就不会造成歧义。因此很多学者称人属的所有成员为“人类”。作者将采用这个说法。

[24] Li Zehou and Jean Cauvel, *Four Essays on Aesthetics*: *Toward a Global View*, pp.91—93.

[25] 马克思的意思可能是只有智人是“人类”，但是现今用法不一。

[26] Li Zehou and Jean Cauvel, *Four Essays on Aesthetics*: *Toward a Global View*, p.91.

[27] David Hockney, “A Day on the Grand Canal with the Emperor of China: Surface Is Illusion But So Is Depth”[VHS](1988); Wen C.Fong, “Why Chinese Painting is History”, *The Art Bulletin* 85, no.2(June, 2003), pp.258—280.

[28] Li Zehou and Jean Cauvel, *Four Essays on Aesthetics*: *Toward a Global View*, p.91.

[29] 作者在此过于简化康德的理论及其复杂用法不一的词汇。

[30] Li Zehou and Jean Cauvel, *Four Essays on Aesthetics*: *Toward a Global View*, p.167.

[31] Ibid., p.180.

[32] Sally McBrearty and Alison S.Brooks, “The Revolution That Wasn't: A New Interpretation of the Origin of Modern Human Behavior”.这篇文章并没有直接讨论美感的起源。

[33] Michael Tomasello, *The Cultural Origins of Human Cognition*, Cambridge, MA.Harvard University Press. 1999, pp.16—17.

[34] 一些学者认为南方古猿及人属成员是“人类”。此外，人属成员之间的关系通常具有争议，分类也随着不断的发现而改变。能人是最早的人属成员，有时也被分成南猿能人。直立人可能是匠人的后代，匠人是智人的祖先。有证据显示直立人和匠人共存，表明他们有着共同的祖先，而直立人有可能是匠人的一个亚种。这个分类是基于发现的化石记录的。直立人的化石最常在东亚和东南亚被发现。有部分争议是智人究竟

是在非洲进化的还是10万到12万年前迁徙出了非洲;或者说是更早以前就开始了迁徙。详见 http://www.actionbioscience.org/evolution/johanson.html。

[35] Richard W. Young, "Evolution of the Human Hand: the Role of Throwing and Clubbing", *Journal of Anatomy* 2003 Jan; 202.1, pp.165—174; Steven Mithen, *The Singing Neanderthals: The Origins of Music, Language, Mind and Body*, Cambridge, Massachusetts: Harvard University Press, 2006, p.126.

[36] Steven Mithen, *The Singing Neanderthals*, p.126.

[37] Ibid., p.146.

[38] Ibid.

[39] 李泽厚:《主体性的补充说明》,第20页。

[40] 南方古猿阿法种大约生活在385万到295万年前,南方古猿非洲种大约生活在330万到210万年前。

[41] 理查德·杨的《人类双手的进化》第172页讲到尽管没有直立人或匠人的化石记录,但是在力度和动作幅度方面尼安德特人的双手与现代人的极为相似。又见 John Noble Wilford, "Stone Tools from Kenya Are Oldest Yet Discovered", *New York Times*, 20 May 2015, Science section。

[42] Steven Mithen, *The Singing Neanderthals*, p.159. 参见 Ryan Ellsworth, "Oldowan and Acheulean Stone Tools", http://anthromuseum.missouri.edu/minigalleries/handaxes/intro.shtml("Museum of Anthropology")。

[43] 工具制造最早发现在坦桑尼亚,但是考古学家还发现了貌似330万年前奥杜韦石器的东西。参见网址:http://www.nature.com/nature/journal/v521/n7552/full/nature14464.html("Nature")。这些工具不同于黑猩猩用来砸坚果的石头。详见网址:http://www.evoanth.net/2015/05/26/oldest-stone-tools-found-arent-that-impressive/("Filthy Monkey Men")。

[44] 参见 Chris Stringer and Peter Andrews, *The Complete World of Human Evolution*, http://www.handprint.com/LS/ANC/stones.html("Human Evolution",访问时间:2015.05.24)。

[45] 人们认为这种工具不是在中国发现的,但是近期的发现对这个问题提出了质疑。

[46] Jennifer Welsh, "Tools May Have Been First Money", http://www.livescience.com/18751-hand-axe-tools-money.html ("Live Science", publishing time: 2012.02.29, visiting time: 2015.05.26).

[47] Jonathan Haidt, *The Righteous Mind*, New York: Pantheon Books. 2012, p.206.

[48] Chris Stringer and Peter Andrews, *The Complete World of Human Evolution*, p.209.

[49] Roger Lewin, *Human Evolution*, p.166.

[50] 能人至少在 250 万到 210 万年前制造奥杜韦石器。直立人大约在 160 万年前到 20 万年前制造阿舍利石器。

[51] Steven Mithen, *The Singing Neanderthals*, pp.158—159.文中指出大多数脑容量的增长直到 60 万年前都是因为身体尺寸的增长。

[52] Michael Tomasello, *The Cultural Origins of Human Cognition*, p.5.

[53] Ibid., pp.4—6.

[54] 取决于较早的人属是如何分类的,智人可能在 30 万年前就出现了。

[55] "When was fire first controlled by human beings?" http://www.beyondveg.com/nicholson-w/hb/hb-interview2c.shtml("Beyond vegetarianism").

[56] *What Does it Mean to Be Human? Human Evolutionary Evidence*, "Later Stone Age Tools", http://humanorigins. si. edu/evidence/behavior/tools/late-tools; Chris Stringer and Peter Andrews, *The Complete World of Human Evolution*, pp.212—213; Christopher S. Henshilwood, et al., "An early bone tool industry from the Middle Stone Age at Blombos Cave, South Africa: implications for the origins of modern human behaviour, symbolism and language", *Journal of Human Evolution*, 41 (2001a), p.688.

[57] Michael Balter, "First Jewelry? Old Shell Beads Suggest Early Use of Symbols", *Science*, *New Series*, 312, no.5781(Jun. 23, 2006): 1731.

[58] 这个表述简化了许多。关于这个争议,弗朗西斯科·德埃里克作了更详细的讨论。

[59] 理查德·克莱恩的《解剖、行为与现代人类起源》捍卫了行为突变的理论,尽管他的观点要更详尽一些。

[60] April Nowell, "Defining Behavioral Modernity in the Context of Neanderthal and Anatomically Modern Human Populations", *Annual Review of Anthropology* (2010), p.441.

[61] 李泽厚:《美的历程》,第 2 页。

[62] Sally McBrearty and Alison S.Brooks, "The Revolution That Wasn't", p.524.

[63] April Nowell, "Defining Behavioral Modernity in the Context of Neanderthal and Anatomically Modern Human Populations", p.441.

[64] Vanhaeren, Marian, et al., "Thinking strings: Additional evidence for personal ornament use in the Middle Stone Age at Blombos Cave, South Africa", *Journal of Human Evolution* 64(2013), pp.500—517; Christopher S. Henshilwood, et al., "Early bone tool", pp.631—678.

[65] Rudolf Botha, "Prehistoric shell beads as a window on language evolution", *Language & Communication* 28(2008), pp.197—212.该作品提供了一个重要的理论综述。

[66] Marthe Chandler, "The Meaning of Horse", in *Expressing the Heart's Intent* (Albany: State University of New York Press, forthcoming).

[67] Steven Mitherr, *The Singing Neanderthals*,第138页讨论了原始语言。

[68] 李泽厚:《主体性的补充说明》,第30页。

[69] Tomasello, *Cultural Origins*, p.15.

[70] Steven Mithen, *The Singing Neanderthals*, pp.117, 261.米森推测人类语言经过了数百万年才代替了原始语言交流系统。

[71] 将这种技能称为"共情",显示了它含有情感成分。

[72] April Nowell, "Defining Behavioral Modernity in the Context of Neanderthal and Anatomically Modern Human Populations", p.444.

[73] 李泽厚:《主体性的补充说明》,第29页。李泽厚指出马克思和维特根斯坦证明了这个观点。李泽厚和马克思认为语言源于人类生存所需的物质需要。有趣的是,"语言游戏"需要建设工程里建设者与助手之间的合作。

[74] Tomasello, *Cultural Origins*, pp.29—30.

[75] Ibid., p.76.

[76] Ibid., p.75.

[77] Wittgenstein, *Philosophical Investigations*, p.174e.

[78] Tomasello, *Cultural Origins*, p.15.

[79] Ibid., pp.26—41.

[80] Steven Mithen, *The Singing Neanderthals*, pp.40, 62—67.

[81] Ibid., p.274.

[82] Ibid., Chapter 6.

[83] Ibid., p.138.

[84] Ibid., p.71.

[85] Ibid., p.215.

[86] Ibid., pp.71, 276.大约一年或两年的时间里,“儿语”的作用就开始改变。它失去了许多的音乐特性,呈现出帮助儿童学习词汇和语法的特征。

[87] Ibid., p.117.

[88] Jonathan Haidt, *The Righteous Mind*, p.206.描述了托马塞洛的理论。

[89] Ian Ravenscroft, “Folk Psychology as a Theory”, http://plato.stanford.edu/archives/fall2010/entries/folkpsych-theory[“The Stanford Encyclopedia of Philosophy” (Fall 2010 Edition), ed., Edward N. Zalta, publishing time: 2010.08.12].

[90] Chad Hansen, *Philosophy of Mind in China*, http://www.hku.hk/philodep/ch/mind.htm.

[91] 陈汉生的观点比这个描述更复杂更细致,他的论据主要是语言上的。

[92] Angeline S. Lillard, “Other Folks' Theories of Mind and Behavior”, *Psychological Science* 8, no.4(July, 1997), p.271.

[93] Ibid., p.272.

[94] Ibid., pp.269, 271.

[95] Tomasello, *Cultural Origins*, pp.52, 55.尽管托马塞洛承认由于人类与灵长类动物近亲之间的生物差别很小,语言发展不依赖于生物与基因改变,或是少数天资聪颖的人的创造性,但是语言是产生于早期人类的社交生活的。这似乎是正确的,但是托马塞洛的观点显得有些相对个人主义。

[96] 参见李泽厚的《美的历程》第2页。

[97] Li Zehou and Jean Cauvel, *Four Essays on Aesthetics*, p.167.

[98] Ibid.

[99] 李泽厚:《主体性的补充说明》,第27页;Li Zehou and Jean Cauvel, *Four Essays on Aesthetics*, p.42。

[100] David Hall and Roger T.Ames, *Thinking from the Han: Self, Truth, and Transcendence in Chinese and Western Culture* (Albany, NY: State University of New York Press, 1998), Chapter 2; Roger T. Ames, *Confucian Role Ethics: A Vocabulary* (Honolulu: University of Hawai'i Press. 2011), pp. 87—88; Henry Rosemont, Jr. *Against Individualism: A Confucian Rethinking of the Foundations of Morality, Politics, Family, and Religion* (Lanham, Boulder, New York, London: Lexington Books, 2015), Chapter 3.

[101] Rosemont, *Against Individualism*, p.38.罗尔斯的“无知的面纱”旨在保护“根本个体”不受不相关信息的干扰。

[102] 李泽厚:《美的历程》,第 2 页。

[103] Li Zehou, *The Chinese Aesthetic Tradition*, trans, Maija Bell Samei(Honolulu: University of Hawai‘i Press, 2010), pp.5—6; Li Zehou, *The Path of Beauty*, pp. 2—10; Li and Cauvel, *Four Essays*, p.68.

[104] 李泽厚:《华夏美学》,第 5—6 页。

[105] 李泽厚:《主体性的补充说明》,第 28 页。

[106] Sandra T. Francis, “The Origins of Dance: The Perspectives of Primate Evolution”, *Dance Chronicle* 14, no 2/3(1991), pp.211—212.

[107] Mircea Eliade, *Shamanism*: *Archaic Techniques of Ecstasy*, p.458.伊利亚德认为《周礼》描述了禹表演的“熊舞”。

[108] 许多理论家认为语言和音乐始于图腾舞蹈和巫术仪式。

[109] 李泽厚:《华夏美学》,第 6 页。

[110] 同上。

[111] Li Zehou and Jean Cauvel, *Four Essays on Aesthetics*, p.151.

[112] Sandra T. Francis, “The Origins of Dance: The Perspectives of Primate Evolution”, p.4.虽然伊利亚德声称在萨满仪式中找到的“普遍宗教”没有证据证明,但是罗思文指出所有的宗教传统都能让人们体验精神的、神秘的及宗教的安全感以及比自我更大的归属感,基督教称之为“在上帝的手中安然无恙”,中国讲求的是“天人合一”。

[113] Émile Durkheim, “Religion and ritual”, in *Emile Durkheim*: *Selected Writings*, ed. A.Giddens, New York: Cambridge University Press, 1992, pp.222—232.

[114] Paul Carls, “Émile Durkheim(1858—1917)”, http://www.iep.utm.edu/(“The Internet Encyclopedia of Philosophy”, visiting time: 2015.06.14).

[115] 杜尔凯姆似乎是在作一个人类学中很常用的设想区别,即“原始”或“野蛮”社会与受启蒙运动影响的“文明”社会之间的区别。

[116] 李泽厚的儒学思想没有作这些假设。

[117] 李泽厚的《美的历程》与《华夏美学》中详细讨论的文化积淀过程,即某个特定文化成员共有的文化—心理结构,超出了本篇文章的探讨范围。

[118] 李泽厚:《漫说“西体中用”》(*The Western Is the Substance*, *and the Chinese Is for Application*),载《中国思想史论》(上册),安徽文艺出版社 1999 年版。

[119] 李泽厚:《华夏美学》,第 210—212 页。

[120] Jonathan Haidt, *The Righteous Mind*, pp.225—226.

[121] Ehrenreich, *Dancing*, Introduction, Chapter 2.

[122] Jonathan Haidt, *The Righteous Mind*, p.221.

[123] Ibid., p.222.

[124] Ibid., p.223.海特将狂欢舞会同崇尚个人主义和性别的摇滚区分开来。美国文化中,小辈的音乐通常会吓到他们的父母。

[125] Ibid., pp.231—232.

[126] Ibid., Chapter 11.

[127] 参见罗思文的《理性与宗教体验》第32—33页。

[128] 在这方面有明显的"自我修养"的作用。

[129] 李泽厚:《漫说"西体中用"》,第37页。

[130] Gu Xin, "Hegelianism and Chinese Intellectual Discourse: A Study of Li Zehou", *Journal of Contemporary China*, No 8(Winter/Spring 1995), pp.1—27; and Gu Xin, "Subjectivity, Modernity, and Chinese Hegelian Marxism: A Study of Li Zehou's Philosophical Ideas from a Comparative Perspective", *Philosophy East and West* 46 no.(2 April 1996), pp.205—246.

[131] 有人认为对黑格尔的国家的理解是一个误解,有可能是误译。详见网址: http://en.wikipedia.org/wiki/Elements_of_the_Philosophy_of_Right.("维基百科")

[132] Stephen Houlgate, "Hegel's Aesthetics", http://plato.stanford.edu/archives/spr2014/entries/hegel-aesthetics/["The Stanford Encyclopedia of Philosophy" (Spring 2014), ed. Edward N.Zalta, publishing time: 2014.02.10].

[133] Karl Marx and Friedrich Engels, "The German Ideology: Part I", p.119.

[134] 李泽厚:《漫说"西体中用"》,第37—38页。因为对资本主义生产效益持过于积极的态度,李泽厚一直备受批评。人们当然希望他不要那么天真地相信地球上的每个家庭,甚至每一个人终有一天都能开上自己的私家车。

[135] Woei Lien Chong, "Guest Editor's Introduction: History as the Realization of Beauty: Li Zehou's Aesthetic Marxism", in *Contemporary Chinese Thought* 31, no 2, Winter 1999—2000, p.8.

[136] 李泽厚:《漫说"西体中用"》,第35页。

[137] 李泽厚:《主体性的补充说明》,第28页。

[138] Jonathan Haidt, *The Righteous Mind*, p.10.

[139] Li Zehou and Jean Cauvel, *Four Essays on Aesthetics*, p.57.

[140] Ibid., pp.57—58.

[141] 李泽厚:《华夏美学》,第 47 页。

[142] 同上。

[143] Li Zehou and Jean Cauvel, *Four Essays on Aesthetics*, pp.59, 178—179.

[144] Ibid., p.167.

[145] Ibid., p.79.

[146] Eliade, *Shamanism*, p.504. 李泽厚也提出大抵相同的观点。

[147] Sandra T.Francis, "The Origins of Dance: The Perspectives of Primate Evolution", p.228.

[148] Li Zehou and Jean Cauvel, *Four Essays on Aesthetics*, p.76.

[149] Ibid., p.180.

[150] Ibid., pp.182—183.

李泽厚美学和中国文化积淀的儒学之“体”：关于重新阐释儒学的探索

石井刚(Tsuyoshi Ishii)
日本东京大学

一、用李泽厚美学对儒学进行重新阐释的必要性及可能性

说李泽厚哲学的最大贡献在于其美学思想，这并非夸张。作为1949年后中国大陆最知名的哲学家之一，他曾经极大地影响了中国知识分子和大学生，尤其是在20世纪80年代的“文化热”、“新启蒙运动”时期。作为意见领袖的李泽厚，不用说在这些文化运动中起了重要作用。在后“文革”时期，许多年轻人热衷于提倡以重新评价传统经典为基础的新启蒙这种新鲜话题。而我们不要忘记，不但李泽厚在20世纪80年代的很多作品是以这些年轻读者为对象、鼓励重新评价中国传统，而且他对传统文化的回顾，最终为20世纪最后十年所谓“大陆新儒学”运动的出现做了准备。我们也不应忽略如下事实：李泽厚对中国文化史进行的美学分析，正是20世纪80年代出现的新启蒙或者文化运动的开端。在此意义上，当我们考察李泽厚对中国传统，尤其是儒学学说的重新评价时，将其美学思想一并考虑进来是非常重要的。李泽厚曾经深刻地批评过蔡仪(1906—1992)和朱光潜(1897—1986)(即那场广为人知的“美学大讨论”)，这使他作为美学家的地位在20世纪50年代一度颇有争议。我们可以说，通过这些比20世纪80年代的文化运

动要早得多的辩论，李泽厚作为新中国具有影响力的知识分子的地位，即已奠定。

对李泽厚美学的研究，已经出现了不少优秀成果。《东西方哲学》(*Philosophy East & West*)1999年四月号即是一个明显例子。[1]这期杂志聚焦李泽厚对近现代中国思想中的“主体性”和美学的观点，还包括一篇李泽厚自己的回应文章。[2]它讨论的中心主题是李泽厚如何将康德、马克思结合起来，以至于他将康德的审美判断命题转化为“主观性”，或者用其他术语来说即“主体性”——后者可以经由历史“积淀”，或者经由在“整体人类经验”的历史中积聚的心理形式而成。[3]这次集中讨论有不少真知灼见，“主观性/主体性”这一概念的重要意义被揭示出来，它准确表达了李泽厚对于跟“文化—心理结构”、“积淀”等关键概念并列的“历史本体论”的独特阐释。与此不同，本文转而留意该概念最初的中文词，它包含一个意为身体的“体”字。对于如何定义这个词，李泽厚是这样说的：

> “subjectivity”被译成中文时使用了两个相关的、意思不同的词：主观性与主体性。前一词里的“观”关乎想法，意指主体（也就是人）的意识。后一词里的“体”关乎身体，意指人的物质体(material substance)。现代西方哲学，从笛卡尔到康德，是“意识哲学”的传统——或者如笛卡尔所说“我思故我在”。这种哲学是主体性之一。但是，在中国传统里，主体与客体的区分并不是非常清楚，它不重要，甚至有时被忽略，尤其是在认识论领域。当我试图将主体性的概念放进中文里，尽管我保留了跟主观性有关的意思，我更强调第二个词“主体性”。因此我决定创造一个新词 subjectality 来将中文“主体性”译成英文。[4]

“体”所代表的这样一种文化身份概念，的确包含着东亚哲学研究学者们所提出的不同解释。大概浏览一下当代新儒家运动圈子内外的种种议论，即可见这点相当明显。其中最典型的人物之一如熊十力，现代新儒家开山祖之一，对这一最初受佛教启发而来的"体"就曾作过详细阐发。但是，有意思的是，李泽厚此处对"体"的解释跟熊十力源自佛教的解释完全不同。与李泽厚不同，熊十力并未将"体"理解为身体（即一种有机体）。在此意义上，李泽厚的立场与那些主要来自港台的当代新儒家相比，就显得十分独特。因此，考察李泽厚如何理解"体"或身体，以及这如何影响了他对儒学的理解，将非常有趣。尽管《东西方哲学》专刊并没有讨论李泽厚美学如何以儒学为特征，但是考虑到李泽厚在20世纪80年代中国知识圈子里的再流行开启了当今儒学的转向，仔细考察李泽厚对于儒学的理解显然就非常重要。

二、李泽厚美学概述及其道德普遍性的批评

让我们先简要地回顾一下李泽厚的美学思想。[5]在20世纪50年代的美学大辩论中，毕业于北京大学哲学系的青年李泽厚，撰文批判了两位卓有建树的学者朱光潜和蔡仪。深受意大利哲学家克罗齐(1866—1952)影响的朱光潜，其唯心主义的立场让他成为了李泽厚最重要的对手。其时正值新中国的意识形态改造，朱光潜写了几篇文章检讨自己的唯心主义。另一方面，蔡仪作为当时马克思主义美学专家的代表人物，强调美的客观存在。同样作为马克思主义者的李泽厚不但批判了朱光潜，也批判了蔡仪。他认为蔡仪思想是对唯物主义的庸俗解释，同时坚持认为自己对马克思的理解比蔡仪更为可靠。李泽厚同时批评了一位唯心主义学者和一位马克思主义者，立场相当独特。但是，正是这种独特性预示了20世纪80年代以后其美学话语的诞生。

尽管李泽厚强调自己作为一名马克思主义者立场是最正统的，他在"文革"期间还是没能躲开批判。据说他曾将一本康德《纯粹理性批判》的英译本偷偷藏在《毛泽东选集》下面阅读。在"四人帮"倒台之后仅仅数年，《批判哲学的批判：康德述评》即于1979年出版。该书是他在那个政治压迫的年代奋力挣扎而收获的很大成就，甫一出版，即在那些经历了如此之久思想压抑的、对思想类著作如饥似渴的读者中引起

了轰动。[6]李泽厚在书中展示了一种阐释康德批判哲学的独特方式,使其与马克思理论遥相呼应。尽管其中部分论述或可商榷,该书从马克思的历史唯物主义“回归康德”的努力[7],无疑吸引了那些敏锐的中国读者。[8]此后李泽厚于1981年出版了《美的历程》,其影响力更著。他在该书中详细考察了从史前时期直至清代的中国艺术通史。他对中国历史的这样一种人文化叙述跟官方的刻板历史叙述截然不同,读者感觉很有兴味且十分优美。很自然地,大众对该书比对李泽厚稍早关于康德哲学的书的反应要热烈得多。

“四人帮”倒台以后,李泽厚发表了一系列重要文章来重讲中国现代思想史。[9]大约自1973年开始,“四人帮”发动了所谓的“批林批孔”运动。紧接着是一场相关的意识形态争论,即著名的“儒法斗争”。法家在这场运动和争论之中被颂扬为反儒学派,而儒学则被描绘成封建、保守、反革命的意识形态。这种视角,让官方按照封建的、以道德为中心的儒学思想与提倡权力管理的法家思想的两分框架,来建构中国近现代思想史。

在后来的20世纪80年代,抨击“文革”成了主流话语。在此氛围中出现对儒学的重新评价,并不令人费解。除了美学作品外,李泽厚关于中国近现代思想史的系列文章,也在这次重新评价里发挥了重要作用。也就是说,他在20世纪80年代发表的作品,成为了预示大陆儒学复兴之新启蒙运动的重要组成部分。在此意义上,李泽厚的讨论在建设大陆当代新儒家时发挥了作用,后者一方面跟港台新儒家一样受康德影响,另一方面又受大陆马克思主义和历史唯物主义影响。

在“儒法斗争”运动的背景下,李泽厚讨论和重新考察了严复(1854—1921)和章太炎的思想,其时他们都被认为是中国近现代史上最具代表性的法家知识分子。李泽厚对章太炎的看法无疑跟当时教条化地描述历史人物的做法针锋相对;但是,他的批评很复杂,因为他在分析中同时使用了历史唯物主义和非唯物主义的道德观。他似乎将道德发展放在生产方式的发展中来讨论,认为章太炎的道德观不符合当时的经济发展水平。问题在于,李泽厚所捍卫的道德,不可避免地含有某种在本质上与生产方式的历史唯物主义观无关的主观成分。另外，李泽厚为何以这种方式提出“道德”之概念可能跟他对康德的理解有关。换句话说，李泽厚试图通过从马克思回归康德发展出某种新的、呼应康德“人是目的”的普遍道德。对于李泽厚来说，道德应该以普遍原则为基础。可是一个显然易见的问题是，社会如何建立普遍道德呢？令人奇怪的是，他试图通过历史的方法，特别是构造包括从章太炎到鲁迅(1881—1936)这条革命的现代历史线索之中国思想史，来达到目的。这意味着李泽厚并不试图驳斥历史唯物主义的基本框架，而是试图从历史中推导出道德的客观原则。然而他将普遍性的基础深植于历史的方法，可能与依赖于先验的综合判断的康德方法不同。

李泽厚对章太炎的批评很耐人寻味。例如，李泽厚将章太炎定位为“一个封建地主阶级文化的继承捍卫者”，并认为他“在现实斗争中不自觉反映了农民阶级作为小生产者的民粹主义的思想情绪”[10]。在结论中，李泽厚猛烈抨击章太炎的哲学是典型的主观唯心主义。以下所引段落，似乎是对在此前数十年中占据主导地位的左倾激进主义的严肃反思：

> 谭嗣同、章太炎等人哲学中的自然科学知识和内容都是极端幼稚甚至荒诞的，这与中国当时落后的社会生产力和生产方式直接相联，与当时近代工业极端微弱，资产阶级和无产阶级都非常弱小，包围着的是广大的落后小生产者的海洋的社会基础直接有关。因此，如何彻底改变以小生产为基础的社会，尽快实现现代化，倒也正是使唯物主义扎下根来，阻塞各种各样的主观唯心主义猖狂流行的一个重要(虽非全部或主要)方面。[11]

实际上，在批评章太炎的过程中，李泽厚也强调了章太炎作为著名民族主义者的重要意义。值得注意的是，章氏的这部分遗产，变成了他从20世纪90年代所谓“国学热”到现在一直流行的标志。简而言之，李泽厚对章太炎的批评带有模糊性，实际上揭示了同一硬币的两个侧面：

一面提出了对唯物主义的新解，这以批评激进主义的立场为基础；另一面通过回归传统思想，为中华民族身份准备了一个新的基础。

无论如何，李泽厚试图抛开唯意志论去重新定义"道德"主体性，但仍然与历史唯物主义同步。这对其美学思想来说也是重要议程。其美学目的论，正是通过深入阐发"自然的人化"而发展出来的。

在李泽厚于20世纪80年代转向康德后，他开始强调另一重要概念，即经由人力和生产过程的历史积淀而来的"文化—心理结构"。他说：

> 历史具体的社会道德的确常常彼此不同或根本对立，当个体的自然存在与集团的利益要求发生矛盾冲突时，每个阶级、集团为其自身的整体利益，一般都要求其成员牺牲一己，以维护其阶级或集团……康德所谓"普遍性"的立法形式如作为外在伦理规范在具体的社会斗争中，的确是"空洞的"，没有什么具体历史规定性。但康德的贡献及其伦理学的重要性却也正在这里：他以形式主义的方式提出了一个具有普遍必然性（即客观社会性）的文化心理结构问题。这结构是专门属于人类的，由文化而历史地积淀而成。它表现为认识的时空直观和知性范畴，也表现为这里的自觉的道德律令。[12]

一方面，他声称不可能离开具体的阶级或者社会去建立普遍道德；另一方面，他又说道德是普遍的，因为它是全人类固有的文化特征。对于李泽厚来说，历史性地培养、累积而来的"文化—心理结构"，是人类区别于物体和神灵的独特所在。李泽厚认为，康德的重要性就在于他清楚地表明了就形式逻辑而言文化—心理结构是普遍的，而道德律令的具体成分应被历史地决定。

李泽厚也在对康德的独特阐释中表达了自己的美学观。他揭示出康德的矛盾，即后者一方面坚持"为自然立法的人的主观能动性"[13]，但最后人还是需要回到"道德的上帝"之中。[14]对于李泽厚来说，康德应该"高扬人的社会实践的主观能动性，从而使自然向人生成的根本观点”[15]。他写道：

> “自然向人生成”，是个深刻的哲学课题，这个问题又正是美学的本质所在。自然与人的对立统一的关系，历史地积淀在审美心理现象中。它是人所以为人而不同于动物的具体感性成果，是自然的人化和人的对象化的集中表现。所以，从唯物主义实践论观点看来，沟通认识与伦理、自然与人、总体（社会）与个体，并不需要上帝，不需要目的论，只需要美学。真、善、美，美是前二者的统一，是前二者的交互作用的历史成果。美不只是一个艺术欣赏或艺术创作的问题，而是“自然的人化”的这样一个根本哲学—历史问题。[16]

李泽厚以“文化—心理结构”代替了康德哲学里上帝的角色。它在“自然的人化”的历史过程中形成，意味着人向自然的主观能动性。在那个过程中，每个个体最初不同的内在目的将全部被社会结构所表现，李泽厚称之为“人的自然化”。相应地，后者在形塑人的内在精神功能或认知以产生审美判断方面将发挥作用。

人与自然的互动以工具为中介，工具让人具有实践性。李泽厚就人改造自然带来的后果说：

> 这种成果的内在心理方面，就是分别内化、凝聚和积淀为智力、意志和审美的形式结构。这即是文化—心理的结构方面。在不同时代社会中所展现出来的科学和艺术便是它们的物态化形态。个人的生命和人维持其生存的目的是有限的，服从于自然界的，人类历史和社会实践及其成果却超越自然，万古长存。[17]

尽管李泽厚同意康德主观普遍性的看法，他的观点并非先验的，而是认为具体历史决定了审美判断。这种不同相当重要，因为先验判断的普遍性对于康德来说极为关键。

据李泽厚说，早在“文革”前的20世纪50年代美学大辩论中他即开始使用的“自然的人化”、“自然向人生成”等词，直接来自他对马克思《1844年经济学和哲学手稿》的阐释。例如，为了解释如何自马克思著作得出“自然的人化”，李泽厚在1962年写道：

> “人化的自然”本见于马克思的早期著作，但马克思并不是谈艺术或审美活动问题时提出这个概念，而是在谈人类劳动、社会生产等经济学和哲学问题时用这个概念的。……“人化”者，通由实践（改造自然）而非通由意识（欣赏自然）去“化”也。所以，自然的人化是指经由社会实践自然从与人无干的、敌对的或自在的变为与人相关的、有益的、为人的对象。用马克思的原话这就是“自然的向人生成”，自然变成了“人类学的自然”，是“人类的非有机体的躯体”。这个变化靠意识、审美、艺术是办不到的，而只有靠感性物质的革命实践、靠生产活动才能办到。所以，“人化”的这两种解释，看来也许只毫厘之差，但实质却有千里之别：一个是夸张主观意识作用的唯心主义的理解；一个是强调客观实践的唯物主义的理解。[18]

20世纪80年代，蔡仪批评李泽厚歪曲了马克思理论，但是李泽厚继续在各种不同场合表达类似意见。这告诉我们，不管他对马克思的解读正确与否，李泽厚的确需要参考马克思的早期思想，来形成自己以“自然的人化”为代表的美学思想。

李泽厚在“文革”结束后重新发现了“文化—心理结构”——通过从马克思回归康德，该结构定义了道德和伦理的社会结构。康德试图解释自由、自主的意志将如何遵守道德规则，从而使普遍性和特殊性统一。作为对比，李泽厚将以人的主观性劳动为媒介、存在于人和自然之间的融合视为美的起源，而美是真与善的统一。在他的理解里，自然作为人的生产性劳动的目标，应该向人生成：

> 我曾把自然界本身的规律叫做“真”，把人类实践主体的根本性质叫做“善”。当人们的主观目的按照客观规律去实践得到预期效果的时刻，主体善的目的性与客观事物真的规律性就交会融合了起来。真与善、合规律性和合目的性的这种统一，就是美的根源。
>
> 自然界的规律原来都是特殊的、具体的、有局限的，但人类在长期的社会实践中抽取，概括，组织这些实践活动，因而特殊的自然规律成为普遍的。由于它，主体获得活动的自由，也因此，合规律性和合目的性、真理和善才能得到统一。这个统一在主观活动中表现为善的形式，而善的形式具有改造客体的形式力量。于是，就主体的实践活动而言，美的根源存在于合规律性中；真理则成为善的内容。就客观事物而言，美的根源存在于合目的性；善则成为真理的内容。当真理成为善的内容时，我们就拥有社会美；当善成为真理的内容时，我们就拥有自然美。[19]

自然的存在需要由人的活动表现。当自然的客观法则和人的主观生产实践结合在一起，达到真与善的和谐，美就会出现。因此，对于李泽厚来说，虽然美具有客观性，美感是对于由人的主观实践所表现的美的一种感受。在那种意义上，生产力量和科技文化的发展不下于对新自然的重新认识。

上述意义的美学成果被李泽厚认为是自由意志的自治。同时，他也认为道德的具体品质在历史中积聚而成。那么，在其理解中，先验的共相应被限制于一个形式逻辑的“文化—心理结构”。这样的概念必然被理解为历史主义和推理逻辑的混合。我们必须指出，20世纪80年代的中国正处在由马克思教条主义转向改革开放政策的重要阶段，李泽厚在这时提出如此论题，的确吸引了许多学者和年轻学生：因为它向他们展示了一种替代性的话语策略，引进了“自由”、“意志”之类观念却又无需否定历史唯物主义。

三、中国美学传统和儒学

强调道德形成和美感的历史性让李泽厚不可避免地历史化中国美学。在此意义上，随着《美的历程》的出版，他在 20 世纪 80 年代初的“复活”并非偶然。但是《美的历程》研究中国艺术史，不能当作美学著作。他的另一本书即最初于 1988 年出版于新加坡的《华夏美学》，反而应是其研究中国美学的第一部重要著作。李泽厚在该书中揭示了“文化—心理结构”的美学主体性，证实了经由历史积淀而形成的中国文化基础的存在。

很显然，这样的历史主体性直接意味着以汉族为中心的中华民族。特别是，李泽厚在谈论中国的文化—心理结构时主要关注点是儒学。对他而言，儒学作为中国社会—历史实践的主体对文化—心理结构作出了主要贡献。就本文目的而言，儒学正是作为经由积淀而成的文化—心理结构的中国美学史之“体”。

李泽厚在其《论语今读》的开头表露了对儒学的强烈亲近感：

> 我至今以为，儒学(当然首先是孔子和《论语》一书)在塑建、构造汉民族文化心理结构的历史过程中，大概起了无可替代、首屈一指的严重作用。[20]

文化—心理结构在奠定中华民族(或汉族)的历史主体性(或主观性)中起了重要作用，而儒学则被强调是以其文化—心理结构的中国积淀为特征的历史本体。在《华夏美学》中，儒学在中国文化—心理结构里作为基础之重要性，似乎是本质性的。该书主要论述了自然与人和谐化的历史进程，“自然的人化”在此过程中发挥了主要作用。自原始儒学出现以后的中国的人文主义历史，是立足于从儒学“自然的人化”，是如何被儒学以外的思想补充而积聚为中国历史文化积淀来描述的。作为道家代表性思想的庄子哲学提出了“人的自然化”，这跟儒学提倡的“自然的人化”正相反，这样它就能够帮助儒学美学建立起“对人生、自然和艺术的真正的审美态度”[21]。最后，“在儒道互补中，是以儒学为基础，道家被落实和同化在儒学体系之中”[22]。那么，“中国传统的心理本体随着禅的加入而更深沉了”[23]，以及“把人性自觉的儒学仁学传统的高一级的形而上学化”[24]。这也为登上了“儒学哲学和华夏美学的最高峰”的宋代理学的出现做了准备。[25]在现代知识分子中，李泽厚欣赏蔡元培(1868—1940)的先驱角色，因为后者是试图将美学作为现代学科引进中国的最知名人士。特别是，蔡元培提出的“以美育代宗教”的著名观点对李泽厚来说非常重要，因为它是“儒学传统和西方美学的交汇”。李泽厚说：

> 非酒神型的礼乐文化、无神论的儒门哲学又一次接受和同化了 Kant、Schopenhauer 的哲学和美学，而提出了新命题。[26]

该书的结论由此变得清晰了。李泽厚将中国传统积淀的质量归因于儒学因素：

> 孔子曰：“温故而知新，可以为师矣。”(《论语·为政》)回顾是为了在历史中发现自己，以把握现在，选择未来，是对自己现在状态的审察与前途可能的展望。这种发现、把握、选择、审察、展望，都包含有自己的历史性的“偏见”在内。这“偏见”其实也就是某种积淀下来的文化心理结构和本体意识。
>
> 什么是本体？本体是最后的实在、一切的根源。依据以儒学为主的华夏传统，这本体不是自然，没有人的宇宙生成是没有意义的。这本体也不是神，让人匍伏在上帝面前，不符合“赞化育”，“为天地立心”。所以，这本体只能是人。
>
> 本书作者在哲学上提出人类学本体论(亦即主体性实践哲学)，即认为，最后的实在是人类总体的工艺社会结构和文化心理结构，亦即两个“自然的人化”。外在自然成为人类的，内在自然成

为人性的。这个人性也就是心理本体，人的自然化是这本体的不可缺少的另一方面。[27]

“以儒学为基础的中国传统”由此被视为中国文化—心理结构的历史本体论之“体”。上述这一传统的全部历史，就像是一个新陈代谢的持续过程，让一个有机体能够一直在改变，同时又保持其作为整体的和谐统一。

他的历史本体论，或者人类学本体论，作为主观性的一种实践哲学，包括目的论的时间方向。“自然的人化”是一种典型观念。另一方面，他对“中国传统”的历史叙述深刻地植根于儒学传统中，而后者包括无限的多样化可能，能够吸收和消化历史上的外来新思想。相应地，作为中国文化—心理结构的历史本体的儒学积淀，被认为是一个和谐、统一的整体，从最初开始即在其内部允许多样性存在。

“文化—心理结构”是普遍的还是特殊的？李泽厚所说的并不那么容易理解，看起来相当复杂。可能正因为如此困难，他才一再在多个地方重述其看法。如在下面一例里，李泽厚相对清楚地回答了这个问题：

伦理行为、道德法则的具体历史内容和意义在不同社会和时代相当不同，但是其形式或者“精神”（用我自己的话说，即“文化心理结构”或“积淀”）却是相同的，这就是它好像是先验的原因。[28]

因此，我们必须考查中国文化—心理结构的“精神”，即中国文化—心理结构的儒学之体。

李泽厚认为儒学起源于出自巫术、图腾仪式的古代礼乐，儒学之基础奠基于灭了商朝（也称为殷朝）的周朝。王国维（1877—1927）在其《殷周制度论》里提出，周朝的建立是一个重要转折点，标志着中国历史上最大的政治、文化转型。李泽厚援引王国维的观点说：

孔子梦见周公，儒家要“复”的“三代之治”，确乎有其“向后看”

> 的历史依据的，即父系家长制下黄金时代的氏族社会。所以，本书着重讲了孔子和儒家，以其作为主轴。这不是因为我特别喜欢儒家，而是因为不管喜欢不喜欢，儒家的确在中国文化心理结构的形成上起了主要的作用，而这种作用又有其现实生活的社会来源的。[29]

在《华夏美学》中，李泽厚对商—周代际嬗变之极端重要性及其对儒学的影响，做了深入阐发：

> 王国维《殷周制度论》强调殷周之际变革的重要性，其中主要便是周公确立嫡长制、分封制、祭祀制即系统地建立起"礼制"，这在中国历史上确具有划时代的意义……其实，孔子和儒家之所以极力推崇周公，后代则以周、孔并称，都与此有关，即周公是"礼乐"的主要制定者，孔子是"礼乐"的坚决维护者。[30]

这里我们有必要了解王国维在《殷周制度论》中的观点。其中最重要的一点，是宗法制度被合法化为政治制度，因此它不仅保证了周代，也保证了中国此后朝代的稳定性。王国维说：

> 盖天下之大利莫如定，其大害莫如争。任天者定，任人者争……故天子诸侯之传世也，继统法之立子与立嫡也。[31]

王国维在讨论周公的贡献时强调了朝廷的稳定性，并把这种稳定的基础归于宗族，因为他认为血缘减少了继位问题带来的麻烦。这种稳定被认为是代表了天意的制度，成了儒学哲学中理想的政治伦理制度。

四、殷周嬗变和"天下"观：儒学传统的另一种叙事

如上节所论，王国维关于殷周朝代更替的理论对儒学文化积淀的

特征提供了一种典型理解,这对李泽厚肯定儒学有影响。王国维所描绘的周公制定儒学制度的画面,不但为儒学礼仪提供了文化基础,而且也通过强调血缘的重要性强化了作为本体论之体的儒学文化—心理结构的形象。因此,我们可以说李泽厚关于主体性的理论,实际上对儒学传统文化有着跟其他著名学者如王国维一样的看法。但是,这并不意味这是唯一可能的叙述;殷周制度嬗变有其他解释的可能性。理解李泽厚历史思想的特征及其在某种意义上的局限性,会对我们很有帮助。在此,我们先简单了解一下以其"天下"观而知名的日本汉学家平冈武夫(1909—1995)的相关讨论。他说:

> 从其伊始,周代就具有一种超宗族(supra-clannish)特征。因此,周代整体继承殷代末期的社会或文化现实有其必然性。当然,他们不可能将自己征服殷代的功绩,仅仅归功于宗族祖先之优秀。如果不承认存在一个超越了失败之殷和成功之周的超宗族原则,那么就无法理解这两个朝代之间的嬗变。[32]

平冈武夫提出了一种与王国维截然不同的合法性观点,指出周代"超宗族"的性质而非其宗法系统代表了其意义。对"天"的不同阐释,使这两位学者的观点相距甚远。我已经发表了一篇与此问题有关的详细研究,不再赘述。[33]简单地说,平冈武夫在仔细分析《尚书》和铜器铭文后,认为"天"字在周代才首次出现于铜器铭文,而且"天"字在铜器铭文上恰巧跟代表人民的"民"字一起出现。[34]跟王国维相反,平冈武夫认为有必要假设有一些规定让新王国能够统治其他依靠血缘继承而获取权力的封建诸侯,因为就以血缘为基础的权力来说,新朝跟其他诸侯并无不同。在回应如为何只有周代的王(以及后来的皇帝)被称为"天子"而其他诸侯不能的问题时,平冈武夫回答说,这是因为"天"被尊崇为一种支配性的正统以授予周王统治世界的权力。《尚书》中的"天亦哀于四方民"[35],解释了"天"如何代表人们的意愿并合法化周王所领导的革命。王国维将"天"看作一种如血缘般的自然秩序,平冈武夫却将“天”解释为赋予皇帝代表“民”以统治之权力这种理性观念。这意味着皇帝的合法性不再由血缘保证，而由一种超越性的观念。在“天”这一概念树立起来以后，每位皇帝都应该有足够的美德来担当“天子”，否则他将被“天”惩罚。这说明每个朝代都应被评估，看其统治是否符合天意（这在相当程度上等同于民意）；如果答案是否定的，人民就将反抗。因此，“天”这一观念本身就合理化了革命，或者说，将革命运动系统化为政治进程的一部分。平冈武夫说：

> 如上所说，“天”被制造出来解释殷周革命的兴替是如何发生的，毫无疑问它是周人的发明。但是，“天”永远不会单单利于周人。它只是冷静地给出和解释革命和朝代兴替的原则。因此，征服了前朝的周代自己也暴露于未来可能被人征服的危险之下。[36]

后来，革命和朝代更替在中国历史上一再出现，平冈武夫将这样一个合法化的历史系统称为“‘天下’观”。

此处考察平冈武夫观点的原因在于，它向我们揭示儒学文化可以有各种不同解释。李泽厚对中国历史的描述跟平冈武夫有本质上的不同，因为李泽厚强调文化史作为“积淀”或者“文化—心理结构”的持续性，而非强调中国历史上一再出现的革命性变革。平冈武夫的“天下”观理论化了前现代中国历史上反复出现的革命的机制。这种机制包括了崩溃和建设，跟李泽厚所描绘的身体器官新陈代谢的形象几乎正相反。当然，从平冈武夫论点中呈现出来的是落后的中国文明，这让其一度被对中国的革命现代化抱有强烈同情的日本学者所诟病。他眼中的革命，跟黑格尔或者马克思主义的目的论相反，似乎成了中国历史上循环往复的风景，由此经常受到来自同情中国的革命现代化的日本学者如竹内好（1910—1977）的抨击。在此意义上，对于目睹了中国社会主义革命的日本学者来说，平冈武夫的思想似乎已经有些过时了。如上面提到过的，李泽厚开始是站在批评激进的革命意识形态的立场，去深入阐释自己关于作为中国“文化—心理”结构的儒学史之思考的。但是，最终，他似乎过度强调了以汉族或者国家为中心的、协调一致的、一直维持着和谐的儒学之“体”的历史整体性。

我们不清楚“天下”观是否至今仍然适用。“天”所赋予的合法性需要思想基础也即经典，这种基础发挥仪典性权威，赋予政府以德行。“天”的概念正是这样一种原则的核心。中国以帝国制度的终结完成了向现代的过渡，取消科举考试对儒学经典研究的衰退起了决定性影响。赋予合法性的正统意识的消失，不可避免地带来了帝国制度或者“天下”制度的终结。因此，问题是今天适用的是哪种类型的合法性。在中国革命里，马克思主义可能替代了儒学古典主义。可以说，李泽厚吸收马克思历史唯物主义，使之成为独特的、现代化的中国遗产的一部分，其历史背景与港台现代新儒家学者发展其思想不同，是试图在后“文革”时期让历史积淀成为新的合法性基础。结果，其“历史积淀论”冲淡了革命的历史重要意义，强调美学实践的和谐过程。换句话说，他对于历史内在一致而和谐的儒学之“体”的强调，让他有意无意地忽略了中国历史变革的革命层面。对平冈武夫来说，在儒学经典已然失效的近现代，如何解释这种从帝制政府转变为由“人民”治理的政府的巨变，也是个问题。儒学著作仍然吸引着读者。但是，我们在当代的环境中对它们如何进行阐释呢？在此意义上，我们应该发掘它们别的可能性，用不着去寻找它文化的或民族的“体”。我们要寻求的不是后一种“本体”，而是寻求一种独立于如民族或者国家之类具体的文化集体的、潜在的、替代性的普遍性。

五、寻找阐释儒学文本的其他可能性

如本文已经指出的，李泽厚的历史本体论在某种程度上让我们感到迷惑，因为它看起来是康德的普遍主义和文化本质主义的混合。如何能够把文化—心理结构描述为似乎从最初就具有历史统一性的地理政治实体“中国”？这一疑问带来了一系列相关问题——中国与现代性的关系、“天下”观和现代世界秩序、经典研究和现代科学，等等——这些问题，自19世纪末期以来的近现代过渡阶段，一再被探讨。

今天，全球化经济为人类带来了新的生产关系和社会状况。在这种情况下，我们经常会遇到历史文化背景跟我们截然不同的人。对生活在今天全球化社会的人来说，跟他人的萍水相逢不再是特殊经验。除了已有的积淀或者文化—心理结构，新的人际关系如今正在全世界范围内同步发生。在李泽厚的论述中，我们是否仍然能够找到发展新的共存、多样化的全球社会的可能性？如果回答是肯定的，那答案可能存在于他对中国文化积淀的根源的考察，以及对如何在不同个体中产生共同的审美感觉的重新阐释。

李泽厚在《华夏美学》开头引了一条对“美”的传统定义，出自《说文解字》：

> 美，甘也，从羊从大。羊在六畜，主给膳也。美与善同意。[37]

据《说文解字》，“美”字由两部分组成：上部为“羊”，下部为“大”，李泽厚认为其意为“羊大则美”[38]。这点对他来说非常重要，因为它会让人想起中国的原始巫术仪式。实际上，我们很容易想到，古代仪式上所敬献的牺牲一般是羊。例如，从《论语》中我们可以得知对于原始儒学仪式来说，羊是很重要的部分：

> 子贡欲去告朔之饩羊。子曰：“赐也！尔爱其羊，我爱其礼。”[39]

《论语》此节显示羊在周礼中的不可或缺。李泽厚也考察了在甲骨和铜器上出现的“美”字，对其在原始社会的意思做出了另一种解释。他说：

> 美的原来涵义是冠戴羊形或羊头装饰的大人。他执掌种种巫术仪式，把羊头或羊角戴在头上以显示其神秘和权威。美字就是

这种动物扮演或者图腾巫术在文字上的表现。[40]

他在这里谈到的字被辨识为“舞”或者“巫”之形[41]，它象征着一个“大”（“美”字的一个部首）人手里拿着东西在跳舞。李泽厚认为，头顶着一只“羊”跳舞的巫人之形状所对应的是“美”字。相应地，他认为羊在中国古代的巫术社会里充当图腾，在唤起人们欣赏其美的巫术活动（如舞蹈表演）中占据着重要地位。

在这里，重要的是美的字源定义的社会性质。在原始社会，人们在仪式或者节庆上欢聚，一起用当作图腾的羊来举行巫术，也一起分食羊肉。对仪式和美味羊肉的分享，都转化成了关于美的共同经验。这是从共同的主观体验中而来的审美感受，令人想到《孟子》对“仁之端”的讨论：

> 今人乍见孺子将入于井，皆有怵惕恻隐之心……由是观之，无恻隐之心，非人也。[42]

“恻隐之心”能变为共同的伦理的、审美的感受吗？或者它能否通过与李泽厚从原始社会里提取的“美”的感觉结合起来，发展为一种普遍的伦理感受，让人们能够跟口味不同的他人共存？在此方面，在积淀历史一开始时，李泽厚的中国美学史就应跟康德的先验联系在一起。这并非意味着要否定人的生产实践的历史，回到某种想象中的起源。孟子提出的并非一个与历史起源有关的故事，而是一种普遍的人类感受。当然，孟子的前提过于乐观，因为他只解释了同情或怜悯是人的“仁”的端绪。正如余莲（François Jullien）所说，孟子思想中缺少将道德要求转化为强制性的社会律令的政治。[43]中岛隆博对余莲就孟子和康德所作的独特对比作了进一步阐发，考察了作为仪式的品尝食物的伦理—政治可能性。他提到了著名的清代考据学家戴震（1724—1777）对孟子的批评。根据中岛对戴震的理解，吃东西是所有人都会进行的日常行为，但是“鲜能知味也”。因此，对人来说，关键的不是吃饭本身，而是如何吃好。换句话说,跟别人一起“吃好”就是伦理出现的节点。[44]李泽厚通过字源假设,也指出跟别人一起进食正是美的来源。如果一起进食的人同时产生对口味的审美判断,这将必然要求人们知道如何去吃好,或者换句话说,如中岛隆博所问,知道什么样的伦理把这些人聚结在一起。如果如此,我们认为发展李泽厚假想的下一步,应该是它的政治维度和孟子所谓的“恻隐之心”机制。在此方面,李泽厚对中国哲学中“情”的研究引人入胜,因为“情”一而再、再而三地给中国哲学提供了政治—伦理论争。

美学认知如何变为伦理的社会共同基础?那些来自不同文化—历史背景,或者用李泽厚的话来说,不同“体”的人,如何和平共处?在当今这个全球化时代,这是人类社会面临的一个新挑战。沿着这些路线思考能够推动李泽厚的思想,有助于它坚持下去对抗革命的社会转型,把在遭遇陌生人、遭遇那些平等地生活在天空(sky)下——尽管在前现代中国“天下”观崩溃后不再称作“天”(heaven)了——的人时,避免暴力和巨大的悲剧作为一种道德要求。

(赵凌云译)

注释

[1] *Philosophy East & West* 49, no.2(Apr.1999).

[2] Timothy Cheek, “Introduction: A Cross-Cultural Conversation on Li Zehou's Ideas on Subjectivity And Aesthetics in Modern Chinese Thought”, Ibid.

[3] Li Zehou, “Subjectivity and ‘*Subjectality*’: A Response”, ibid.

[4] Ibid.

[5] 关于这些系列争论的细节,参考四川社会科学文化研究所编:《中国当代美学论文选》,重庆出版社 1984 年版。

[6] 据作者本人说,第一版 3 万册全部售罄。见李泽厚:《批判哲学的批判:康德述

评》,生活·读书·新知三联出版社 2007 年版,第 446 页。

[7] 同上书,第 43—50 页。

[8] 在 20 世纪 80 年代美学热里深受李泽厚影响的大学生张旭东,曾经引用书中如下段落,回顾了该书的重大意义:“‘普遍立法’、‘人是目的’、‘意志自律’其实正是‘文化大革命’以后的当代中国社会从革命时代的普遍主义条条框框中摆脱出来的内在依据,而这种依据是否只是以低于哲学的形式表达出来,并不重要。这个关于自由的道德形而上学作为一个哲学原点是有伟大历史意义的。”见张旭东:《全球化时代的文化认同:西方普遍主义话语的历史批判》,北京大学出版社 2006 年版,第 90 页。

[9] 李泽厚 1958 年发表了一篇关于康有为的文章,是其最早的论文之一。但是,他关于现代思想史的许多研究,包括关于章太炎的文章,则发表于“文革”末期。这些文章以《中国近代思想史论》为名于 1979 年由人民出版社出版。

[10] 李泽厚:《章太炎剖析》,载《中国思想史论》,安徽文艺出版社 1999 年版,第 733 页。

[11] 同上书,第 744 页。

[12] 李泽厚:《批判哲学的批判:康德述评》,第 312 页。

[13] 同上书,第 427 页。

[14] 同上书,第 425 页。

[15] 同上书,第 427 页。

[16] 同上。

[17] 同上书,第 433 页。

[18] 李泽厚:《美学二提议:与朱光潜先生继续论辩》,载《中国当代美学论文集》第 2 卷,第 296—297 页。

[19] Zehou Li and Jane Cauvel, *Four Essays on Aesthetics: Toward a Global View*, Lanham: Lexington Books, 2006, pp.63—64.参见中文版《美学四讲》,生活·读书·新知三联出版社 2004 年版,第 63—64 页。

[20] 李泽厚:《论语今读》,生活·读书·新知三联出版社 2008 年版,第 1—2 页。

[21] 李泽厚:《华夏美学》,生活·读书·新知三联出版社 2008 年版,第 97 页。

[22] 同上书,第 108 页。

[23] 同上书,第 179 页。

[24] 同上。

[25] 同上书,第 194 页。

[26] 同上书,第 217 页。

[27] 同上书,第 226 页。

[28] Li Zehou, "Subjectivity and '*Subjectality*': A Response".

[29] 李泽厚:《试谈中国的智慧》,见《中国思想史论》(上),安徽文艺出版社 1999 年版,第 304 页。

[30] 李泽厚:《华夏美学》,第 16 页。

[31] 王国维:《殷周制度论》,载《观堂林集》,中华书局 1959 年版,第 457—458 页。

[32] 平冈武夫:《經書の成立》,东京创文社 1983 年版,第 187 页。

[33] 参考石井刚:《"经"和"天下":评述平岗武夫的经史研究》,载林永强、张政远编:《东亚视野下的日本哲学:传统,现代与转化》,台湾大学出版中心 2013 年版。

[34] 平冈武夫:《經書の成立》,第 198 页。

[35]《尚书·召诰》。

[36] 平冈武夫:《經書の成立》,第 191 页。

[37] 段玉裁:《说文解字注》(4.1),清代嘉靖年间经韵楼藏本。

[38] 李泽厚:《华夏美学》,第 8 页。

[39]《论语·八佾篇》3.17。

[40] 李泽厚:《华夏美学》,第 2 页。

[41] 该字的甲骨文构形见《华夏美学》,第 5 页。

[42]《孟子·公孙丑》上。

[43] 于连:《道德奠基》,宋刚译,北京大学出版社 2002 年版。

[44] 中岛隆博:《共生のプラクシス:国家と宗教》(共生的实践:国家与宗教),东京大学出版会 2011 年版,第 90—91 页。

以跨文化的方法对李泽厚“积淀”理论和荣格“原型”说的批判性比较

沈德亚(Téa Sernelj)
斯洛文尼亚卢布尔雅那大学

本文讨论李泽厚的“积淀”理论，该理论阐发审美和艺术发展之源。文中揭示李泽厚美学思想中所包含的中国传统元素，并对分别创立于西方和中国的彼此之间具有一些相似性的两个概念予以批判性考察，一方面涉及李泽厚关于审美与艺术发展之源的“积淀”理论，另一方面探究荣格的“原型”概念，并将两者进行比较。通过对“原型”和“积淀”这两个概念及其思想意识背景进行对比分析，二者之间存在的差异便自然彰显，换言之这亦可以揭示出中西思想之间存在的某些推论上或范式上的差异。

一、李泽厚的哲学美学及其“积淀”理论

李泽厚美学理论中的主要观念，一方面是由一些中国传统的重要观念组成的，另一方面则是由若干康德哲学与马克思主义观念组成的。这些主要观念有“自然的人化”、“人的自然化”、“工艺—社会结构”、“心理—情感结构”，以及最重要的观念“积淀”。这些观念彼此相互联系，构成了李泽厚美学理论的有机整体。李泽厚在美学领域里视历史为实现其理想目标的过程，而他又把美学理解为自然与自由的结合。

在李泽厚看来，中国美学并非指任何宗教或神秘主义的东西，而是

建立在理性主义基础之上的，并主要通过儒、道两家得到发展。这两家所发挥的互补的交互作用，是贯穿整个中国传统美学思维的知性思想的一条重要的共同主线。中国哲学及美学受日常生活、人际关系以及政治概念的实用主义与实践理性所指导，而非受指导于任何抽象而深奥的理性主义理论。[1]

李泽厚认为，实用主义与理性的踪迹可追溯至古代巫史传统，因此不能把孔子视为古代文化关键观念的创造者，而应视其为富有创造性的传递者。这些关键观念后来便成为了儒学哲学思想的代表。[2]“天”与“人”之间的合一关系在巫术仪式中就已经确定下来，当时的巫术仪式自有其实践或实际目标，诸如祈雨及其他相似的以实用主义为导向的精神性活动，而非探索如何救赎人类灵魂。“天”并非象征着人格神上帝或泛神，它显示的是“人”在举行礼仪过程中的功用所在。[3]礼仪中具有的实用主义内容亦是理性的，而非被视作是神秘主义的或某种形而上学的东西。

“自然的人化”这一概念是建立在李泽厚人类学本体论哲学的基础之上的，其中对存在的研究是“本”、事物则是“体”，还包括有中国一元世界观(拒斥二元论方法，如“心灵”与“身体”、“自然”与“人类”、“实体”与“物质”等)在其中。此外在人类学本体论哲学中，现存的万事万物是与人类的存在相联系的，而且是从社会和历史的视角而非形而上学的视角来加以理解的。[4]

因此，李泽厚表示“存在无法与人类的存在相分离”[5]，他的人类学本体论聚焦于作为人类整体历史发展具体过程的社会实践。[6]他后来把其人类学本体论变为历史人类学本体论理论，用以“进一步强调人类社会的物质基础和人类心智力量发展水平这两者在历史上的独特本性”[7]。人类的社会存在恰恰就是人类超越其作为生物体所具有的生物特性之处。这是自然的人化的过程。李泽厚采纳了马克思关于自然的人化包含有两层过程的理念，但也把我们后面将要看到的人的自然化过程包括进来。自然的人化的第一层指的是外部自然的人化，也即山河日月以及整个宇宙的人化。在这一过程中，人类创造出了物质文明;第二层指的是内心的人化,也即感官、感知、情感与欲望的人化,借此人类创造出了精神文明。自然的人化通过生产实践或生产劳动得以演进。李泽厚把生产实践或生产劳动描述为制造和使用工具,并把物质文明定义为工艺—社会结构、把精神文明定义为终极实在的文化—心理结构,其中:

> 前者指的是个体得以成长的物质条件:自然环境、人体的物理结构以及任何既定历史时期的技术发展水平。后者则是指个体所拥有的心智力量:认知、情感及意志。[8]

在此过程中的主要观念即“主体性”观念,李泽厚描述其为人类理解真理的主观欲求和意向以及对善的渴望与对美的热爱。[9]

这一切都构成了一个认知机制,它产生了工艺—社会结构和文化—心理结构。“主体性”这一概念既体现在客观层面,又体现在主观层面。主观层面是基础,体现为技术与社会存在上,它通过物质实在的社会实现,也即通过生产过程得以显现出来。另一方面,它亦包括了社会意识的主观层面在内,而社会意识的主观层面则体现在受文化所制约的心理结构之中。因此对于李泽厚而言,主体性首先并非是个体在感觉、情感、欲望等意义上的主观意识,而是指体现在精神与思想文化的深层结构中的人类历史的产物,它亦包含有伦理与审美意识的结构。

除了“主体性”是“自然的人化”中的主要观念外,李泽厚亦引入了中国传统的“人性”观念,这一观念是作为人类意识中感觉与理性、自然与文化、工艺—社会结构与文化—心理结构的统一来加以讨论的。换言之,人性是社会性与理性的融合(影响个体的外在因素),也是生物性与感性的融合(内在于个体的兽性层面)。它是情感生活与理性相互渗透的产物,是持续演化而产生的自然性与社会性的融合。

> 这种统一并非由这些要素机械相加而得,而是通过自然的人化这一动态过程以及由此而来的人类主体与自然客体之间的相互

作用方能实现。在这一过程中,感性与自然性须由理性与诸社会因素加以转化。[10]

这种转化体现在“美感”之中,美感是人类社会及生产实践的产物。李泽厚表示,外部世界的人化区别于外部现实,并且把世界重塑成美丽的对象及景致,从而使其成为美的来源。[11]内心世界的人化构成了主观心理中的美感,这是审美体验或美的感觉之源。因此在李泽厚看来,内外两种进程都是人类社会历史实践的产物。

李泽厚从马克思主义“人化的自然”的意义上对“美”加以解释:“自然本身并不是美,美的自然是社会化的结果,也就是人的本质对象化(异化)的结果。自然的社会性是美的根源。”[12]因此,李泽厚主张美本身并不存在,它也不是人类感知所先天固有的,美也不是仅由人类感受来界定的。然而,美却是物质和心理生产的历史进程的产物:“在……各别事物的具体形象的直觉本身中,即已包含了极为丰富复杂的社会生活的内容,包含了我们对这种生活的了解和认识,而这,就正是包含了我们对事物关系的认识。”[13]社会的、理性的和历史的东西经过积累和沉淀后变成了个体的、感观的和直觉的东西,李泽厚称之为“积淀”,它发生在自然的人化这一过程中。积淀是社会的和个体的进程与历史进程的融合,导致的结果是形成了文化—心理结构。[14]人类物质生产及其相对应的心理生产把积淀物渗透进了人心,并且事实上这两种生产亦是文化—心理结构中持续动态的进程:

> 纵观整个人类历史,社会和物质实践通过积淀的过程已经构成了并且继续构成着人类文化—心理结构。简言之,我们的心理、思维方式、行为模式以及我们的艺术和制度,都是人类能动性与物质世界在整个人类历史中相互作用及演化的产物。[15]

这一积淀的过程始自李泽厚所说的制造并使用工具,这使得早期人类从其动物状态中分离出来。从心理和生理双重意义上说,对工具的运用使人类能够改造社会和自然世界,反之社会和自然世界又会改造人类。亘古以来,这些物质和心理活动已经促成了心理形式或积淀的形成,并通过文化—心理结构表达出来。在人心中,积淀在三个层次或三种积淀中出现:

1. 生物或物种积淀,是全人类的共有形式,例如认知能力、理解类型等;

2. 文化积淀,是指我们赖以生存的文化所共有的思维与感觉习惯;

3. 个体积淀,这是我们与世界以及我们从生活体验中积累而来的世界观相互作用的产物。[16]

这些积淀常处于变化和交互的动态过程中,它们绝不是(康德意义上)我们精神的先验范畴,乃是由社会的历史演化和物质生产发展而来的社会与个体的融合。

另一方面,李泽厚主张积淀是对外部世界的感知所形成的社会理性化的原型形式的积累。这些理性化的外在形式并不起任何作用:

如同从外部叠加在个体之上的强制力,但又像是与内在本质相似的东西,铭刻、储存、内化并"积淀"在个体的心律、眼神与感觉之中,并在同感与"自由"的这种完满愉悦之中加以体验。[17]

李泽厚表示,积淀作为这些原型因素的积累与"承载",其过程出现在三个层次上。每当积淀达到一定情形时,它就会进入下一个创造审美感受与对象的更高阶段。积淀的基础层次是"原始积淀",这是"艺术积淀"的基础;有了"艺术积淀",便可以进行形式创作;"艺术积淀"达到饱和程度便进入"生活积淀",这是艺术创造力的基础。[18]美学感受是人类最重要的能力,它通过心理与文化积淀的过程改造我们对世界的理解。[19]

自然只会在自然的人化这一进程达到一定的历史发展水平之后成为审美鉴赏的对象(或成为审美对象),此时人类认识到自然环境是人类日常生活的资源与工具。只有到那时,自然物(山、川、云、雨、日、月等)才开始具备美的本质并表现出美学特质。[20]

纵观整个人化自然的历史进程,美的感知与美感已经嵌入到了我们的心理—文化积淀之中,而自然化的人则是其对应物。"自然化的人"这一术语涉及三层含义:(1)涉及作为生活与生存环境的自然;(2)涉及作为欣赏和欢娱对象的自然;(3)涉及通过特定实践(如气功、冥想等)使人与自然相互融合,人在其中学会了使其身心与自然节律相适应。[21]李泽厚提出的"人的自然化"这一概念是作为他对"自然的人化"这一本质上属马克思主义术语的诠释的对应物而出现的。

根据李泽厚的说法[22],自然的人化和人的自然化都是建立在中国古典概念"天人合一"的基础之上的,这是儒道两家具有非常重要意义的概念。这种"天人合一"不仅包括了"自然的人化",亦包括"人的自然化"在其中。李泽厚认为,中国美学的特殊精神,是建立在儒道互补的基础之上的,这恰好可以在这种天与人的"合一"中找到。因此,对于李泽厚而言,"天人合一"理论同时就是人与自然相互转化的理论,因为这种理论既包括自然的人化,又包括人的自然化。实际上,他视"自然的人化"和"人的自然化"这两个概念不过是"一个内容两个名词而已"。[23]"在李泽厚看来,人的自然化充当的是自然的人化的对应物,它针对的是人的实现和人性的整体性。"[24]

自然的人化在儒学传统中表现为对道德价值观和伦理观的强调,而人的自然化则表现在道家哲学(特别是庄子哲学)中,强调个人自由的价值:

> 儒家讲"天人同构"、"天人合一",常常是用自然来比拟人事、迁就人事、服从人事;庄子的"天人合一",则是要求彻底舍弃人事来与自然合一。儒家从人际关系中来确定个体的价值,庄子则从摆脱人际关系中来寻求个体的价值。[25]

李泽厚认为，儒学的自然的人化乃是建立在人类本能欲求的社会化及其培养教化的基础之上，亦建立在有关人际关系和道德的人类情感的平衡与塑造的基础之上。因此，儒学的美学形态（儒门“六艺”）就是对这种意向和要求的共鸣。

道家（特别是庄子）的人的自然化则是建基于对人事与道德律的遁离，而只与自然法则相结合。庄子对生活艺术的思索无意间创生了最高的审美精神并因此使艺术活动得以可能。庄子的逍遥游哲学是由功夫、美学完满以及人类精神的自由与自由化构成的，旨在实现与“道”的合一，此乃审美体验的最高状态。

李泽厚在文化—心理结构和工艺—社会结构中的“积淀”观念，是自然的人化和人的自然化的共同产物。[26]它通过审美意识以及特定历史时期的创造力表现出来。如上所述，积淀是人类意识持续而动态的过程。李泽厚在其积淀理论中发现了若干与荣格“集体无意识”观念和“原型”观念相似之处，但我们会进一步发现这两者是有显著区别的。

二、李泽厚的“积淀”与荣格的“原型”：一种典范性的对比分析

正如在前面章节中所看到的，李泽厚的积淀理论涉及的是由人类的社会和生物演化所构成并传达出来的文化—心理结构，它本身亦是历史与社会进程中物质和精神生产的产物。许多当代学者，包括王柯平在内[27]，都认为李泽厚的这一理论深受西方思想的影响，并揭示李泽厚通过历史积淀假设比喻性地指出了人类文化适应的隐藏结构。而这一假设是与荣格的原型心理学、皮亚杰（Jean Piaget）的发生认识论、贝尔（Clive Bell）的美学预设紧密联系的，当然亦与马克思的实践哲学密不可分。由于李泽厚的积淀理论最常与荣格的“集体无意识”及“原型”观念联系在一起[28]，加之该理论具有深远的观念和跨文化意涵，故厘清这两个概念之间的范式差异似乎是有必要且重要的，我们在此须分别揭示出“积淀”和“原型”这两个观念所具有的主要对立性所在。

李泽厚本人承认，荣格的理论与其自身的学说有某些相似性：

我认为卡尔·古斯塔夫·荣格的“集体无意识”及其中的“原型”观念为人类的心理—情感方面提供了一种有价值的方法。荣格认为，随着人的大脑演化，人种的原始社会经验在脑神经中留下了生理印记，并形成了各种无意识的原型。通过遗传，这些无意识的原型代代相传，从而形成了集体无意识。艺术家的作用就在于唤醒尚隐藏在个体心智中的强有力的原型，以使得这些个体的心智对剩余的原始经验以及那些原型的力量作出回应。荣氏揭示了艺术中超个体的集体无意识以及审美体验，他的这一洞见与我的积淀学说有相似之处。[29]

荣格本人用下述方式定义其“集体无意识”和“原型”观念：

除了我们的印刻意识……还存在着第二种精神系统，这一系统具有在所有个人身上完全相同的集体性、普世性、非个人性本质。这种集体无意识并非是单独发展而来的，而是遗传而得的。它由事先存在的形式、原型组成；原型只能继发性地成为意识，赋予某些精神内容以确定的形式。[30]

在这一观念框架中，荣格的集体无意识的存在就意味着个体意识根本不是一块白板，也不是不受预先设定的影响。恰恰相反，荣格认为：

它在最大程度上受遗传而来的预设所影响，更何况通过环境施加于它的不可避免的影响。集体无意识就其本身而言是由可直溯至我们肇始祖先的精神生活组成的。它是所有意识的心理发生的基质，并因此产生了一定的影响，从而使意识的自由在最大程度上作出让步妥协，这是因为它不断努力使所有意识过程都回到旧的路径中去。[31]

李泽厚的“积淀”亦是一种“集体无意识”，但首先我们不能按照荣格的去历史话语来理解它。荣格的“原型”是固定的、静态的结构形态，它可以被看作是一种先验形式，正如我们前文所见，这种先验形式的存在是遭到李泽厚绝对否认的。因此，李泽厚的“积淀”并非某种生物学意义上“遗传而得”的东西；它是心理—文化发展的一个动态的、常变的过程。在这一过程中，它是某种社会类型的主导生产方式，产生特定的文化—心理结构从而使属于这一社会的个体按一定的方式看待现实并以某种方式采取行动。换言之，李泽厚的“积淀”与荣格的“原型”这两者的本质区别就在于荣格假定原型是从遥远的过去获得的，是存在于我们所谓“集体无意识”中的先天的或原初的模式；李泽厚的积淀理论则明显不同，因为它强调我们意识变化的动态过程，这是社会的物质进步对我们精神的文化—心理结构产生影响后的结果。

某一文化或社会中的全体成员都获得并拥有相同的文化代码，例如该文化或社会中的行为模式、其风俗习惯、其价值体系等。就这一意义来说，文化—心理结构亦具有集体性。然而荣格却与李泽厚截然不同，他以某种方式把其“原型”观念赋予了神秘的、宗教的维度，把其视为反映永远独特的神性体验的符号象征。这种神性体验拥有这样一种能力，它可以赋予人对神的预感，同时又可以保护个体不受其直接经验的干扰。[32]

这些符号象征内嵌于全面综合的思想体系之中，并通过宗教或其他神秘性的实践表现出来。在荣格看来，它们可以通过艺术创作，尤其是通过绘画加以发现，从而从集体无意识的层面到意识层面都唤醒它们。荣格把这套方法运用到他的治疗实践之中，以帮助其病人解决无意识层面的原初宗教或神话的冲突。这样一种对宗教的诠释和这样一种把神话同个体精神相提并论的尝试是一种大胆的概括，它忽视了文化的重要差别。

这与李泽厚对形式与符号象征的诠释显然不同。在李泽厚这里，形式与符号象征通过时间积淀在“华人精神”里的文化—心理结构之中。李泽厚表示，由于物质生产（或技术生产）和社会的发展，图腾仪式、歌舞以及神话传说发展成为了政治制度、诗歌、文学以及书画,同时也改变了人类的精神生产。这些东西在遥远的过去从某种程度上来说都是凝固了的图像。但由于它们在历史进程中发生了转变,因此它们便不再以某种静态的不变的东西在人们的精神中呈现出来。以中国文化为例,它之所以无法建立宗教,是因为理性的精神在周代的中国传统中就已经流行开来。但正如前文所述,荣格认为由遥远的过去而来的原型都是静态的模式,它们出现在人类的集体无意识之中,这与李泽厚认为积淀层的动态结构存在于我们的精神中并在其中不断改变自身的观点完全相反。文化认同通过社会化进程以及我们所生长的社会的遗传代码而获得,因此,李泽厚在文化—心理结构中提出的"积淀"概念只能在这种意义上才能被认为是具有集体无意识性的。但这种作为集体无意识的先天文化代码或文化认同并非由荣格在其原型理论中提出的原初形式组成的,而是随着社会的物质和精神发展而不断变化的。

通过这样的比较,我们可以清楚地发现,随着对物质与技术在人心所包含的积淀的文化—心理结构上产生的影响所具有的重要功能加以引介,李泽厚将源自马克思主义唯物史观的重要成分,叠加在荣格观点的唯心主义和推测的性质之上。但同时,李泽厚亦通过揭示出在这些进程中由属于人类心理范围内的诸因素所承担的重要作用,来提升马克思主义的社会发展理论。因此,如果我们考虑上述诸因素,那么荣格的"集体无意识"和"文化—心理结构"之间肤浅的相似处就相当微不足道了。

有鉴于上述比较,我们可以为理解李泽厚的美学和哲学思想指出一个新的方向。正如在荣格的"原型"思想中所举例证明的那样,西方范畴所具有的静态性常常无法考察文化证据的多样性。但是,哲学应当始终是跨文化的,美学思想更是如此,因为美的领域同样属于全人类。从这个意义上来说,李泽厚的复杂而又非常开放的思想体系,无疑可以被视为是对我们所共有的美学、伦理学及认识论展开跨文化讨论的重大贡献。

(钱爽译)

注释

[1] Jana S. Rošker, *Iskanje poti (Searching for the Way)*, Ljubljana: Filozofska fakulteta, 2006, p.186.

[2] Sylvia Chan, “Li Zehou and New Confucianism”, edited by John Makeham, *New Confucianism. A Critical Examination*, New York: Palgrave Macmillan, 2003, p.117.

[3] Sylvia Chan, “Li Zehou and New Confucianism”, p.117.

[4] Li Zehou & Jane Cauvel, *Four Essays on Aesthetics: Toward Global View*, Oxford: Lexington Books, 2006, p.40.

[5] Ibid.

[6] Ibid.

[7] Sylvia Chan, “Li Zehou and New Confucianism”, p.108.

[8] Ibid., p.109.

[9] Jana S. Rošker, *Iskanje poti*, p.182.

[10] Ibid., p.183.

[11] Li Zehou & Jane Cauvel, *Four Essays on Aesthetics*, p.88.

[12] 李泽厚:《论美感、美和艺术(研究提纲)——兼论朱光潜的唯心主义美学思想》,载《哲学研究》1956 年第 5 期,第 57 页。

[13] 李泽厚:《美学论集》,上海文艺出版社 1980 年版,第 7 页。

[14] Karl-Heinz Pohl, *An Intercultural Perspective on Chinese Aesthetics*, Trier: Trier University, https://www.uni-trier.de/fileadmin/fb2/SIN/Pohl_Publikation/Intercultural_perspective_on_chinese_Aesthetics.pdf, p.93.

[15] Li Zehou & Jane Cauvel, *Four Essays on Aesthetics*, p.5.

[16] Jane Cauvel, “The Transformative Power of Art: Li Zehou's Aesthetic Theory”, *Philosophy East and West*, Vol.49, No.2, 1999, p.158.

[17] Jana S. Rošker, *Iskanje poti*, p.185.

[18] Ibid.

[19] Brian Bruya, “Li Zehou's Aesthetic as a Marxist Philosophy of Freedom”, *Dialogue and Universalism*, No.11—12, 2003, p.138.

[20] Li Zehou & Jane Cauvel, *Four Essays on Aesthetics*, p.72.

[21] Ibid., p.75.

[22] 李泽厚:《美学四讲》,广西师范大学出版社 2001 年版,第 87 页。

[23] 同上。

[24] Wang Keping, "A Rediscovery of Heaven-and-Human Oneness", *The American Journal of Economics and Sociology* 66.1(2007), p.251.

[25] 李泽厚:《美学三书》,安徽文艺出版社 1999 年版,第 292 页。

[26] 李泽厚认为,"自然"可以从概念上划分为外在的和内在的两类模式。外在自然代表的是人类的生存环境,内在自然则代表的是人类的生理与心理能力。1999 年,李泽厚借用比喻的方式把"外在的自然"和"内在的自然"这两个二元术语比喻为"硬件"和"软件",以帮助阐明他的诠释(Wang Keping, "A Rediscovery of Heaven-and-Human Oneness", p.248)。

[27] Wang Keping, "A Rediscovery of Heaven-and-Human Oneness", p.250.

[28] Woei Lien Chong, *Kant and Marx in Post-Mao China: The Intellectual Path of Li Zehou*, Doctoral Thesis, Amsterdam, 1999; Wang Keping, "A Rediscovery of Heaven-and-Human Oneness"; Sylvia Chan, "Li Zehou and New Confucianism".

[29] Li Zehou & Jane Cauvel, *Four Essays on Aesthetics*, p.87.

[30] 荣格:《原型与集体无意识》,徐德林译,国际文化出版公司 2011 年版,第 37 页。

[31] Karl Gustav Jung, "The Significance of Constitution and Heredity in Psychology", *The Collected Works of C.G. Jung*, Vol.8, London: Routledge, 1960, p.112.

[32] Karl Gustav Jung, *The Archetypes and the Collective Unconscious*, London: Routledge, 1990, p.8.

作为一种认知形式的李泽厚美学

拉法尔·班卡(Rafal Banka)
波兰雅盖隆大学

一、引　言

审美对作为人类的我们的生活至关重要，此点一般人都会赞同。通常被指涉为审美的，可在我们与艺术的亲密接触中发现或自然展现出来。这就传袭了某种不言而喻的假定，即审美将我们与被描述为某种超验，有时甚至神圣的领域连在一起，与实用平庸的日常生活有很大差别。然而，与形容词“审美的”之“超验”含义相并行的，是审美亦常被用于描述那些与日常生活相关的现象。这一习惯表明两种情况：首先，日常生活实践尽管与艺术中的审美经验显著不同，但却与其分享某些共同之处。其次，我们不应认为这两个领域的区分乃基于某种内在割裂。

本文的出发点即立基于以上理解，这一认识在某些方面与作为艺术哲学或价值论某一分支的哲学美学批判交合。假定对美学的这些怀疑亦具有超越其语言涵义的合理性，我认为，审美构成某种形式的认知。这里，我想强调，我不是宣称审美享有唯一的认识论位置从而取代其他认知方式。恰恰相反，审美应被视为某种可供选择的视角，甚或某种构成过程。因为本文着重探讨认知方面，所以，对李泽厚哲学观念的解析也主要集中在这方面。我着重讨论李泽厚的《美学四讲》一书，该书集中体现其哲学美学的理论基础。我也会简要探讨李泽厚与杜威和韦尔施(Wolfgang Welsch)一些相对照的观念,因为杜威和韦尔施的观念亦可被归类为非古典美学理论,即并非仅关涉艺术,亦非以审美价值为中心。我将尝试展现李泽厚理论的不同方面,并最终就其理论在当代哲学美学对话中的地位形成一些结论。

二、李泽厚理论:审美及其认知涵义的兼合语境

为使李泽厚的美学理论获得适当的重新解读,应将之放入一个更大的哲学语境。[1]若将我们的讨论限定于哲学范围,就必须注意到,李泽厚美学是其更广泛哲学研究的一部分,产生于两股主要哲学思潮,一是儒学(以及某些专属绝大多数中国哲学学派的基本文化直觉),二是马克思主义的再诠释变体。这一双重基础可作为其美学研究的分析框架。以下,我将简要勾勒这一框架,并主要专注于那些跟认知重构密切相关的成分。

李泽厚通过两种途径来诠释儒学。首先,围绕一些主要哲学直觉。这些主要哲学直觉亦可发现于包括《易经》或《道德经》等著作中。因此,可以说,李泽厚理论中的儒学既代表其自身,亦在某种程度上代表中国哲学传统。其次,李泽厚诉诸儒学而非道家之类可被归因于其对修身问题的广泛探求,这提供了与马克思主义哲学的某种坚实连接。为方便本文进一步探询,我将把对儒学的介绍仅纳在德性伦理与实践的角度讨论。

德性伦理(Virtue Ethics)似乎从类型上为儒学归了类,概括了儒学对实践的认知。罗莎琳德·赫斯特豪斯(Rosalind Hursthouse)对照效果论(consequentialism)与义务论(deontology),将德性伦理描述为“某种强调德性或品德的伦理”[2]。因此,我们可以说,其目的在于在道德行动者身上建构某种特殊的、被认为善的品性特点。换一个更以行为为导向的说法,我们可以说,美德是某些稳定的性情气质,其确保伦理上被估定为善的全部行为特征得以持存。

 儒学的首要美德是“仁”。“仁”是感受性的一种特定形式,表明某

人是一位有修养、真实的人,或者从伦理意义上来说的“善”人。值得注意的是,被理解为拥有伦理美德的“仁”人,需要通过所推行的 “礼”的特定行为训练,才得以在成为君子或圣人的道德之路上先行。换言之,特定的人类实践对人在种种社会交往中行为得宜至关重要,但最主要的是,其建构了通常被认为人之“内在”感性的部分。

孔孟伦理假定人性善且将其建基于“四端”这一特定概念上。[3]“四端”的两个特点在这里很重要:首先,“四端”描述了“心”的功能性方面,这表明其与实践的直接关联。《孟子·公孙丑上》有段话,提供了“四端”在行为上一一相应的特征:恻隐、羞恶、辞让、是非,且每个都附加强调,若“无”这几个特征,则“非人也”[4]。考虑到这一事实,即这些特征并非天生固有,那么,“四端”的述行性延展对人性的建构就最具决定意义。如此,实践就不仅实现人的潜能,且是引介人类种种伦理(在某种意义上亦是人类普遍)品质的一个要素。

即便我们对这种观念有兴趣——即我们可能通过对“四端”精致的概念分析而成为道德上渊博之人,那也仅会止于对“潜能”的解释。这在儒学看来不等于就是“道德的”。甚至“认识论上”的“是非”也同样指涉的是对我们行为对错的区分。[5]这种实践知识不可能形式化为某种理论。事实上,很多儒学篇章都表明,被理解为“知” 的实践是先在于思辨之能的。例如,《论语·学而》中孔子弟子子夏描述社交活动中举止得宜之人时,总结说:“虽曰未学,吾必谓之学矣。”对某人举止得宜以及赋予其有“知”之人地位的评估来自这样一个假定,即品德特征及智识是通过实践且作为实践表现出来的。

“四端”的另一个特点即,它们是与“仁”这一情感感受性相关联的。实现“四端”,道德行动者不是漠然地运用某些规则(否则,这就成了某种形式的规范性伦理),而是其行动受到感受性的导引,而感受性与此同时亦不能脱离行动出现。可以看到,情感必然交织于实践中,而不仅仅是建构儒学道德主体的内在“配置”。

以上讨论很重要地暗示了实践在儒学伦理领域的地位。人类行为被理解为某种可锻造人类心灵(包括“仁”这一儒学最重要的品德特征)

的机能，与此相继，儒学伦理学便要首先假定“心”的可塑性。

由以上论述可以推之，修身实践并非意味着实现某种“道德机器人”，而是主体有意识且情感丰盈地以行动参与到社群生活中。可以说，这种参与与投入在理性和情感两方面同时建构了主体的认知结构。

儒学倡导的实践不仅在与理论方法对应的意义上是具体的。道德行动者并不运用种种抽象规则，而是发展某种适合其种种人类关系网身份地位的行为模式。其具体性立基于这样一点，即每个人都要涉入超过一种形式的关系，诸如家庭、朋友或政治关系等等。其全部行为由一些需要实现的“道德角色”组成。可以说，这种特定的生活存在被认为是最基本的。道德角色的起始与建构不可能发生于诸如萨特(Jean-Paul Sartre)的存在先于本质之上。[6]进而，也可以这样说，儒学是从某种与“我思”形式反向的模式出发。例如，笛卡尔(René Descartes)在其《第二沉思录》中将主体置入某种“存在真空”(existential vacuum)，由此，他将抽象概念提升到可就其自身存在提出问题的层面。[7]笛卡尔的主体不仅是与肉体脱离的，而且逻辑上也先在于具体的存在。这在儒学语境中根本不能成立。

主体的具体性/力行性导出实践知识，其本质上通过且作为实践而发生，这也同样适用于艺术活动。艺术，表面看来似乎是某种人类活动的“特定”领域，但我们应当谨记，人类学基础不允许对艺术领域与其他人类活动做出泾渭分明的区别[8]，或者，至少它们在那些可被描述为艺术礼仪的“共同”领域的重叠，已达到不可忽视的程度。这一模糊难分的特征，就功能性而言，持存于儒学更深的修身结构中。投入艺术活动，同样满足繁荣人的“仁”性目标。这一点解释了为什么《论语》某些段落谈论与礼仪相伴的音乐。[9]尽管可以争论说，审美仍然为更精炼的活动所保留，但其功能性相似还是不可否认的。

李泽厚理论的另一语境合成成分是其对马克思主义的重释变体。跟诠释儒学的情况一样，他同样并不舍弃人类学基础，而后者正是辩证唯物主义赖以存在之所。李泽厚遵循辩证唯物主义思想，指出恰是人类存在于具体环境中的这一事实，先在于其概念(化)。李泽厚的理论正从这样一个事实出发，即“人活着”[10]。这一观点与种种存在问题一起，表明在具体的被语境化的环境下“活着”先在于对其的反思。这一主张消泯了诸如前此提到的笛卡尔哲学事业的理论起点。李泽厚的这些马克思主义预设表明，处于根本层面的不是由逻辑推理制定，而是不可或缺地被作为没有确然的一个事实给出。“活着”被理解为具体的这一事实，不可避免意味着人类之初即活在“与他人共存”的状态下。[11]因此，种种关系的语境不应被视为某种预先假定，关系乃是某种意愿/意志结果的社会契约。与笛卡尔的情况一样，这里也没有萨特存在先于本质的位置，其中主体原本就外在于人际关系。[12]根据李泽厚的说法，人际关系是马克思主义式的“社会存在”，并非选择的结果。[13]这把马克思主义语境跟儒学拉近了，其中，个体所涉入的种种关系塑造其身份。这可由《论语》和《孟子》中无数章节来证明，其中，个体是根据诸如他们如何行事，如何对待他人等等来描述的，而非通过对其个性特征的描绘。这跟马克思主义一样，如果没有社会语境，我们就无法谈论人与人性。

以上讨论意味着，我们总是以某种方式“活在”生活中，因此，要反思的是我们的具体存在，而非存在本身。循此，李泽厚给出一个很重要的评论：道德不是超然的推测产物，但却一直作为对共同存在的规范而与自然状态相分离。[14]这表明道德是某种恰在日常生活内的实践的延展，其不应根据伦理学的“精神建构”来理解，而应被理解为对日常生活践行的种种人类交往的组织规划。道德相应地成为认知产生的层面。李泽厚将认知称为语法（语言）与逻辑（思想）。[15]认知作为话语的分离导致意识的起源。这方面，李泽厚认同某种为形而上学一元论建立的辩证唯物主义论述。[16]有意识的认知与实践（而非纯粹理性状态）的关联，使得马克思主义和儒学得以汇聚。因为，我们的认识官能跟我们作为具体的人对社会环境的参与是分不开的。可进一步说，在这两种情况下，行为在“成人”上比感知与概念化更根本。不过，二者在此处也有一个重大区别。对于儒学，可以说认知是实践的一方面（作为践行的实践智慧），而马克思主义则把意识看成必然依赖却又脱离于实践。然而,在这两种情况下,认知结构都可根据对作为建构认知过程的经验的组织来理解。

李泽厚在认同马克思主义主张实践先于理论建构的基础上,提出了自己关于人类演化的哲学诠释,这使得他能够很顺畅地将辩证唯物主义与自己的哲学亦即历史本体论相结合。人类不仅投入到由人际交往所共同创造的,其自身也必不可少参与的动态环境中,而且他们也展现可塑性,其概念化即为两种本体:工具本体(techno-social substance)与心理本体(psychological substance)。“本体”一词的用法并非偶然,因为其建构了主体性(即人类主体)的本体论结构。[17]

“工具本体”建构了某种“技术—社会结构(technical-social structure),其将人类与其他动物区分开来”[18]。它与众不同的特性来自使用工具与符号系统的实践。[19]换句话说,工具本体提供了适合所有人类的某种共通性,追踪人类的演化。心理本体乃“心理—文化结构”,其根据个体性反映人类的变化。[20]前一个本体主要关涉人类存在的生物学方面,而后者则专注于心灵,能够决定我们与众不同的品质。考虑到唯物主义的基础,这一点预先假定了,实践(其必然涉及行为)实质上塑造人性。这与内在美德的发展与他人人际交往的关系很类似。换句话说,人类行为拥有塑造人的个性特征的能力。

儒学与马克思主义这两种语境还有另一共同特征。它们都假定现实是动态和过程性的。人际交往的过程性品格导致种种新质出现,尤其是涉及人的个体特性。因此,尽管这两种哲学中,人类都必然是现实不可分割的一部分,但同时亦需要主动参与到种种道德关系网或者与别人的共同存在中。这样,人类的参与就自然而然与如此设想的现实相关联,这可以解释知识是如何建构的。更宽泛而言,人类参与可被视为适应性行为,不仅表明个体发展,而且肯定由此伴生的认知。这使李泽厚得以建立其历史本体论且将其美学作为不可分割的一部分置入其中。

这个双重主体性概念也适用于美学问题。李泽厚在其《美学四讲》中讲到马克思的自然人化[21],尤其是关于人类根据美塑造事物的方面。[22]心理本体是由个体在种种特定文化与历史条件下塑造的。一方面,人类是其所生活的文化的产物,然而,尽管每个人都为其环境所塑造,但却也都欣然于个体实践与认知带来的特质,而使之变成独特的个体。因此,美不仅是外在的,同时在很重要的意义上亦是内在的:因为,对人类种种行为的组织与理解都要经受特定个体这一评估棱镜。

就此,简单总结一下,儒学与马克思主义双重语境对李泽厚的美学研究有很重要的影响。其将人类心态意向锚着于语境化的具体实践,且使之与理性"我思"的种种探求相分离。"活着"的生活不能够被边缘化,因为其对与我们原本就相关的世界里的感受与行为模式都有重要影响。生活的连续性以及所进行着的对生活多种多样的反思都强化了这样一种直觉,即审美不必然局限于艺术活动,或者需对其重新定义,李泽厚的美学观念证实了这一点。

三、作为认知的李泽厚美学

尽管李泽厚的哲学美学没被归类为价值论美学,美仍然是其理论观念中的一个核心问题。在其对美的性质的探讨中,李泽厚避免了两个极端,(一)客观主义极端,主张客体内在固有的美学特质;(二)主观主义极端,主张美是由主体在与一些客体的相互作用中建构的。[23]对于美,可以说的是,其既不"处于"客体,也不"处于"主体,而是产生于彼此相互作用相互影响中。

李泽厚在"人化自然"上并没有背离其马克思主义观念很远。因为人类主体建构了与发生于实践中的环境的连续性,所以上面对儒学与马克思主义的讨论如果根据分离的范畴而言,就与其哲学基础(不管就儒学还是马克思主义来说)都会有冲突。因此,最好是根据审美经验来谈,这样,主体就美学意义来说是敏于感受的。考虑到在更大的语境下,感受性并非天生,也并非独立于世界,而是通过在实践中塑造心理本体而"内置"于主体。[24]另外,考虑到现实的动态品格以及心理的可塑性,更可充分将审美经验视作二者之间相互作用相互影响的过程。

李泽厚将美描述为客观的，但是，这一身份应从另一角度将其理解为结合了主观实践与客观现实，这会确保现实既是社会的又是客观的。美的产生需要这两者的相互依赖。没有社会实践的客观现实不会被人类感觉所接受，这意味着没有随之而产生的(亦包括以美为导向的)有效性。反之，任何现实法则之外的主观实践将只会是没有感觉与物质存在的主观性，其将美拒之门外。[25]李泽厚进一步援引马克思，因为人类主体根据自然法则参与到生产中，以同时满足主体的需要。生产在于改造世界，其呈现美的形式。[26]该观念与因禀“礼”得以与环境谐和导引下的儒学行为最为交汇。一方面，主体因而与客观环境融为一体。另一方面，践行“礼”对其心灵有影响力，培养其“仁”，这满足了主体的需要。礼仪化行为模式同样亦可根据美来解释。

李泽厚不仅表明人类主体与客观现实不可分割、相互依赖的特性，而且在很重要的意义上重建了美的直觉。美必然要被具体化为形式而展现出来，否则它就会已存在于客观现实中了。而且，美是一种“自由形式”，李泽厚将之定义为“主动根据客观法则领会与行动的过程”[27]。他用《庄子》那个著名的庖丁的例子来说明这一点。庖丁的行为是个体化的，但这并没有阻止其获得“道”。个体对道的获得在李泽厚系统里相当于客观法则。个体于世界中“和”的实现得以超越主体维度。至于自由，李泽厚主张，当美出现时，就达致了整体的层面，“规则不能限制，有法好似无法”[28]。这可被表达为获得了主体性与客体性之间的平衡，相当于使二者之间的这种区分不再有效。摘用道家的这个故事恰是证明：庖丁与“道”合而为一。[29]

该经验还有另外一个重要方面。我们继续看一下《庄子》故事的比喻，获得“道”等同于终极认知。如此，对美的审美经验就不仅是通过实践达致主体—客体现实一体的确证，而且是一种认知行为。其超越了比如种种语言范畴，但我们应记住的是，李泽厚历史本体论最首要的是具体存在。认知穿透语言层面直达现实，正因此，必然是由人作为个体参与到社会实践中来呈现。

李泽厚根据单个主体参与到环境中所产生的美分析了个体的参

与。他假定相互作用相互影响的人类显示某种目的性,并将其称为“善”。另一方面,以客观法则为特征的环境,被称为“真理”[30]。这二者的相互作用与影响建构了美,其可从两个角度来看待:从客观现实的角度来看,自然美存在于包括在“真理”中的“善”;而从人类的角度来看,其是社会美,其中,真理包含在目的性中。[31]其由根据人类需要而将自然转化为产品的社会生产中实现。换言之,人类参与实践,且有目的地塑造现实,这从历史本体论的视角来看,是衡量文明进步的标尺。重塑现实必然根据客观法则的规律性,其被理解为目的性与真理的统一。某些物体获得转化这一事实,也使得没受人类生产碰触的物体变得有意味。获得这一点,是由于这样一个事实,即局部的重塑向整体内部引介了一种新关系,也包括与人类的关系。社会实践中的种种关系亦导致对其的推论性再现,这反过来建构了心理本体及其知识。

如此理解的统一方面构成了意义的优先权。其既可被溯源到传统中国一个世界的观念,亦可被追溯至马克思主义的共同存在。跟这两个传统类似,获得人类(尤就其心理方面)与环境的和谐统一取决于人类行动。这是李泽厚看到哲学美学作用的地方——其广泛探索人类与环境的关系以发现理想的平衡。[32]因此,美学关涉在这一对人类目的性的相互依赖与影响中揭示美之本体。正如可以看到的是,其涵盖了人类活动的整个范围,不仅包括传统上被归属于艺术的领域,亦包含自然人化的任何行动,诸如技术或科学发展。李泽厚指出,这两个传统上被隔离的领域并没有重要的断裂。[33]例如,艺术作品的艺术美展现了对称或比例均衡的形式真理,其亦可发现于比如几何学中。

根据现有论证总结如下:美学是一种描述人类主动组织现实种种模式的认知形式。由于环境对铸造心理本体有不可或缺的作用,因此,人类的审美偏向在文化和历史的意义上都很多样化。人类心灵的可塑性表明,人类经验的组织,除了工具本体的条件作用外,是殊为个体性的。

李泽厚分析审美过程,详细说明了主体的参与:其先决于“审美态度”,以预先将人类心灵调整为“非功利态度”的意识的短暂状态为特征;[34]紧跟其后的是"审美意识",其专门专注于客体的组织结构方面。审美意识不同于科学研究方法是因为,其并不涉及逻辑思维能力[35],而更多依赖主体的种种品质,使得认知更完善。[36]这两个过程都肇始于组织经验的输送能力。其非功利性方面并不消泯其根本上是认知过程的整体品格。事实上,非功利态度是更少偏见认知的结果。

这些过程由"美感"来补足,其传递基于心理及智力种种机能相互作用相互影响的审美判断力。其表明这样一个事实,即审美经验必需由智力操作完成[37],其本质上乃认知的贡献。李泽厚宣称判断力先在于美的"感受"的经验[38],这一观点很值得争议。不用提神经科学的论证,就是经历情感后继的判断力(其实际与情感同时出现),亦是相当困难的。

李泽厚简要讨论了审美快乐的构造,其由审美感受共同创造:感觉、理解力、想象和情感,彼此互相散布相互关联。审美感觉指涉审美客体的感观领会,正如李泽厚所指出,也组成认知与理解力。[39]审美感觉可被归因于理解某一客体作为审美客体的状态,其不可仅仅通过感觉能力获得。功能上与之相似的是审美理解力,被归于语境意识(使创造现成艺术作品等成为可能)、背景知识(如种种艺术形式)、技术知识(被使用的技术)以及审美认知。[40]虽然前三者构成前知识,但是最后的审美认知将所有统合为一。李泽厚似乎通过将审美认知描述为无表现力和不确定性[41],来表明其主要是功能性而非与内容相关。

审美想象被视为前两者(审美感觉与审美理解力)的媒介。其使感觉超出感官,理解力超越概念化,因此一个构想的客体可以成为审美客体。[42]审美想象被最后的成分——审美情感所"燃化",审美情感对想象力起着催化剂的作用,使其得以不受种种理性或感觉局限的限制。[43]

以上关于审美经验的分析,不管李泽厚如何主张,还是可被描述为有认知特性的。李泽厚对认知的理解是建立在以学科化的科学认知为标准的认识上的。但无论如何,甚至他对审美经验诸阶段与部分的讨论都表明,认知在审美经验中不可或缺,且在很重要的意义上预先判定了其特性。其使某一客体被作为审美客体来操作,这涉及心理本体的活动,展开某种特殊的认知策略。想象与情感作为某种经验组织行为亦同时并不摒弃审美经验的整个认知方面。事实上,这两种综合发挥了使意义最终生成的作用,尽管与科学(生成)不同,但不能够拒绝其认知地位。

四、W.韦尔施"超越美学的美学"作为对李泽厚理论的比较性评估

在这一部分,我将简要谈及韦尔施的文章"超越美学的美学"(Aesthetics beyond aesthetics),在我看来,韦尔施假设了跟李泽厚一些类似的观念,尤其在认知方面。我试图表明李泽厚理论可以是另一种"以认知为导向"的美学表述。

韦尔施声称美学并不研究美学问题,因为其研究范围被窄化到仅限于艺术,他将之称为"艺术学"[44]。他发现用美学术语描述许多日常现象非常普遍,比如审美生活方式或世界的审美化。[45]这表明了艺术与审美的直接关联是无法说明的。其改革美学的需要是由与当代塑造现实与理解现实相关的两类问题促成的。[46]

就塑造现实而言,美学存在于涉及个体与公共领域的全球审美化,其体现于人们的生活方式,且亦在诸如经济与科学中体现出来。[47]美学迈向社会操纵,审美变成方法而非目的。

另一类原因关涉理解现实。审美塑造强调现实以及对其理解的各个方面。韦尔施称其为"现实的现实感丧失"。其通过电子媒介实现,将"硬"现实变为媒体传送的现实。[48]对理解的影响是现实不再被严肃地感受,而更多是被悬置了,且是通过审美棱镜被悬置的。因此,认识论似乎被美学取代了。

同样,美学作为艺术学的地位似乎尤其不适合李泽厚的美学观念。艺术作为一种形式化系统建基于铸造人类心灵的社会实践并不符合艺术哲学。李泽厚对马克思主义与儒学精神的诠释为美学对人类文明的

塑造增添了一个指向维度。

我们在韦尔施的研究中可以觉察一些类似却也不完全相似的内容。韦尔施关注现实如何被输出到电子媒介,这意味着本体论和认识论上的变化。新的现实变得不现实且被惯例性地兼并到电子传送中。因此,认识论上的探求可被审美路径替换,其追踪现实的常规过程。他与李泽厚观念的汇合是,审美在实践中引导人类,其同时也是人类理解现实的方式。因此,审美成为影响生活方式的力量,亦起到认识论工具的功能。

韦尔施与李泽厚两者研究路径另一个至关重要的问题是美。韦尔施在谈到现实方方面面的审美化时,指出美的全球散布庸俗化了其之前的尊严。因为审美化达到某种很高的饱和度,我们的知觉变得审美超负荷。我们变得感觉迟钝,因而对美漠不关心。这一悖论被韦尔施称为"非审美化"[49]。

李泽厚理解的美不仅是艺术的。人类发展了对美的鉴赏力,其影响人类心态意向,结果就是实践。对比于韦尔施的观念,李泽厚理论中的现象并不是负面的,恰恰相反,现象是心理本体培养的一个尺度。很难确言李泽厚的观念严格意义上如何与审美作为感觉理论的思想相融合。尽管其中心观念亦是美,还是要注意到其研究对象并不是被从价值论的意义上来理解的。美主动塑造人类心灵,对自然的人化有贡献,包括人类知觉对经验的组织规划,这使其既掺和感觉又裹卷认知。

五、杜威的审美经验作为李泽厚理论的比较评估

这一部分,我简要讨论一下杜威《作为经验的艺术》(*Art as Experience*)一书中提出的审美经验理论,专注于审美经验如何可被描述为认知,以及该观念本身是否与李泽厚的研究有所合辙。因此,我省略主要跟艺术相关问题的讨论,尽管杜威在这方面进行了广泛的探讨。

杜威谈到,审美并不内在于某些客体,其必然涉及经验。其理论的主要关注点与出发点正是审美与经验相互作用相互影响的过程。他主

张审美体验与日常生活实践不可分割地联系在一起。举例来说，日常生活对象的审美维度根本上反映了社群成员的身份及信仰等等，比如舞蹈音乐就源自宗教仪式。[50]杜威给出人类学证据，以表明审美经验跟其他活动类似，都是实践的一部分，亦从全体与个体两方面成为人类文化发展的指针。

强调以实践为根本的人类学论据，使杜威得以从一个更根本的层面来看待审美，即人类作为生活着的系统不可避免与环境相关联。作为自然织体的一部分，人类多重层面地适应自然。[51]这种适应性不仅构成了基本生理维度的动力因素，而且支撑人类行为全部内容，包括产生审美经验的社会行为。生物与文化的连续性使杜威认定审美显现于种种非艺术经验中。

至于人类环境，杜威将之理解为一个动态系统，其以在两种极端间不断变动为特征。人类适应性的相互作用与影响在于获得某种与环境（或环境内部）的平衡秩序。因为作为世界动态系统不可分割的一部分，人类不可避免要经历一些不和谐的时刻而最终达至平衡状态。不平衡的状态在情感上折射，因此，人类可对此反思，且通过恢复与环境的和谐关系来克服这种不统一。[52]

杜威也指出，除了生物性对环境的外在适应，人类也倾向于根据他们暂有的身份获得内在秩序。其过去经验并不成为静态记忆，而是其实际行动的指引。完整性也会根据动机的未来视角获得。[53]因此，人类倾向于不仅使生理层面和谐，亦使心理层面和谐。人类与环境的不可分割也符合杜威的发现，即经验中通常假定的主体—客体区分是约定俗成，而非真实的。事实上，我们无法谈论某种自足分离的心灵。人类心理方面建构了一个具体连续且一致的身份，因对环境的适应性参与，其又是动态的。这恰证明了杜威选择根据经验而非根据比如理性理解的范畴来谈论审美。

人类"活在"且适应环境的根本作用构成了文化现象的基石。这样，支持审美与人类存在与实践不可分的人类学论据被强化，因为人类在环境中的生物性存在既是其在生活多样层面相互作用相互影响的基础，亦是其解释。

尽管任何经验皆源于人类与环境的相互作用与影响，但它们却迥然有异。审美经验可以这样描述，即经验材料的完善或实现才使经验得以完成。对审美的这一理解使我们得以将之扩展到艺术领域之外。经验的完成亦适用于智力活动等，此类完成需要逻辑论证。然而，使它们根本不同的是，智力活动主要关涉目的，而审美活动却专注于方法。[54]因此，在审美活动中，更多关注的恰恰是该过程质的供给，就所经验的品格与完成而言，其不仅仅是工具性的且是决定性的。审美经验并不排除目的，但却必然关涉其所获得的方式。然而，智力经验与审美经验二者都涉及参与，没有参与，与审美不可或缺的完成体验就不会出现。[55]否则，它们就会成为连接经验成分机械遵照的程序，这不能等同于经验的完成。

在审美经验中，情感是提供统一质的机能。杜威不把情感视为某种独立的存在，而是经验统一与辅成的一个方面。情感的参与可使甚至一个最平凡的经验审美化。比如杜威谈到面试的例子，面试不是问题单机械的一问一答，而转换为申请者与雇主之间情感交互影响作用层面，或者和谐，或者冲突抵触的状态。[56]

就此，我们可以提出这样一个问题，即被如此理解的审美经验如何根据认知来理解。[57]我们可以从某种对比的视角来看待这个问题，即通过展现智力活动中某种认知的机械行为与审美经验的不同来体现。杜威强调，单只智力经验是不完善的，因其不会产生结论，因为，没有整体的投入，结论是不可能产生的。这样，智力活动的认知方面，实际上是由审美决定的。其完成是通过展开经验中的某特定结构实现的，而这一特定结构由其各成分及其质的统一构成。经验的完成立基于经验通过统一而建立秩序。杜威也根据主体与所经验的事物的关系对智力经验与审美经验进行了区分。智力方法专注于结果，允许主体通过符号再现，比如概念，使之与该经验保持距离。这一方法与艺术家的方法相对照，艺术家并不通过符号再现思考，而恰是通过正在经验的媒介本身来思考。[58]这可用聆听一首乐曲来说明，其需要直接投入参与媒介本身而达致某种协和连贯的完成，而非分析性解析。既然审美使智力经验成为认知，是否也可以认为审美使审美经验成为认知？从表面判断，似乎不可能，因为没有语言上的转化。但是，概念化不应当被作为一种必然的认知限定符。主体直接参与同样也产生完善有序的经验，这是意义创造的一个例证。由于经验成分，诸如一系列曲调，本身并不构成一首乐曲，经验中协和统一的完成才使得这些音调有意义，这可以毫无疑问地被称为认知行为。其得以实现的媒介似乎并不代表某种必然条件。

另一个可将审美经验归类于认知的论据是杜威的自然节律（像日出日落、一年四季等），其指引并导向人类生活种种复杂的适应模式的发展，诸如农业。紧随其后的是运用自然节律不仅是为了适应，同时也是为了庆祝自然，其结果就是舞蹈或雕塑的产生。[59]对自然节律的规律性反思，就导致了科学。[60]可以看出，前此有资格称为审美与智力的经验立基且永存于自然节律，这被杜威称为"自然法则"[61]。这两种经验（审美、智力）除了被置入同一适应性矩阵，它们还可被视为对现实的不同表达，被理解为有序的意义—创造过程。事实上，现实的客观特征是审美的基础，对经验的组织必然植根于现实，因此，审美经验有担当认识论的资格。

跟李泽厚的观点类似，杜威人类学论据也立基于人类实践，其跟其他文化模式一样是历史上发展起来的。审美经验证之于我们在某一社会中与我们文化发展的和谐一致，即在于我们以某种特殊的个体的方式经历世界。这一方面在很重要的意义上跟李泽厚的心理本体相合。这两位哲学家的相似性还继而体现在都将文化嵌入生物存在的最根本行为，其是有形的、具体的。杜威根据自然节律解释适应过程，其在直觉层面跟李泽厚就人类与世界同构反应的完形心理基础的理论类似。[62]这里支持认知的维度是，经验的调整乃是按照客观存在的规律性，这是这两个理论都假定的。

这两个观念的另一汇聚点在于没有某种清晰的主体—客体区分，其源自环境的不可分性/整体性。这两位哲学家都注意到作用与影响的双向性,其除了昭显于对人类心灵的明显塑造外,也表现为人类对现实的改变。李泽厚赞同马克思主义关于人类根据美生产的观点[63],而杜威在《人类贡献》(“The Human Contribution”)一章认为,人类心灵是赋形化、具体化的,其主动组织人类行为。[64]心灵的赋形化具体化品格意味着行为不仅是种种现实化,而且“执行意义—创造”。

意义创造行动的以上特性有可能引向李泽厚所假定的非功利性及其与杜威美学观念相一致的问题。事实上,李泽厚主要根据不受强加逻辑干扰来理解意义创造行动,由此,经验获得最高完善。在某种程度上,其与杜威对审美经验与智力经验类型的区分相似,在后一种经验中,逻辑相当于纯粹理性与程序性运作,无法使经验完善。经验的完善可通过“活在”所经验的事物中来获得,其超越专注于其结构性结果的形式话语。前此提到的《庄子》“庖丁”章节可作为其最好的概括,这种认知行为恰实现于其媒介中,行为由此而富有意义与价值,而不必然是“科学意义上实利性的”。

六、结　论

李泽厚理论的美学命题相异于主要以艺术为导向的一些哲学探求,它由某些不同假定出发:其结合传统中国美学与重释的马克思主义视角,认为审美产生于日常人类存在,也正因此,审美被视为人类存在不可分割的一部分,这就自然导向美学的主要关注点是审美在生活中的意义。审美可大致被描述为人类实践的一个方面。对审美这一非价值论地位的评价使之贴近于当代美学研究,诸如韦尔施或20世纪早期出现到现在亦仍然重要的杜威的理论。因此,李泽厚的理论,尽管从儒学等观念(或更宽泛地说,从传统中国思想)出发,却仍属当代哲学美学研究。

李泽厚、韦尔施和杜威美学理论另外也非常重要的特征是,审美事实上必须与认知过程相关联。在这一方面,李泽厚的美学可从两个途径来理解。首先,审美在同时发展于历史存在与真实存在的感受性的导引下，有目的有意义地组织经验材料。其次，审美使某些建构现实的模式得以永存，由此，促成人类生活文化方面的构造。

这两种途径中，审美都在起作用，却不仅仅关涉目的。审美的认知行为在于意义创造，但却是通过"活在"（而非以某种概念方案为目标）来寻求完满与实现。其在被视为表现实践智慧的行为中自我校验。

（何金俐译）

注释

［1］李泽厚美学还可从一个更大的社会变革语境来理解，即发生于20世纪80年代的所谓"美学热"。

［2］Rosalind Hursthouse, "Virtue Ethics", edited by Edward N. Zalta, http://plato.stanford.edu/archives/fall2013/entries/ethics-virtue/("Stanford Encyclopedia of Philosophy", visiting time: 2015.09.14).

［3］《孟子》，中华书局2007年版，第69页。

［4］同上。

［5］同上。

［6］Jean-Paul Sartre, *Existentialism is a Humanism*, New Haven and London: Yale University Press, 2007, p.20.

［7］René Descartes, "Meditations on First Philosophy", in David Weissman ed., *Discourse on Method and Meditations on First Philosophy*, New Haven and London: Yale University Press, 1996, p.64.

［8］Zehou Li and Jane Cauvel, *Four Essays on Aesthetics. Toward a Global View*, Lanham: Lexington Books, 2006, pp.24—25.

［9］例如，《论语·八佾篇》第23章及《泰伯篇》第8章。

［10］John Zijiang Ding, "Li Zehou: Aesthetics from a Post-Marxist and Confucian Perspective", *Contemporary Chinese Philosophy*, Chung-ying Cheng and Nicholas Bunnin ed., Oxford: Blackwell Publishers, 2002, p.254.

[11] Ibid.

[12] Jean-Paul Sartre, *Existentialism is a Humanism*, p.20.

[13] John Zijiang Ding, "Li Zehou: Aesthetics from a Post-Marxist and Confucian Perspective", p.254.

[14] Ibid., pp.254—255.

[15] Ibid., p.255.

[16] 辩证唯物主义承认意识作为一种新质是由物质逐渐演化为种种高度组织化的物理、化学以及生物过程。参见 Kazimierz Ajdukiewicz, *Problems and Theories of Philosophy*, London and New York: Cambridge University Press, 1973, pp.106—107。

[17] John Zijiang Ding, "Li Zehou: Aesthetics from a Post-Marxist and Confucian Perspective", p.246.

[18] Ibid.

[19] 从科学哲学角度来看,其铺设了人类作为自然物种的本体基础。

[20] John Zijiang Ding, "Li Zehou: Aesthetics from a Post-Marxist and Confucian Perspective", pp.246—247.

[21] Li Zehou and Jane Cauvel, *Four Essays on Aesthetics*, pp.27, 37.

[22] 马克思在其《1844年经济学哲学手稿》中关于"异化劳动"一节,主张人类的普遍生产与动物单方面的生产不同,这可证之于其独特的有意识的生产行为。由此,人类同时也能够"根据美的法则生产"。(Karl Marx, "Economic and Philosophic Manuscripts", in Robert E.Tucker ed. *The Marx-Engels Reader*, New York: W.W. Norton & Company, Inc., 2006, p.76.)

[23] Li Zehou and Jane Cauvel, *Four Essays on Aesthetics*, pp.52—53.

[24] 除了马克思主义诠释,"审美感受性由外界塑造"还可由马修·基兰(Matthew Kieran)文章中的一些例子来证实,其中,他提及比如弗雷德里克·布罗谢(Frederic Brochet)和詹姆斯·E.卡廷(James. E.Cutting)做的一些实验。二者都分别证明审美鉴赏样态依赖判断力与熟悉性,以及其他环境与社会因素。这至少把我们带向这样一个观念,即某些审美偏向部分是习惯形成的,而非固有的。而与此同时,这并不表明审美评估完全由其他条件作用造成,但却会受到所提及的那些环境的干扰。Matthew Kieran, "The Fragility of Aesthetic Knowledge: Aesthetic Psychology and Appreciative Virtues", in Elisabeth Schellekens and Peter Goldie ed., *The Aesthetic Mind. Philosophy & Psychology*, New York: Oxford University Press, 2011, pp.34—35, 37—39.

[25] Li Zehou and Jane Cauvel, *Four Essays on Aesthetics*, pp.54—55.

[26] Ibid., p.55.

[27] Ibid., p.57.

[28] Ibid., p.58.

[29]《庄子今注今译》,中华书局 1985 版,第 94—95 页。

[30] Li Zehou and Jane Cauvel, *Four Essays on Aesthetics*, p.63.

[31] Ibid., p.64.

[32] Ibid., p.66.

[33] Ibid., p.76.

[34] Ibid., p.97.

[35] 考虑到认知科学研究提供的一些迹象,最好淡化李泽厚的主张,可说审美兴趣更少涉及逻辑能力。

[36] Li Zehou and Jane Cauvel, *Four Essays on Aesthetics*, p.98.

[37] Ibid., p.99.

[38] Ibid.

[39] Ibid., pp.100, 102.

[40] Ibid., p.104.

[41] Ibid., p.105.

[42] Ibid., p.106.

[43] Ibid., pp.107—108.

[44] Wolfgang Welsch, "Aesthetics beyond aesthetics", *Action, Criticism & Theory for Music Education* 2, no.2(2003), pp.2—3.

[45] Ibid., p.3.

[46] Ibid., p.6.

[47] Ibid.

[48] Ibid., p.10.

[49] Ibid., p.8.

[50] John Dewey, *Art as Experience*, New York: Minton, Balch&Company, 1934, pp.6—7.

[51] Ibid., pp.13—14.

[52] Ibid., pp.14—16.

[53] Ibid., p.18.

[54] Ibid., p.38.

［55］Ibid.，p.38.

［56］Ibid.，p.43.

［57］审美经验明显与科学—智力经验形式不同，后者涉及审美但却主要是认知。

［58］John Dewey，*Art as Experience*，p.38.

［59］Ibid.，pp.147—148.

［60］Ibid.，p.149.

［61］Ibid.

［62］Li Zehou and Jane Cauvel，*Four Essays on Aesthetics*，p.52.

［63］Karl Marx，"Economic and Philosophic Manuscripts"，p.76.

［64］John Dewey，*Art as Experience*，p.264.

附录　李泽厚生平及著述简介

黄晨曦
澳门大学

李泽厚是湖南长沙人，于1930年出生于湖北汉口。1950年至1954年，李泽厚就读于北京大学哲学系。在此期间，他利用北京大学图书馆丰富的藏书，通过自主学习和独立思考，自由阅读了大量原始资料，很早便展开了学术研究，并将清末民初的思想史作为自己最初的研究对象。毕业后，李泽厚被调入时属中国科学院的哲学所(后归入中国社会科学院)任实习研究员，其后在此工作、研究近40年。

李泽厚早年醉心于文学艺术和哲学，进入哲学所后不久，就接连发表数篇美学论文。在1956年兴起的“美学大讨论”中，他对朱光潜等人的美学思想提出不同的见解和批评意见，逐渐形成自己别具特色的“客观性与社会性相统一”的实践美学体系，在学术界崭露锋芒。此外，在50年代，李泽厚还发表了多篇关于康有为和谭嗣同的论文，并于1958年结集出版《康有为谭嗣同思想研究》一书，也在学术界产生了重要的影响。

“文化大革命”开始后，由于社会动乱和政治高压，李泽厚与其他知识分子一样被迫中止学术研究。但是，这场运动也促使他重新思考马克思主义思想，开始阅读和研究康德哲学。“文革”结束后，李泽厚擢升为研究员、教授，并接连发表了《批判哲学的批判:康德述评》、《中国近代思想史论》、《美学论集》等著作，总结其50年代至70年代的研究成果。

80年代，中国兴起了一场如火如荼的"文化热"和第二次"美学热"，李泽厚于1979年出版的《批判哲学的批判：康德述评》、《中国近代思想史论》及1981年出版的《美的历程》成为这一时期最畅销、影响最大的人文领域著作之一。由于在中国思想史和美学领域的杰出贡献，以及主体性实践哲学等思想的广泛影响，青年学生将李泽厚与英国的雷蒙德·威廉斯和法国的让·保罗·萨特相提并论，称之为"学界领袖，青年导师"，启蒙并影响了整整一代青年学子。整个80年代是李泽厚最多产的时期，《美的历程》、《中国古代思想史论》、《中国现代思想史论》、《华夏美学》、《美学四讲》等重要著作皆完成出版于这一时期。《中国古代思想史论》一书在90年代后日益受到重视，影响深远而持久。与此同时，李泽厚的学术活动扩展到港台地区和海外，先后应邀于卫斯理安大学(Wesleyan University)，哥伦比亚大学(Columbia University)，威斯康星大学麦迪逊分校(University of Wisconsin at Madison)及新加坡东亚哲学研究所等海外高校和研究机构担任访问教授、研究员，并于1988年当选巴黎国际哲学学院院士，成为20世纪中继冯友兰之后唯一入选的中国思想家、哲学家。

80年代末至90年代初，李泽厚出走海外，定居美国。20世纪90年代至21世纪最初几年也是李泽厚学术交流活动最为频繁的时期，先后在科罗拉多学院(Colorado College)，图宾根大学(Universität Tübingen)，斯沃斯莫尔学院(Swarthmore College)等学校任客席讲座教授，在威斯康星大学麦迪逊分校，密歇根大学(University of Michigan)，香港城市大学等学校任客座教授，在台湾"中研院"文哲所筹备处任客席讲座研究员。这一时期，李泽厚进一步统合思想史、中西哲学、美学等诸多学科领域，以此作为思考中国的历史和现实的思想资源，并深切关注中国现代化的前途和人类的未来命运，撰写了《论语今读》、《己卯五说》、《历史本体论》、《实用理性与乐感文化》、《哲学纲要》等著作。近两三年来，李泽厚以八十多岁高龄，又出版了《回应桑德尔及其他》、《由巫到礼·释礼归仁》等著作。由于在哲学、美学、中国思想史和艺术史、中国文化和社会研究等领域所取得的突出成就，李泽厚及其著作得以入选《诺顿理论和批评选集(第二版)》(*Norton Anthology of Theory and Criticism* [2nd edition], New York & London: W. W. Norton & Company, 2010),成为入选此集的第一位中国理论家。该书致力于介绍、评注世界古今最杰出的哲学家、理论家及其批评理论和文艺理论,为西方最权威的文艺理论选集之一。

李泽厚被誉为当代中国最具原创性的思想家。他的思想和研究融会古今,贯通中西,立足历史,关注现实,在哲学、美学、康德哲学研究、马克思主义理论研究、思想史、中国文化和社会研究等诸多领域建树非凡,提出了一系列新颖独到而又振聋发聩的理论。在哲学研究中,李泽厚将康德哲学、马克思主义理论及中国思想传统相联系,独辟蹊径地建立了人类学历史本体论(简称历史本体论)。在美学领域,李泽厚将实践引入美的本质的研究,建立了实践美学的宏大体系,提出"文化积淀"、"文化—心理结构"等一系列原创理论,重新构建了中国现代美学体系。在伦理学和中国文化研究领域,李泽厚关注以儒学为主的传统文化的发生和本质,提出了"情本体"、"情理结构"、"乐感文化"、"两种道德"、"伦理、道德二分"等创新的理论。在思想史领域,李泽厚深刻独到地分析总结中国思想传统,并且以史为鉴,探索现代中国的发展道路,在实践哲学的基础上提出了"西体中用"等学说。李泽厚的诸多理论互相支持印证,在研究康德哲学、马克思主义理论和中国传统思想的基础上建立起一个错综复杂而又严密独创的思想体系。除了理论上、学术上的贡献,李泽厚还是一位胸怀国家和世界,思考中国和人类前途命运的有担当的知识分子,从早年的"救亡与启蒙的双重变奏"论,到如今的提倡反对民族主义,及"人从哪里来,什么是人性,人类走向何方"的询问,始终希望为现代中国和人类的长远发展贡献思想资源。

李泽厚笔耕不辍,著作等身,凭借其30余部著作,成为我们这个时代最有影响力的思想家之一。他的重要著作包括《批判哲学的批判:康德述评》(生活·读书·新知三联书店2007年版);《中国近代思想史论》(生活·读书·新知三联书店2008年版);《中国古代思想史论》(生活·读书·新知三联书店2008年版);《中国现代思想史论》(生活·读书·新知三联书店2008年版);《美的历程》(生活·读书·新知三联书店2009年版);《华夏美学》(生活·读书·新知三联书店2008年版);《美学四讲》(生活·读书·新知三联书店2008年版);《论语今读》(生活·读书·新知三联书店2008年版);《己卯五说》(生活·读书·新知三联书店2008年版);《历史本体论》(生活·读书·新知三联书店2008年版);《实用理性与乐感文化》(生活·读书·新知三联书店2008年版);《马克思主义在中国》(明报出版社2006年版);《哲学纲要》(北京大学出版社2011年版);《回应桑德尔及其他》(生活·读书·新知三联书店2014年版);《由巫到礼·释礼归仁》(生活·读书·新知三联书店2015年版);《什么是道德?》(华东师范大学出版社2015年版)等。

除此之外,李泽厚还发表了多篇英文论文,重要者有:"Human Nature and Human Future: A Combination of Marx and Confucius", in Karl-Heinz Pohl ed., *Chinese Thought in a Global Context: A Dialogue Between Chinese and Western Philosophical Approaches* (Leiden: Brill, 1999), pp. 129—144; "Subjectivity and 'Subjectality': A Response", *Philosophy East and West*, vol.49, no.2(1999), pp.174—183.

书斋生活之外,李泽厚还热衷谈论,主题不拘一格,纵横古今,历史和现实并重,经常在与其他学者、知识分子、媒体等的对话中提出真知灼见,碰撞出思想火花,现已结集出版为《李泽厚对话集(七卷本)》(中华书局2014年版)。

李泽厚的大多数著作都已译为韩文。《华夏美学》被译为日文(兴膳宏、中纯子和松家裕子訳,《中国の伝统美学》,东京:平凡社1995年版),若干论文被收入由坂元ひろ子、砂山幸雄翻译的《中国の文化心理构造—现代中国を解く键》(东京:平凡社1989年版)中。译为英文的著作有:*The Path of Beauty*, trans. Gong Lizeng(Hong Kong: Oxford University Press, 1994); *The Chinese Aesthetic Tradition*, trans., Maija Bell Samei(Honolulu: University of Hawai'i Press, 2010); *Four*

Essay on Aesthetics：*Toward a Global View*，trans.，Li Zehou and Jane Cauvel（Lanham，MD：Lexington Books，2006）。《美的历程》还被翻译为德文：*Der Weg des Schönen*：*Wesen und Geschichte der chinesischen Kultur und Ästhetik*，trans.，Karl Pohl et al.（Freiburg：Herder，1992）。

图书在版编目(CIP)数据

李泽厚与儒学哲学/(美)安乐哲(Roger T. Ames),
贾晋华编.—上海:上海人民出版社,2017
ISBN 978-7-208-14525-2

Ⅰ.①李… Ⅱ.①安… ②贾… Ⅲ.①李泽厚(1930—)-
儒家-哲学思想-研究 Ⅳ.①B262.5 ②B222.05

中国版本图书馆CIP数据核字(2017)第122393号

责任编辑 于力平
封面设计 零创意文化

李泽厚与儒学哲学

[美]安乐哲(Roger T. Ames) 贾晋华 编

世纪出版集团

上海人民出版社出版

(200001 上海福建中路193号 www.ewen.co)

世纪出版集团发行中心发行 常熟市新骅印刷有限公司印刷

开本 635×965 1/16 印张 23.5 插页 4 字数 324,000

2017年8月第1版 2017年8月第1次印刷

ISBN 978-7-208-14525-2/B·1276

定价 72.00元